돌들이 소리지르리라

돌들이 소리지르리라

ⓒ크리스천투데이 2019

초판발행 | 2019년 11월 12일

펴낸이 | 류재광
펴낸곳 | 크리스천투데이

등록 | 제2017-000149호
주소 | 서울특별시 종로구 창경궁로 305
전화 | 02-598-4564
팩스 | 02-6008-4204

지은이 | 이효준

디자인 | 우미선

ISBN 979-11-962405-6-1

돌들이 소리지르리라

크리스천투데이

第5장　따가운 눈총에서 따스한 눈빛으로

第6장　기독교인이 바라본 세상

第7장　미지근한 신앙인들

제8장 익어가는 신앙인들

제9장 감사하는 신앙인들

제10장 돌들이 소리지르리라

제11장 선택받은 신앙인들

추천사

김형갑 정교

구세군 진주교회 선교정교
한국 구세군 전국 정교연합회 회장
국립경남 과학기술대학교 명예교수

이스라엘 민족을 통하여 하나님께서는 하나님께서 지으신 인간을 하나님을 예배하는 자들로 삼으시기 위하여 여러 가지 방법으로 그들을 품어 주셨습니다. 이러한 역사는 지금도 깨어 있는 성도들을 통하여 하나님께서는 일하고 계십니다.

이효준 장로님과 고교시절 같은 교회인 진주 구세군교회를 함께 다녔던 후배로, 고교시절 장로님은 언제나 낙천적이고 유머와 재치가 넘쳤던 모습 때문에 선배고교생 이었지만 친구처럼 가까이에서 지낼 수가 있었습니다.

특히 하모니카와 노래를 잘 불렀으며 휘파람도 잘 불렀던 장로님은 누가 어떤 문제를 질문을 하면 항상 나오는 대답은 "그거 다 책에 있는 기다"라고 하시며 모여 있던 사람들이 함께 웃었던 시절을 가끔 추억합니다. 그리고 새벽기도회를 나갈 때마다 함께 찬송을 불렀던 그 시절이 너무나 그립기도 합니다.

특히 장로님은 고등학교 시절 많은 클럽 활동을 하였는데, 그 중에서 보이스카우트, 청소년 적십자, 하이 쥬피터 음악회, YMCA하이-Y 활동을 통해 진주시내 많은 고교생들과의 교류와 구세군교회 혈화 학생회의 발전을 위해 많은 수고를 하였던 모습이 새삼 피어오릅니다.

그 당시 구세군 혈화 학생회는 YMCA에서 활동하셨던 선생님께서 고등부를 맡고 있었기에 자연스레 Y프로그램이 교회에 접목되어 학생회가 활발한 활동으로 왕성하게 부흥하던 시절이었습니다.

당시 이 장로님의 모친께서는 그 시대에 보기 드문 인품과 학문을 고루 갖춘 여성으로서 교회에서도 성도들 간에 좋은 영향력을 주신 분이었는데 그런 연유로 장로님의 집에 자주 찾아가게 되었고, 모친께서 만들어 주신 오뎅 국밥을 자주 먹곤 하였는데, 저희 아버지께서 구세군 목회자로 경북 시골에 계셨고, 저는 고등학교를 진학하기위하여 고향인 진주로 돌아온 나로선, 시골에서 맛볼 수 없었던 기가 막힌 오뎅 맛은 지금도 침샘조차 당겨오는 그리움으로 아련히 떠오르곤 합니다.

고등학교 시절 만났던 이 장로님은 군대를 가고, 또 세월이 지나면서 대한항공에서 근무하고 있다는 소식과 부산 덕천동에 있는 장로교회에 출석한다는 소식을 듣곤 하였는데, 어느 날 장로님께서 장로로 임직되었다는 소식은 저에게는 참으로 기쁜 소식이었습니다.

그 후에 <따뜻한 신앙인들>이라는 책을 출판하여 하나님께서 기뻐하시는 사역에 동참하여 감을 느낄 수 있었고, 또한 크리스천투데이 신문에 기고들은 현세대에 너무나 절신하고 필요한 선지자적 메시지를 전하고 있어 진한 감동을 받고 있었습니다.

이제 장로님께서는 칠순을 맞이하여 출간하게 된 책자는 그동안의 인생의 긴 여정을 소상하게 나타내는 책으로 우리들에게 깊은 감명을 주고 있습니다. 사람의 년 수가 칠십이요 강건하면 팔 십 이라고, 한 시편의 말씀을 기억하며, 더욱 강건하여 더 많은 세대를 향한 외침의 소리가 되어지기를 간구하며, <돌들이 소리지르리라>라는 책이 세상에 나오게 됨을 다시 한 번 진심으로 축하드립니다.

추천사

배춘일 목사

대한예수교 장로회 부산남노회 전 노회장
범어중앙교회 담임목사

할렐루야!

이효준 장로님의 <따뜻한 신앙인들>이라는 저서가 출판되어 대단한 관심과 감동을 불러 일으켰는데, 오늘 두 번째 책을 소개하게 되어 참으로 기쁩니다, 그리고 책을 출간하신 장로님께 축하를 드립니다.

오늘날 교회의 말씀은 대부분 지성에 호소하는 것들입니다. 그렇기 때문에 자연 사실의 전달에 그칠 수밖에 없는 것이 현실입니다. 그러나 이제는 말씀을 파헤치는 데서 그치는 것이 아니라, 실생활에서 하나님의 말씀을 어떻게 적용하며 살아야 하는가를 올바로 깨달아야만 할 때입니다.

이 책은 이제까지 우리가 자신의 참된 이해 없이 맹신적으로 받아들였던 말씀들에 대한 새로운 삶의 길과 방법을 깨우쳐 주고 있습니다. 그리고 이제는 양심적인 비판이 아니라 영적인 성숙을 향해 나아가야 할 한국교회와 그리스도인들에게 좋은 길잡이가 되리라 믿습니다.

신앙인의 성화, 영화, 그래서 영성을 얻게 되는 전인적 구원은 모든 믿는 사람들이 바라는 최고의 목표인데, 이효준 장로님은 사도 바울과 함께 고백하고 전인구원을 체험하고 승리의 개가를 부른 진실된 종입니다.

누구든지 이 책에서 요구하는 '돌들이 소리지르리라!'는 진리를 깨닫게 될 것입니다. 모쪼록 성령의 교통의 역사가 충만하시기를 축원합니다.

추천사

박호철 목사
창원 내산교회

오늘날 한국교회는 마치 키 없는 배가 물결에 요동치듯 칠흑 같은 안개 속을 표류하고 있습니다. 복음의 사명이 주는 거룩한 부담감으로 몸부림쳐야 할 때, 성경에 전혀 언급되지 않은 인간적인 생각들이 교묘히 성경의 행간에 삽입되고 그것이 진리인 양 큰소리로 외쳐지고 있습니다.

이러한 때에 한 번 선택하신 자들을 끝까지 책임지시는 주님의 사랑은 시대를 향해 회개를 촉구하며 엘리야처럼, 예레미야처럼, 세례요한처럼 오직 하나님께만 민감한 자들로 하여금 담대함으로 외치게 하였습니다.

오늘 이효준 장로님의 작은 손끝의 움직임이 주님의 음성을 대변하는 큰 외침이 되기를 소망합니다. 매사 자기관리에 투철하여 흐트러짐 없이 시간관리 건강관리를 해 오셨던 모습이 행간에 잘 나타나 있어 놀랍니다.

때론 아주 준엄한 엘리야의 심정으로 때론 터지듯 피어난 꽃 한 송이 앞에서 기쁨의 눈물을 감추지 못하는 어린아이의 마음으로, 정교한 세마포를 짜듯 구성지게 읊어 내었습니다. 나약한 인간을 위해 죽기까지 사랑을 베푸신 아버지 하나님의 거룩한 뜻이 천하에 전파되고 적용되는 그 날까지 이 작은 외침이 멈추지 않기를 간절히 바랍니다.

다시 한 번 장로님의 수고와 헌신에 주님의 이름으로 감사와 축복의 마음 전합니다.

머리말

새언약 선교회 이 효 준 장로 드림

임 직: 1998년 10월 25일

지난 2018년 4월 <따뜻한 신앙인들>이라는 책을 출간한 후, 1년 6개월 만에 <돌들이 소리지르리라>는 제목의 두 번째 책이 이 세상에 나올 수 있도록 해 주신 하나님께 영광을 올려드립니다. 특히 올해는 제가 태어 난지 70년 되는 해로써, 제2권을 출간하게 되어 더욱 의미가 있습니다. 부족한 저를 늘 사랑해 주시고 협력해 주신 모든 분들에게 진심으로 감사를 드립니다.

특히 책을 출간할 수 있도록 기도해 주시고 최선을 다해 주신 크리스천 투데이 신문사 천 환 회장님과 류재광 사장님과 직원들, 특히 우미선 디자이너에게 뜨거운 감사를 드립니다. 특히 '교회 바로 세우기'를 위해 정의롭게 믿음으로 헤쳐 나가는 '새언약 선교회' 성도님들과 흩어진 성도님들에게도 진심으로 위로를 드리며 감사를 드립니다.

현재 필자가 근무하고 있는 부산 미용고등학교 제단 이사장이신 박진길 교장 선생님께 진심으로 감사를 드리며, 늘 곁에서 사랑해주시고 지도해주신 교사와 종사자들에게도 감사를 드립니다. 아울러 성안교회에 시무하시는 김수한 장로님께도 깊은 감사를 드립니다.

저를 믿음으로 잘 길러주신 장길선 어머님께도 이 책을 바치며, 함께 신앙생활을 하며 저희 가정을 많은 사랑으로 이끌어 주신 진주 구세군교회 성도님들과 장길선 어머니 병환을 위해 수고해 주셨던 분들에게도 뜨거운 감사를 드립니다.

경남 진주 제1회 봉원초등학교, 부속 제23회 동창들에게도 깊은 감사를 드리며, 특히 부산남노회 목사님과 장로님들에게도 감사를 드립니다.

㈜대한항공에서 함께 근무하며, 웃고 울며 정답게 지내었던 사우들에게도 이 책을 통하여 소식을 전하면서 감사를 드립니다. 특히 지난해 <따뜻한 신앙인들>이라는 책을 출간했는데, 부족한 필자의 글을 읽어주신 많은 분들에게도 감사를 드립니다.

<돌들이 소리지르리라>라는 제목으로 출간하게 됨은, 현 시대의 기독교가 안고 있는 문제점과 앞으로 기독교가 나아가야 할 방향과 미래를 향한 외침은 바로 들을 줄 알아야 자신이 살고 민족이 살고 세계가 살게 되는 것입니다.

많은 기독인들과 백성들이 불법한 일에 입을 다물고 바르게 진언하거나 복음 증거에 소홀하며 무조건 침묵으로 수수방관만 한다면, 돌들이 일어나서 소리쳐 우리를 대신하여 소리칠 것이라는 뜻이기도 하며, 우리가 만약 진실한 복음 증거를 배척한다면 돌들이 그 일을 대신한다는 뜻이기도 합니다.

주님께서 예루살렘 성을 보고 탄식하며 울고 계십니다. 주님은 예루살렘 성을 보실 때 얼마나 마음이 아프시겠습니까? 해야 할 사명인 복음전파는 하지 않고 오히려 복음증거를 위하여 파송된 선지자들을 돌로 치고 죽이는, 악이 관영한 조국을 바라보시며 무거운 아픔으로 안타까워하십니다.

불법과 악으로 가득 메워진 멸망 직전에 있는 조국의 모습을 바라보시며 예수님은 통곡하고 계십니다. "너희 집이 황폐하여 버린 바 되리라(마

23:38)". 얼마나 비참한 탄식의 말씀입니까? 지금 이 시대 교회와 성도들을 바라보며 비통하게 우시는 예수님의 말씀입니다.

그리고 조국 대한민국을 향하여 주님은 지금도 탄식하시며 울고 계심을 깨달아야 할 것입니다. 반만년 역사를 잘 지키고 버텨온 우리 선조들의 탄식의 소리가 들려오지 않으십니까? 이제 위기의 나라를 국민 모두가 돌들이 소리치기 전에 들을 수 있는 귀를 열고 대화와 소통 속에 옳게 진언할 줄 아는 백성들이 되어야 하겠습니다.

특히 고집과 아집으로 백성들을 속이고 권력에 집착한 나머지 자신을 위한 정치를 하는 위정자들에게도 언젠가는 돌들이 소리지를 때가 올 것입니다. 세상 역사에는 굴곡이 있음을 반드시 깨달아야 할 것입니다. 오름이 있으면 내림이 반드시 있는 법, 오로지 하나님을 두려워하며 백성을 사랑할 수 있는 위정자들이 되어야 할 것을 이 책을 통하여 경고하는 바입니다.

교회 역시 초대교회의 정신으로 돌아가지 않고 세상 행복에 젖어 부패와 권력을 남용한다면, 이 세상에서 침묵하고 있는 돌들이 소리를 지를 것입니다. 지금이라도 돌들이 소리 지르기 전에 하나님의 뜻을 속히 깨달아 실천하는 크리스천들이 되었으면 좋겠습니다.

부족하지만, 뜨거운 가슴으로 독자 여러분들과 만날 수 있는 귀한 시간이라 여겨집니다. 함께 읽으며, 하나님의 크고 놀라운 사랑을 체험하며 감동으로 간증하는 시간이 되기를 간절히 소망합니다.

감사합니다.

제1장

TV에서 본
기독교와 세상

_1
월드비전 합창단 '우리가 노래하는 이유'

지난 성탄절 밤 10시, 부부와 함께 TV 시청을 하게 됐습니다. 방송 내내 필자는 흐르는 눈물을 감출 수 없어, 칼럼을 대신해 멈출 줄 모르는 눈물을 우리 교계 신앙인들에게 전하려고 합니다.

월드비전 합창단(舊 선명회 어린이합창단)은 1960년 8월 20일 창립 이래 가난과 질병으로 고통받는 지구촌 어린이들을 위해 노래하는 합창단입니다.

한국전쟁의 폐허 속에 남겨진 아이들을 돕기 위해 시작된 월드비전(창립자 밥 피어스)의 어린이 구호 사명을 실천하며, 월드비전 홍보대사로서 역할을 잘 감당하고 있는 월드비전 구호사업 안에 있는 합창단입니다.

국내 최초의 어린이 합창단으로 1978년 영국 BBC 주최 세계 합창경연대회에서 최우수상 수상, 2016년 헝가리 칸테무스 국제 합창페스티벌 3관왕 수상 등 해외에서도 그 실력을 충분히 인정받으며, 국위 선양에도 크게 이바지하고 있는 합창단입니다.

이 합창단은 뉴욕타임스가 극찬한 메트로폴리탄 오페라극장 프리마

돈나 소프라노 홍혜경을 비롯해, 세계 3대 카운터 테너 이동규 같은 유수한 성악가를 배출한 산실이기도 합니다.

월드비전 합창단은 연중 다수의 정기 공연, 기획 초청, 해외 연주뿐 아니라 3년마다 개최되는 세계 어린이 합창제 무대를 통해 단원들의 폭 넓은 연주 활동 등을 지원하기도 합니다.

합창단은 2018년 빈소년합창단 최초의 아시아인 지휘자이자 여성 지휘자로 알려진 김보미 지휘자를 상임 지휘자로 영입하여, 합창단 고유의 목적을 위해 새로운 모습으로 정진하고 있습니다.

금년 8월에는 39명의 중학생들이 3주간의 특별한 음악여행지로서 독일, 특히 분단과 통일의 역사를 알 수 있는 현장들을 방문하였다고 합니다.

뫼들라로이트는 동서독 분단과 함께 마을이 두 동강이 난 '작은 베를린'으로 불리는 도시입니다. 바흐의 도시이자 통일이 되기 전에 동독 땅이었던 라이프치히는 독일 통일의 밑거름이 된, 기도 집회로 열렸던 '니콜라이' 교회가 있는 곳입니다.

그리고 세계인들의 발길이 끊이지 않는 베를린 장벽을 끝으로 독일 여정을 마무리하고 지구 반대편에서 마주한 풍경이 낯설게만 느껴지지 않는다는 아이들은, 독일에 남아 있는 역사의 현장에서 무엇을 보고 느끼며 생각할까요?

특히 아이들은 해외 난민들과 고통받는 아이들을 세상에 알리기 위한 공연을 금년 여름 다녀왔습니다. 노래하는 목적이 분명한 아이들, 작은 재능이지만, 난민들과 고통 속에 신음하는 아이들에게 조금의 도움이 될 수 있어 감사하며 노래하는 그들의 모습을 보며, 주님께서 살아계셔서 역사하심을 여실히 증명하는 귀한 수고가 아닐까 생각해 봅니다.

천상의 메아리, 월드비전 합창단 아이들이 여행을 떠나기 전, 연습실에 귀한 손님들이 찾아왔습니다. 바로 월드비전 초창기 대선배들이 50여 년의 긴 세월을 뛰어넘은, 선후배의 소중한 만남, 결국 모두가 눈물로서 서로를 위로합니다.

가난과 질병으로 고통 받는 지구촌 어린이들을 위해 노래하며, 58년 동안 해 온 국내공연만 해도 무려 1,500여회, 세계 50개국 700여 도시에서 5,000여회의 해외공연을 하고 있는 합창단은 매년 여름이면 해외 공연을 떠납니다.

어둡고 절망 속에 살아가는 난민들과 어린이들을 위해 희망과 평화를 선물하고 있는 합창단 단원들의 선하고 아름다운 행동에 힘찬 응원의 박수를 보내고 싶습니다.

특히 월드비전은 국제구호개발사업, 국내사업, 북한사업, 옹호사업을 다음 7가지 단계에 따라 운영하는 복음의 전군기지입니다.

첫째 지역조사, 둘째 기획, 셋째 사업 실행, 넷째 모니터링, 다섯째 평가, 여섯째 숙고, 일곱째 현지 이양 순으로 실시하는, 정직하고 투명한 사랑의 단체이기도 합니다.

참으로 아쉬운 점은, 국내에 있는 신앙인들이 월드비전에 관해 잘 모르시는 분들이 많으며, 설사 알아도 확실하게 알지 못하는 것이 참으로 안타깝습니다. 심지어 교회 지도자들조차 '월드비전이 뭐하는 기관이냐?'고 물어올 때면 참으로 난감하며 민망하기도 했습니다.

월드비전 합창단의 활약으로 국내 농촌이나 교회, 그리고 곳곳마다 가난하고 소외된 이웃들을 위해 전국 순회 발표회를 가졌으면 좋겠다는 생각이 온종일 마음을 괴롭힙니다.

더구나 비신앙인들도 월드비전에 많은 관심을 갖고 후원하는 것을 볼 때, 우리 교계에서도 교파를 초월해 많은 관심의 후원과 기도로 협조해야 할 것입니다.

전쟁의 폐허 속에서 굶주림과 아픔을 겪었던 우리가 이제 우리가 이웃 나라 형제들을 위해 도움을 주는 산실이 너무나 기쁘고 행복합니다.

비록 어려서 물질은 없지만, 아름다운 천상의 노래로 새벽의 이슬 같은 영롱하고 청아한 목소리로 난민들과 어린이들을 위해 희망을 주는 그들의 깊은 울림의 감동은 마치 천사들을 보는 것 같았습니다.

이제 기독교계에서도 이런 방송을 자주 시청할 수 있는 계기를 만들었으면 좋겠습니다. 백 마디 말보다 이런 좋은 모습들을 방영 할 때는 엄청난 파급효과가 있다는 사실을 인지해야 합니다. 그것도 좋은 시간대로 방송을 할 때, 복음 전파에 놀라운 효과를 체험하는 사업이 아닐까 싶습니다.

한국에 있는 기독교인 모두는 입으로만 이웃사랑을 외칠 것이 아니라, 월드비전 합창단원들이 '내가 노래하는 이유를' 깨닫고 노래하는 것처럼 '나 자신이 하나님을 믿는 이유'를 제대로 알아야 합니다.

그리고 엉뚱한 것에 시선을 주지 말고, 오직 여호와 하나님을 위한 시선으로 올려다 보며, 새해를 맞아 낮은 곳에서 신음하는 불행한 사람들을 위한 곳으로 시선을 옮기고, 이 세상 다하는 그 날까지 주 안에서 믿음으로 실천하는 사랑의 전도사들이 되기를 간절히 소망합니다.

특히 아름다운 하모니로 노래하는 합창단의 메아리가 지금도 귓가를 울립니다. 이 메아리가 세상을 변화시키는 사랑의 메아리로 가득 울려 퍼져 나갔으면 참 좋겠습니다.

이 울림의 감동이야말로, 천국 문을 여는 복음의 열쇠가 되지 않을까요?

_2
의료 선교의 산실, 부산 화명 일신기독병원

"본 병원은 그리스도의 명령과 본을 따라 그 정신으로 운영하며, 불우한 환자들의 영혼을 구원하고 육체적 고통을 덜어 줌으로써 그리스도의 봉사와 박애의 정신을 구현한다."

부산 북구 화명일신기독병원의 20년사를 논하기 전에, 모태가 되는 일신기독병원의 이야기를 빠트릴 수 없습니다.

일신기독병원은 호주 선교사로 한국에 파견되어 선교와 의료봉사에 힘썼던 멕켄지 선교사의 딸, 매혜란과 매혜영 두 자매에 의해 설립된 병원입니다.

병원 위치를 말하자면, 아침에는 금빛 물결, 낮에는 은빛 물결, 저녁에는 석양의 아름다운 노을의 물결이 춤추는 곳입니다. 참 아름다워라! 주님께서 창조하신 자연의 숲과 아우러진 천혜의 낙동강 숨결과 유구한 역사가 말해줍니다.

부산과 경상남도, 전라도를 이어주는 길목에 위치한 부산 일신기독병원은 지역민들을 위해 주님께서 친히 담당하신 어려운 이웃과 소외되고 가난한 사람들과 고통 속에서 아파하는 이들의 신음을 거두어, 주님 주시는 사랑으로 복음의 향기를 내뿜는 의료 선교의 전진기지입니다.

지금은 전 국민 의료보험제도가 실시되면서 누구나 의료혜택을 누릴 수 있지만, 한국전쟁이 끝난 직후 1952년에는 피난민들과 전쟁고아 미망인들로 나라 곳곳이 온통 난리법석이었습니다.

가난하여 질병이 생겨도 쉽게 치료를 받지 못하던 시절, 무료 진료 환자가 절반에 달할 만큼 어려웠던 시절이지만, 도움을 필요로 하는 사람들에게는 언제나 따뜻한 손길을 내밀던 병원, 어렵고 가난한 사람들에게는 문턱이 낮았던 병원, 서민에게는 더없이 친숙했던 병원이 바로 일신기독병원이었습니다.

1999년 1월 16일 일신기독병원의 명맥을 이어받아 화명동에 개원하게 된 화명일신기독병원은, 1대 박경화 병원장님을 필두로 1백여명의 직원들과 함께 지하 2층, 지상 7층의 건물, 4개의 진료과목(산과, 부인과, 소아과, 내과) 70병상 규모로 개원, 올해 뜻깊은 20주년을 맞이했습니다.

온전한 기독교 정신을 바탕으로 예수사랑을 실천하는 화명일신기독병원은, 첫째 도심 공동화에 대비하고, 둘째 제2의 도약을 위한 전진기지로 일신의 역사 속 여성전문병원으로서의 기술과 노하우로, 지역 주민들의 건강증진은 물론, 지역사회에 의료를 통해 섬기는 병원으로서 사명을 감당키 위해 활동하고 있습니다.

의료진과 전 직원들은 병원에 대한 주인의식과 무한한 애정으로, 하나님의 말씀과 뜻에 따라 정직하고 투명하게 병원을 운영해 왔습니다. 매주 월요일부터 금요일까지 아침 8시 예배를 시작으로 경건회와 기도회를 드리며, 일신의 모든 가족들은 환자들에게 수준 높은 의료 서비스를 제공하고, 직원들은 아낌없는 눈물과 땀을 흘리며 최선을 다한 결과, 강산이 두 번이나 변한 20년을 맞이하게 되었습니다.

2009년 9월 1일 재단법인 한·호 기독교선교회 이사장으로 인명진 목사님이 취임했습니다. 인명진 이사장은 취임사에서 "하나님의 분명한 뜻 아래 일신기독병원이 선교의 정체성을 바탕으로 새롭게 나아갈 방향을 피력하고, 또한 이사진들을 비롯하여 전 직원의 합심된 노력"을 거듭 당부하셨습니다.

화명일신기독병원은 그리스도의 복음을 전파하기 위해 지역 주민들과의 만남의 시간을 소중히 여기고, 장애인 무료검진, 독거노인 독감 무료접종, 미자립 농어촌교회 돕기, 복지관 무료검진, 해외 의료선교 등 여러 방법으로 선교적 사명과 지역 사회를 섬기며 소통하고 있습니다.

2012년 모든 직원들이 염원하던 화명한솔병원(병상 160개, 직원 160여 명)을 합병 인수해 병원 정문이 대로변에 위치하게 됐고, 주로 산부인과에 치중했던 병원 구조를 환자들의 폭넓은 질병들을 조기에 진단하고 치료하는 급성기 진료로 그 분야를 확대했습니다.

2015년 3월에는 신경과와 재활의학과를 중심으로 180병상 규모의 맥켄지 일신기독병원을 개원했습니다. 환자들의 빠른 일상복귀를 위해 한 병동에서 치료와 입원이 동시에 가능한 의료 시스템으로 지역 주민들의 많은 사랑을 받고 있습니다.

2018년 4월에는 정관신도시에 산부인과와 소아청소년과를 중심으로 하는 정관일신기독병원을 개원했고, 내과와 정형외과 분야를 확장하여 정관 지역 중심병원의 사명을 감당하고 있습니다.

지금 화명일신기독병원에서는 산부인과, 산후조리원, 일반검진, 종합검진, 내과, 외과, 유방외과, 정형외과, 성형외과, 소아과, 에스테틱 등의 진료과목을 통해 지역민들을 섬기고 있습니다.

특히 부산 지역에서는 하나님의 은혜가운데 순차적으로 4개의 병원이 세워졌습니다. 1977년 일신부인병원 인턴으로 일신에 첫 발을 내디뎠던 김정혜 병원장님은 의료 상황이 열악한 미얀마에 재단 파송 선교사로 떠나, 우리가 호주 선교사들에게 받았던 사랑과 은혜를 미얀마 국민들에게 나누고 있습니다.

1910년 호주 선교사로 파송된 매켄지 목사와 메리 켈리 여사는 부산 좌천동에서 네 딸과 한 아들을 낳았으며, 선교와 한센병 치료를 위해 봉사하다 1937년 귀국합니다.

이후 장녀 매혜란과 원장 차녀 매혜영은 부모님의 뜻을 따라 1952년 다시 한국으로 와서 당시 6·25 전쟁으로 고통 속에 살아가는 이 땅 백성들을 위해, 그해 9월 17일 일신부인병원을 설립합니다.

둘이 여성들과 아이들, 불우한 환자들을 위해 봉사한 결과, 엄청난 명성과 소문이 나서 쉼 없는 산부인과 병원을 이루어냈습니다. 이곳에서 공부한 산부인과, 소아과 의사들이 부지기수로 배출됐다고 합니다. 특히 마혜란·마혜영 두 자매의 피와 땀, 눈물의 헌신적 사랑과 감동이 없었더라면, 오늘날 일신기독병원은 존재하지도 않았음을 기억해야 할 것입니다.

일신기독병원 외에도, 이 땅에는 수많은 기독교 병원들이 있습니다. 기독교 병원들은 원래 취지와 목적을 위해 온 힘을 다 쏟아 부어야 합니다.

개인의 사심이나 특정 단체의 이익을 위해 존재해서는 결코 안 될 것입니다. 이는 우리를 위해 지신 주님의 십자가 보혈을 헛되게 하는 일입니다.

오직 예수님만을 바라보며, 주위 환경과 여건, 그리고 늘 우리를 괴롭히는 폭풍을 바라보지 말고, 물 위로 걸어오시며 나를 부르시는 예수님만 바라보며 사명을 감당해야 하겠습니다.

그러므로 일신기독병원 모든 의료진과 임직원들은 창시자나 설립자들의 숭고한 정신을 끊임없이 계승하여, 주님께서 당부하시고 명령하신 의료 선교와 복음을 위한 모든 유산들이 잘 보존되고 이어져야 합니다.

이를 믿음의 후배들에게 잘 물려주어, 주님께서 재림하시는 날 그 모든 피와 눈물과 땀, 믿음의 유산들을 천국의 창고로 입고해야 합니다.

특히 병원을 운영하는 지도자들은 기도와 말씀으로 무장하여, 직원들과 환자들을 위해 무거운 초심으로 사명을 잊지 말아야 할 것입니다. 첫째도 기도, 둘째도 기도, 셋째도 기도와 찬송으로 그들을 위로하며 사랑하는 주님께서 파송한 제자들이 돼야 합니다.

이 땅의 신앙인들은 기독교 의료 선교에 많은 관심을 쏟아야 합니다. 가능한 기독교 병원을 이용함으로써 재정 상태가 어렵지 않도록 도와야 합니다. 무조건 대형병원과 대학병원만 선호할 것이 아닙니다.

우리 기독교 병원들도 훌륭한 의료진과 시설, 장비들이 잘 준비돼 있습니다. 그러므로 가급적 기독교 병원을 이용해 주셔서, 의료선교 사업이 주님 오실 때까지 성공리에 마칠 수 있도록 동참하는데 힘을 쏟아야겠습니다.

학교와 병원, 그리고 교회가 문을 닫고 다른 타종교로 넘어가는 현실들을 볼 때, 참으로 안타까운 마음 금할 길 없습니다.

그러므로 우리 신앙인들은 주님께서 우리에게 주셨던 참 평화의 선물을, 이 땅에 소외되고 가난한 이웃들을 향해 함께 나누는 삶을 살아야 되지 않겠습니까?

그리고 환자들과 의료진, 일신기독병원에서 종사하는 모든 분들의 신앙과 복음을 위해, 불철주야 기도와 찬송으로 최선을 다해 고군분투하시는 사역자님들에게 힘찬 응원의 박수를 보냅니다.

_3

치매 노인들 다룬 TV 프로그램 '주문을 잊은 음식점'을 보고

지난 8월 16일 밤 10시 KBS 1TV '주문을 잊은 음식점'이라는 제목의 방송 프로그램을 시청하여 큰 감동을 받았습니다.

치매 환자와 알츠하이머병을 앓고 있는 노인들과 방송인들이 함께 2일간 식당을 운영하면서 보여준 아름다운 이야기는 가슴을 뭉클하게 했습니다. 방송을 보면서, 우리 신앙인들이 세상을 향해 무엇을 해야 할지를 깊은 가슴으로 느꼈습니다.

먼저 치매가 어떤 병인지를 알아보도록 하겠습니다. 앞서 치매는 기억장애, 언어장애, 혼돈 등이라 할 수 있겠습니다. 이처럼 치매는 후천적으로 기억, 언어, 판단력들의 여러 영역의 인지기능이 감소하여, 일상생활을 제대로 수행하지 못하는 증후군을 말합니다. 치매는 알츠하이머병이라 불리는 노인성 치매, 중풍으로 생기는 혈관성 치매 등이 있으며, 이 밖에도 다양한 원인에 의한 치매가 있다고 합니다.

전반적 뇌기능의 손상을 일으킬 수 있는 모든 질환이 치매의 원인이 될수 있다고 합니다. 흔히 알고 있는 알츠하이머병은 원인 미상의 신경퇴행

성 질환으로 치매의 전체 50-60%을 차지합니다. 나머지는 그 밖의 기타 원인에 의한 치매라고 볼 수 있습니다. 특히 알츠하이머병은 두뇌의 수많은 신경세포들이 서서히 쇠퇴하여 뇌 조직이 소실되고 뇌가 위축되게 합니다.

뚜렷한 원인이 밝혀지지 않았고, 뇌세포의 유전적 질환 여부 대한 연구도 지속적으로 이뤄지고 있지만, 유전적 이상 없이 발병하는 경우가 80% 이상 되므로 아직까지 알려진 것은 없다고 합니다.

혈관성 치매란 뇌 안에서 혈액 순환이 잘 이루어지지 않아 서서히 신경세포가 죽거나, 갑자기 큰 뇌혈관이 막히거나, 뇌혈관이 터지면서 뇌세포가 갑자기 죽어서 생기는 치매를 말한다고 합니다.

잘 알려진 대로 치매와 건망증은 그 증상이 다르다고 합니다. 일반적으로 건망증의 경우 기억력 저하를 호소하지만, 지남력이나 판단력 등은 정상이어서 일상적인 생활에는 지장을 주지 않습니다. 그리고 기억력 장애에 대해 주관적으로 호소하며, 지나친 걱정을 하기도 한다고 합니다.

하지만 잊어버렸던 내용을 곧 기억해 내거나, 힌트를 주면 금방 기억해 내는 모습을 보이기도 합니다. 치매의 경우 가장 흔하게 나타나는 기억력 감퇴뿐 아니라 언어 능력, 시공간 파악 능력, 인격 등의 다양한 정신능력에 장애가 발생함으로써 지적 기능의 지속적 감퇴가 초래됩니다.

치매는 증상과 종류가 다양하며, 현대 의학으로는 발생 기전이 확실히 규명되지 않았고, 원인을 치료할 수 있는 치료도 없는 상태입니다. 미리 예방 차원에서 일반적으로 권장하는 두뇌 회전을 할 수 있는 놀이와 책을 읽는 것이 좋습니다. 건전한 수준의 바둑, 장기, 카드놀이 같은 종합적 인지능력을 요구하는 놀이가 건망증 예방에 도움이 된다고 합니다.

시설기관인 요양원이나 요양전문병원에서도 치매나 알츠하이머 환자들로 인해 많은 애로를 겪으며, 요양사 들과 복지사, 간호사들이 힘들어 하는 것을 볼 수 있습니다. 금세 있었던 일을 깜박하고 잊어버리는가 하면, 탈출을 하려고 애쓰는 모습을 보이기도 합니다.

그래서 지난 다큐멘터리 방송을 시청하면서도, 환자들이 음식을 주문하고, 서빙을 하는 모습과 후식을 갖다주는 과정에서 혹 실수를 하지 않을까 내심 조마조마했습니다.

사랑하는 제자가 찾아왔을 때 반가워 얼싸안으며, 지난 일을 회상할 때, 심지어 제자가 반장을 했던 것까지 기억하며 이야기를 하다가 제자가 돌아가고 난 후 만났던 사실을 모르고 있을 때, 그 안타까움이란 정말 이루 말할 수 없었습니다.

프로그램이 끝나 모든 것이 끝났을 때, 그들은 웃음을 띠며 '하루 더했으면 좋으련만' 하는 간절한 소망으로 미소를 지었습니다. 그 모습은 아름다운 천사들 같았습니다.

이들 환자들에게는 신문이나 책을 읽거나, 글을 쓰는 것이 효과적이라고 합니다. 그리고 건강한 식습관을 가지고 생선과 야채를 즐겨 먹어야 하며, 적절한 운동, 꾸준하게 걷기 등이 인지 기능을 유지하는데 도움이 된다고 합니다.

특히 치매는 매년 갈수록 늘어나는 추세라고 합니다. 우리 신앙인들도 이제 나몰라라 해서는 안 될 것 같습니다. 겉으로는 멀쩡한데 오직 자신의 두뇌에서 인지능력이 되질 않아 기억을 잊어버리는 참으로 안타까운 일입니다.

'우리 가정에서는 일어나지 않겠지' 하는 생각으로 방심하다, 어느 날 갑자기 자신의 부모나 자신에게 청천벽력처럼 치매가 찾아올지 누가 알겠습니까?

'남의 일이겠지', '설마 우리 가정에는 별 일 없겠지' 하고 수수방관하다, 나에게도 반갑지 않은 불치의 병이 찾아온다거나 가족 중에 이러한 일들이 발생할 경우 정말로 난감할 것입니다.

필자는 TV 방송을 보며, 비록 치매로 고생을 하지만 종업원으로서 즐겁게 최선을 다하는 모습이 아름다웠습니다. 방송을 보는 내내 주님을 생각했습니다.

2018년 전, 이 땅에 오셔서 수많은 불치의 환자들을 손수 찾아다니시면서 치유해 주셨던 그 주님을 마음 깊은 곳까지 떠올리며, 지금 이 순간에도 주님께서 오셔서 괴로워하는 백성들을 어루만져 주시기를 소망해 봅니다.

12년 동안 혈루증으로 몸과 마음과 정신이 망가진 한 여인의 간절한 절규의 몸부림을 주님께서는 기억하셨습니다. 수많은 인파에 밀리시면서도, 그 여인을 향해 옷자락을 내어 주셨습니다. 주님의 옷자락만 만져도 나을 것을 확신했던 한 여인의 애절한 믿음을, 주님께서는 감동의 시선으로 바로 보셨던 것입니다.

세상의 아픈 환자는 의사에게 가지만, 주님은 그 세상의 방법 대신 손수 찾아다니며 상처를 싸매 주시고, 어루만져 주시고 품으셔서 우리의 고통을 해결해 주셨습니다.

하지만 오늘날 교회 안에서는 입으로만 사랑을 외치면서, 주님께서 품으셨던 사랑과 전혀 맞지 않는 길을 가고 있는 모습이 참으로 슬프고 안타깝습니다. 아파하는 세상에는 전혀 관심이 없고, 오로지 자신의 세 불리기와 권력과 명예, 그리고 더 가지려고만 애쓰는 일부 지도자들로 인해, 한국 기독교와 성도들에게 힘든 상처를 주고 있습니다. 이러한 비신앙인 같은 교인 지도자들이 있어, 가라지의 멸망이 다가오는 듯합니다.

그래도 희망을 보이는 것은, 오늘도 남몰래 주님의 영광을 위해 희생하는 많은 신앙인들이 있다는 것입니다. 병원에서 마지막 가는 환자들을 위해 복음을 전하며, 그들의 가는 길에 주님의 기쁜 소식을 전하는 화평의 신앙인들이 있습니다.

주님께서는 그들의 수고를 위로하기 위해, 그들의 상급을 더 늘리기 위해, 재림의 시기를 늦추시는 것이 아닐까 하는 생각도 해 봅니다.

이제 우리 교계에서는 아픔과 고통 속에 살아가는 세상으로 시선을 옮겨야 하겠습니다. 교회는 세상보다 앞서서 사명을 감당해야 합니다. 교인 수만 부풀리려 하지 말고, 금전과 물질의 탐욕에서 벗어나, 참 하나님의 제자들을 양육하고, 주님의 은혜를 체험하고 함께 나누며, 세상을 향해 나아가, 상처 받고 고통 받는 이들의 선한 회복을 위해 믿음으로 주님의 위로를 전해야 할 것입니다.

행동이 없는 믿음은 죽은 믿음이라고 했습니다. 예수님을 닮아가는 삶을 살자고 늘 입으로만 외칠 것이 아니라, 우리 각자 스스로 깊은 은혜를 체험하며, 그 체험의 실천을 세상을 향한 사랑의 향기를 마구 뿜어내야 하겠습니다.

그래야만 주님의 몸 된 교회는 빛으로 빛날 것이며, 주님이 안내하시는 저 천국으로 향하는 통로의 교회가 되지 않을까요? 그리할 때, 우리 신앙 인들은 천국에서 잘했다 칭찬 듣는 선택된 주님의 군병들이 되지 않을까요?

'천상의 목소리' 박모세 군의 간증과 낙태죄 폐지

성안교회 김수한 장로님의 초대로, 교회에서 주관하는 행복축제에 참석하게 되었습니다. 토요일 오후 5시 30분, 박모세 군의 간증 시간에 맞춰 교회에 들렀습니다.

축제는 이틀 동안 진행됐는데, 주일 오후 3시에는 '기적을 노래하다' 박지혜 씨의 바이올린 연주 및 간증이 진행됐습니다.

성안교회는 1972년 9월 2일, 김종삼 목사와 함께 창립예배를 드린 후, 50주년을 바라보고 있습니다. 성도 수가 2,000명이 넘어, 부산에서는 꽤 큰 교회입니다.

'지역을 섬기며 소망을 주는 교회, 예수 믿는 사람들이 많아지는 교회, 오기만 하면 은혜 받는 교회, 기도하면 응답받는 교회, 자녀가 부모보다 잘되는 교회' 등의 슬로건으로 사명을 감당하고 있는 아름다운 교회입니다.

토요일 오전 평소에 하던 봉사를 끝내고, 일찌감치 박모세 군의 간증집회에 참석하기 위해 지하철 2호선을 타고 성안교회를 찾아갔습니다.

성안교회 찬양대원들과 함께 준비 찬양을 마친 후, 오늘 주인공인 박모세 군과 어머니 조영애 집사님의 간증이 시작되었습니다. 성도들은 성안교회 주위의 믿지 않는 사람들을 많이 초대해, 간증을 통해 하나님의 놀라운 사랑을 함께 체험했습니다.

박모세 군은 생후 3일 만에 대뇌 70%와 소뇌 90%를 절단했습니다. 보지도 듣지도 걷지도 말하지도 못한다는 진단을 받았고, 4번의 뇌수술과 2번의 다리수술 등으로 사선을 넘나들었습니다. 어머니 조영애 집사님은 "제발 살아만 달라"고 간절하게 기도드릴 뿐이었습니다. 결국 하나님의 놀라운 역사로 기적을 체험하게 됩니다.

조영애 집사님은 결혼 전 불교 신앙을 가졌던 탓에, 기독교 집안에 시집을 와서도 "교회 다니자는 말만 하지 말아달라"고 할 정도로 교회와 거리가 먼 사람이었다고 합니다.

하지만 시어머님은 조영애 집사를 늘 사랑으로 감싸주고 몸소 예수님의 사랑을 실천하시면서도, 자신에게 교회가자고 권유를 한 번도 하지 않으셨다고 합니다.

그러던 어느 날, 둘째 아이를 임신하여 병원에 갔는데, 임신 4개월 만에 뇌가 형성되지 않아 살 수 없다는 사형선고를 받게 됩니다. 교회 목사님께 기도 요청을 하고 처음으로 매달려 간절하게 기도하며 오진 가능성도 열어두고 기도하였으나, 산부인과 전체 의사들의 회의를 통해 낙태를 권유받았다고 합니다.

하나님께 부르짖으며 기도할 때, 뱃속 아이의 미세한 태동을 느꼈습니다. 사무엘상 1장 17-18절 '한나의 기도 응답'에 제사장 엘리가 "평안히 가라 이스라엘의 하나님이 네가 기도하여 구한 것을 허락하시기를 원하노라 하니 이르되 당신의 여종이 당신께 은혜 입기를 원하나이다 하고 가서 먹고 얼굴에 다시는 근심 빛이 없더라!"고 한 구절을 만났습니다.

이 말씀에 위로와 힘을 얻고, 수술을 해도 죽고 안 해도 죽는다는 1%의 희망도 없다는 의사의 말에, '사나 죽으나' 하나님께 맡기고 최선을 다해 수술을 의뢰했습니다.

태아 밖으로 나온 뇌를 모두 절단하는 수술을 감행했습니다. 의사 분들은 보지도 듣지도 말하지도 걷지도 못하고, 장애가 극심해 살 수 없을 거라고 말했습니다. 예상대로 장애와 호흡 곤란으로 마지막 순간을 준비하라는 통고까지 받았습니다.

시어머니와 남편은 평소 자주 찾던 산에 올라가서 간절함으로 매달리며 기도했습니다. 기도하다 지쳐 강단 앞에 쓰러진 시어머니를 발견하고, 그 간절한 울부짖음에 담임목사는 전교인에게 휴가를 반납하고 함께 특별 기도할 것을 선포했습니다. 그 결과 아이는 평온을 되찾게 되었다고 합니다.

사람들은 3일만 지나면 모든 걸 잊어버리니, 교회 한쪽에서 기도하며 그 자리를 지키면 사람들이 기억하고 모세를 위해 기도를 해줄 것이라고 말씀하시며, 무려 25년 동안 줄곧 모세를 위해 기도하기 시작하셨다고 합니다. 현재 시어머니의 연세는 97세입니다.

필자는 박모세 군 어머니의 간증에 연신 눈물을 흘리며, 살아계신 하나님의 위대한 사랑을 가슴으로 느끼게 되었습니다.

불교 신자였던 자신에게 교회 나가라는 말만 하지 말아달라고 했던 그가, 시어머니의 눈물겨운 기도와 죽음 직전에서 사경을 헤맸던 아들 덕분에 하나님의 놀라운 사랑을 체험하게 되었던 것입니다.

그리고 보지도 듣지도 못했던 아들이 한쪽을 바라볼 수 있게 되고, 두 번의 다리 수술 끝에 걸을 수 있게 되며, 말도 할 수 있도록 해주신 은혜를 주셨습니다. 거기에 더해 천상의 목소리까지 선물로 주셔서, 가수로 활동할 수 있도록 허락하신 하나님의 그 크신 사랑을 다시 한 번 체험하는 '한국판 헬렌 켈러'이기도 합니다.

현재는 뇌가 60%만 채워진 상태로, 의학적으로 판명할 수 없는 이 일은 모두 하나님이 하셨다고 어머니 조영애 집사는 고백합니다. 힘들고 고통스러울 때면 '하나님이 안 계신다'는 생각도 했지만, 늘 함께하고 계셨음을 다시 한 번 고백한다고 했습니다.

단 1%의 삶도 허락받지 못한 생명이었지만, 세상을 무대 삼아 희망을 노래하는 모습이 또 다른 누군가에게 도전이 되고 소망이 되기를 바란다는 어머니의 간절한 이야기를 들었습니다. 하나님을 믿고 전적으로 신뢰하는 믿음만이 누릴 수 있는 영광이 아닐까요?

키 때문에 사람들에게 놀림과 무시를 당한다며 불평했던 어린 시절 필자의 모습이 참으로 부끄럽게 여겨집니다. 하나님께서는 참으로 공평하신 분이십니다. 박모세 군의 그 고난 뒤에는, 절망과 고통을 감내하며 기도로 무장했던 온 식구가 있었음을, 그리고 그들이 이뤄낸 기적임을 다시 한 번 생각하게 됩니다.

그 고통과 질고의 끝에 두 달 동안 미국 12개 주에서 집회를 열고, 2018 평창 동계올림픽 개막식에서 애국가를 불렀습니다. 뿐만 아니라 국내 각종 방송사에 출연해 고통스러웠던 세월을 행복한 삶으로 바꾸어 주시는 분은, 오직 기적을 창조하시는 하나님을 증거하고 있습니다.

박모세 군의 이야기는 낙태 문제로 시끌시끌한 세상에 경종을 울리는 모범 사례라고 할 수 있습니다. 위대한 인물 뒤에는 위대한 어머니의 기도가 있음을 알아야 하겠습니다.

성경에서도 예수님의 어머니 마리아부터 모세의 어머니 요게벳, 사무엘의 어머니 한나, 이후에도 성 어거스틴의 어머니, 링컨 대통령의 어머니가 있었습니다. 참으로 수많은 위대한 인물들의 뒤에는, 하나님을 전적으로 신뢰하고 사랑하는 어머니의 간절한 기도가 있습니다.

필자 역시 이번 간증의 시간을 통해 어머니에 대한 그리움이 더욱 마음을 적십니다. 효도는커녕 불효 막심했던 지난 일들을 회개하게 됩니다. 자식을 위한 어머니의 간절한 기도 소리가 지금도 귓전을 울립니다.

이제 가정의 달 5월이 또 다시 세월을 이기지 못하고 흘러갑니다. 우리 자식들은 5월만 가정의 달이 아니라, 날마다 '가정의 날'로 지키며 가정예배를 하나님께 온전히 드리는 시간들을 만든다면, 참으로 세상은 아름다워 지리라 확신합니다.

박모세 군의 기적은 그의 어머니와 할머니, 그리고 온 교회 성도님들이 함께 중보기도로 이루어낸 아름다운 믿음의 결실입니다. 지역 주민들을 위한 부산 성안교회 행복축제는, 기적을 낳은 박모세 군과 그 어머니의 간증을 통해, 하나님의 놀라운 사랑을 체험하는 천국 잔치의 귀한 시간이었습니다.

_5

4분 늦었다고 치료 거부한 의사

"예수께서 들으시고 이르시되 건강한 자에게는 의사가 쓸 데 없고 병든 자에게라야 쓸 데 있느니라(마 9:12)".

예약 시간에 4분 늦었다는 이유로 진료를 받지 못한 채 집으로 돌려보내진 5세 아이가 목숨을 잃은 사건이 뒤늦게 알려져 영국 사회가 큰 충격에 빠졌다는 뉴스를 보고 놀랐습니다. 현지 언론에 따르면 뉴포트에 사는 싱글맘 시티(25)씨는 지난 2015년 1월, 5살 난 딸 엘리-메이의 천식 증상이 심하다면서 집으로 데려가라는 학교의 연락을 받고 아이를 집으로 데려왔다고 합니다. 심한 천식을 앓고 있던 엘리-메이는 이전에도 다섯 차례 중환자실에서 치료받은 적이 있었습니다.

영국 의료보험인 국민보건서비스(NHS) 1차 의료기관 격인 '공중보건의원(GP)'에 전화해 응급진료를 예약했고, 오후 5시에 오라는 얘기를 들었습니다. 약속 시간 25분 전 샤니 씨는 두 살 난 둘째를 잠시 맡길 데를 서둘러 찾은 뒤, 친구에게 1.6km 떨어진 GP까지 차로 태워달라고 부탁했다고 합니다.

하지만 GP의사는 접수데스크와 전화를 통해 "예약 시간에 늦게 도착했다"며 다음 날 다시 오라는 말을 남기고 엘리-메이를 진료하지 않았습니다. 집으로 돌아온 엘리-메이는 그날 밤 발작 증세와 함께 갑자기 호흡을 멈춰, 10시 35분께 구급차에 실려 병원으로 옮겨졌지만 끝내 숨지고 말았습니다. 해당 의사는 6개월 감봉과 정직 징계를 받은 후 다른 병원에서 일하고 있습니다.

정말 놀랍고 황당한 일입니다. 의사 한 사람의 잘못된 사고와 안일한 대처 때문에 천하보다도 귀한 한 생명을 잃게 한, 참으로 안타까운 사건입니다. 특히 영국 같은 문명국가에서 이런 끔찍한 일이 일어난다는 사실에 또 한 번 놀라지 않을 수 없습니다. 현재 우리나라에서도 이러한 일들이 비일비재한 실정이라는 점도 안타깝게 생각합니다.

장 앙리 뒤낭(1828-1910)은 국제적십자위원회 창시자로 최초의 노벨평화상 수상자이기도 합니다. 그는 5남매의 장남으로 태어났고, 아버지는 제네바 시의회 의원으로 활동했으며, 어머니는 종교개혁자 존 칼빈을 존경하는 개신교 신자였습니다. 앙리의 부모는 '노블레스 오블리주'를 실천하는 이들이었습니다. 아버지는 소년원에서 자원봉사를 했으며, 재소자들의 복지에 많은 관심을 가졌다고 합니다.

개신교 전통에서 자란 앙리 뒤낭은, 나눔의 실천을 중시하는 개혁교회(REFORMED)로 전향합니다. 부모의 영향으로 청소년 시절부터 환자와 가난한 사람들을 구호하는데 힘썼으며, 아버지는 1844년 영국 복음주의자들이 만든 기독교 사회운동 단체인 YMCA(기독교청년연합회) 창설에 참가하기도 했습니다. 아버지의 경제적 도움에 의지하려는 자신의 모습을 발견하고, 북아프리카 알제리에 지역주민들의 빈곤 퇴치를 위한 제분회사를 설립했습니다.

그는 이후 1858년 이탈리아 통일전쟁 때, 제분회사의 수리권을 얻고자 북이탈리아로 나폴레옹 3세를 찾아가던 중, 솔페리노 전투에서 생긴 수천 명의 부상자를 만나 국적에 구애받지 않는 구호 활동에 참가했습니다.

이 때의 경험을 바탕으로, 앙리 뒤낭은 전시 부상자 구호를 위한 중립적 민간국제기구의 창설 필요성을 역설하여, 유럽 각국으로부터 큰 호응을 받습니다. 그래서 1863년 국제적십자 위원회가 창설되고, 이듬해인 1864년 '정치·종교 이념의 중립성 유지, 국적에 구애받지 않는 구호활동'을 원칙으로 하는 제네바 협약이 체결됐습니다.

그 후 앙리 뒤낭은 '적십자 운동의 아버지'로 불렸으며, 1864년에는 자신의 생일인 5월 8일을 '적십자의 날'로 정해 지금까지 기념하고 있습니다.

크림전쟁(1853-1856)은 나폴레옹 전쟁 후 유럽 국가들끼리 처음 벌인 전쟁으로써, 무려 3년이라는 기간이 걸렸습니다. 마치 우리나라 6·25와 같은 참혹한 전쟁이었습니다.

이때 '백의의 천사' 플로렌스 나이팅게일은 부상과 열병으로 신음하는 병사들을 보고, 1854년 뜻 있는 간호사 37명을 인솔하여 박애정신으로 야전병원에서 활동하면서 간호학의 발전을 가져왔으며, 여성들이 전쟁에 참여할 수 있는 계기가 되었습니다.

하지만 오늘날 앙리 뒤낭과 나이팅게일의 숭고했던 정신과 선서는 다 어디 가 버리고, 배짱 의료행위로 환자들의 고통만 안겨주는 오늘날의 작금의 실태는 한탄스러울 뿐입니다.

주님께서는 온종일 몸이 지쳐 힘들어 하시면서도 환자 한 사람 한 사람을 가볍게 대하지 아니하시고, 정성으로 치유해 주셨습니다. 환자들에게 예약을 받거나 하라고 하지도 않으셨고, 원하는 환자들을 손수 주님의 손길로 어루만져 주시며 그들의 고통을 해결 해 주셨습니다.

요즘 병원들의 실태를 보면 정말 가관입니다. 예약을 해야 하며, 예약을 하지 않으면 우선순위에서 밀려나기도 합니다. 다급한 환자들은 그저 바라만 보며 발을 동동 구르기 일쑤입니다.

필자 역시 경험했지만, 대학병원이나 큰 병원은 치료를 받으려면 보통 수개월이 지나야 합니다. 어쩌다 이 지경까지 왔는지, 참으로 안타까울 뿐입니다. 환자가 있으면 그날 밤을 새워서라도 치료를 해야 하는 것이 당연한 일 아닌지요,

필자도 직장생활을 할 당시, 납품이 있는 날에는 밤을 새워서라도 일을 마무리한 적이 한두 번이 아니었습니다. 생명을 담보로 한 병원 의사들은 어찌 그리 태평스럽게 '칼퇴근'을 하는지요.

자신들의 명예와 수입을 위해 환자를 돌보지 않은 채 TV에 출연하거나 대학에 강연을 나가면서도, 환자들에게는 며칠, 아니 수개월을 기다리며 대기하라고 하는 실정입니다. 위정자들이나 종교 지도자들은 이러한 상황을 왜 함구하며 바라만 보고 있을까요.

앙리 뒤낭과 나이팅게일의 정신은 의학 공부를 시작하면서 배우게 되는데, 세월이 가면서 차츰 퇴색되어 이제는 의술이 돈벌이로 전락하고 말았습니다. 한 생명을 귀하게 여기는 것이 아니라 환자들이 돈으로 보이는 세상으로 바뀌었으니, 참으로 슬픈 일입니다.

4분 늦었다면서 돌려보낼 것이 아니라 4분을 더 할애하는 여유로운 민음으로, 한 생명을 구원하는 마음으로 환자들의 고통 곁으로 다가가야 할 것입니다. 특히 주님의 이름으로 운영되는 병원들만이라도, 제발 주님이 주신 치유의 방법으로 어려운 환자들을 보살폈으면 좋겠습니다. 내 경험, 내 기술이 아니라 주님의 손길임을 명심하고, 늘 주님처럼 한 생명을 귀하게 생각하며 사명을 감당했으면 좋겠습니다.

_6

받은 복을 즐기며 베푸는 삶: 맹상철, 김화미 집사 부부

하나님을 믿는 우리 백성들은, 삶 속에서 복을 달라고 기도하며 애원하는 경우가 있습니다. 하지만 하나님께서는 이미 우리들에게 많은 복을 허락하셨습니다. 그럼에도 불구하고, 우리는 매번 복을 빌고 또 빕니다. 그리고 그 복을 더 누리기 위해 헌금하기도 합니다. 그래서 자신을 위해 헌금하지만, 정작 이웃을 돌보아야 할 때에는 모르는 일처럼 상관하지 않습니다.

특히 우리 인간들은 매번 부족하다고 불만을 터트리지만, 한번 바꿔서 생각해 봅시다. 사실 별다른 부족함 없이 살고 있는 하루하루의 인생 아닐까요. 그런데도 남들과 비교하면서 늘 부족하다고 소리를 지르고 목말라합니다. 주님께서는 우리에게 이미 영원히 목마르지 않는 생수를 허락하셨지만, 우리는 여전히 갈증을 호소하면서 더 좋은 것, 더 많은 것을 가지기 위해 헛된 수고를 하고 있습니다.

그러므로 우리 믿는 사람들은 복을 더 달라고 떼를 쓰기보다, '축복의 통로'가 돼야 합니다. 축복의 통로가 되어 주님을 아낌없이 사랑하고, 그 주님의 충직한 종이 돼야 합니다.

그런데 오늘날 교회 지도자들은 '종'이라는 말을 매우 불쾌하게 생각하는 것 같습니다. 일부 성도가 기도나 예배 순서마다 '사자 목사님', '담임목사님', '당회장 목사님'으로 호칭하며 아양을 떨면 좋아하시지만, '강단에 세우신 종'이라고 하면 매우 불쾌해하시는 모습들을 볼 때마다 참으로 안타깝습니다.

현 시대의 교회 지도자들은 성도 앞에서 거창하게 말씀은 잘하시지만, 본인들의 '복'을 위해 주님을 핑계 삼고 거짓 날조하는 일들이 있어 개탄스럽습니다. 주님의 것을 자기 것으로 여기고, 성도가 피와 눈물과 땀으로 하는 헌금을 갖고 외제차나 고급 승용차를 구입하여 호가호위하는 분들을 볼 때면, 과연 저분들이 주님께 복을 받은 분들이 맞는지 구분이 어렵습니다.

그리고 노회와 총회는 성도를 위해 존재하는 것인데도 한결같이 목회자 자신들의 보신주의로 일관하고 있으니, 과연 복을 제대로 아시는 분들인지 의심하지 않을 수 없습니다.

당회와 시찰회, 노회와 총회는 사명의 복을 따라 성도와 이 세상을 위해 일해야 합니다. 그리고 신앙의 문제로 아파하는 이들과 병들고 배고파하는 이들을 긍휼히 여기면서 그들의 허기를 채워 주고, 소외되고 버림을 받은 이들의 친구가 되어 주며 도와야 합니다. 그러나 오로지 강단에서 '주님의 힘'을 가장하여 거짓말과 언어폭력으로 순진한 양 떼를 현혹하고 있으니, 주님께서 다시 십자가에 못 박히시는 것 같아 마음이 매우 무겁습니다.

이런 작태들과 다른, 필자가 속한 남선교회 회원들의 아름다운 사연을 소개하려 합니다. 비록 주님을 영접한 지 얼마 안 된 서리집사님이지만,

정말 주님께 복을 받은 성도로서 사명을 다하고 계십니다. 부부는 마음씨나 언행 모두 이웃의 존경을 받고 있던 크리스천입니다.

그 부부 집사님께서는 가정에 필요한 물품을 구입하기 위해 마트를 찾았습니다. 계산대에서 계산을 하려는데, 종업원이 행운권 한 장을 주더랍니다. 여집사님께서는 받지 않으려 애를 썼지만, 종업원은 '그러면 제가 긁어 드리겠습니다' 하고 대신 긁었습니다. "아!" 하는 탄성이 들렸습니다. 당첨이 된 것입니다. 부부는 너무 놀라고 황당했답니다. 받지 않으려 했는데 애써 강요하여 당첨된 상품을 가지고 집으로 돌아왔는데, 상품을 열어 보니 전기밥솥이었습니다.

부부는 '이 상품을 어떻게 하면 좋을까' 기도하는 마음으로 생각하기 시작했습니다. 문득 교회 안수집사님 친척 중 어려운 농촌에서 개척교회를 하고 계신 분이 있다는 말이 떠올랐습니다. 부부는 밥솥을 그곳으로 보내기로 하고, 필자가 보는 가운데 택배로 부쳤습니다.

며칠 후 집사님 댁에 방문해 친교를 나누던 중, 한 통의 전화가 걸려왔습니다. 바로 얼마 전 보낸 전기밥솥을 받은 분이었습니다. 잘 받았다는 연락과 함께, 그 시골 교회 목사님은 고마워 어쩔 줄 몰라하셨습니다. 그 모습에 '아! 이것이 복이고 감동이구나!' 하고 저는 그만 눈물이 터지고 말았습니다. 저는 비록 장로이지만, 예수님을 영접한 지 얼마 되지 않은 집사님들이 '축복의 통로'가 되신 것에 큰 감동을 받은 것입니다.

그 집사님들은 생활이 넉넉한 편이 아니신데도, 함께 거리를 가면 구걸하는 이들에게 늘 약간의 돈을 주시곤 했습니다. 그러나 함께 신앙생활을 하는 장로님들 중에는 연금이 많이 나오고 이 집사님 부부보다 생활이 더 안정돼 있어도 늘 부족하다고 투덜거리는 모습을 보곤, '참으로 축복의 통로를 모르시는 분이구나' 하며 안타깝게 생각했습니다.

하나님께서 이 세상을 창조하시면서, 낙원을 만들어 아담과 하와를 행복하게 하시고 한량없는 복을 그들에게 이미 주셨지만, 그들은 그 복을 누리지 못한 채 탐욕과 교만, 불순종의 죄를 범함으로 말미암아, 우리는 죄 가운데 늘 복을 기다리며 살고 있습니다.

이제 주님께서 선물로 주신 최고의 복을 우리는 신뢰하며, 그 복을 품고 즐기며 살아가는 가운데 세상과 함께 나누며 베풀어야 합니다. 주님께서 주시는 복의 통로! 모든 성도들이 그 길을 향해 간다면 좁은 문이 열릴 것입니다.

그리고 교회 지도자들이 먼저 축복의 통로를 위해 솔선수범하여, 주님께서 십자가에 못 박히셨던 그 아픔을 조금이나마 위로해야 할 것입니다.

제2장　　　가정과 우리의 신앙

_7
즐거운 나의 집

'즐거운 곳에서는 날 오라 하여도, 내 쉴 곳은 작은집 내 집 뿐 이리, 내 나라 내 기쁨 길이 쉴 곳도, 꽃 피고 새 우는 집 내 집뿐이리, 오사랑 나의 집, 즐거운 나의 벗 집 내 집뿐이리'.

이 노래의 작사자인 존 하워드 페인은 1852년 알제리에서 사망을 했다고 합니다. 31년 만에 그의 시신이 군함으로 뉴욕에 돌아오게 되던 날, 항구에서는 미국 대통령, 국무위원, 상원의원들과 수많은 국민들이 나와 모자를 벗고 조의를 표했다고 합니다. 이는 세계인의 애창곡 <Home Sweet Home> 우리말로는 <즐거운 나의 집> 이 곡은 1823년 영국 작곡가 헨리 비숍이 작곡했고 나중에 미국의 존 하워드 페인이 노랫말을 붙였는데 영국에서 보다 오히려 미국에서 더 유명해진 노래로 알려져 있습니다.

특히 미국 제16대 대통령인 링컨과 그의 부인이 특별히 사랑했던 곡이며, 미국의 남북전쟁 때 남군과 북군 가릴 것 없이 좋아했던 곡으로 알려져 있습니다. 아마도 전쟁으로 인해 고향으로 가지 못하는 군인들이 고향에 대한 향수, 그리움으로 표현 한 것이 아닐까 싶습니다.

남북전쟁 때 강을 사이에 두고 대치한 상황에서 한 병사가 하모니카로 이 노래를 연주해 전투를 중단하게 했던 노래이며, 아무리 초라해도 내 집만 한곳은 없다고 한 작사자는 삶을 통해 자신의 처지와 형편을 충분히 인식하고 타지를 돌아 다녀 바도 내가 편히 쉴 곳은 작은 집 내 집 뿐이라는 것을 노래가사에서도 충분히 알 수 있습니다.

우리 찬송가에도 '사철에 봄바람 불어 잇고' 559장에 가정에 대한 표현이 잘 되어 있습니다. 3절, "아침과 저녁에 수고하여 다 같이 일하는 온 식구가, 한상에 둘러서 먹고 마셔 여기가 우리의 낙원이라, 고마워라 임마누엘 예수만 섬기는 우리 집, 고마워라 임마누엘 복되고 즐거운 하루,"

성경에도 "마른 떡 한 조각 만 있고도 화목 하는 것이 육선이 집에 가득하고 다투는 것보다 나으니라(잠 17:1)"고 했습니다. 사도 바울은 말씀의 사역자가 모든 성도들을 그리스도 안에서 진정한 영적 가족으로 대하고 섬겨야 할 것을 가르칩니다. 그만큼 가정의 화목이 중요하다는 것입니다.

필자 역시 어린 시절부터 가정을 살피고 돌보아야할 아버지께서는 그 책임을 회피하고 자신의 영욕을 위해 가정을 지키지 못하고 세상 향락에 젖어, 어머님과 저는 심히 고단한 삶을 살았습니다. 식구라고는 어머님과 단 두 식구이지만, 늘 이웃의 가정을 부러워하며 살았던 기억이 피어오릅니다. 비록 당시는 먹을 것이 귀한 시절이었지만, 이웃가정에서 넘쳐나는 웃음소리와 가끔 다투는 소리가 너무도 부러웠습니다.

고향을 떠나 타지에서 살기란 참으로 고단한 삶입니다. 그럴 때마다 고향을 그리며, 비록 초가집이지만, 아침저녁으로 피어오르는 굴뚝 연기가 사무치게 그리움으로 다가 올 것입니다. 조금 떨어진 곳에 연못에서 물방개를 치며 서로 깔깔 웃어대던 시절, 원두막을 피해 과일 서리를 하며 조마조마 한 마음으로 스릴을 느끼던 그 때 그 시절, 발갛게 다 익은 감 홍시를 따기 위해 나무에 올라가 홍시를 먹으며 얼굴에 온 통 홍시로 칠했던 시절, 밤마다 집 앞에서 '바위고개 언덕을 혼자 넘자니' 노래를 하모니카로 불며, 친구들과 함께 노래 부르던 시절이 지금도 사무치게 그립습니다.

밤마다 이웃집 아낙네들이 마실을 즐기며, 오늘은 누구네 집에서, 내일은 누구네 집에서 수다를 떨며 장독대에서 내어오는 동치미와 고구마의 조화는 긴 겨울밤의 이야기는 무르익어 갑니다. 구수한 이야기로 밤은 깊어가지만, 할머니에게 더 해달라고 조르며, 사르르 잠이 들었던 그 시절이 오늘 '즐거운 나의 집'을 생각하며 그리움은 더더욱 깊어만 갑니다.

새로운 삶을 위해 가정을 떠나 타지에서 고난의 생활을 할 때, 부모님이 계시던 집이 몹시 그리울 때가 많습니다. 특히 어머니의 품은 사무치도록 안기고 싶을 때가 많습니다. 겉으로 내색 없는 아버지의 사랑은 더욱 그리워집니다.

가정은 참으로 귀하고 오묘한 힘을 가지고 있습니다. 그래서 가정은 작은 천국이라고 부르기도 합니다. 그리고 가정은 작은 나라이기도 합니다. 가정에서 충실치 못한 사람은 큰일을 할 수 없는 사람이라고 합니다. 작은 나라도 운영할 수 없는 사람이 어찌 나라의 일을 할 수 있겠습니까? 가정에 충실한 사람은 매사에 모든 일들을 잘 감당하는 위력을 가집니다.

그러므로 자녀교육은 가정에서 매일 예배드리는 것이 제일 좋은 교육이며 처방입니다. 어머니의 배 속에서부터, 어머니는 성경을 매일 같이 읽으며, 찬송으로 아기에게 들려줍니다. 아이가 태어나면, 어린 시절부터 가정예배를 충실하게 드려야 합니다. 아이들과 함께 성경을 한 장씩 교독하며, 찬송을 하며, 하루를 마무리 하는 그 시간이 얼마나 아름다운 일인지를 경험하게 될 것입니다.

가정예배에 충실한 아이는 절대로 빗나간 생각이나 행동을 하지 않습니다. 필자 역시 가정예배를 어려서부터 드렸기에 자녀들의 행복한 성장으로, 지금 사회생활 하는데 있어서 아무 문제없이 잘 하고 있습니다. 그만큼 가정예배는 중요한 것임을 신앙인들은 깨달아야 하겠습니다.

어려서부터 말씀으로 양육하고, 사회질서를 지키는 것과 공중도덕을 지키도록 가르치며, 불우한 이웃을 배려하는 따뜻한 마음을 지니도록 양육함은, 더욱 사회는 명랑하고 아름다운 곳이 될 것입니다. 하지만, 물질만능과 이기주의 그리고 자기 편리주의에서 안주한 탓에 세상은 갈수록 거칠어지고 심성도 정신도 매 말라가는 안타까운 세상으로 물들어 가정에서의 교육이 얼마나 중요한 것인지 새삼 느끼며, 자녀교육의 성공은 매일같이 가정예배를 드리는 것만이 해결책임을 깨달아야 하겠습니다.

'즐거운 나의 집', 듣기만 해도 가슴이 뭉클합니다. 편안한 어머니의 품, 사방 주위의 위험을 막아주는 아버지, 서로 의지하고 협력하는 형제들이 사는 우리 집, 즐거운 집이 아닐까요?

저는 가끔씩 생각합니다. 6,25전쟁을 통해 지금도 고향을 그리며, 감금되어 살아가는 북한의 우리 국군포로들을 생각하면 가슴이 메어집니다.

그들도 부모님이 계셨고, 형제들이 있었고, 함께 뛰놀던 옛 동무들이 있었습니다. 70년이라는 긴 세월을 즐거운 나의 집으로 돌아갈 꿈을 그리며 백발 노병이 되었지만, 지금도 고향의 부모님과 형제를 그리며 돌아갈 날을 손꼽아 기다리는 그 애틋한 심정을 무엇으로 메어 주겠습니까?

가족 간에 웃고 울며 지내던 그 추억의 집을 그리며 앞집, 뒷집 동네 아이들과 철없이 깔깔대며 놀던 그 친구들을 그리며 오늘도 즐거운 나의 집으로 돌아가고파 간절함으로 소망하는 노병들에게 즐거운 나의 집의 노래를 선물하며, 하나님의 깊으신 사랑을 드리고 싶습니다.

_8

가정의 달 5월, 율리부락 효자열녀 정려비를 보면서

 늘 다니던 길인데, 오늘따라 잠시 걸음을 멈추지 않으면 안 되었습니다. '효자열녀 정려비'가 눈에 들어왔기 때문입니다. 잠시 걸음을 멈추고, 비를 바라보았습니다. 비석의 주인공은 부산 금곡동 율리부락에서 태어난 조선시대 천승호(1817-1866년) 씨입니다. 임진왜란 당시 공신 천만리의 9세손으로 7층 5효 집안에서 태어났던 분인데, 7세에 부친을 여의자 시묘하고 홀로 된 모친이 중병에 걸려 지극한 간호를 했음에도 백약무효했습니다. 화사를 먹으면 병이 낫는다는 지인의 말을 들었지만, 한겨울인지라 눈물로 탄식하던 중 문득 눈얼음에서 화사를 발견하여 그 어머님의 중병을 고쳤다는 효자라고 합니다.

 그의 처 이 씨도 역시 법통 있는 가문의 여성으로서 천성이 곱고 정숙한 여자였으므로 시모에게 효성이 지극하였고, 지아비 섬기기를 하늘같이 했습니다. 지아비가 병들어 죽자 여러 날을 물 한 모금 밥 한 술 들지 아니하고 운명하니, 고종 9년 1872년 4월 천승호와 그 부인에게 효행과 열행을 가상히 여겨 통훈대부, 사헌부 감찰과 부인에게 숙인이라는 벼슬 교지를 내립니다. 그리고 인근에 널리 알리고 후세에 귀감으로 삼고자 효자 열녀 정려각을 세우도록 하였으며, 자손에게는 세금 및 노역을 감면토록 하였습니다. 부모에 대한 효심이 지극했던 것은 물론, 부부 간의 깊은 사랑이 마음을 뜨겁게 합니다.

그러나 지금 시대는 어떠합니까? 부모를 내다 버리질 않나, 폭행을 일삼지 않나, 심지어 살인까지 범하는 불효막심한 시대입니다. 하나님께서는 아담과 하와 이후, 모세를 통해 인간에게 지켜야 할 십계명을 명하셨습니다. 그 중 다섯 번째는 아시다시피 '네 부모를 공경하라'는 명령의 말씀입니다. 십계명에서 4번째까지는 하나님께 대하여 지켜야 할 명령이고, 인간에 대한 첫 번째 명령이 바로 부모에 대한 효입니다. 그러나 과연 우리 기독교인들은 부모에 대한 효를 다하고 있는지 의심스럽습니다. 필자도 부모에게 효도를 못한 것이 막심한 후회가 되며, 지금도 늘 부모님 생각에 눈시울을 적십니다. 부모님께 잘 해드리지 못했던 그 세월이 지금도 마음을 아프게 합니다.

우리 기독교인들은 살아계시는 부모님을 주님처럼 모시고 효도를 위해 최선을 다해야 합니다. 하나님께서 허락하신 부모와 자식, 그리고 가정은 늘 화목하고 사랑이 넘쳐야 합니다. 부모는 자식에게 뜨거운 매를 들어야 합니다. 그 사랑의 매 없이 우리의 미래는 결코 허락되지 않을 것입니다. 먼저 믿은 모든 성도들은 자식과 부모를 주님을 모시듯 사랑해야 하며, 특히 하나님의 사랑을 깊이 깨닫고 교회와 이웃과 나라와 민족을 위하여 최선을 다하여 살아가도록 늘 훈계하며 가르쳐야 합니다.

특히 이혼이 많은 요즘 시대를 생각하면 정말 안타까울 뿐입니다. 필자는 성도들의 부탁에 의해 중매를 많이 합니다. 모두 한결같이 믿음 좋은 총각, 믿음 좋은 아가씨면 좋다고 말하지만, 막상 선을 보면 '어찌 그리'

요구사항이 많은지…. 인물이 없니, 키가 작니, 재산이 없느니, 직장 연봉이 너무 적니, 장남이라서, 또는 지방이라서 등등 이유가 너무 많은 것을 보면서 가슴이 아팠습니다. 그래도 부모님들은 교회에서 장로, 권사, 안수집사님들인데, 어찌 말과 행동이 그렇게 다를 수 있는지, 믿음은 다 어디로 가 버리고 세상보다 더 요구사항이 많은 것을 바라볼 때, 앞으로 기독교의 앞날을 걱정을 하지 않을 수 없습니다.

청년들이여, 주님을 바라보세요! 사람을 외모로 보지 마세요! 그리고 돈으로 사랑을 얻으려 하지 마세요! 부모님들이여, 제발 자녀들을 믿음 안에서 주님을 바라보게 하세요! 그리고 신랑·신붓감의 믿음을 보세요! 자녀를 사랑한다면 외모를 보지 마시고, 깊이 주님을 바라보는 처녀·총각을 골라 보세요!

필자는 이 세상에서 저희 장인을 가장 존경합니다. 결혼 적령기에 제 홀어머님은 중풍으로 쓰러지셔서 대소변을 제가 봐 드려야 했습니다. 당시 필자는 대기업을 다니고 있었고 월급도 꽤 많았습니다, 매월 어머님에게 월급을 보냈는데, 어머님은 돈을 좀 키워보려고 이웃들에게 돈을 빌려주셨습니다. 막상 중풍으로 쓰러지시니, 어머님에게 돈을 꾸어간 분들은 하나같이 다 갚았다고 하셔서 그 돈을 다 잃고 말았습니다. 돈 한 푼 없는 저에게, 그리고 중풍으로 쓰러지신 시어머니가 있는 가정에 누가 시집을 보내겠습니까? 지금 시대 같으면 '전설의 고향' 같은 이야기이지요,

하지만 저희 장인은 장로님이셨는데, 제가 교회를 다닌다는 그 한 가지만으로 결혼을 승낙하셨습니다. 오직 평생을 믿음으로 이웃을 위해 사신 분이기에 필자는 장인을 더 존경하게 되었습니다. 장인이 돌아가신 후 많은 단체에서 장인에 대한 칭찬을 했습니다, 정말 오른손이 하는 것을 왼손이 모르게 이웃을 위해 헌신하셨던 분이었습니다. 말보다 행동으로, 그

리스도의 사랑을 보여주신 분이셨습니다.

한 가지만 더 말씀드리겠습니다. 가정의 달 5월을 맞이하여, 어린이주일, 어버이주일, 스승의주일 등을 행사로만 지낼 것이 아니라, 하나님의 놀라우신 사랑을 깨닫고 그 사랑을 나누는 참된 한 달로 삼아야겠습니다. 이조 시대의 효도와 부부의 사랑이 지금과 왜 차이가 나야 합니까? 오히려 지금은 더 자유로운 시대이므로 더 뜨겁게 효도하고, 가정을 사랑하시는 주님께서 기뻐하실 아름다운 가정을 만들어야 하겠습니다. 그 가운데 사회는 평화로워지고, 사랑 넘치는 아름다운 세상이 될 것입니다.

젊은이들은 부모에게 진심으로 효를 다하며, 부모는 자식들을 믿음으로, 사랑의 매를 들어 이 세상을 그리스도의 사랑이 넘치는 가정을 만들어야 할 것입니다. 그리스도인들이 가정을 아름답게 잘 이끌 때, 불신자들은 그 모습을 보며 점점 하나님께로 나아올 것입니다.

_9
가정예배 회복으로, 자녀들을 바르게 양육하자

"모든 성경은 하나님의 감동으로 된 것으로 교훈과 책망과 바르게 함과 의로 교육하기에 유익하니(딤후 3:16)".

"내 아들아! 여호와의 징계를 경히 여기지 말라, 그 꾸지람을 싫어하지 말라 (잠 3:11)".

"마땅히 행할 길을 아이에게 가르치라, 그리하면 늙어도 그것을 떠나지 아니하리라(잠 22:6)".

성경에 나오는 위대한 인물들 중에는 자녀들에게 올바른 양육을 하지 않아 낭패를 당한 분들이 많았습니다. 엘리의 아들 홉니와 비느하스는 여호와의 제사를 멸시하고, 회막문에서 수종 드는 여인과 동침하는 악행을 저질렀습니다. 하나님께서는 이스라엘에 해악이 되는 엘리의 두 아들을 제하시고, 이스라엘을 영적으로 흥왕케 할 경건한 사무엘을 등장시키십니다.

엘리는 하나님의 엄한 말씀을 분명히 알고 있었지만, 자녀를 향한 지나친 연민 때문에 엄하게 훈계를 하지 못함으로 두 아들을 하나님보다 높인 결과를 초래했고, 결국 한 제사장의 잘못으로 온 백성은 하나님의 말씀을 잃게 되었습니다. 이러한 그들의 행동은 불신앙으로 떨어지는 전형적인 본보기가 되었던 것입니다.

출애굽 당시 아론의 아들 중 나답과 아비후는, 하나님께서 명령하신 번제단의 불을 사용하지 않고 '다른 불'을 사용하여 분향하다가 죽임을 당하는 사건이 발생하였습니다. 하나님께서는 큰 일을 맡은 사람일수록 더욱 엄하게 책망하시며, 그들의 죽음은 불순종을 범하지 말라는 경고성 징벌임을 알아야 합니다. 이 사건 역시 아론이 자식에 대한 훈계를 게을리한 탓이라 할 수 있습니다.

특히 사무엘마저 늙은 후 장자 요엘과 차자 아비야를 이스라엘의 사사로 삼았지만, 그들은 브엘세바에서 사사가 되어 자기 아버지의 선한 행위를 따르지 아니하고 사사로서의 사명을 다하지 못합니다. 이익을 따라 뇌물을 받고 판결을 굽게 하여, 이스라엘 모든 장로들이 라마에 있는 사무엘을 찾아갑니다. 당신은 이미 늙었고 당신의 아들들은 당신의 행위를 따르지 아니하니, 모든 다른 나라들처럼 왕을 세워 달라고 간청하는 빌미를 제공한 것입니다.

사무엘은 이스라엘 역사상 위대한 하나님의 종이자 사사였지만, 자식에 대한 훈계를 게을리 함으로 하나님의 통치에 대적하는 왕을 요구하게 만들고, 하나님과의 언약을 깨뜨리는 중대한 범죄를 저지르고 말았습니다.

이스라엘 역사상 가장 위대한 왕이었던 다윗은 어떠합니까? 그도 자녀들에 대한 훈계를 게을리하면서 자식들에 의해 많은 상처를 받았습니다. 장자인 암논은 압살롬의 누이 다말을 상대로 간통을 저질렀지만, 아버지 다윗은 징계하지 않아 결국 암논이 이복동생인 압살롬에게 처참한 최후를 맞이합니다.

다윗이 압살롬에 대한 징계나 훈계도 하지 않으면서, 압살롬이 아버지를 배신하고 반란을 일으켜 아버지의 후궁들을 범하는 불효막심한 사건이 발생하고 말았습니다. 다른 아들 아도니야는 왕위를 찬탈하기 위해 모략을 꾸미고, 아우 솔로몬 왕을 향해 다윗을 봉양하던 아비삭을 아내로 삼게 해 달라고 간청하는 등 왕권을 찬탈하려는 야심을 버리지 못하다 솔로몬에 의해 비참한 최후를 맞이합니다. 아비삭은 다윗의 후궁이었습니다.

야곱의 열두 아들 중 장자였던 르우벤도 아버지의 첩인 빌하와 통간함으로 장자로서의 특권을 상실하고 말았습니다. 뿐만 아니라 그의 방종과 무절제함 때문에 르우벤 지파에서는 새 지도자가 배출이 되지 않는 비극을 초래합니다.

이런 비극들이 일어나는 이유는 바로 하나님께 불순종함과 함께, 자녀에 대해 지나친 연민으로 훈계를 게을리한 탓입니다.

여기서 잠시 필자 가정에 대한 이야기로 자녀교육에 도움을 드리고자 합니다. 필자는 어린 시절 불행한 가정에서 태어나, 고단한 어린 시절을 보냈습니다. 저는 4대 독자였지만, 아버지께서 가정을 돌아보지 않으시고 자신의 욕망에 찬 세월을 한평생 보내셨습니다. 저는 어머님이 한 분이 아니었습니다.

저를 길러주신 어머님은 이북에서 처녀로 월남하신 분으로, 아버님의 꾐에 빠져 우리 가정으로 들어오시게 되었습니다. 어머님께서는 저를 지극정성을 다해 키워 주셨습니다. 옆방에 사시는 모녀의 진실한 신앙에 감동해 어머님과 저는 교회에 나가기 시작했는데, 당시 그 모녀는 1년 열두 달 하루도 빠짐없이, 눈이 오나 비가 오나 새벽기도회에 나갔습니다.

어머님께서는 저를 믿음으로 철저히 양육하셨고, 저는 믿음으로 어린 시절을 정직하고 바르게 살았습니다. 그리고 앞으로 제가 꾸릴 가정에는 이러한 불행을 다시는 되풀이 하지 않겠노라고 기도하며 다짐했습니다. 모든 불행은 제게서 끝나고, 후손들에게는 절대로 이런 비극을 주지 않으리라는 철저한 각오로 다짐을 했던 것입니다.

저는 결혼을 하여 두 자녀를 낳았습니다. 아들과 딸을 낳아 믿음으로 철저하게 교육을 하였습니다. 가장 먼저 자녀에게 가르친 것은 질서와 공중도덕을 지키는 일이었습니다. 자녀들이 어린 시절, 매일 저녁 7시만 되면 가정예배를 드렸습니다. 아이들을 안고 예배를 드리며, 3살 때부터 함께 성경을 읽고 예배를 드렸습니다.

마침 큰아들이 한글을 빨리 습득하여, 매일 성경을 돌아가며 한 장씩 읽었습니다. 나중에는 아들과 딸이 피아노를 배워, 매일 번갈아 피아노 반주를 하며 즐겁게 예배를 드렸습니다. 하루는 아들이, 다음 날에는 딸이 반주를 하며, 온 식구가 찬송을 부르며 예배를 드렸습니다. 그래서 주위에 사시는 분들이 저희 가정을 보며 부러워하기도 했습니다.

아들과 딸은 유치원을 가기 전 매일 아침마다 문 앞에 꿇어 앉았습니다. 제 아내는 두 자녀의 머리에 손을 얹고 기도를 했습니다. 기도 후 유치원과 학교로 보냈습니다. 고등학교 1학년 때까지 철저하게 가정예배를 드렸습니다.

가정예배가 얼마나 귀한 일이고 중대한 교육이었는지, 지금도 그들의 삶을 통해 실감하곤 합니다. 예배를 드리면서 오늘 하루를 반성하고, 자녀들과 소통하며, 정직과 이웃을 배려하는 마음을 나눴습니다. 특히 자녀와의 약속을 철저하게 지킴으로, 자녀들의 미래에 대한 두려움과 걱정은 하지 않아도 되었습니다.

학교에서는 친구와의 관계가 원만하였고, 교회에서도 성실한 신앙생활을 하였습니다. 지금은 자녀들이 모두 서울에 있지만, 하나님의 은혜 가운데 별다른 사고 없이 지금까지 충실하게 사회의 구성원으로서 열심히 자기 사명을 다하고 있습니다. 현재는 모두 결혼을 하여 믿음으로 주의 일꾼 되어 열심히 살고 있습니다.

저의 시대는 불행했지만 자녀들의 시대를 불행으로 만들지 않기 위해, 주 안에서 믿음으로 찬양하며 기도와 함께 자녀들의 올바른 성장을 위해 최선을 다하리라는 결심으로 성공을 이룬 셈입니다. 자녀들이 사회적으로 유명 인사가 되는 것을 성공으로 생각하는 고정관념을 타파해야 합니다. 우리 믿는 성도는 무엇보다 무장된 신앙을 유산으로 물려주어야 합니다.

그 믿음 안에 기도와 찬미, 그리고 자녀들과의 소통, 신뢰, 그리고 정직함과 이웃 사랑을 실천하는 모범을 보여줄 때, 자녀들의 앞날에 대한 걱정과 근심, 두려움은 자연히 사라지는 것입니다. 자녀들을 사랑할수록, 더욱 엄한 징계가 필요합니다. 그 엄한 징계 속에는 깊은 사랑이 함께해야 합니다. 앞에서 말한 것처럼, 성경에는 하나님께서 기뻐하시던 많은 지도자들이, 자녀에 대한 징계를 게을리함으로 쓰디쓴 비극의 잔을 맛보는 낭패를 배울 수 있지 않습니까.

지금 시대는 거의 사라진 가정예배를 다시 회복하여, 어릴 때부터 자녀에 대한 양육을 믿음으로 철저히 해야 하며, 부모들도 이를 통해 함께 배워야 하겠습니다.

_10

겨울이 왔다… 더 늦기 전에 성경을 읽자

올해 여름은 참으로 무더웠습니다. 살인적 무더위를 이겨내느라 마음 고생은 물론, 육체적 고통을 이겨낸지 얼마나 됐다고, 벌써 떨어져 사라져 가는 나뭇잎을 보며 어둡고 차가운 겨울을 맞이합니다.

올해는 얼마나 더 추울까? 노심초사하며 괜한 걱정으로 초조한 미래를 꿈꾸기도 하지만, 예수님께서 태어나신 성탄이 있기에 겨울은 참으로 행복한 계절입니다. 다가올 새해를 맞이하고 소망의 봄을 맞이하기 위해 거쳐야 할 긴 터널을 뚫어보려 몸부림치며, 점점 무르익어가는 겨울밤을 어떻게 이겨야 할까요?

칼럼니스트이자 시인 이상헌 씨의 '오늘의 생각'이라는 글을 보면, 이 세상은 완성을 위한 인생학교입니다. 배운 만큼 성장하고 깨우친 만큼 보이기 마련이고, '아는 것이 힘이다, 배워야 산다'는 구호를 외치며 인류 역사는 전진에 전진을 거듭한다고 합니다.

그는 지난해 자신의 저서가 나온 뒤 사인회를 가졌는데, 사인을 받은 한 주부가 책을 책상 위에 올려놓고 큰 절을 하기에, 물었다고 합니다. 그러자 그 독자는 "사람만 사람이 아니라 책도 사람입니다"라고 말했다고 합니다. 그는 반가운 마음에 그 분에게 큰 절을 올렸다고 합니다.

이처럼 일반 도서 한 권을 읽고도 책을 향해 큰 절을 올리기까지 하는데, 우리 신앙인들은 하나님께서 주신 성경에 대해 얼마나 알고 읽으며 사랑하고 있을까요?

이상헌 시인은 60세가 되기 전에 1만권의 책을 독파했고, 100권 넘는 책을 펴냈다고 합니다. 그는 어려서부터 심폐기능과 순환기에 문제가 있어 호흡곤란과 저체온증으로 여름에도 솜이불을 덮고 잠을 잤고, 겨울에는 내복을 7개씩 껴입고도 벌벌 떨며 살았다고 합니다.

게다가 부정맥으로 심장은 제멋대로 뛰다 말다를 반복하고, 기침을 하면 피를 토했는데 멈추지 않아 어른들을 안타깝게 했지만, 독서에 열중할 때만큼은 전혀 고통을 느끼지 못하다 보니 독서에 더 집중했다고 합니다.

그는 말합니다. "나에게 이런 병이 없었더라면 많은 책들을 보지 않았을 것이고, 책도 펴낼 수 없었을 것이며, 오직 주색을 잡거나 그보다 더 못한 사람으로 살았을 수도 있었다." 그만큼 그는 자신의 어두운 약점을 좋은 습관으로 바꾸어, '인생 역전'을 할 수 있는 기초를 마련했음을 알 수 있습니다.

이스라엘은 아이들이 초등학교에 입학하면, 첫 시간에 선생님이 꿀단지를 교탁 위에 놓고 '배움은 꿀처럼 달다'고 칠판에 쓰신다고 합니다. 학생들은 줄을 서서 한 사람씩 앞으로 나와 꿀을 찍어 먹고 맛을 음미한 뒤, 다같이 '배움은 꿀처럼 달다'를 합창합니다. 이렇게 시작하다 보니 아이들에게 배움은 '달콤한 양식'으로 각인됩니다.

이상헌 시인은 "지식사회에서는 지식이 유일한 자산이고 무기인데, 그조차 모르면 천재로 태어나 둔재로 마감할 수밖에 없다"고 합니다. 그는 우리에게 가장 중요한 3가지 금이 있는데, 그것은 현금, 소금. 지금이라고 말합니다.

주어진 시간을 어떻게 사용하느냐로, 자신의 가치가 결정된다고 합니다. 그래서 그는 "나는 가장 중요한 '지금'을 위해 'TV 안 보기 운동'을 벌일 것이다. TV는 시간을 빼앗아가는 도둑이어서 기피한다"고 합니다. 그는 자손에게 물려줘야 할 최고의 유산은 수천, 수억의 재산이 아니라, 바로 '책 읽는 습관'이라고 말합니다.

하지만 필자는 우리 신앙인들의 최고의 재산은 돈이 아니라 믿음이라고 생각합니다. 그 믿음에는 4가지 주요한 '4고'가 있는데, 그것은 바로 "기도하고, 성경 읽고, 찬송하고, 행하고"라고 말하고 싶습니다.

신앙인이라면, 적어도 그 날을 마무리 하는 귀한 저녁 시간에는 가정예배를 드려야 합니다. 온 가족끼리 기도하고 성경 읽고 찬송하는 예배를 드리는 것이 최고의 밤 아닐까요? 날씨가 추워져 밖에는 칼바람 몸서리치는 폭풍이 괴롭히더라도, 아름다운 기도와 찬송으로 물리칠 수 있는 행복하고 강건한 겨울밤이 되지 않을까요?

그리고 다음 날에는 '행하고'를 실천한다면, 인생이라는 무대에서 하나님의 영광이 섬광처럼 빛나지 않을까요? 교회 안에서 성도들끼리 서로 격려하며, 서로 안부를 묻고 아픔을 나누며 도와야 할 이웃들을 위해 의논하며, 찬송하고 기도하는 아름다운 믿음의 권속들이 되어야 하지 않을까요?

1년 열두 달 동안 성경 한 장 읽지 않는 중직자들이 많음을 보면 참으로 안타깝습니다. 요즘에는 스마트폰이 등장해, 성경책은 아예 뒷전으로 밀려나 버렸으니 안타깝기 그지 없습니다.

적어도 신앙인이라면, 하루 한 장 정도의 성경은 읽어야 하지 않을까요? 그냥 들고만 다니라는 것이 아니라, 말씀을 늘 묵상하고 그 말씀을 따라 복음을 전하며, 성경이 일러주는 삶을 실천하며 살아가는 삶이 예수님의 제자로서의 그것 아닐까요?

우리는 늘 믿는다고 입으로 시인하지만, 실제로는 수박 겉핥기 식의 형식에 너무 치중하므로, 하나님의 신기하고 오묘한 생명의 말씀을 이해하기란 매우 어려운 것입니다. 그래서 생겨나는 것이 교만과 탐심, 그리고 권력의 맛을 들여 많은 신앙인들의 가슴에 상처를 제공하며 하나님의 마음을 아프게 하는 것입니다.

이제 머지 않아 진리를 증언하시려고 세상에 오시는 주님의 성탄이 다가옵니다. 주님이 증언하시려는 참 진리를 깨달으려면, 천국 도서관에서 제공하는 하나님의 말씀인 성경책을 누구나 읽어야 할 것입니다.

점점 무르익어가는 긴 터널 같은 겨울 밤에 하나님께 예배하고 말씀 읽는 귀한 시간들을 신앙인이라면 솔로몬의 일천번제 같은 귀한 시간들을 만들어야 하지 않을까요?

성경을 매일 읽는다는 것은, 참으로 우리 신앙인들에게는 멋진 인생의 지표가 될 것입니다. 그러므로 매일 성경을 읽는 아름다운 모습들이 많은 가정의 창가에서 보여지기를 기대해 봅니다.

_11
가정예배가 살아야 나라가 산다

　국민들의 피와 땀, 눈물인 세금으로 영화를 누리는 나라는 자유민주주의를 신봉하는 나라들 중 아마도 대한민국이 유일하지 않을까요. 유능한 젊은이들이 공무원 시험에 응시하기 위해 앞 다퉈 밤잠을 설치며 공부하고 있습니다. 그것도 모자라 비싼 학원비를 내면서까지 열을 올리고 있습니다.

　이유는 공무원이 되면 평생 안전한 생활이 보장되며 노후까지도 보장이 되기 때문입니다. 머리가 좋고 유능한 인재라면 병들어 고생하는 환자들을 위해 의술을 개발하거나, 국민들이 평화롭고 안전한 삶을 영위할 수 있는 방안을 찾고, 경제적으로 크게 어려움 없도록 경제 활성화나 일자리 창출을 위한 회사를 설립해 젊은이들이 마음 놓고 일할 수 있는데 온 힘을 쏟아야 하지 않을까요.

　이처럼 한국 사회에서는 특히 교육 정책 부재가 심각한 수준입니다. 아이들은 인내심이 사라진 채, 수월하고 편한 것만 찾으려 합니다. 학생들 인권만 챙기다, 오히려 미래를 읽지 못하는 현실이 되고 말았습니다.

참 교육은 어린아이 때부터 부모의 몫입니다. 학교에 입학하기 전까지의 교육은 부모의 몫인데, 그 부작용이 심각한 수준에 이르렀습니다.

어릴 적부터 아이들에게 민주주의를 교육하고, 공중도덕과 질서를 지키는 일, 배려하는 삶이 몸에 배이도록 철저히 교육해야 합니다. 특히 역사를 존중하면서 사실 그대로 교육을 해야 하는데도, 자신들의 이념에 의해 역사를 왜곡·폄하하고 있습니다.

역사를 마음대로 조종하거나 자신들 목적에 이용할 경우 그 나라의 미래는 불 보듯 뻔합니다. 거짓과 모순의 틀에 갇혀 아이들의 교육 현장에 진실이 가려지는 치명타를 안겨서는 안 될 것입니다.

요즘 여학생들은 화장하는 일에, 남학생들은 문신하는 일에 빠져 학생 신분을 망각한 것 같아 보입니다. 필자가 학교에 다닐 때 남학생들은 머리를 깎고 모자를 썼으며, 교복 상의는 흰 칼라에 후크를 채운 단정한 모습이었습니다.

당시 선생님들은 '호랑이'였습니다. 지금처럼 선생님에게 욕을 하거나 대드는 일은 있을 수 없었습니다. 어쩌다 이 지경까지 왔나 싶어, 미래가 불안합니다.

심지어 어떤 고등학생은 한석봉이 누군지도 모른다고 합니다. 제주도가 예전에 탐라국이라는 사실도 알지 못합니다. 울릉도가 우산국이었다는 사실도 마찬가지입니다.

미국과 일본, 이스라엘 같은 나라를 보십시오. 옛날이나 지금이나 교육 현장이 똑같습니다. 하지만 우리나라는 어떻습니까? 대통령이 바뀌면 역사가 바뀝니다.

교육은 국가 미래의 기둥입니다. 대한민국은 충효의 나라였습니다. 옛날 조상들은 부모가 돌아가시면 3년상을 지낼 정도였습니다. 그만큼 부모에 대한 효의 정신이 다른 나라들보다 우월했습니다.

하지만 이마저 무너져내리는 참상 앞에 할 말이 없습니다. 컴퓨터를 이용한 게임과 오락을 너무 많이 한다는 훈계를 잔소리로 여겨, 칼로 부모를 살해하는 끔찍한 세상이 되어버렸습니다.

그 옛날 화랑도 정신과 선비 정신은 다 어디로 갔단 말입니까. 필자는 이러한 교육의 개선을 위한 아이디어를 정부에 몇 번이나 제출했지만. 돌아오는 답은 '이미 그렇게 하고 있다'는 대답뿐이었습니다. 참으로 어이가 없었습니다.

아이를 하나 둘만 낳고 있어 자녀 교육은 더욱 사랑으로 하고 있지만, 공공질서를 지킬 수 있도록 해야 합니다. 사랑의 교육은 아름다운 '눈물과 매' 없이는 이뤄질 수 없습니다.

그 '눈물과 매'의 해답은 가정예배에 있습니다. 가족이 한데 모여 하나님 말씀을 묵상하고, 찬송으로 즐거워하며, 오늘 하루를 반성하고 참회하며, 내일을 위해 새로운 다짐으로 희망을 갖는 가정예배야말로 가정에 작은 천국을 이루는 일입니다.

그리고 예수님께서 이스라엘 성을 보고 우셨던 것처럼, 나라와 민족을 위해 기도하는 자녀들로 교육해야 합니다. 그리고 기도를 넘어 행동해야 합니다.

지금 대한민국의 형편을 보고도 '나라를 위해 기도하자'고 말만 앞세우는 지도자들이 있습니다. 그들이 진정한 지도자인지 묻고 싶습니다. 도리어 나라와 미래의 안위를 위해 용기 있게 나아가 외치는 신앙인들에게 돌을 던져서야 되겠습니까?

주사파들의 품으로 나라가 통째로 넘어가고 나서야, 기도하며 행동하시겠습니까? 현재 북한의 세습 왕조의 폭압 아래 고통당하고 죽어가는 주민들의 인권회복에 대해, 6.25 사변 당시 끌려가 지금도 고령의 나이에 고향을 그리워하면서 고통당하고 있는 우리 국군 포로들의 인권에 함구해서야 되겠습니까?

그들에게도 부모 형제가 있었고, 동네에서 함께 놀던 친구들이 있었습니다. 얼마나 사무치게 그립고 보고 싶었겠습니까? 70년이란 긴 세월을 남한의 고향을 그리며 보낸 그들이 염원에 대해서는 어찌 이리 조용한가요? 당신들의 일이 아니라며 이렇게 철저히 외면한다면, 누가 나라를 위해 죽음을 각오하고 충성할까요?

지금이야말로 순교를 각오하고 나서야 할 때입니다. 지도자들은 스스로 깨닫고 철저히 하나님 앞에 무릎을 꿇고 기도해야 합니다. 용기 있는 외침과 행동으로 옮겨야 합니다. 이 나라는 순교의 피로 세워진 나라입니다. 하나님께서는 이 나라를 반드시 지켜 주심을 확실히 신뢰하고 믿고 나아가야 할 것입니다.

생각해 봅시다. 안보는 국민의 생명과 직결되는 문제입니다. 하지만 이번 현충일 추념사에서 대통령은 6.25 전쟁과 연평해전에서 숨진 분들, 그리고 나라를 위해 일하다 목숨을 바친 순국선열들을 추모하는 자리에서, 가해자인 약산 김원봉을 떠받들었습니다. 대통령은 현충원에 묻힌 국가유공자들, 그 자리에 있던 국가유공자나 이 연설문을 들은 국가 유공자들의 가족들이 얼마나 서럽고 애통했을까요?

현충일 추념사에서 김원봉은 해방 후, 대한민국 국군 창설의 뿌리와 한미 동맹의 토대가 됐습니다. 국가를 책임지는 수장으로서 자신의 민낯을 다 드러내, 사실상 자유 대한민국 체제에 반대하고 북한 편에 서 있음을 여실히 보여줬습니다. 국민들은 올바르게 판단해야 할 것입니다.

6.25를 통해 얼마나 많은 국군과 민간인들이 희생됐습니까. 이 땅의 전

쟁 중, 가장 많은 인명피해가 난 6.25 사변에서 미국을 비롯해 얼마나 많은 유엔군들이 희생됐습니까. 미국이 아니었다면, 우리나라는 지금도 공산 치하에서 신음하고 있었을 것입니다.

하지만 의리를 무시한 채 우리나라를 침략해 우리의 부모 형제를 죽인 그들의 편에서 일하고 있는 지도자들이 있습니다. 머지 않아 그들은 역사 앞에서 반드시 심판을 받게 될 것입니다.

언론인들은 또 어떻습니까. 이명박 대통령 시절 '광우병 사건'만 해도, 잘못된 언론 보도로 얼마나 많은 근심을 주었습니까. 언론은 목숨을 내놓고서라도 진실하게 국민들에게 알려야 의무와 사명이 있습니다. 힘 있는 권력 앞에서 왜곡보도를 한다거나, 사상이나 이념으로 인한 한쪽 편에서만 보도하는 일은 절대 금물입니다.

언론은 그 나라와 국민의 수준입니다. 그러므로 언론인은 자신의 역할이 얼마나 중요한지를 깨닫고, 국민들 앞에 진실을 알려야 합니다. 그렇지 못한 언론인은 지금이라도 언론에서 손을 놓아야 할 것입니다. 언론이라면 어느 정부를 막론하고 좌로나 우로나 치우쳐서는 안 될 것이며, 본연의 목적과 사명을 잊지 말아야 하겠습니다.

민주노총을 비롯한 노조는 어떤가요. 자신의 회사 노조 활동 대신 정치 집단이 되어, 일하지 않고 쟁의에만 몰두하는 모습이 참으로 안타깝습니다. 일하기 위해 입사했으면, 일을 하는 것이 옳지 않겠습니까?

문제가 있으면 노동부에 알려 권리를 찾으면 됩니다. 그런데 다른 회사들과 연대를 하고 투쟁하는 모습은 이제 사라져야 할 때입니다. 회사의 운영자와 노동자들은 조금씩 서로 양보하면서, 회사와 지역, 나라를 위해 폭넓게 생각하는 포용력을 발휘했으면 좋겠다.

물론 국민이 뽑은 지도자이기에 함부로 할 수 없다는 것은 맞습니다.

하지만 국가와 국민의 안위 앞에서는 누구도 예외가 없습니다. 박근혜 전 대통령 하야를 위해, '촛불'을 빙자해 얼마나 많은 거짓날조로 선전을 했던가요? 그 때도 기독교인들은 함구하며 눈치만 보고 있었습니다.

종교는 정치에 참여하면 안 된다는 논리 앞에서 그저 눈치나 보고, 자신들의 편리와 행복에만 눈이 멀어, 하나님의 영광을 보지 못하는 오늘날의 기독교 지도자들은 각성해야 할 것이다. 그리고 대형교회에서 누리는 각종 혜택과 권력에 눈 먼 지도자들 때문에, 하나님께서는 오늘도 한탄하고 계십니다.

불신자들 중에서도 전광훈 목사의 용기 있는 시국선언문에 박수를 보내는 분들도 있다고 합니다. 전 목사의 옳은 일에 "기독교의 정신이 아니다"는 그들은, 도대체 어떤 기독교 정신을 말하는 것인가요?

_12
가정, 하나의 작은 교회… 부모는 목회자처럼

설 명절입니다. 2019년, 기해년 새해가 밝았습니다. 지난 것은 잊어버리고, 새로운 모습으로 살아가야 할 것입니다.

하지만 지난 일을 잊기란 역시 힘이 듭니다. 남들에게서 심한 굴욕 또는 창피를 당했거나, 시기와 모함을 받아 밤낮 애를 태우던 일, 나의 실수로 많은 사람들에게 상처를 입혔거나 나의 자존감에 크게 손상을 입었던 일 등을 생각하면, 잊어버린다는 말이 오히려 미움을 받는 것이 아닐까 생각해 봅니다.

더욱 잊혀지지 않는 것이 있다면, 그것은 부모에 대한 불효가 아닐까요. 인간이라면 대부분 그러할 것입니다.

가정의 평안과 화목과 행복을 위해, 세상 속에서 온갖 수고를 마다하지 않고 감당하며 지켜내는, '작은 교회 목회자'라 부를 수 있는 존재가 바로 부모님 아닐까요?

요즘 청소년들을 바라보면 참으로 애가 마르고 가슴이 찢어질 듯한 참담함에 긴 한숨만 나올 뿐입니다. 물론 자녀를 많이 낳지 않고 하나 아니면 둘 낳는 요즘 시대의 과잉보호를 탓하는 것은 아니지만, 아이가 적을수록 더욱 가정 교육이 필요함을 부모님들은 깨달아야 합니다.

자녀 교육은 곧 우리 사회를 위한 것이요, 미래 나라와 민족을 위한 것임을 진심으로 이해하며 실천해야 합니다.

가정은 남남인 남녀가 만나 결혼함으로써 시작이 됩니다. 부부가 서로 사랑하여 낳은 자녀를 사회와 국가의 훌륭한 일원으로 보살피고 키우는 기쁨 역시, 가정의 기본이며 작은 행복이라 생각됩니다.

또 가정이 화목하고 행복해지려면, 부부가 서로 신뢰하며 믿고 의지하며 사랑하고, 서로를 위한 희생이 요구됩니다.

가정에서 부모의 모든 행동들은 아이들이 보고 있으므로, 조심스럽고 자연스럽게 질서를 유지하는 것이 가정의 근본이라 생각됩니다.

남편은 아내를 소개할 때, 그리고 자녀들 앞에서 '내 생애 최고의 여자'라고 당당하게 아내를 소개할 수 있어야 합니다. 부인 역시 남편을 '내 생애 최고의 남자'라고 떳떳이 말할 수 있는 실천이 필요합니다.

특히 '가정의 목회자'인 부모는 자녀들이 가장 존경하고 신뢰하는 존재가 되어야 합니다. 부모님들의 말씀과 행동이 서로 다르다면, 자녀 교육과는 거리가 멀어질 것입니다. 모든 부모님들이 그렇듯, 정신적·육체적 수고와 노력을 아끼지 않는 이유는 가족들의 평안과 안녕을 위해서입니다.

성경에는 예수님의 어린 시절에 대해 매우 간략하게 기록돼 있습니다. "예수님께서는 지혜와 키가 자랐고 하나님과 사람의 총애도 더하여 갔다."

예수님도 성장기에는 분명 육신의 어머니와 아버지인 마리아와 요셉의 훌륭한 가정 교육과 돌봄이 필요했을 것입니다. 때로는 희생과 배려도 필요했을 것입니다.

서로가 서로에게 바라는 것을 요구하기 전에, 하나님께서 보여주신 배려와 사랑을 먼저 베풀며 살아던 것임을 알 수 있습니다.

이것이야말로 하나님께서 태초에 창조한 우리 인간에게 바라고 원하시는 가정 공동체의 모습 아닐까요? 그러나 요즘 우리 가정에서는 '화목'이라는 단어보다, '갈등'이라는 단어가 자주 들리고 있습니다.

경제적 어려움으로 가족을 포기하고 폭행하거나, 심지어 가족을 살인까지 하는 파렴치한 일들이 가정 곳곳에서 일어나고 있으니, 실로 슬픈 일이 아닐 수가 없습니다.

가족이란 때로는 다르고, 서로 말할 수 없는 비밀도 생기지만, 결코 버릴 수도 없고 끊으려야 끊을 수도 없는 존재입니다. 가족이야말로 하나님의 사랑 안에서, 마치 손가락이나 발가락이 몸에 붙어 있는 것 같은 존재입니다.

지난 한 해를 뒤돌아보면, 이처럼 어렵고 힘든 시기는 없었다고 생각합니다. 새해는 더더욱 어렵다고 미리 야단들입니다.

하지만 우리 신앙인들에게 필요한 것은, 가족 간의 끈끈한 사랑입니다. 우리는 가족을 하나님의 사랑으로 대하고 있는지, 부모와 배우자, 그리고 자녀로서 하나님을 사랑하고 그분의 뜻에 따르는 삶을 살고 있는지 한 번 되짚어 봅시다.

그리고 새로운 한 해를 내 안에 품을 수 있도록, 사랑으로 나아가는 각 가정을 작은 교회로 만들어야 하겠습니다.

우리 신앙인들이 살아가면서 여러 가지 일을 새로이 시작하고, 또 하던 일을 멈추기도 합니다. 신앙인들은 이런 선택 과정에서 하나님의 뜻을 찾기도 합니다.

그렇지만 문제는 하나님의 뜻이 정말 무엇인지 제대로 분별하기 어렵다는 것입니다.

그래서 우리에게는 '분별력'이 필요합니다. 내 마음 안에서 일어나는 감정을 잘 살피고 다독이는 지혜가 필요한 것입니다.

우리가 느끼는 감정은 크게 긍정적인 것과 부정적인 것 두 부류로 나눌 수 있습니다. 영적 위로는 보통 우리가 말하는 긍정적인 감정들이고, 영적 실망은 부정적인 감정들을 말하는 것입니다.

게다가 불신은 더욱 사람들과의 관계를 어렵게만 할 뿐 아니라, 신앙생활에도 적잖은 고통을 안겨줄 뿐임을 알아야 하겠습니다.

가정 안에서는 자녀들과 함께 절대로 하지 말아야 할 금기사항은 바로 부정적인 마인드 인 것입니다. 특히 자녀들에게는 "너는 할 수 있어"라는 긍정적 사고를 심어주어야 합니다.

부정적인 사람은 하나님의 자녀라고 볼 수 없기 때문에, 그 점에 대해 각별히 유의 해야만 하는 것입니다.

여호수아가 여리고성을 함락할 때의 기적처럼, 갈멜 산에서 승리를 이끌어낸 엘리야의 이야기처럼, 여호수아와 갈렙의 옳은 선택을 들려주면서, 철저한 믿음의 바탕에서 긍정적인 마인드로 나아갈 수 있도록 훈련돼야 할 것입니다.

또 하나 빼놓을 수 없는 것이 있다면, 아이들과 함께 가정 예배를 드리면서 하나님을 찬양하고 기도하며, 가족 간에 끈끈한 사랑을 나누고 서로 간에 본분을 지켰는지 반성해 보면 좋겠습니다.

그리고 이웃에 대한 배려나 긍휼을 실천했는지 점검해 보면서, 가정에서 작은 교회를 세우는 모범적인 크리스천들이 되기를 소망합니다.

_13

가정의 십자가 '어머니'

가정의 기둥이 아버지라면, 가정의 근원은 '어머니'입니다. 가정의 중심은 바로 당신 '어머니'입니다. 신앙을 가지고 있든 가지고 있지 않든, '어머니'는 그렇습니다. 여자는 약하지만, '어머니'는 강한 것입니다.

자녀들에게 '어머니'라는 존재는 생명의 원천이요, 삶의 모델입니다. 더 나아가 신앙의 근원입니다. 이러한 '어머니'의 중요한 역할을 새롭게 인식하고, 가족들과의 효과적인 소통을 통해 사랑이 충만한 가정을 꾸려나가는 비법을 배우는 곳이 바로 신앙인의 가정 속 '어머니'입니다.

특히 '어머니'란 배고파 울음을 그치지 않는 아이에게 젖을 물리는 존재입니다. 그렇게도 울어대던 아기의 울음소리는 사라지고, '쭈쭈쭈' 젖을 빱니다. 언제 그렇게 울었던가요?

금세 환한 얼굴로 행복해하는 모습을 보면, '어머니' 당신이 아니고서는 해결할 수 없는 모성애에 대해 가슴 깊이 느껴집니다.

'어머니'가 하시는 노동의 숭고한 가치는, 돈으로 결코 환산할 수 없는 소중하고 귀한 사명임을 모두 알 것입니다. 이 세상의 '어머니'는 지구가 멸망하지 않는 한, 존재할 수밖에 없습니다. 아이가 어른이 되어서 또 다시 '어머니'가 되어, 또 다음 세대로 '어머니'의 모성애가 이어져 갑니다.

이 필연적인 숙명 앞에, 어머니는 자녀들의 기쁨이요 행복 그 자체입니다. 그래서 '어머니'는 가정의 '십자가'입니다. '어머니' 자신의 희생 없이는 가정을 이끌 수 없고, 자녀들의 미래 또한 결코 안전할 수 없습니다.

'어머니'는 늘 자신의 기쁨과 행복을 자녀들에게서 얻으며 찾습니다. 힘이 부치고 괴로움이 밀려와도, 오직 자녀들 때문에 참고 인내합니다.

지난해 같은 무서운 폭염이 찾아오면, 혹 자녀들에게 더위의 고통을 줄까 싶어, 어려운 형편에도 에어컨을 구입합니다. 전기세 걱정은 뒷전이고, 우선 자녀들이 괴로워할까 싶어 노심초사합니다.

혹 먹을 것이 부족할까봐 자신은 꾹 참고 먹지 않아도, 자녀들이 기쁘게 먹는 모습만 쳐다보아도 행복해 하십니다. '어머니' 자신은 배우지 못했지만, 자녀들에게는 끝까지 가르치고 배우게 하려 하십니다.

이를 위해 밤낮을 가리지 않고 수고하는 존재가 바로 '어머니'입니다. 뿐만 아니라 혹 다른 자녀들 보다 부족하여 위축되지 않을까, 모든 것을 해주고 싶어하시는 분이 바로 '어머니'입니다.

집안에 화재가 발생하면 자신의 몸으로 아이를 감싸 안으며, 아이만은 꼭 살리겠다면서 자신을 희생하는 '어머니', 엄동설한 극한의 추위 속에서도 아이를 따뜻하게 보호하려고 자신의 옷을 벗어 아이에게 덮어주며 죽어갔던 숭고한 '어머니'….

각 나라마다 풍습과 문화는 달라도 오직 한 가지 공통점이 있다면, 그것은 분명 모성애일 것입니다. 그만큼 '어머니'는 위대한 것입니다.

지구촌 어디를 가던, 아이에게 젖을 물리는 장면을 보면 행복해 보입니다. 그 시간 그 순간만큼은 전쟁까지도 멈출 것 같은 평화스런 모습입니다.

예수님의 '어머니' 마리아도 30년이라는 기나긴 세월 속에서 예수님과 함께 하셨습니다. 예수님을 키우며, 아버지 요셉의 목수의 일로 넉넉지 못한 형편에서, 최선을 다해 양육을 했을 것입니다.

그 어려움 속에서도 절대적인 하나님의 말씀에 순종하며 훌륭히 키워낸 '어머니'가 바로 마리아였습니다.

세상 인류를 구원하기 위해 태어나신 예수님을 키워낸 마리아는 실로 인류의 '어머니'일 것입니다. 예수님의 어머니 마리아는 정말 위대합니다.

자식이 눈앞에서 십자가 나무형틀에서 죽어가는 모습을 본 '어머니'의 심정은 어떠했겠습니까? 만약 당신의 자녀가 자신이 보는 앞에서 사형을 당해 죽어가는 모습을 목격한다면, 과연 어떤 심정이겠습니까?

하지만 마리아 '어머니'는 하나님의 원대한 뜻을 깨닫고 순응하셨습니다. 그래도 마리아는 육신의 '어머니'이기 때문, 본능적으로 부활 전 3일 동안 무덤에 계셨던 예수님 때문에 마음 고생이 심했으리라 상상해 봅니다.

"여자는 약하나, '어머니'는 강하다"는 속담이 있습니다. 그만큼 '어머니'는 자녀들에게 없어서는 안 되는 존재입니다.

그 존재감에는 아이들을 훌륭히 키워 내야하는 의무감, 이웃을 위해 배려하는 사람으로 길러내기 위해서는 모든 희생을 감수하며, 가정을 지켜냅니다.

가족들과 소통하며, 신앙인의 '어머니'로서 믿음의 바탕에서 아이를 훈육하며, 사랑으로 길러내는 사랑의 전도사, 그 '어머니'는 정말 대단하시며 위대하십니다.

어버이날이 있는 가정의 달 5월, 오늘도 그런 '어머니'를 모시고 있는 자녀들은 가정의 십자가 '어머니'의 사랑을 깨닫고, 효도하는 자녀들이 되기를 소망해 봅니다.

제3장　　　　　　　　　**예수님의 눈물**

_14
구원의 모범인, 삭개오

　누가복음 19장 1-10절에는 예수님께서 여리고를 방문하시는 모습이 나옵니다. 여리고성은 구약 시대 여호수아가 하나님의 명령을 받들어 함락시켰던 여리고입니다. 성경을 읽는 대부분의 사람들은 여리고를 매우 부정적인 도시로 생각합니다. 하지만 여리고는 지구상에서 가장 오래된 도시로 알려져 있으며, 기원 전 8천년경 최초의 도시가 세워졌고, 팔레스타인 심장부에 위치하고 있어 여러 나라 사람들이 드나드는 무역도시였습니다.

　당시 여리고는 향유의 주원료로 사용되던 발삼(balsam)으로 유명했으며, 향유 가격이 매우 높은 가운데 여리고 발삼으로 만든 향유가 최고품으로 인정받았습니다. 또 사해와 인접해 있어 유황·소금·역청 등이 매우 풍부하여, 막대한 수입을 올릴 수 있는 경제적 요충지였습니다. 유명한 여인 클레오파트라는, 연인 안토니우스에게 부탁하여 여리고 발삼 농원을 소유할 정도였다고 합니다. 그 후로는 헤롯이 소유하면서 여리고에 자신의 겨울 궁전을 건축할 정도로 유명한 도시였습니다.

무엇보다 여리고 성은 이스라엘 민족이 출애굽 후 40년 만에 밟았던 가나안의 첫 성이기도 합니다. 여리고 성은 당시에도 아름다워 젖과 꿀이 흐르는 땅이었고, 발삼향 나무 숲과 종려나무 도시로 알려진 중요한 도시였습니다. 바로 이곳에 삭개오라는 세리장이 있었습니다. 그는 지방 특산물에 과도한 세금을 내게 하여 로마 정부에 바쳤고, 나머지는 자신이 착복하여 백성들로부터 좋지 못한 대접을 받았습니다. 그는 동족들에게서 외면당하여, 친구 없어 늘 홀로 지내시는 신세였습니다. 요즘으로 말하자면 '왕따'였지요,

그는 자신의 백성들을 괴롭히며, 착복을 일삼아 부유한 삶을 살았지만, 결코 기쁘거나 행복하지 않았습니다. 그러던 어느 날, 소문으로만 듣던 예수님이 여리고 성을 지나가신다는 소식에, 대체 어떤 분이시기에 백성들이 존경하고 따를까 싶어 갑자기 그분이 보고 싶었습니다. 그러나 신체적으로 키가 작아 많은 인파들 속에서 전전긍긍하다, 마침 곁에 뽕나무를 발견하고는 눈치 보지 않고 곧바로 그 위로 올라갔습니다.

그때 주님의 놀라운 목소리가 들렸습니다. "삭개오야! 속히 내려오라! 오늘 내가 네 집에 유하여야겠다." 삭개오는 뜻밖의 목소리에 황급히 내려와 주님을 자신의 집에 모셨습니다. 삭개오는 무척 기쁘고 즐거웠습니다. 삭개오는 주님을 만나면서 변화 되었습니다. 그는 주님께 말하기를 "주여! 보시옵소서! 내 소유의 절반을 가난한 자들에게 주겠사오며, 만일 뉘 것을 토색한 일이 있으면 사 배나 갚겠나이다"고 고백합니다. 이때 주님께서는 "오늘 구원이 이 집에 이르렀으니 이 사람도 아브라함의 자손임이로다 인자의 온 것은 잃어버린 자를 찾아 구원하려 함이라"고 말씀하십니다.

오늘의 말씀은 바로 삭개오의 고백입니다. 구원받은 자로서의 즉각적

행동을 말합니다. 특히 삭개오는 인생에 있어 주님과 만남의 기회를 놓치지 않았고, 그 만남을 통하여 죄를 뉘우치며 부정으로 착복했던 것들을 다시 가난한 이들에게 되돌려 주었습니다. 또 강압적으로 착복했던 물질들을 4배나 갚겠다는 놀라운 구원의 확신과 변화를 보여주는 모범 사례입니다.

오늘날 우리 교계에서 삭개오는 그저 키가 작고 뽕나무 위로 올라갔던 세리장으로서, 주님을 만나 변화되었다는 얘기로만 들리지 않습니까? 저도 키가 작으므로 당시 삭개오의 심정을 이해해 봅니다. 오늘날 교계에서 삭개오와 같은 구원의 진실을 보여주는 분들이 얼마나 있을까요. 구원의 확신도 없던 분들이 장로와 집사, 권사의 직분으로 많이 일하신다는 사실에 놀라움을 금치 못합니다.

심지어 장로가 된 지 20년이 훨씬 넘은 분이, '새로 부임한 목사님을 통해 비로소 구원의 확신을 얻었다'고 하시기도 합니다. 그것도 많은 항존직들 앞에서 그런 말씀을 토해 내십니다. 정말 놀라운 일입니다. 그 말씀을 들은 집사님들께 항의 문자가 옵니다. '여태 구원의 확신도 없었던 분이 교회 수석장로로 있었느냐'고…. 참으로 안타까운 일입니다. 구원의 확신을 얻었다면, 누구보다 모범적으로 헌신해야 마땅하고, 어린 양떼들을 위해 남모르는 눈물의 기도와 신앙상담과 구제활동, 그리고 봉사를 해야 하지 않을까요?

하지만 현재 시무하시는 모습을 볼 때, 전혀 구원의 확신이 없는 분 같습니다. 전혀 변화된 모습이 보이지 않고, 과거와 전혀 다를 바 없는 모습입니다. 변화된 분이시라면, 겸손으로 자신을 낮추고 성도들을 존경하며, 소통의 장을 열어 이웃의 말에 귀를 기울이고 협력하는 것이 진정 변화된 모습 아닐까요. 교회가 마치 자신의 소유인 것처럼 행동하기도 합니다.

함께하는 장로님들도 전혀 성도들을 위해 일하시는 것처럼 보이질 않습니다.

삭개오가 주는 교훈을 결코 잊어서는 안 될 것입니다. 삭개오는 주님을 만난 후, 그 많던 재산을 아낌없이 내놓았습니다. 그 많은 재산을 모으기까지 얼마나 많은 죄를 지었겠습니까. 백성들로부터 손가락질 당하며 많은 욕을 먹으면서 벌어온 재산을, 주님을 만난 후 모두 내려놓았습니다. 그리고 교만했던 모든 것들을 과감히 내어 던지고, 곧바로 주님을 따랐습니다.

성도들 가운데에도 세금을 포탈하거나 같은 성도들에게 상처를 주면서 돈 관계를 옳지 않게 하는 분들이 있을 것입니다. 그리고 주님을 알지 못하는 백성들에게 상처를 주는 일도 허다하리라 생각합니다. 그러나 부디 삭개오가 보여주는 교훈을 잊지 마시고, 다시 한 번 우리 주님을 만나 보세요!

주님께서는 변화된 삭개오에게 "아브라함의 자손"이라며 "인자가 온 것은 잃어버린 자를 찾아 구원하려 함이라"고 말씀하십니다. 그러나 오늘날 교회는 잃어버린 자를 찾기는커녕, 순한 양떼를 오히려 배척하여 떠나게 합니다. 사랑을 내어쫓고 있습니다. 교회의 지도자라는 분들이여! 제발 삭개오의 교훈을 잊지 마시고, 지금도 늦지 않았으니 성도들을 위하여 사명을 다해 주시기를 당부드립니다.

제발 성경을 바로 읽고 바로 아시기를 부탁드리며, 하나님의 놀라운 역사를 함께 펼쳐나가기를 모든 성도와 함께 축복하며 기도합니다. 삭개오가 주님을 만나듯 우리도 함께 주님을 만나며 변화되는 놀라운 사건을 통해, 주님과 성도들, 그리고 이 세상을 위해 열심을 다하여 복음을 전하며 사랑하시기를 축복하며 기도합니다.

_15

복지의 참된 모델, 예수 그리스도

'복지(福祉)'의 사전적 의미는 '사회적으로 행복한 생활상태, 안락하고 만족한 상태 또는 인간이 건강하고 번영하는 상태'입니다. 이는 어떠한 상태에 놓여 있더라도 행복을 누릴 수 있고 충실한 삶을 살 수 있도록 하는 개인간의 이상적 목표이며, 그러한 삶을 실현할 수 있도록 모든 사람에게 신체적·정신적 발달 기회를 부여하는 것이 사회복지의 목표라는 것을 나타냅니다.

그렇다면, 우리 한국교회의 복지 현실은 어떠할까요? 물론 교파를 초월해 많은 교회들이 다양한 복지사업을 하고 있습니다. 그러나, 과연 진정성 있는 사업인지 의심하지 않을 수 없는 것들이 적지 않습니다. 제목에서 밝힌 것처럼, 진정한 복지는 주님처럼 해야 합니다. 복지사업을 한다면서 주님을 모시지도 생각하지도 않고, 허울 좋은 명패만 사무실에 걸어놓은 채 사회 기관장들 못지 않은 모임 또는 기관의 이·취임식 참석에 혈안이 돼 있으며, 지역에서 유지 노릇을 하는 데 시간을 허비하는 모습들을 바라볼 때 안타까움을 금할 수 없습니다.

사회에서는 그저 누군가 나를 걱정해 주고 손을 내밀어 주는 사람이 존재하며 배고픔을 해결해 주는 것을 행복한 복지라고 말합니다. 하지만, 기독교 복지의 최종 목적은 '영혼 구원'이어야 합니다. 하지만, 그 목적은 어디로 자취를 감추어 버렸을까요? 성경에서는 주님께서 이 땅에 계실 때 스스로 병자들과 가난한 자들을 찾아다니시면서 인간들이 도저히 해낼 수 없는 질병과 정신을 치유하시며, 인간들이 가장 아름답게 소망하는 천국의 열쇠를 풀어주셨습니다. 또 자신의 피와 땀과 눈물까지 이 땅에 다 쏟아 부으시면서 인간의 죄를 대신하여 십자가에 못 박히신 그 모습을 우리는 바로 알고 본받아야 합니다. 그 주님이 복지의 진정한 모델이어야 하는 것입니다.

'네 이웃을 네 몸과 같이 사랑하라'신 말씀처럼, 이웃 사랑은 우리의 의무입니다. 여기서 우리가 자주 놓치는 것은 자기 자신도 사랑해야 한다는 것입니다. 누군가를 돌봐 주려면, 먼저 자신을 돌볼 줄 알아야 하기 때문입니다. 신앙은 먼저 하나님께서 나를 사랑하시고, 용서하시며, 나를 이끄시고 돌보신다는 것을 배우고 체험하는 것입니다.

이 사랑을 알고 느끼기 위해서는, 가장 먼저 자신이 주님의 그러한 마음으로 바라볼 수 있어야 합니다. 자신을 있는 그대로 사랑하고, 나의 부족함을 용납하며, 두렵고 불안해도 나를 이끄시는 주님을 믿고 일어날 수 있도록 나를 위로하고 응원해야 하는 것입니다. 주님의 마음과 내 마음이 하나되어 우리에게 주어진 이웃을 바라볼 때, 나만의 마음이 아니라 주님의 마음으로 이웃을 진정으로 사랑할 수 있으며, 여기서 참된 복지가 나올 수 있습니다.

한국교회 복지사업은 겉으로 보면 풍성한 것 같지만, 실은 그 속에 진정한 주님의 사랑이 고갈되어 있으며, 사랑과 감동이 없는, '양복과 넥타

이 복지'가 아닐까요. 복지는 무엇보다 심령 깊은 곳에서 솟아나야 합니다. 고로 자신에게 감동이 있어야 합니다. 그리고 지난날의 사고방식을 털고, 주님을 바라보는 천국 복지를 이 땅에서 실현해야 하겠습니다. 그후 굶주리고 헐벗은 그들을 품어주며, 안아주고 치료해 주는 '선한 사마리아 사람'이 되어 실천해야 합니다.

복지는 이론이 아닙니다, 가만히 앉아서는 이웃을 사랑할 수 없습니다. 주님처럼 아가페의 감동으로 다가가 기도하며, 땀과 피눈물까지 남김 없이 쏟아붓는 아름다운 섬김이 되어야 함을 잊지 말아야 하겠습니다.

_16

아름다운 은퇴, 겸손한 은퇴자들

한 해의 마지막인 12월 말이 되면, 각 교회에서는 직분자들의 은퇴예배가 열립니다. 말씀에서 주님은 "무릇 자기를 높이는 자는 낮아지고, 자기를 낮추는 자는 높아지리라(눅 18:14)"고 분명히 당부하십니다. 높은 자리에 오르기를 원하지 말고, 스승이라 불리기를 좋아하지 말라고도 하셨습니다. 이 말씀을 건성으로 들었으면서도, 들을 때마다 '아멘' 하며 "그래, 주님이 일러주신 대로 낮아져야지, 정말 옳은 말씀이야"라고만 했습니다. 왜 낮아져야 하는지, 무엇을 위해 낮아지는 것인지를 깨닫지 못한 채 그냥 지나칠 수 있다는 것입니다. 그렇게 우리에게 당부하시는 진정한 말씀을 놓쳐선 안 됩니다.

우리 인간들은 낮아지지 않고서 하나님께 순종할 수 없음을 깨달아야 합니다. 참된 겸손이 없다면 사람을 통해 전해 주시는 하나님의 뜻에 진정으로 다가가는 순종을 할 수 없으며, 낮아지지 않고는 올바른 봉사와 헌신을 할 수 없습니다. 많은 사람들이 봉사활동과 선한 일을 하고, 때로는 희생을 하기도 합니다. 그러나 그런 활동을 통해 하나님의 뜻을 이루고자 한다면, 순수하고 맑은 감동이 있는 믿음의 헌신이 요구됩니다. 내 뜻과 내 욕심과 이기심, 고집과 교만을 내려놓고, 내가 원하는 방식이 아니라 온전히 주님께서 원하시고 바라시는 대로 이루어지기를 진심으로 기도하며, 나의 모든 것을 내어드리는 것이 바로 진정한 헌신 아닐까요!

그런 뜻에서, 약 20년 전 하나님의 품으로 가신 부산연지교회 박태수 목사님과 몇 분을 소개 하려고 합니다. 박태수 원로목사님은 은퇴하시면서 자신의 아파트를 교회와 하나님 앞에 드렸습니다. 교회에서는 목사님의 아름다운 행실을 기념하기 위해 집을 처분해 장학재단을 만들어, 매년 어려운 신학생과 교회의 학생들에게 지급하고 있다고 합니다. 그리고 박목사님은 은퇴 후에도 자녀들이 주는 용돈을 모아 어려운 신학생들에게 학비를 줬다고 합니다. 목회하실 때도 진정한 겸손으로 교회 부흥을 위해 무던히 애를 쓰셔서 교인들이 많았다고 합니다. 정말 주님의 말씀처럼 낮아지려고 애쓰신 목사님이심을 알 수 있었습니다.

필자는 현재 16년 동안 부산 부전역에서 매주 목요일 오전 11시면 무료 급식에 참여하고 있습니다. 올해 74세 되신 구영자 전도사님께서 육신이 고단하고 힘드신 가운데, 20년 넘게 한결같이 노숙자들과 부랑아들을 위해 꼭두새벽부터 손수 밥을 지으십니다. 전도사님은 소외되고 배고픈 이웃들을 위한 식사 제공에 최선을 다하십니다. 그리고 84살이신 정운하 은퇴장로님은 예수님을 전하기 위해 조끼에 '복음'을 새기고, 하모니카 연주로 그들을 즐겁게 해 주십니다. 연로하심에도 의자를 나르시며 봉사에 함께하시고 있습니다.

그런가 하면 우정도 은퇴목사님도 매주 이곳에 오셔서 노숙자들과 함께 찬송을 부르시며, 율동과 함께 주님의 복음을 전하시고 그들을 위해 기도해 주십니다. 날씨가 더워지거나 추워지면, 어려운 형편이지만 주머니를 털어 그들에게 옷을 사 주기도 하시고, 과일이나 요구르트를 대접하기도 합니다. 그리고 사모님과 함께 전도지를 배부합니다. 비록 현역에서 은퇴를 하셨지만, 제2의 천국 사역을 위해서 본을 보여주시는 아름다운 목사님 부부이십니다.

이처럼 진정한 겸손이란 자신을 자신답게 알고 다른 사람들을 똑같은 인격자로 대우할 때 이루어질 수 있습니다. 물론 겸손하다 해서 무조건 자기를 나타내지 않고 제 뜻을 주장하지 않으며 스스로 감추기만 해선 안 됩니다. 그것은 무조건적 절대 복종일 뿐입니다. 허세가 없고 오만하지 않은 자존심으로, 따뜻하지만 나약하지 않은 정신과 믿음이 바탕이 될 때, 진정한 겸손의 행동이 나옵니다. 바다가 이 세상 무엇보다 넓은 이유가 무엇입니까? 조그마한 냇물이나 강물보다도 낮은 곳에 있기 때문입니다.

진실은 마음과 마음이 맞닿을 때 느껴집니다. 지도자들이 고함을 지르며 자기 주장만 한다면, 성도들의 마음은 닫혀버립니다. 낮은 곳에서 마음을 열고 있을수록 침착한 삶을 꾸려나갈 수 있습니다. 생각해 보면, 우리는 낮아지지 못하기 때문에 사람을 있는 그대로 받아들이지 못하고 함께할 수 없는 게 아닐까요? 자신을 진정으로 낮추지 못해서 진정한 사랑도 나눌 수 없는 것 아닐까요? 낮아짐을 통한 순종과 헌신, 오늘도 예수님께서는 우리의 진정한 겸손을 요구하시며 기다리고 계십니다.

오늘날 교계 많은 지도자들도 자신을 내려놓고, 주님께서 일러주신 심령이 가난한 삶을 누리며 철저히 낮아지려 노력해야 할 것입니다. 그러지 못하고 오히려 교회와 사회에 흙탕물을 끼얹는 분들이 있어 주님의 영광을 가리고 있는 것입니다. 은퇴 후 섬겼던 교회를 위해 기도하시고, 소외되고 가난한 이웃들을 위해 하루하루를 최선을 다해 섬겨야 할 것입니다.

주님을 사랑하고 성도들을 섬긴다 했지만, 강단에서 감동 없는 소리만

지르시다 은퇴하시는 분들을 보면 마음이 착잡합니다. 가장 모범을 보여야 할 지도자들이 양들을 위해 자신을 내려놓고 양들을 지켜야 하는데도, 금전 문제와 알량한 자존심 때문에, 나아가 자신이 이룬 '작은 성공'에 대한 집착에서 벗어나지 못해 성도들을 현혹하여 양떼들을 혼란으로 빠뜨리기도 합니다. 원로목사로서 온갖 추태를 보이며, 사례금과 십일조 문제로 혼란을 가중시키기도 합니다. 그런 분들은 성직자로서의 자질과 능력이 의심되기도 합니다. 자신은 온전한 십일조를 드리지 않으면서 성도들에게는 강조하거나, 심지어 솔로몬의 일천번제를 잘못 사용하기도 합니다. 마치 불교의 시주처럼 말입니다.

부활절과 맥추·추수감사절, 성탄절 같은 절기가 무엇입니까? 하나님을 기쁘시게 하고 성도들의 깊은 감사가 나와야 할 거룩한 절기에, 헌금 액수에만 관심을 가질 뿐 절기의 의미를 상실하지는 않았을까요? 이를 보시는 주님의 마음은 얼마나 아프실까요? 해마다 열리는 부흥회는 또 어떻습니까. 성도들의 온전한 믿음과 영적 성장을 위하여 합당한 강사를 모셔와야 하는데, 오직 헌금에만 열중하는 모습은 주님의 뜻과 전혀 무관합니다. 헌금을 강요하면서도 정작 본인은 하지 않기도 하지요. 교회가 위기에 처해 있는데도 수수방관으로 일관하다, 뒤늦게 교회에 출몰하며 혼란을 가중시키기도 합니다. 충고를 해 드려도 듣지 않습니다.

물론 많은 은퇴자 분들이 천국 복음을 위해 최선을 다하고 계심을 압니다. 평생 주를 위해 일하셨던 노하우를 경험 삼아 후배들에게 조언하고 그들을 품어주며, 평생을 바쳐 수고한 교회를 위해 제단을 쌓고 기도하고, 하나님 품으로 가는 그날까지 소금의 역할을 다하며, 이웃에게 빛을 비추는 하나님의 거룩한 자녀로서 즐겁게 사명을 감당하시는 겸손한 은퇴자가 되어야 하지 않을까요?

_17
교회를 바라보시는 예수님의 눈물

성경에는 예수님께서 눈물을 흘리시는 모습이 두 곳에 기록되어 있습니다. 예루살렘 성을 보시며 우셨고(눅 19:41), 죽은 나사로를 바라보시며 눈물을 흘리셨습니다(요 11:35).

예루살렘 성을 보시고 우신 주님께서는 지금, 우리 교회를 향해 눈물을 흘리고 계십니다. 양떼들을 불쌍히 여기시어, 오늘도 비통해하시며 눈물 흘리고 계심을 교회의 지도자들과 모든 성도들은 깨달아야 할 것입니다.

교회를 향해 주님께서 흘리시는 그 눈물을 교회 내 목회자와 지도자들이 닦아 주시려거든, 먼저 교회 주위 사방으로 향하던 눈을 돌려, 교회를 바라보시기 바랍니다.

어떤 목자는 교회 안에서 위임식을 마치면, 평생토록 은퇴하기까지 자신의 마음대로 해도 되는 것처럼 질서를 문란케 합니다. 그리고 가장 가까이에서 소통하고 배려해야 할 당회를 무시하고 자신의 의지대로 모든 일을 처리합니다. 그리고 자신의 말에 순종하라고 외칩니다. 연로하신 분들을 앞세워 편을 가릅니다.

주님이 가르쳐 주시고 당부해 주신 말씀은 온데간데 없이, 오직 자신의 영욕에만 눈이 멀어 분간을 못하고 있습니다. 궁핍한 성도, 몸이 좋지 않아 힘들게 살아가는 성도, 그리고 교회를 찾아와 주님께서 주신 만나를 맛보기 위해 간절히 소망하는 그들에게, 진정한 주님의 말씀은 뒤로한 채 자신의 목회 경험담과 생각, 그리고 자신을 추종하지 않는 이들을 마치 사탄들인 것처럼 말하면서, 오직 자신의 말에 순종을 강조하며 성령이 이끄시는 대로 설교를 한다고 합니다.

70인의 장로들은 목사의 잘못된 행동과 말에 함구하며, 눈치 보기에만 급급합니다. 그러면 양들은 어떻게 될까요? 이리나 사나운 포식자들에 의해 희생을 당하고 말겠지요! 그래도 끝까지 양 떼들을 보호할 생각조차 하지도 않고 있습니다.

그리고 열두 제자 중 일곱 명의 제자는 어디로 갔습니까? 다섯 명의 제자들만 남아 주님과 양떼들을 위해 최선을 다해 주님께서 일러 주신 사명을 열심히 감당하고 있는데, 일곱 명의 제자는 어디로 갔을까요? 제자는 오늘날의 주의 종들을 말합니다.

사랑하는 교회 지도자들이여! 교회 밖에서 양 떼들을 바라보세요! 그리고 불신자들의 편에서 교회를 바라 보시길 바랍니다. 교회가 빌딩이나 건축물로 보이는지, 혹은 어느 기관으로 보이는지 말입니다.

예전에는 '길거리의 주인공'들도 교회를 함부로 대하지 않았습니다. 교회를 성스러운 곳으로 생각하고, 교인들에게 존경의 표시를 하곤 했습니다. 왜 그럴까요? 당시 교인들은 정말 선민들이었습니다. '예수쟁이들'이라는 칭호에도 친근했습니다. 교회는 세상에서 볼 때, 다정한 친구 같으면서도 신성한 곳으로 여겼습니다.

그러므로 교회는 인정이 넘치고 사랑이 넘실 춤추는 곳, 소통하는 곳,

불행이 소망으로 바뀌는 곳, 미래가 보이는 곳이 되어야 합니다. 이웃이 불행해도, 양들이 길을 잃고 방황을 하는데도, 무관심과 이기심으로 차고 넘칠 때 교회는 스스로 본연의 사명을 잃은 채 하나둘 사라져가게 됩니다.

성령 받은 초대교인들은 한 마음 한 뜻이 되어, 모든 물질을 서로 통용하며, 자신의 것이라고 하는 이가 없었다고 하였습니다(행 2;44, 4:32).

교회의 지도자들이여! 제발 교회를 바깥 세상에서 바라보시며, 무엇을 어떻게 해야 주님을 기쁘게 하는지를 곰곰이 묵상을 해 보시길 바랍니다. 지금도 주님은 교회를 바라보시면서, 양들을 위해 눈물을 흘리고 있습니다. 교회를 바라보고 눈물을 흘리고 계십니다.

위임목사가 되었다 해서, 교회를 혼자 독단적으로 좌지우지하지 마시기 바랍니다. 당회와 제직회, 공동의회에서 화목한 소통을 거침으로써, 상처 없이 모든 교회의 기관들이 되기를 바랍니다. 복음을 전하여 '내 집을 채우라' 하시는 주님의 지상명령은 망각한 채, 높은 강단에서 교만에 찬 설교를 하고 있습니다.

그러나 주님께서는 높은 강단에서 말씀을 하시지 않으셨습니다. 양떼들과 함께 늘 낮은 곳에서 말씀하시고 행하셨습니다. 소외되고 가난하고 불행하고 병든 자들과, 고아와 과부들의 편에서 주님께서는 늘 대화로 소통하시며, 그들의 문제를 해결해 주셨습니다.

주님은 33년이라는 세상에서, 오직 3년을 하나님께로부터 위임받으셔서 하나님께서 이루고자 하신 모든 계획과 섭리를 완전무결하게 성공으로 마치셨습니다. 하지만 오늘날 교회 목자들은 몇십 년을 일하면서도, 오직 자신들의 보신만을 위해 줄곧 늑대의 탈을 쓰며, 거짓으로 복음을 전한 분들이 있어, 주님께서는 지금도 교회를 향하여 눈물을 흘리고 계십니다.

주님께서는 3년의 세월 속에 많은 이적과 기적을 나타내셨지만, 대가를 요구하지 않으시고 오히려 피와 눈물, 땀과 모든 것을 거저 주시기까지 사랑을 완성하셨습니다. 하지만 오늘날 지도자들은 물질 앞에, 죄를 생산하고 있습니다. 성도들의 마음을 아프게 하고, 물질로 인해 상처를 받아 양들이 떠나갑니다. 불신자들은 교회를 향해 손가락질을 하며 등을 돌립니다.

교회 지도자들의 신앙 타락으로 인해 전도가 힘들어지고, 말씀의 능력은 점점 퇴보하며, 교회 정체성과 신뢰성은 점점 땅으로 추락합니다. 이 모두가 말씀 안에 자신을 낮추지 못하고, 교만에서 오는 사탄의 놀이에 함께 춤추고 있기 때문입니다.

특히 교회 안에 분쟁이 있는 곳들이 많습니다. 먼저 주님을 바라본다면, 그리고 세상의 교회를 향한 시선으로 바라본다면, 분쟁을 종식시킬 수 있지 않을까요? 주님을 쫓아내시고, 사탄만이 교회 안을 점령하고 있으니 성전이라고 생각할 수가 없지요. "말세에 의인을 보겠느냐" 하신 주님의 말씀이 오늘도 귓전을 울립니다.

교회 지도자들이여! 주님께서 흘리시는 눈물을 닦아드리세요! 그리고 나를 내려놓고, 불신자들의 편에서 교회를 바라보시기 바랍니다. 교회를 향한 주님의 눈물이 마를 때까지 우리는 한시라도 주님의 사랑의 끈을 놓지 말고, 양떼들을 위해, 세상 친구들을 위해 아낌없는 사랑과 헌신으로 다시 한 번 교회가 새로운 회복의 불길이 치솟아 세상을 향한 빛을 발하는 장이 되기를 진심으로 바랍니다.

주님께서 지신 십자가 아래 가만히 엎드려, 더욱 낮아지는 겸손의 변화를 함께 눈물로 기대해 봅니다.

_18

오병이어의 기적이 다시 일어나려면

오병이어를 통하여 예수님께서 주시는 교훈은, 영의 양식인 예수님 말씀을 먹어야 하나님 나라 백성이 되어 영생을 얻을 수 있다는 것입니다. 특히 오병이어의 기적은 우리 인간의 생각으로서는 도저히 생각할 수 없는 사건 중 하나이며, 성경 4복음서에 모두 기록되어 있는 놀라운 기적입니다.

이 기적의 의미는 예수님이 생명의 떡이 되셨다는 뜻입니다. 예수로 말미암아 모든 사람들이 생명을 얻고, 예수님의 신적 능력을 통하여 예수님이 그리스도임을 나타내는 훌륭한 사건입니다. 인간에 대한 예수의 사랑을 증거하고, 장차 임할 천국 잔치를 암시합니다.

그러면 오병이어의 기적은 그냥 찾아온 것일까요? 우리가 믿는 것처럼, 단지 배고픈 인간들의 배고픔을 거저 해결해 주신 사건일 뿐일까요? 예수님께서는 벳새다 들판에 오시기 전까지, 많은 백성들에게 사랑을 쏟아 부으셨습니다. 병든 자를 고치시며, 숱한 장애인들을 고치시고, 혈루증과 귀신 들린 자 등 당시 각종 질병과 정신을 치유하실 뿐 아니라 죽은 자까지 살리셨습니다. 그 주님의 믿음과 사랑 덕분에, 벳새다 들판에서 오병이어의 기적이 일어난 것입니다.

특히 어린아이 하나가 자신이 먹을 보리떡 다섯 개와 물고기 두 마리를 주님 앞에, 그리고 많은 사람들 앞에 아낌없이 내놓은 덕분입니다. 옥합을 깨뜨린 여자에게 '복음이 전해지는 곳에 이 여자의 행동이 알려지리라' 하신 주님의 말씀처럼, 이 어린아이의 믿음도 복음이 전해지는 곳마다 놀라운 기적의 사건으로 주목을 받습니다.

오병이어의 기적이 우리에게 주는 교훈은 실로 어마어마한 것입니다. 주님은 하루종일 사역하시느라 피곤하셨지만, 화를 내거나 짜증을 내지 않으시며 많은 사람의 아픔과 고통을 보듬고 사랑해 주셨습니다. 여기에 많은 무리들은 주님의 말씀에 감동을 하여, 주님을 따르며 곁을 떠나려고 하지 않았습니다.

오늘날 교계 지도자들과 성도들은 과연 세상에 살면서, 이 어린아이 같이 다 내어놓고 있습니까? 누구보다 모범적이고 희생을 감수해야 할 분들이 나 몰라라 하며, 오히려 세상 사람들보다 못한 행동을 저지르고 있음을 볼 때 너무 가슴이 아픕니다. 옛날 속담에도 '윗물이 맑아야 아랫물이 맑다'고 했습니다. 존경받아야 할 교회 지도자들은 성도들을 생각하지 않고 자신의 믿음만이 옳다고 여겨, 고집과 아집으로 시종일관하고 있습니다.

'어떻게 하면 교회 성도들이 신바람 나는 신앙생활을 하게 할까? 어려운 형제는 없는가? 병마로 시달리는 성도가 없는가? 혹 믿음이 변질되어 시험에 빠진 성도는 없는가? 외롭고 쓸쓸한 분이 없는가' 등을 파악하면서 성도들을 위한 지도자들이 되어야 하는데, 자신의 세력을 넓혀 교회를 좌지우지하는 데 혈안이 되어 있습니다. '오병이어의 기적' 말씀을 마냥 듣고만 있을 것입니까? 오병이어의 기적을 다시 한 번 생각하고 마음 깊숙이 감동을 받으시기 바랍니다.

주님께서 삼 년 동안 이 세상에 계실 때 하신 일들을 꼼꼼히, 깊이 있게 생각해 보십시오! 가만히 앉아있을 때 기적이 일어난 게 아닙니다. 많은 사람들을 스스로 찾아다니시며, 문제를 해결해 주고, 그들이 바라고 소망하는 바를 이루어 주심으로, 구름떼처럼 많은 인파들이 몰려들어 이 같은 기적이 일어난 것입니다.

오병이어의 기적은 멀리 있는 것이 아닙니다. 내가 있는 곳에서 얼마든지 기적을 만들 수 있습니다. 내 몸 안에 있는 위선을 덜어내고 오로지 나눔을 실천할 때, 오병이어의 기적을 맛볼 수 있으며 깨달을 수 있습니다. 그런 기적은 내 마음을 비움으로써 가능하며, 그 비움으로 기적을 조금이라도 흉내 내고, 체험을 통하여 맛볼 수 있게 되며, 주님을 닮아가려 애쓰는 게 참 성도의 모습 아닐까요?

성도들을 서로 사랑하며, 성도들의 필요를 해결해 주며, 말씀에 감동하고, 세상에 나가서는 믿지 않는 이들에게 친절과 배려의 마음을 나누며, 그들의 마음 속에 주님을 믿는 사람의 참 모습을 보여주고, 그들을 품어 나누는 삶의 진실한 참 모습을 선물해야 합니다. 그럴 때 전도의 문이 열리며, 오병이어의 기적이 나오는 것입니다. 그저 입으로만 5천 성도, 1만 성도를 목표해서는 안 될 것입니다. 5천 성도가 모일 행동이나 그릇 없이, 입으로만 전도를 해서는 안 될 것입니다. 그래서는 요즘 같은 시대에 전도의 열매를 맺기 어렵습니다. 빈 수레만 요란한 모습이 실로 안타깝습니다.

우리는 세상에 살고 있습니다. 어떤 지도자들은 툭 하면 세상적이라거나 인본주의라고 말합니다. 자신도 세상에 살면서 그런 말을 함부로 내뱉습니다. 하지만 우리는 세상을 품어야 하며, 주님을 알지 못하는 그들에게 다가가야 합니다. 그리고 그들과 친구가 되기를 힘써야 합니다. 그들을 품지 않고 무슨 전도를 한단 말입니까? 몰라도 너무 모르는 말씀입니다.

그렇다 해서 모든 교회들이 다 그렇다는 말은 아닙니다. 이웃을 섬기려 무던히 애쓰는 교회들도 많습니다. 그 뜨겁고 살인적인 폭염에도 아랑곳없이 가파른 언덕길로 국수를 나르며 수고하시는 주의 종들도 있습니다. 무료급식을 위해 말씀과 물질로 봉사하는 주의 종들과 많은 성도들도 있습니다. 그저 입으로만 하면 능력이 미치질 못하며, 주님께서는 그들을 모른다고 하실 거라 생각됩니다.

올바른 지도자라면 자신을 내려놓고, 성도들의 편에서 불신자들의 마음과 생각을 보듬어 주며, 특히 외롭고 불쌍한 이들의 곁에서 그들을 감싸주고 베풀어 주는 사랑의 힘을 조건 없이 쏟아부어야 합니다. 그 후 주님께서는 오병이어의 기적의 체험을 맛보게 해주시리라 확신합니다.

_19

신앙 교육은 인소싱(insourcing)으로

어학 사전에 '아웃소싱(outsourcing)'이란, 기업 업무의 일부나 과정을 경영효과 및 효율의 극대화를 위한 방안으로 제3자에게 위탁 처리하는 것을 말합니다. '인소싱'은 기업 내 사업 추진을 위한 서비스와 기능을 조직 안에서 총괄적으로 제공, 조달하는 방식입니다. 사업 일부나 모두를 외부에 위탁하는 아웃소싱과는 반대되는 개념이지요.

교회 안에서 자녀들의 신앙 문제 때문에 골머리를 앓고 있는 부모들이 꽤 많은 것을 목격합니다. 아이들을 신앙으로 양육해야 하는데, 아이들을 바깥으로만 내모는 것을 누구나 보편적인 일들로 여기고 있습니다.

내 아이가 학원에 가면 좀 낫겠지, 옆집 아이가 영어 수학 학원에 나가면 불안해서, 자신의 아이들도 따라서 학원엘 보냅니다.

그런가 하면 형편이 어려워 학원을 보내지 못하는 부모들의 심정은 더욱 애를 태웁니다. 내 아이가 학원에만 나가면 공부를 더 잘 할 수 있을텐데 하면서, 학원엘 못 보내 공부를 못하는 줄 생각합니다.

아이가 무조건 학원에만 다니면 공부를 잘 할 수 있을까요? 학교 공부도 못하는 처지에, 학원에 간다 해서 과연 잘 할 수 있을까요?

천만의 말씀입니다. 한 과목에 1점에서 5점 정도 차이가 나서 도저히 따라잡을 수 없다고 판단이 되면, 그 과목에 한해 학원에 나갈 때는 아마 도움이 되지 않을까요?

반에서 중간 이하 되는 아이가 학원에 다닌다 해서 1등이 될까요? 절대로 그렇지 않습니다. 그저 의무감 때문에, 또는 불안해서, 남들이 다니니까 보내는 부모들도 허다하게 있습니다.

신앙인들의 자녀라면, 첫째로 예수님이 누구이신가를 정확히 가르쳐야 합니다. 그리고 예수님을 왜 사랑해야 하는지를 교육해야 합니다.

그리고 공동 질서를 가르치고, 남을 배려하는 마음을 가르쳐야 합니다. 그 후 일기를 쓰게 합니다. 또 빼놓을 수 없는 것이 있습니다. 바로 매일 가정예배를 드리는 것입니다.

위에 말씀드린 것들을 충실히 이행한다면, 아웃소싱은 저절로 필요 없게 되는 것입니다. 과거와 달리 현대 시대에는 교육 자체가 아웃소싱으로 넘치게 길들여 있기에, 아웃소싱을 무너뜨리기 위해서는 부모님들의 철저한 신앙관이 요구됩니다.

부모님의 신앙관과 행동이 바로 자녀들의 미래라는 사실을 충분히 인식하고, 철저히 이행해야 할 것입니다. 영어 학원에서 태권도 학원, 그리고 피아노 학원, 미술 학원까지 다녀야 하는 현 시대의 잘못된 풍토를 오직 믿음으로 타파해야 할 것입니다.

특히 부모님들의 신앙은 자녀에게 물려주는 것이기에, 아이들의 부모가 아닌 사람은 부모로서의 참된 신앙을 물려줄 수 없습니다. 아브라함은 믿음의 조상이지만, 가정 최초의 '신앙 선포자'는 그 가정의 부모입니다.

신앙 교육은 한 가정에서 부모의 특권이기 때문에, 자녀에게 귀한 신앙을 선물해 주는 것은 복중의 복입니다. 또한 하나님께는 영광이요 부모에게는 큰 보람이요 기쁨이 되는 것입니다.

그러므로 부모는 자녀에게 기도를 가르치고, 하나님의 자녀로서 소명을 발견하도록 가르칠 의무와 사명을 띠고 있습니다. 그렇다면 '신앙은 그럼에도 불구하고, 그러므로 믿는 것'이라고 폴티가 말한 것처럼, 자녀들에게 이를 잘 숙지시키거나 일상 속에서 몸에 배이도록 가르쳐야 한다는 것입니다.

그렇다면, 어디서부터 신앙을 시작해야 할까요? 우선 신앙을 신비 교육으로 보도록 해야 합니다. 그런 면에서 신앙 교육은 단순히 어떤 지식을 전달하는 아웃소싱 교육 방식을 훨씬 뛰어넘어, 오직 순종하는 믿음으로 신비에 접근해야 할 것입니다.

지식을 전달하는 과정에서는 얻고자 하는 계통의 전문가만이 가르칠 수 있습니다. 하지만 신비 교육에서는 무지가 가장 훌륭한 스승입니다. '나도 잘 모르는데 함께 찾아볼래?' 하면서 함께 접근해 나가는 것입니다.

신앙은 신비입니다. 신앙 교육에서는 정답을 알고 가르치려는 태도가 오히려 역효과를 낼 수 있습니다. 그런 면에서 신앙 교육은 밭에 숨겨진 보물을 찾는 것과 비슷합니다.

우리는 인생 안에 하나님께서 숨겨두신 은총을 자녀와 함께 찾아보는 기쁨을 누려야 하겠습니다. 기업들은 자신의 이익을 추구하기 위해 아웃소싱이라는 제도를 만들어 기업의 이익에 크게 부합되게 합니다. 하지만 신앙인들은 아웃소싱이 아닌 인소싱(insourcing)으로 자신의 잘못된 신앙관과 교만, 고집불통 등을 버려내는 계기로 삼아야 합니다.

믿음의 전신갑주를 입어 자녀들에게 훌륭한 부모이자 스승으로서 이 세상에 빛과 소금의 역할을 감당케 하는 신앙인들이 되시길 축복합니다.

_20

예수님의 효도

예수님께서는 육신의 어머니이신 마리아로부터 성령으로 나셔서, 가장 낮은 곳인 마구간에서 탄생하셨습니다. 예수님은 30년간 어머니와 아버지를 위해 효도를 다하신 후, 하나님의 명령이신 복음을 전하기 위해 공생애를 시작하셨습니다.

수많은 병자들, 고아와 과부들과 삶에 지치고 힘들어하는 백성들을 위해 몸소 찾아가셔서 긍휼을 베풀어주시고, 참 평안과 행복을 맛볼 수 있도록 온 힘을 다하여 사랑을 다 쏟으셨습니다.

하나님께서 계획하시고 섭리하신 목적을 따라, 하나님의 아들을 인정하지 않는 무리들로부터 갖은 수모와 고난을 당하시면서, 결국 십자가에 못 박히시는 참으로 안타까운 일이 벌어졌습니다.

그 극심한 핍박의 와중에, 십자가에 달리시며 하신 '가상칠언' 중에 잘 아시듯 이런 말씀이 있습니다. "여자여 보소서 아들이니이다 하시고 또 그 제자에게 이르되 보라 네 어머니라 하신대 그 때부터 그 제자가 자기 집에 모시니라(요 19:26-27)."

기독교는 효도를 중요시하는 종교입니다. 열 가지 계율의 십계명만 봐도, 제1계명에서 4계명까지는 사람과 하나님의 사이에 지켜야 할 계명입니다. 그리고 제5계명에서 10계명까지는 사람과 사람 사이에 지켜야 할 계명인데, 그 중 가장 먼저 나오는 제5계명이 "네 부모를 공경하라"입니다. 인간들이 지켜야 할 첫 번째 계명인 것입니다. 그만큼 하나님께서는 어미와 아비에게 철저히 순종하고 공경할 것을 명령하십니다.

특히 출애굽기를 보면 사형에 해당하는 죄가 있는데, '반드시 죽일 지니라' 하고 말씀하시는 아주 단호한 법이 있습니다. '반드시 죽일지니라' 라고 하시는 사형에 해당되는 죄는 그리 많지 않습니다.

사람을 고의로 죽이거나 무당들, 짐승과 교합하는 자들, 간음하는 자들 정도가 사형에 해당됐는데, 그 중에 '부모를 치는 자는 반드시 죽이라' 고 말씀하셨습니다. 또 출애굽기 21장 17절에도 '아비나 어미를 저주하는 자는 반드시 죽일지니라' 하고 말씀하십니다.

아버지와 어머니에게 욕을 하거나 치는 자들은 반드시 사형에 처해진다는 것입니다. 그러므로 부모를 공경하는 것은 선택의 문제가 아니라, 반드시 해야 하는 의무로 엄격하게 법으로 정해놓은 것입니다.

요한의 증언에 의하면, 십자가의 주님 곁에 최후까지 남아있던 사람은 몇 되지 않았습니다. 그 중 한 사람이 바로 어머니 마리아였습니다. "예수의 십자가 곁에는 그 어머니와 이모와 글로바의 아내 마리아와 막달라 마리아가 섰는지라(요 19:25)".

그런데 왜, 예수님은 어머니를 "어머니"라고 부르지 않고 "여자여" 라고 했을까요? 어머니에 대한 배려 때문이었습니다. 예수님은 어머니가 아들의 십자가의 고난을 지켜보면서 슬픔이 너무 큰 것을 알고 계셨고, 마음의 상처와 고통을 이미 알고 계셨기 때문입니다.

우리 역시 부모로서 자녀가 사형에 해당하는 십자가에 달려 고통당하고 있는 것을 바라본다면, 부모로서 그 심정이 오죽하겠습니까?

그러므로 주님께서는 '나는 당신의 아들이 아닌, 인간 예수가 아닌 메시아, 그리스도, 하나님의 아들로, 구원자로 고난을 당하고 있다'고 위로하시는 말씀이었던 것입니다. 그리고 너무 슬퍼하지 마시고 너무 아파하지 말라는 애절한 심정이었던 것입니다.

'내가 사흘 후에 다시 살아난다고 하지 않았습니까? 그러니 너무 힘들어 하지 마십시오' 라고 하는, 순전히 어머니에 대한 배려 차원에서 그렇게 부르셨던 것입니다.

또 제자 요한에게는 왜 "보라 네 어머니라"고 했을까요? 주님께서는 당신이 이 세상에 더 있지 않으니, 요한에게 부양의 책임을 주기 위해 그랬을까요? 그건 아닐 것입니다. 부양할 사람이 없어서 그랬다면, 어머니인 마리아가 얼마나 초라해 보였을까요?

어머니 마리아에게는 예수님 외에도 동생들인 야고보, 요셉, 시몬, 유다가 있었고, 마리아를 부양할 동생들과 누이들도 있었습니다. 그렇다면 이는 무슨 의미로 받아들여야 할까요?

예수님께서는 제자들에게 하나님 나라에서의 새로운 가족 관계를 이미 말씀하셨습니다. "누구든지 하늘에 계신 내 아버지의 뜻대로 하는 자가 내 형제요 자매요, 어머니라(마 12:50)" 하셨습니다. 그러므로 예수님은 새로운 가족관계가 된 요한에게 "이제부터 네 어머니라"고 하신 것입니다.

그러므로 우리 그리스도인들은 교회 안에서 한 형제요 자매입니다. 그리고 우리 모두는 천국의 가족인 것입니다. 가족은 실수하고 실패하더라도, 비난하거나 정죄하지 않습니다. 오히려 위로하고 격려하는 관계입니다.

　가족끼리는 상처를 드러내고, 부끄러운 모습도 드러냅니다. 아픔도 실패도 함께 나눕니다. 상처에 약을 발라주고 싸매주는 것입니다. 그러므로 전혀 허물이 되질 않습니다. 가족 간에는 특히 부모와 자식 간에는 말입니다,

　예수님의 사랑 안에도 실패라는 것이 없었습니다. 실패했어도, 다시 십자가로 돌아오면 되는 것입니다. 십자가로 돌아오면, 반드시 회복이 기다리고 있습니다.

　가정의 달 5월을 맞이하여, 예수님께서 효도를 다하신 것처럼, 우리 신앙인들도 마지막까지 효도를 다하신 주님의 부모에 대한 사랑을 배우고 실천해야 하겠습니다. 부모에게 맛있는 음식과 선물을 드리는 것도 좋지만, 부모의 마음을 고단하게 하지 않는 자녀들이 되어야 하겠습니다.

　자녀가 있는 부모들이라면, 자녀들 앞에 좋은 모습을 보여야 합니다. 부모에게 효를 다하는 부모가 되어, 자녀들로부터 존경의 대상이 되는 부모들이 되어야 하겠습니다.

　마지막까지 처참한 십자가 나무에 달리시면서까지 어머니에게 효를 다하셨던 주님의 모습을 우리는 늘 감동으로 담고, 신앙인으로서 효도의 향기를 내뿜는 사랑의 5월이 되시길 축복합니다.

제4장 ——— 신앙들의
교회 생활과 오해

_21

파란만장했던 베드로

베드로는 학력은 회당에서 공부한 정도의 수준이었으며, 예수님 활동 당시 아버지는 돌아가시고, 형제인 안드레와 공동으로 소유한 집에서 아내·장모와 함께 살고 있었습니다. 베드로의 원래 이름은 '시몬'이었습니다. 예수님의 열두 제자 중 시몬은 두 명으로, 베드로와 혁명당원 시몬이 있었으며, 예수님은 그에게 '반석'이라는 뜻의 '베드로'라는 이름을 새롭게 주셨습니다.

그의 고향은 어촌 벳새다라는 곳인데 왕도였다고 합니다. 벳새다는 '고기잡이의 집'이라는 뜻인데, 아람어에서 유래가 되었다고 합니다. 어촌이었던 벳새다는 갈릴리 호수 북동쪽 약 2km, 곧 요단강 상류가 갈릴리 호수로 흘러드는 곳에 위치하였고, 비옥한 평야를 끼고 있는 하부 골란고원 서쪽에 위치했습니다. 예수님 제자들 가운데 베드로와 안드레, 빌립보는 바로 이곳 벳새다 출신자들입니다.

베드로의 인격은 충동적이고 성급하며, 경솔하고 무모하였습니다. 또 지나치게 열정적이고 명랑하며, 반응이 매우 빠른 사람이었습니다. 성경에 기록된 사건들 하나하나를 보면, 그의 성격과 품성이 나타납니다. 특히 열두 제자들 중 예수님께 가장 질문을 많이 하는 사람으로, 때로는 제자들의 대변인 역할도 했습니다. 예수님의 무덤에서 심사숙고하던 요한이 밖에서 망설일 때, 베드로는 즉시 안으로 들어가 직접 확인하는 모습도 보였습니다.

물론 베드로의 성격은 참으로 복잡합니다. 의리의 사람이었지만, 용기와 비겁, 강함과 나약함이 함께한 사람입니다. 주님께서 깊은 곳에 그물을 내리라고 하셨을 때, 베드로는 '밤새도록 고기를 잡았지만 헛수고를 인정하고' 말씀에 의지하여 그물을 내립니다. 그가 자신의 평생 쌓은 경험과 자존심을 내려놓았을 때, 비로소 기적을 체험합니다.

또 호수 위를 걸어오시는 주님을 보고, 자신도 그렇게 걷도록 해 달라고 요구합니다. 주님은 오라고 손짓하셨습니다. 이에 그는 망설임 없이 배에서 뛰어내립니다. 그러나 주님의 명령을 의심하여, 바다에 빠지는 죽음의 두려움을 맛보게 됩니다.

주님께서 '너희는 나를 누구라 하느냐'라고 물으실 때, 제자들은 엄청난 이적과 기사를 행하시는 주님을 자기들이 알고 있는 상식 수준에서 대단한 인물인 세례 요한, 엘리야, 예레미야나 선지자라고 대답했습니다. 그러나 베드로는 "주는 그리스도시요, 살아 계신 하나님의 아들입니다"라고 고백했습니다.

당시 주님께서는 세상에 오신 후 최고로 명쾌한 말을 들으셨으리라 예상해 봅니다. 바로 주님께서는 '네 고백 위에 교회를 세우리라'고 말씀하십니다. 이 말씀은 곧 주님이 승천하신 후 복음을 위한 열쇠(key)를 주님께 받은 것인 줄 믿습니다. 바로 이 사건이 제자들의 이름 중 베드로가 맨 처음 거론되는 이유입니다. 베드로는 유대인과 사마리아인, 그리고 이방인 고넬료의 집에서 가장 먼저 복음의 포문을 활짝 여는 놀라운 사건의 주인공이 되기도 했습니다.

주님께서 발을 씻겨 주시려 할 때 베드로는 성급하게 거절하여, 주님께 꾸중을 듣게 됩니다. 이 사건 역시 떠다니는 모래가 굳은 반석으로 변하는, 베드로에게 영향을 준 여러 사건들 가운데 하나였습니다. 조용히 생각해야 할 때 말을 꺼내고, 깨어 있어야 할 때 잠들어 있는 베드로의 모습은 우리를 닮지 않았나 싶습니다.

예수님께서 가룟 유다에 의해 잡혀 가실 때, 베드로는 칼로 종 말고의 귀를 베었습니다. 의협심인지는 모르겠으나, 성급한 성격대로였습니다. 당시에 예수님이 계셨으니, 주님께 잘 보이기 위한 행동일 수도 있습니다.

베드로는 주님을 배반하지 않겠다고 합니다. 그러나 주님께서는 "네가 오늘 밤 닭 울기 전에 세 번 나를 부인하리라"고 말씀하십니다. 베드로는 절대 그런 일이 일어나지 않는다고 맹세합니다. 그때 주님 마음이 얼마나 아프셨을까요? 그 후 베드로는 주님 말씀대로, 주님을 세 번 부인하게 됩니다.

그가 절망 속에서 허덕이던 부활절 아침, 주님은 타락한 그의 심령을 어루만져 주시며, 무덤을 향해 달려가게 하셨습니다. 고향으로 돌아가 전에 하던 고기잡이를 다시 하려 했지만, 주님께서는 그런 베드로를 다시 찾아가셔서 "내 양을 먹이라"고 말씀하십니다. 기회를 또 제공해 주십니다. 오순절 다락방에서는 성령 충만을 부어주십니다. 성령의 충만으로 말미암아 3천 명이 회개하는 놀라운 역사를 이룹니다.

이처럼 주님은 베드로를 또다시 용서하시고, 품어 주셨습니다. 베드로는 주님의 부활과 승천, 오순절 사건 이후 위대한 사도가 됩니다. 이후 심한 박해로 도망하려고 로마에서 탈출하다, 십자가를 지고 다시 로마로 들어가시는 주님을 만나게 됩니다. "쿼 바디스 도미네(주여! 어디로 가시나 이까)?"

주님께서는 "네가 버린 십자가를 다시 지러 왔다"고 말씀하셨습니다. 그래서 베드로는 "그럴 수 없습니다. 제가 십자가를 지러 가겠습니다"라고 답합니다. 그 길로 베드로는 다시 로마로 돌아가 담대히 복음을 전하다 십자가에서 최후를 맞이합니다. 그는 "주님 지신 십자가를 그대로 질 수 없다"며 거꾸로 못 박혀 순교합니다.

베드로는 경건하지 못하고 은혜를 모르는 자였고, 비겁하게 책임을 회피하는 거짓말쟁이였으며, 주님과 함께 3년을 동행했음을 자랑만 하는 자였습니다. 변덕스럽던 베드로는 부활의 주님을 만난 후 초대교회의 용기 있는 지도자로 변화됩니다. 주님께서는 승천 후의 복음 사역을 위해, 베드로를 오랜 시간 연단하신 것입니다.

우리 교회 안에도 베드로와 같은 교인들이 많을 것입니다. 성격이 급한 사람, 변덕스러운 사람, 게으른 사람, 부지런한 사람, 봉사하기를 즐겨하는 사람, 일을 미루는 사람, 시기하는 사람, 모함하는 사람, 이웃을 배려하는 사람…. 많은 사람들의 다양한 문화와 개성들로 다양한 공동체가 구성되었을 텐데, 파란만장한 베드로 같은 사람이라도 오순절 마가의 다락방에서 역사했던 성령 충만함을 받으면 누구나 새로운 피조물이 될 것이며, 하나님께서 가장 기뻐하는 자녀가 될 것입니다.

우리도 베드로처럼 주님을 부인할 수 있습니다. 오히려 베드로보다 못한 신앙생활을 할 수 있습니다. 하지만 주님을 전적으로 믿고 신뢰할 때, 성령님께서 우리 심령에 고요하게 찾아와 용기와 소망을 불어 넣으실 것입니다. 그 속에 표현할 수 없는 기쁨의 찬송이 온 세상을 향해 퍼져 나갈 것입니다.

_22

말로만 사람을 살리고 세우는 이들

필자가 근무하며 봉사하는 근처에 김밥집이 두 곳 있습니다. 한 곳은 50대 후반에서 60대 초반의 연세로, 권사님인지 집사님인지 정확하게 알 수는 없지만 교회에 다니시는 분은 분명합니다. 한 곳 김밥 집은 50대 후반의 부부가 운영하는데, 그 김밥집 안에는 늘 촛불을 켜 놓으며, 그 곳에서 나오는 목탁소리는 고요한 아침을 괴롭힙니다.

저는 종교를 떠나 본래부터 목탁 소리를 듣기 싫어했습니다. 하지만 언젠가부터 어느 정도 이해를 하기 시작했습니다. 옆 중학교 모 선생님과 함께 도로를 깨끗이 청소하며, 교통정리로 매일 아침마다 봉사를 하고 있습니다. 그러다 보면, 목탁 소리가 들리는 김밥집 부부는 늘 우리에게 커피, 과일주스, 삶은 계란을 대접하십니다. 아침에 학생들 김밥 및 간식거리 판매하려면 무척 바쁜 시간임에도 변함없이 저희 두 사람에게 대접을 하므로, 듣기 싫었던 목탁소리가 이제는 많이 괴롭지는 않습니다.

다른 한 김밥집은 교인임에도 불구하고, 자신의 집 앞을 청소해 주어도 고맙다는 말 한 마디 없습니다. 불교 신자는 자신의 가게 앞을 청소해 주는 우리에게 답례로 늘 마실 것과 먹을 것으로 베푸는 삶을 살고 있습니다. 비록 종교가 다르지만, 오히려 세상 사람들에게는 기독교 신자보다 불교 신자를 더 깊이 사랑하게 되지 않을까 싶기도 합니다.

그 유명한 누가복음 10장 25-37절에서, 예수님은 비유 속의 사마리아 인처럼 행동하라고 하십니다. '자비를 베풀다'는 말은 구약에서 하나님의 선함과 진실하심과 자기 백성에 대한 사랑을 총칭하는 말입니다. 따라서 하나님을 사랑하는 사람이 할 일은 '선행'입니다. 곧 '내가 주께서 네 앞에 두신 가난한 자의 이웃이 되어야 하지 않겠느냐'라는 당부의 말씀 아니겠습니까?

영생에 관해 질문한 율법학자에게 예수님은 그의 생각을 물었습니다. 그는 마음과 목숨과 힘을 다하여 하나님과 이웃을 사랑하라는 성경 말씀으로 대답했고, 그대로 행하라는 주님의 말씀에 이웃을 사랑하지 못한 자신을 정당화시키며 이웃이 누구인지 다시 묻습니다.

주님께서는 선한 사마리아 인의 이야기를 비유로 들려주시며, 유대인들의 증오의 대상이었던 그들도 이웃이라 하셨습니다. 원수까지 사랑하고, 도움이 필요한 자들을 보살피라는 것이 주님의 가르침입니다. 오늘 우리에게 당부하시는 말씀은, 나 자신을 사랑을 하면 이웃이 내가 사랑해야 하는 대상으로 보여지며, 가슴으로 다가갈 수 있는 실천하는 신앙인으로 바뀐다는 것입니다.

율법사는 예수님의 견해가 자신의 것과 비교하여 옳은지 아닌지를 시험 해보고 싶어 예수님께 질문한 것입니다. 질문한 율법사는 자신의 이웃이 누구인지 몰라서 묻는 것이 아닐 것입니다. 율법사는 이미 이웃에 대한 정의를 나름대로 갖고 있었으리라 판단됩니다. 율법사는 자신의 생각이 옳음을 확인하며, 스스로를 이웃을 많이 사랑한 사람으로 평가받고 싶은 마음이었을 것입니다.

그러나 당시 유대인들의 사랑은 매우 제한적이어서, 그들의 사랑에는 사마리아인이나 이방인과 같은 사람들이 빠져 있습니다. 그들의 이웃 사랑이란 오직 동족과 자신들과 코드가 맞는 사람들일 뿐이었을 것입니다.

예수님께서 지적하고자 하시는 중요한 메시지가 바로 여기에 담겨 있음을 알 수 있습니다. 당시 유대인들이 가졌던 고질적인 종교법에 대한 집착을 지적하신 것입니다. 구원은 율법을 잘 지킴으로 얻어지는 것이 아니라는 것입니다. 안식일은 왜 있습니까? 안식일은 분명 사람을 위하여 있는 것이지, 안식일을 위해 사람이 있는 것이 아니라고 성경은 말씀합니다. 그러므로 율법은 인간이 하나님을 잘 섬기고, 이웃을 보다 더 사랑하라고 하나님께서 제정해 주신 것입니다.

하지만, 유대인들은 율법에 매여 하나님 사랑도 이웃 사랑도 제대로 할 수 없는 율법의 노예들이 되어, 하나님께서 값없이 주신 사랑의 선물을 누리지 못하고 사는 것입니다.

예수님은 또 유대인들이 가지고 있는 이웃에 대한 편향 및 제한을 지적하십니다. 예수님은 비유로 사마리아인을 선한 사람으로 추천하셨습니다. 예수님의 의도는 유대인들이 경멸하는 이방인이라 할지라도, 이웃을 사랑하는 자를 하나님께서는 사랑하신다는 것입니다. 특히 예수님의 바람은 유대인들에 대한 편협한 범위를 확대하는 것임을 알아야 합니다.

사랑하는 한국교회 성도 여러분! 신앙생활이라는 이름으로 예배드려야 한다고, 기도해야 한다고 하면서, 이웃에 대한 사랑을 등한시하지는 않았습니까?

그리고 우리의 이웃은 누구일까요? 함께 신앙생활 하는 사람들일까요? 혹시 내가 사랑할 수 있는 사람들만 정해놓고 이웃을 사랑하고 있다고 교만해 하는 율법사와 같은 사람은 아닐까요?

우리는 날마다 우리의 이웃의 범위를 확장해 나갈 필요가 있습니다. 그 확장 속에는 주님의 뜨거운 사랑을 몸소 체험하며 실행하는 삶이 되어야 하겠습니다.

특히 교회 안에서의 이웃을 먼저 사랑하고 챙겨야 합니다. 문제가 생겼을 때 자신의 견해와 그리고 코드가 맞지 않는다 해서, 싫어하거나 교회를 떠나라고 하거나 해서는 안 될 것입니다. 그것은 이웃을 사랑하라는 주님의 부탁 말씀에 역행하는 것입니다.

예수님 당시에도 권력과 힘으로 이웃을 다스렸으며, '갑질'의 횡포가 심했습니다. 당시 종교적으로 힘과 권세로 교회를 다스리며 이웃을 불행하게 만들었던 그 때와 지금의 교회 안 모습이 별 차이가 없는 것 같습니다.

불쌍한 이웃을 챙기는 것이 아니라, 자신의 권력과 힘, 그리고 명성을 위하여 권모술수와 이상한 꼼수로 선한 사마리아인들을 현혹하며, 또 다시 예수님을 핑계로 자신의 목적을 위해 집착의 소굴로 이끌어 가고, 수단과 방법을 가리지 않다 또 다시 예수님을 십자가 형틀에 매달려 하고 있음이 심히 한탄스러울 뿐입니다.

로마서 2장 16절에는 '은밀한 죄가 드러나는 날이 올 것'이라고 말씀하십니다. 사람들 눈에 반듯하게 보일지 몰라도, 하나님 보시기에는 악한 행동이 있음을 깨달아야 합니다.

자신의 유익을 위해, 그리고 권력과 부와 명성을 얻기 위해, 경건한 척하며 겉으로는 자비를 베풀며 칭찬받기를 즐거워하며, 오직 자신을 위해 수단과 방법을 가리지 않고 자행되는 행동을 하다 보면, 사탄의 욕망 속으로 빠져 들어가 그의 노예로 살게 되는 것입니다.

세상에는 완벽하게 선한 사람도 완벽하게 악한 사람도 없습니다. 오늘

선하다가도 내일이면 악해질 수 있는 것이 인간입니다. 흔히 교회를 '세상 안에 있는 하나님의 나라'라고 합니다. 이런 핑계로 어떤 신앙인들은 교회 안에 천사 같은 의로운 사람만 있어야 한다는 생각으로, 교회의 부정적 모습에 실망하기도 합니다.

성도들도 서로를 비판하고 심판의 잣대로 보는 경우도 있습니다. 그러나 교회는 하나님 나라의 표상이기도 하지만, 세상 안에 존재하는 죄인들의 모임이기도 합니다. 가끔 열심히 봉사하던 교우들이나 새 성도들이 기존 신자에 대한 실망으로 상처를 받고 교회를 떠나는 모습을 보면, 그래서 심히 안타깝습니다.

우리는 스스로 의인이라 말할 수 있습니까? 그렇지 않다면 선인과 악인의 심판은 하나님께 맡기고, 우리는 그저 자신의 삶이나 이웃의 아픔을 함께 하는 삶을 살아야 하지 않을까요? 오로지 자신의 행복을 위해 잘못된 집착 속에 허우적대며, 자신의 마음에 들지 않는 성도들에게 상처를 주어가면서까지 교회를 파탄으로 몰고 가야 할까요?

오늘 예수님께서 당부하시는 선한 사마리아인처럼 살기를 원하시는데, 어찌하여 교회 안에 지도자들은 주님 말씀에 순종을 하지 않는지요? 세상은 아파 신음하는데, 교회 안에는 지금도 제사장과 레위인들이 말로만 사람을 살리고 세우는 일에 열중하고 있어 심히 안타깝습니다.

_23
교회 공동체 속 '과정'의 중요성

'과정(課程)'이란 해야 할 일의 정도, 일이나 상태가 진행하는 경로를 말합니다. 영어로는 process, curriculum, course 등으로 말하기도 합니다.

이 땅에 사는 모든 사람들에게는 빈부, 학식, 문화, 성격, 힘 등 다양한 차이들을 안고 살아갑니다. 그 차이 때문에 겪는 인류의 고통은 더 말할 나위 없는 것이 현실입니다. 하지만 인류에게 차이가 없는 것이 하나 있다면, 과정일 것입니다. 이 땅에 사는 모든 사람들 누구나 가지고 있는 것이 있다면, 과정이라는 것입니다.

삶에서 누구나 내가 목적하는 것을 이루고 성취하기 위해, 과정이라는 것이 있습니다. 그 과정의 진실, 피, 눈물, 땀 속에서 얻어지는 것이 있으며, 정직하고 공정하며 신실한 노력으로 얻어지는 결과와 과정은 참으로 아름답고 행복한 것입니다.

정치가는 정치가대로, 기술자는 기술자대로, 교사는 교사로, 예술가는 예술가로, 자신이 희망하고 소원하는 바를 달성하려면, 시작과 끝 사이에 놓여 있는 중간 과정을 지나야 합니다. 누구에게나 예외 없이 그 과정을 통과해야 만이 목적을 이룰 수 있는 것입니다.

예수님께서도 3년이란 공생애를 사시기 위해 30년이라는 어린 시절과 청년 시절을 지나오셨습니다. 이 시절 육신의 부모와 이웃을 위해 일하셨습니다. 이후 세례 요한으로부터 요단강에서 앞으로 이룰 성령의 세례를 위해 친히 인간들이 받는 물세례를 받으시며, 가나의 혼인잔치를 시작으로 골고다 언덕까지의 과정을 십자가로 매듭지으시고, 부활의 소망을 우리에게 선물로 주셨습니다.

그 과정에는 기뻤던 일과 슬펐던 일, 그리고 수난과 고통의 나날도 있었습니다. 주님께서는 인류를 구원하시기 위해 하나님께서 명령하신 십자가 형틀의 고통을 감내하시며, "다 이루었다"는 말씀으로 이 땅에서의 일들을 마무리하시면서, 다시 "본 그대로 오리라"는 약속을 주시며 승천하셨습니다.

그러므로 과정이란 참으로 중요한 것입니다. 과정은 질서를 지키며 순리대로 행해져야 합니다. 그 순리와 질서는 하나님의 말씀 안에 이루어져야 합니다. 자신들의 목적 달성을 위해 중간 과정을 무시해서는 안 되는 것입니다. 아름답고 신실한 과정의 땀 속에는 훌륭한 성공이 기다리고 있습니다. 혹 실패했더라도, 다시 용기 있는 믿음으로 도전할 수 있습니다.

교회 공동체란 예수님을 중심으로 모든 것을 함께하는 성도들과의 공동생활, 곧 공동으로 생산하고 소비하는 경제활동을 근간으로 모든 생활과 신앙, 이념을 함께하는 조직을 말합니다. 초대교회가 보여준 공동체의 모범을 모델로 신앙생활을 하고픈, 곧 가진 것을 함께 나누며 기쁨과 슬픔, 희망과 아픔에 함께 동참하고자 하는 그리스도인의 의지를 담은 표현이 곧 '공동체 생활'입니다.

자신의 잇속을 챙기기 위해, 거듭된 밀실담합과 이웃에 대한 중상모략으로, 약속했던 당회의 신뢰를 무참히 짓밟는 지도자들이 있다면, 그 잘못된 과정의 결과는 쭉정이와 알곡을 가릴 때 나타나지 않겠습니까? 툭하면 눈치 보기에 급급해 여기 붙었다 저기 붙었다 하는 비인간적이고 상식을 초월하는 신앙인들 때문에, 오늘날 기독교가 비신앙인들로부터 괄시를 받고 있는 것 아니겠습니까? 주님을 모른다고 세 번씩 부인한 제자보다 더 진한 배신이 아닐까 싶기도 합니다.

교회 안에서 중직자의 자질을 갖추고, 리더십과 자신을 다스릴 수 있는 성찰, 그리고 많은 사람들을 아우를 수 있는 포용력과 성경 말씀을 늘 묵상하며 성경적인 행동과 지식을 겸비했을 때에야, 장로의 직분을 감당하는 것이 어떨까요? 장로가 장로로 보여지지 않을 때, 교회는 분쟁의 도가니로 빠져들게 되는 것입니다.

공동체는 개인의 자유와 의사를 묵살해선 안 될 것입니다. 공동체는 서로 소통하고 함께 나누면서 더불어 꿈을 꾸는 곳이 되어야 합니다. 그 안에는 반드시 주님이 중심이 되어야 합니다. 이를 통해 교회에 찾아오는 성도들 모두가 꿈을 꾸며 사람답게 살아가는 곳이 돼야, 하나님께서 바라시는 공동체가 될 것입니다.

우리 신앙인들은 주님께서 당부하시고 명령하신 복음을 위해 모든 과정을 거기에 집중하여 쏟아부어야 합니다. 그 복음을 위해서는 첫째로 서로 사랑해야 하고, 두 번째는 이웃의 불행을 나의 불행으로 여겨 그들을 위로하며, 그 문제들을 해결해 주어야 합니다.

특히 교회가 어려운 난관이 부딪혔을 때, 항존직이라면 누구나 이 난관을 헤쳐나가겠다는 확실한 뜻을 드러내야 합니다. 물론 다 같은 생각일 수는 없지만, 옳은 일이라면 과감히 함께할 수 있어야 합니다. 윗사람 눈치나 보면서 남의 말만 듣고 소신도 없는 사람이라면, 처음부터 안수집사나 권사를 하지 말았어야 합니다. 주님을 신뢰하고 주님을 사랑한다면, 무엇이 그렇게 두려운지요!

교회 최고 지도자인 장로는 어린 양 떼들을 위해 밤낮 없이 수고해야 합니다. 양들을 살리고 세우는 일은 바로 교회 지도자들의 낮은 자세를 통해 이뤄지는 것입니다. 지도자들이 목이 곧아 '갑질'을 행사할 때, 교회는 사람을 살리는 것이 아니라 오히려 영혼을 죽이게 되고, 주님의 마음을 더 깊이 아프게 하는 것입니다.

교회 지도자들 중에도 눈치 보기에 급급한 분들이 많음을 심히 안타깝게 생각합니다. 저기서는 옳은 말을 하면서, 당회나 권력 있고 힘 있는 지도자들 앞에서는 딴소리를 하는 어처구니 없는 지도자들 때문에 양들은 피곤하며, 그 피해는 심각한 수준입니다.

신앙인들은 정직하고 공명정대하며 공평해야 합니다. 요즘 사회가 교회를 질타하는 것은 바로 이 정직성 때문입니다. 말과 행동이 일치하지 않는 이중적인 사람들이라고, 세상 사람들은 한 목소리로 말하고 있습니다.

왜 이럴까요? 교회 안에 주님은 계시지 않고, 모두 힘 있는 자들이 주님을 대신해 자리를 차지하고 있기 때문입니다. 목자는 양떼들을 위해 있는 것입니다. 양떼가 없으면 목자는 필요 없습니다. 추우나 더우나 비가 오나 눈이 오나, 노심초사 양들을 살피고 도와주는 역할을 감당하는 것이 목자이며 지도자들인 것입니다.

하지만 자신들의 사명을 잊은 채 신앙생활을 한다는 것이 문제입니다. 이제는 만성이 되어 버려, 자신의 사명을 잊은 채 권력의 재미를 더 오래도록 누리기 위해 안간힘을 쓰는 것을 보노라면, 참으로 민망하기 그지없습니다.

지금 교회들은 어디로 가고 있는지, 야훼 하나님께서 우리 신앙인들에게 마련해 주신 삶을 지금 제대로 살아가고 있는지 모른 채, 눈앞에 보이는 신이 되어버린 돈과 권력과 명예를 좇아가는 삶에만 치중해 살고 있습니다. 때문에 죄를 짓고 있으면서도 죄인 줄 모르고, 나 때문에 많은 사람들이 상처를 받고 있어도 상처를 주었는지조차 모르고 있다는 것입니다.

길이요 진리요 생명이신 주님은 뒷전인 채 금수저라고 뽐내며 웰빙을 자랑하고 외치지만, 주님께서 부르시면 가야 합니다. 어느 누구든 거역할 수 없는 주님의 명령이므로, 이 귀한 시간을 쓸데 없는 허무한 것을 위해 낭비하지 말기를 바랍니다.

중직자로 있던 교회를 헌신짝 버리듯 버리고 이웃 교회를 기웃거립니다. 그곳에서 정착을 잘 하는가 싶더니, 또 장난을 치며 중직자가 되기 위해 몸부림을 칩니다. 결국 힘 있는 권력에 아부하여 중직자가 되는 일을 성공으로 이끕니다. 하지만 중직자가 되는 그 과정 속을 들여다 보면 심히 민망하고 부끄러울 지경입니다. 또한 비성경적이며 비 신앙적이어서, 참으로 안타까울 뿐입니다.

교회가 지금까지 옛 구습에서 탈피하지 못하고 있음은 실로 슬픈 일입니다. 지금 이 귀한 시간이 없다면, 내일도 미래도 없음을 알아야 합니다. 주님께서 허락하신 이 귀한 시간을 헛되이 살아서는 안 될 것입니다. 머리카락 하나까지 세신 바 되신 주님을 사랑하고 의지하는 것만이, 신앙인으로서 사명을 감당할 수 있습니다.

특히 세상에는 영원한 것이 없습니다. 영원한 희망은 오직 주님입니다. 지금 우리는 어디로 가야만 하는 것이 아니라, 지금 여기에 계시는 주님을 만나야 합니다.

주님께서는 우리들을 지금도 기다리고 계십니다. 주님은 그 기다림을 통한 신앙인으로서의 과정을 지켜보고 계십니다.

_24
교회 '직분'은 '계급'이 아닙니다

어느 신학자가 "진리는 마치 교향곡(symphony)과 같다"고 했습니다. 교향곡에서는 여러 악기에 저마다의 역할이 있습니다. 가락에도 주제부와 보조부가 있습니다. 이 모든 것이 각자의 역할과 조화를 이루어야 아주 훌륭한 교향곡이 만들어집니다. 모든 악기가 저마다 자신의 연주를 앞다퉈 나타내려 한다면, 그 교향곡은 자신의 역할을 망각한 채, 교향곡으로서의 깊은 향기가 나지 않을 뿐더러 그 가치를 상실하고 말 것입니다.

'직분'이란 교회를 지탱하는 뼈대와 같습니다. 아무리 순수한 성도라도 직분이 없다면, 제각기 멋대로 하려는 인간의 본성으로 인해 온전히 교회를 세워나갈 수 없을 것입니다. 그러므로 주님께서는 교회를 온전히 세우기 위하여 직분을 은사로 허락하셨습니다. 요즘 교회가 세속화되고 무너져 가는 저변에는 직분에 대한 올바른 이해와 적용이 없어, 부여받은 직분을 잘못 수행하는 안타까운 모습들이 나타납니다.

더구나 직분은 계급이 아닙니다. 교회에서의 직분은 어떤 경우에도 계급이나 서열화로 인식되어서는 안 될 것입니다. 직분은 세상에서 보이는 어떠한 명예를 제공하지 않으며, 개인적인 권력을 부여하지도 않습니다. 모든 직분은 상호관계 속에 놓여 있으며, 모든 직분자들은 성도 간에 존재하는 유기적 관계 가운데 운영돼야 합니다. 교회의 각 직분들은 개별적이지 않고, 집합적이면서 상호 연관성을 지니고 있습니다.

그러나 직분 자체를 권위나 권력으로 생각하거나 명예로 인식하고 있는 이들이 문제입니다. 예수 그리스도 외에 감히 누가 교회에서 개인적인 권위를 갖고, 권력을 행사하며, 명예를 가질 수 있겠습니까? 그러나 일부는 이 고약한 사고방식 때문에 앞으로 나아가지 못하고 늘 뒤처지는 모습을 볼 수 있습니다.

교회 안에는 많은 직분들이 있습니다. 교회의 크기와 성도 수에 따라, 맡은 부서의 많고 적음이 있습니다. 하지만 교회가 크건 작건, 하나님께서 명하신 직분은 같습니다. 열 손가락이 모두 필요하듯, 교회 내 모든 부서와 직분은 소중하고 귀한 것입니다.

많은 부서들이 함께 주를 위해 열심을 다할 때, 하나님께 드리는 예배는 정말 아름다운 교향곡으로 올려질 것입니다. 특히 찬양대에서 각자 따로 소리를 낸다면 그 찬양은 엉망이 되고, 예배를 돕는 것이 아니라 오히려 하나님을 모독하게 될 것입니다.

어떤 분들은 교회에서 꽤 힘 있는 부서를 늘 자신이 맡아 하여 성도의 눈살을 찌푸리게 하는데, 이는 직분에 대해 오해한 것입니다.

교회 안의 모든 부서는 오직 주일예배를 거룩하게 지키기 위한 것입니다. "맡은 자에게 구할 것은 충성이니라." 고린도전서 4장 2절 말씀입니다. 저는 늘 '고사리'라고 암기하니, 지금도 잊히지 않습니다. 이 말씀처럼, 직분자에게는 오직 '충성'의 의무만이 있을 뿐입니다.

그러므로 우리는 각자 맡은 직분의 역할을 잘 소화해야 합니다. 그러기 위해서는 준비를 충실하게 하면서, 끝까지 인내하며 최선을 다해야 하겠습니다. 찬양을 마치면 함께 평가를 서로 나누며, 앞으로 더 잘할 수 있도록 마음가짐을 다지는 겸손의 모습이 필요합니다. 이렇게 세상에서 지낼 동안 주님이 기뻐하시는 선한 사마리아인의 역할을 한다면, 주님께 올려드리는 최상의 아름다운 찬양이 되지 않겠습니까?

그리고 교회는 어린 영혼들의 미래를 위해 최선을 다해야 합니다. 날로 세속화되는 이 시대에, 얼마 못 가 아이들이 없어지는 교회를 상상해 봅니다. 아이들을 위해 수고하는 직분자들인 교사, 장로, 목사 모두 한 몸과 한 뜻이 되어 교회학교의 미래를 위해 역량을 쏟아부어야 합니다.

교육부를 담당하고 있는 부목사님들께서는 주님의 명령이신 "어린아이가 내게 오는 것을 용납하고 금하지 말라"는 말씀을 기억하셔서, 교회학교 부흥을 위해 보다 더 관심을 갖고 임해 주시기를 거듭 당부 드립니다. 특히 교회학교 담당 장로, 집사, 권사들은 부목사님을 도와 함께 가야 할 것입니다.

혹 자신과 뜻이 다르다 해서 멸시하거나, 교육을 망치는 일은 없어야 합니다. 교사와 장로와 목사는 한 몸으로 나가야 합니다. 서로 의견이 달라도 소통으로 이해를 도우며, 협력하는 동반자로서 사명을 잘 감당해야 합니다. 나 자신이 좀 똑똑하다며 이웃을 무시한다면, 그 조직은 와해되고 말 것입니다. 부서장과 담당 목사님들은 교회학교 육성을 위해 머리를 맞대 탐구하고 논의하며, 기도로 무장하여 사명을 잘 감당해야 합니다.

이 외에도 많은 부서들이 있지만, 모두가 거룩하신 하나님을 기쁘게 하기 위한 부서이며 직분자들임을 명심, 또 명심하기를 바랍니다. 모든 직분자들은 맡은 자리에서 사랑으로 도우며 하나님을 위한 아름다운 교향곡으로 불리기를 소망합니다.

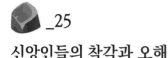

_25
신앙인들의 착각과 오해

　사람은 착각과 오해 속에 살아간다고 말해도 틀린 말은 아닐 것입니다. "착각은 자유"라는 말도 일상 속에서 흔히 사용됩니다. 착각은 잠시나마 기쁨과 위안을 가져다 줄 수도 있지만, 지나치면 주위 사람들로부터 오해를 받기 일쑤입니다.

　착각(錯覺)이란 명사로는 어떤 사물이나 사실을 다르게 잘못 느끼거나 지각(知覺)함을 말합니다. 지각이라 함은 명사로는(기본 의미) '알아서 깨달음, 또는 그런 능력, 심리 감각기관을 통하여 외부의 사물을 인식하는 작용, 또는 그 작용에 의하여 얻어지는 표상'이라고 합니다.

　오해(誤解)란 '사실과 다르게 해석하거나 이해함, 또는 그 해석이나 이해, 원래의 뜻과 취지가 다르게 잘못 생각하거나 좋지 않게 꼬아서 생각하는 것'을 말합니다. 즉 사실이나 내용을 실제와 다르게 잘못 이해하는 것입니다.

　착각하는 사람이란, 자기 생각만 정답이라고 여기는 자를 말합니다. 착각을 요약하면 단순한 지각상의 실수라기보다, 부정확한 지각을 유발

한다고 볼 수도 있습니다. 감각에 주어진 자극이 어떤 환경조건에 따라 변했을 때 생기는 착각은, 자극-왜곡 착각이라고 합니다. 물 속에 막대기 일부분을 담가 놓으면 휜 것처럼 보이는 것이 하나의 예입니다.

감각 자극의 객관적 사실과 다른 감정이 생기는 '착각'은 일반적으로 정상인 사람에게 생기는 것입니다. 이상한 상태에서 생기는 것과 구별하기 위해 '생리적 착각'이라고도 합니다.

대부분의 사람들은 자기가 보고 이해하는 세계를 객관이라고 여깁니다. 저 역시 예외가 아닙니다. 하지만 실상이 사실로 확인되지 않는 한, 착각일 수도 있습니다.

'착각' 하면 뒤이어 연상되거나 찾아오는 것은 '오해'입니다. 착각과 오해의 차이는 무엇일까요? 착각의 의미는 앞에서 봤고, '오해'란 사실과 다르게 해석하거나 이해하는 것입니다.

단어의 뜻으로 보면, 착각은 즉각적으로 반응하는 인지적 오류의 차원이고, 오해는 사고의 과정을 거친 논리적 오류의 차원입니다. 전자가 원인이라면, 후자는 결과라 이해해도 별 무리가 없습니다.

즉 오해는 근거 없는 확신으로 단정해도 좋을 듯 합니다. 그러므로 정상적인 사람이라면 착각과 오해는 가끔 겪을 수 있는 일상적 경험인 것입니다.

사람은 누구나 착각과 오해를 할 수 있습니다. 완벽한 인간이 아니기 때문에, 우리는 착각과 오해로 서로에게 상처를 주고 받으며 살아가는 사회적 동물인 것입니다.

아무도 살지 않는 무인도에 살아도, 착각과 오해는 필수적으로 존재할 것입니다. 비록 옆에 다른 사람이 없더라도 자연 속에서 나무를 보며, 바다를 보며, 하늘을 보며, 착각과 오해를 할 것입니다.

하나님이 처음 창조하신 사람인 아담과 하와 역시, 간교한 뱀의 꾀임으로, 하나님이 될 수 있으리라는 착각 속에 엄청난 죄를 지어 인류 사상 최초의 고통을 안겼습니다.

또 자신의 제사를 받지 않았다는 오해 때문에, 동생 아벨을 살인한 가인의 사건이 있었습니다. 아브라함의 종이었던 하갈은 사라의 배려로 종에서 후처로 승진하지만, 아이를 낳은 뒤 마치 주인이라도 되는 듯 착각하고 종의 신분을 망각하여 주인을 비웃으며 괄시하다, 먼 타국에 쫓겨나는 신세로 전락하고 맙니다.

베드로는 변화산에서 '여기서 초막 셋을 짓자'고 합니다. 하나는 모세를 위하여, 하나는 엘리야를 위하여, 또 하나는 주님을 위하여 짓자고 제안합니다. 주님의 뜻과 전혀 무관한 말로 아첨을 합니다. 이야말로 베드로의 착각 아닐까요?

세상적인 눈으로, 38년 된 혈루증 환자인 여자는 자신의 고통을 이기기 위해 세상에서 용하다는 약을 다 써 보았지만 아무 효험이 없었습니다.

그런 그녀는 많은 인파 속에서 주님을 만나기가 힘들다는 것을 깨닫고, 주님의 옷깃이라도 만지면 낳을 수 있으리라는 확신으로 주님 앞에 나아갑니다. 당시 사람들은 아마도 미친 짓이라고 했을 것입니다. 아마 요즘 같으면 '착각에 빠지지 말라'고 하였을 것입니다.

하지만 그녀는 '의로운 착각'으로 주님에게 달려갔습니다. 체면이나 여론 따위는 상관이 없었습니다. 오직 그녀의 목적은 주님의 옷자락을 만지는 것이었습니다. 결국 그녀는 성공했습니다.

문창극 총리 후보자는 지난 2011년 서울 용산구 이촌동에 위치한 한 교회의 특강에서 일제 식민지 지배와 남북분단이 '하나님의 뜻'이라는 취지의 발언으로 오해를 불러 일으켜 총리직 후보에서 도중 하차하고 말았습니다.

그는 인사청문회 준비단을 통해 낸 보도자료에서 '논란이 되고 있는 글들은 언론인 출신의 자유기고가로서 쓴 것이고, 강연은 종교인으로서 교회 안에서 한 것이어서 일반적인 정서와 다소 거리가 있을 수 있다'며 오해의 소지가 생긴 것에 대해 유감이라는 입장을 표명했지만, 결국 총리 후보자에서 낙마하는 비운을 맞았습니다.

이처럼 받아들이는 사람들 역시 처음과 끝을 분명히 이해한 다음 문제를 삼아야 하지만, 한 문장만을 가지고 오해하면서 이러한 안타까운 사태를 초래하게 돼 참으로 아쉬움이 남습니다. 많은 세월이 지났지만, 뒷맛이 썩 좋지 않습니다.

오늘날 교회 안에서도 주님을 위해 최선을 다해서 사명을 감당하겠다고 하면서도, 착각과 오해 속에 분별력을 잃고 있어 참으로 안타깝습니다.

주님을 믿을 때의 초심대로 자신을 철저하게 점검하며, 오로지 낮은 자세로 하나님의 뜻대로 살려고 노력한다면, 교회를 교회 되게 하는데 최선을 다할 수 있지 않겠습니까?

우리는 성경 말씀을 착각하거나 오해해서는 절대 안 될 것입니다. 주의 종들은 말씀 안에서 가르치고 훈육하는 일에 최선을 다해야 할 것입니다.

양들을 바르게 가르치지 않으면, 포식자에 의해 멸망당하고 말 것입니다. 목자는 철저히 양들의 우리를 지켜야 하며, 하나님의 메시지를 정확하게 전하는데 최선을 다해야 합니다.

교회나 조직에서 일을 하다 보면, '내가 없으면 교회 일을 할 수 없다, 내가 아니면 아무것도 안 된다, 조직에서 내가 빠지면 모든 일이 마비가 된다'는 등의 착각으로 자신을 교만하게 만들 수 있습니다.

제 친구 중에도 장난삼아 착각으로 한 일이 평생 씻지 못할 범죄로 이어져, 지금도 주위의 따가운 시선 속에 살아가는 경우가 있습니다.

그러므로 목회자들에게 착각과 오해는 절대 금물입니다. 목회자는 청렴하고 거짓이 없어야 하며, 잘못을 저질렀을 때는 하나님과 성도들 앞에 깊은 회개를 해야 합니다.

하지만 일부 목회자들 중에는 목자로서 자질 함량이 부족한 분들이 있어 참으로 안타깝습니다.

자신의 뜻대로 따라주지 않는다 해서 적으로 착각하며, 심지어 사탄이나 악의 세력으로 몰아붙이기도 합니다. 오해와 갈등 속에 성도들 사이에서 편을 갈라 서로 불신과 미움을 만드는 일은, 분명 하나님의 진노가 따를 것입니다.

이를 잊지 마시고, 깊은 회개를 통해 진정한 주님의 제자로서, 목자의 사명을 감당하시길 부탁드립니다.

때로는 양들이 위기에 처했음에도 허울 좋은 사랑 운운하면서, 자신의 이익에 합하도록 유도하거나 내치는 목자들도 있어, 참으로 안타깝기도 합니다. 진실로 이 시대에 의인을 볼 수 있을까요?

개신교 지도자들의 타락 때문에 교회가 교회로서의 사명을 감당치 못하고 손가락질을 받는 시대로 전락했습니다. 진정한 회개 없이, 죄를 짓는 일에 무감각해졌기 때문은 아닐까요.

하나님을 향한 일상이 아니라, 세상과 연락하고 세상 향락에 젖은 지도자들의 잘못된 신앙관 때문에, 오늘에 기독교가 욕을 먹는 게 아닐까요.

하나님의 거룩한 말씀을 착각하거나 오해하고, 자신을 돌아볼 겨를도 없이 세상 일에 바삐 움직이는 지도자들 때문에, 주님께서는 오늘도 근심하며 기다리고 계십니다.

　"착각은 자유다", 세상 사람들이 흔히 사용하는 이 말처럼, 우리 신앙인들은 착각과 오해를 쫓아내고 말씀대로 살아가며, 서로 신뢰를 구축하고 함께 나눔의 세상을 만들어야 할 것입니다.

_26
"예수를 십자가에 못 박으라" 외치던 군중 속 나

어김없이 고난주간과 부활절을 맞이합니다. 특히 부활 전 한 주간은 고난주간으로, 모든 목회자들과 성도는 예수님께서 겪으셨던 수난과 죽음을 묵상하면서 성결하고 경건하게 지내려 합니다. 한편으로는 사망 권세를 물리치시고 승리하신 부활의 여정을 준비하는 귀하고 귀한 아름다운 주간입니다.

특히 주님께서 예루살렘으로 입성하실 때는 어린 나귀를 타시고, 제자들과 함께 많은 군중들의 열렬한 환호를 받으셨습니다. 좋은 말이나 낙타나 큰 나귀도 있었을 텐데, 하필이면 아무도 타 보지 않은 순수한 새끼 나귀를 선택하신 이유를 모든 성도께서 아마 아시리라 생각됩니다.

예수님의 입성을 열광하는 제자들과 군중은 주님께서 자신들의 어려움과 고통을 해결해 주리라 여겼고, 그래서 정치적 야욕이 있는 제자들과 군중은 지금까지 볼 수 없었던 열정적 환호를 했으리라 생각이 됩니다.

하지만 예수님께서는 곧 들이닥칠 수난과 죽음에 대한 비애가 기다리고 있던 예루살렘에 입성하시면서 무척 마음이 괴로우셨으리라 생각해 봅니다. 그 환호에 답하시면서 입성하시는 주님의 고달픈 마음은, 군중을 바라보시며 응답하는 주님의 눈빛은 어떠했을까요?

당시 바리새인과 서기관, 그리고 제사장, 율법학자들은 예수님을 열렬히 맞이하는 그 모습에 질투와 시기를 느끼고, 많은 군중을 선동하여 죽이기로 모의합니다. 우리는 바로 그 수많은 군중 속에 내가 있다는 사실에 대하여 시인해야 하고, 나 또한 주님을 열망하며 함께 죽음도 불사하여 지키겠다고 맹세했던 베드로와 같은 사람임을 부정해서는 안 될 것입니다.

조금 전만 해도 예수님의 입성에 열렬히 환호하며 즐거워했던 모습은 자취를 감춰 버리고, 오히려 예수님을 시기하고 모함하며 그들과 함께 비아냥거리고 오히려 저주하며 십자가에 못 박으라고 소리치면서 날뛰며 선동하는 그 모습이, 바로 '나' 자신이 아닌가 말입니다.

인간은 예나 지금이나 자신에게 불리한 일이 닥쳐지면, 흔히 말하는 오리발을 내밉니다. 성경에도 오리발을 내민 이들이 많이 소개됩니다, 그 중 예수님의 수제자인 베드로는 '예수님을 모른다'고 세 번씩이나 강력하게 부인하는 어처구니없는 사건을 일으켜, 지금까지 슬픈 이야기로 전해 내려오고 있습니다.

하지만 예수님께서는 인간들을 지극히 사랑하셨습니다. 인간의 몸으로 이 땅에 오신 예수님을 묵상해 보면, 분명 하나님께서는 구원의 약속에 충실하시고 절대 불변하신 분이시며, 신실하시고 어떠한 유혹이나 환경에도 굽힘 없으심을 배웁니다.

특히 골고다 언덕 십자가 형틀에서 고통을 당하시면서도 오히려 '나를 위해 울지 말라'고 하시며, 인간들에게서 버림을 당하시면서도 오직 하나님의 뜻을 이루기 위해 십자가를 선택하신 분입니다. 그 예수님께서 오신 목적과 사명을 깊이 깨달아야 할 것입니다.

이제 고난주간이 되었습니다, 수많은 군중과 함께 예수님을 죽이라고 소리치던 모습에서 속히 탈피하여, 수난의 의미를 묵상하며 나 또한 연약한 인간임을 깨닫고, 못된 속성과 부끄러운 모습들을 하나하나 내려놓고 변화해야 할 것입니다. 만왕의 왕이신 예수님의 입성을 환영하며 환호하던 많은 사람들이 순식간에 돌변하여, 가장 잔인한 사형수를 살리고 주님을 십자가에 못 박으라 했던 그 함성이 지금도 귓전을 따갑게 하는 것 같습니다.

우리는 일상에서 주님을 닮아가겠다는 말들을 많이 합니다. 하지만 그러한 봉사와 희생도 일회용이며 형식에 그칩니다. 말로는 청산유수처럼 주님께서 하셨던 일들을 조금이라도 감당하겠다고, 저 군중 속에서 한통속이 되어 소리칩니다. 주님께서 당하신 그 고통은 감히 우리의 입으로 말할 수 없는 참혹한 사건이었습니다. 우리 인류의 죄를 위해, 그리고 나의 죄를 위해 흘리신 그 핏자국은 아직도 붉은 빛으로 물들어, 나의 깊은 심령까지 그 피가 흐르는 것 같이 뜨거워 옴을 느낍니다.

그러므로 우리는 날마다 예수님의 십자가를 묵상하면서 더욱더 주님께 다가가기 위해, 지은 내 죄를 회개하고 주님께서 걸어가신 그 가시밭길을 걸어가며 십자가의 의미를 내 마음속에 깊이 묻어야 하겠습니다. 주님께서 흘리신 피와 눈물과 땀방울을 마음판에 새기어, 오늘도 '낮아져라, 겸손하라, 그리고 이웃을 위해 헌신하라'는 그 음성을 들으며, 고난과 부활의 참뜻을 깊이 아로새기며, 모든 성도가 연합하여 동참하는 그리스도의 참 제자가 되기를 소망해 봅니다.

따사로운 봄기운 속에 나를 발견하며, 새로운 믿음의 변화와 함께 새 역사를 창조하는 주님의 군병들 되시기를 다시 한 번 축복해 봅니다.

_27
나를 위한 기념비? 하나님을 위한 기념비

　기념비(記念碑)란 오래도록 기념할 만한 가치가 있는 것, 뜻깊은 일을 오래도록 기념하기 위하여 세운 비석, 또는 어떤 뜻깊은 일이나 훌륭한 인물들을 오래도록 잊지 아니하고 마음에 간직하기 위하여 세운 비석입니다.

　오늘은 성경 속의 인물들 중 출애굽을 완성한 여호수아와 이스라엘의 초대 왕이었던 사울 왕의 기념비에 대해 이야기를 나눠볼까 합니다.

　하나님께서는 사무엘 선지자를 통해 사울에게 아말렉을 쳐서 그 모든 소유를 남기지 말고 진멸하며, 남녀노소와 우양가축을 다 죽이라고 확고하게 명령하십니다. 하지만 사울왕은 아말렉 사람의 왕인 아각을 사로잡아, 그가 가진 양과 소의 가장 좋은 것과 기름진 것과 좋은 것은 남기고, 별로 좋지 못한 것들만 진멸하였습니다.

　뿐만 아니라 사울 왕은 그 우양을 자신의 소유로 착복해 버렸습니다. 이로 인하여 하나님께서는 진노의 칼을 뽑으셨습니다. 사울은 미련하게도, 무슨 자랑거리나 되는지 자기를 위하여 기념비를 세웠지만, 오히려 그것은 하나님께 불순종한 범죄를 기록한 꼴이 되고 말았던 것입니다.

과연 사울이 세운 기념비의 결과가 무엇이겠습니까? 사울은 갈멜산에서 자신을 위한 기념비를 세우고 길갈로 내려가, 사무엘 선지자가 그를 쫓아가서 우양을 숨긴 것을 적발했습니다. 그러나 사울 왕은 뻔뻔스럽게도, 하나님께 제사하려고 우양을 가져왔다고 능청스럽게 거짓말을 하는 죄까지 저지르고 말았습니다.

사무엘은 이에 엄히 책망했습니다. "순종이 제사보다 낫고 듣는 것이 수양의 기름보다 나으니, 이를 기억하는 것은 사슬의 죄와 같고 완고한 것이 사신 우상에게 절하는 것과 같다"고 사울 왕에게 지적하고 있습니다.

이후 사무엘은 "왕이 여호와의 말씀을 버렸으므로 여호와께서도 왕을 버려 왕이 되지 못하게 하겠다"고 선포했습니다. 이는 당연한 하나님의 징계임을 신앙인 모두는 알 것입니다.

자기 이름을 위하여 일하는 자는 하나님께로부터 버림을 받는다는 교훈을 현 시대를 살아가는 우리 신앙인들에게 준엄하게 일러주십니다. 뿐만 아니라 이는 우리를 향해 지적하는 말씀임을 깨달아야 하겠습니다.

하나님께서는 우리 신앙인들을 사랑하셔서 충만한 은혜를 누리고 살 수 있도록 기회를 주셨지만. 우리는 너무나 나태한 탓인지 무감각한 믿음으로 하나님을 잊고 사는 때가 많습니다. 오로지 자신을 위한 일에는 분쟁을 통해서라도 성사를 시키고 맙니다.

특히 교회 주보를 보면, 하나님을 사랑하고 하나님을 자랑하는 내용은 온데간데없습니다. 그저 담임목사부터 시작해, 장로와 교회 건물을 알리는 프로그램과 행사로 가득 메워져 있습니다. 교회가 마치 사회행사 기관으로 전락된 듯한 이 모습은, 하나님의 뜻과 전혀 무관한 것 아닐까요?

노회장과 총회장 선거를 매년 실시하면서, 마치 기념비처럼 신문이나 홍보물에 온통 도배를 하고 있습니다. 주님에 대한, 주님을 사랑한 이력들은 없고, 온통 자신들의 이력들을 자랑하며 세상적인 홍보에 열을 올리는 모습은, 과연 저들이 하나님의 뜻을 참으로 이루려 하는 분들인가 하는 생각을 하게 만들어, 연신 마음을 무거워집니다.

반면 여호수아는 요단강에서 가져온 열두 돌을 길갈에 세웠습니다. 에벤에셀의 하나님 은혜를 기념하는 기념비를 세운 것입니다.

어찌 보면 여호수아는 모세 이후 출애굽을 가나안 정착이라는 성공으로 이끈 아주 훌륭한 인물입니다. 하지만 그는 자신을 내세운 것이 아니라, 여지껏 하나님의 은혜로 젖과 꿀이 흐르는 가나안 땅을 차지하게 되었음을 알았습니다.

여호수아는 자신의 능력을 자랑한 것이 아니라 하나님의 은혜를 사모하므로, 그 은혜를 자손 만대까지 누릴 수 있도록 기념비를 세운 것입니다.

약속의 땅인 길갈에 첫발을 내딛고 처음 드린 예배의 장소에 기념비를 세운 길갈은, 언제나 영적으로 의미 있는 장소가 되어 지금까지 전해오고 있는 것입니다.

지금 우리 신앙인들 역시 길갈에 기념비를 세우고, 길갈에서 거룩한 할례를 행하고, 또 길갈에서 가장 감동적인 예배를 드리는 시간들을 만들어 가야 할 것입니다. 그리고 우리 신앙인들이 매 주일마다 올려드리는 예배의 장소는 곧 길갈이 되어야 하는 것입니다.

사울 왕처럼 교만의 극치로 인해, 하나님의 준엄한 명령을 어기는 범죄를 저질러, 부끄러운 역사에 자신의 이름이 기록되는 안타까운 일이 발생해서는 결코 안 될 것입니다.

그러므로 기념비는 자신이 세우는 것이 아니라, 하나님을 위해, 그리고 이웃을 위해 피와 땀과 눈물로 최선을 다해 수고한 아름다운 감동적인 모습들이, 후손들이나 주위 많은 사람들에 의해 세워지는 것임을 우리는 깨달아야 할 것입니다.

좋은 예로 경남 함안에 세워진 손양원 목사 기념관이 있습니다. 그 기념관은 현재 손 목사님의 양아들이었던 안재성의 아들 안경선 목사가 관장을 맡아 섬기고 있습니다. 2015년 손 목사님이 다녔던 서울 중동고 크리스천 동문들이, 선배님의 아름다운 뜻을 기리며 세운 것이라고 합니다.

그리고 영국 존 웨슬리의 회심 기념비는 영국 올더스케이트 거리, 상업의 중심지인 성당 뒤편 런던 박물관 정면 약 100m 정도 떨어진 곳에 세워져 있습니다.

이처럼 하나님을 위해, 이웃을 위해 몸 바쳐 희생한 점과 순교한 점에 대해 후손들이 감동하여, 이를 역사에 길이 길이 알려 세상을 좀 더 아름답게 하기 위한 것이 바로 기념비 아닐까요?

하지만 지금 이 시대의 부흥강사들, 그리고 세미나와 헌신예배, 간증 등 각종 단체의 모임에는 꼭 기념비가 따라다닙니다. 그 기념비가 없으면 불러주지도 않을까봐, 그리고 자신의 목적을 이루지 못할까봐, 너도나도 기념비로 도배를 이루고 있는 실정입니다. 하나님의 뜻과는 전혀 거리가 멀어 보입니다.

바울 사도는 "그러나 내게는 우리 주 예수 그리스도의 십자가 외에 결코 자랑할 것이 없으니 그리스도로 말미암아 세상이 나를 대하여 십자가에 못박히고 내가 또한 세상을 대하여 그러하니라(갈 6:14)"고 했습니다.

그러므로 우리 신앙인들은 자신을 드러내는 기념비를 세울 것이 아니라, 나를 내려놓고 하나님만을 높여드리는 믿음의 기념비를 세워 나가야 하겠습니다.

제5장 　　　　　 따가운 눈총에서
　　　　　　　　　 따스한 눈빛으로

_28

이중인격자들이 되지 말자

"예수께서 이르시되 삼가 바리새인과 사두개인들의 누룩을 주의하라 하시니(마 16:6)".

"두 사람이 기도하러 성전에 올라가니 하나는 바리새인이요 하나는 세리라 바리새인은 서서 따로 기도하여 이르되 하나님이여 나는 다른 사람들 곧 토색, 불의, 간음을 하는 자들과 같지 아니하고 이 세리와도 같지 아니함을 감사하나이다. 나는 이레에 두 번씩 금식하고 또 소득의 십일조를 드리나이다 세리는 멀리서서 감히 눈을 들어 하늘을 쳐다보지도 못하고 다만 가슴을 치며 이르되 하나님이여 불쌍히 여기소서! 나는 죄인이로소이다 하였느니라(눅 18:10-13)".

제자들은 예수님께서 말씀하신 '바리새인'과 사두개인들의 누룩'이 그들의 가르침 곧 바리새인들의 완고하고 이중적이고 위선적인 형식주의와 사두개인의 정치적, 기회주의의 현세적 물질주의를 가리킨다는 것을 뒤늦게 깨달았습니다.

성경에서 '바리새인'이라는 용어가 마태, 마가, 누가, 요한 등 사복음서, 사도행전, 빌립보서 등에서 약 100회에 가깝게 기록되어 있습니다. '사두개인'이라는 용어도 마태복음, 마가복음, 누가복음, 사도행전 등에서 약 15회에 걸쳐 등장하고 있습니다.

그러면 '바리새인'과 '사두개인'이란 무슨 뜻일까요? 우선 '바리새인이라 함은 '바리새파에 속하는 교인으로, 성경말씀은 듣고 알고는 있지만 행함이 전혀 없는 사람이 바리새인입니다.

'사두개인'이라 함은 '의로운' 이라는 뜻의 '싸디킴'이란 말에서 유래한 것으로, 기원은 솔로몬의 제사장인 '사독(삼하 8:17)'에서 유래했습니다.

'바리새인'들은 당시 중류 계층이었던 반면, '사두개인'들은 비교적 부유한 귀족층과 예루살렘에서 막강한 권력을 가진 제사장급에 해당하는 사람들이었습니다.

예수님 시대에 바리새인들은 민중들을 인도하는 지도자급에 속한 사람들로서, 모세의 율법을 철저하게 지키면서 타인에게도 문자 그대로 해석하고 지키기를 강조하는 율법주의자들이었습니다.

다양한 직업에 종사하면서 육신의 부활을 철저하게 믿고, 자신들만이 하나님의 선택을 받은 사람들이라고 자처하며 때때로 지나치리만큼 율법을 강조하여 자신들도 실천할 수 없는 것들을 가르치고 있었습니다.

오늘 성경에서 말씀해 주고 있는 바리새인은 그 대표적인 인물로서 일주일에 두 번, 그것도 월요일, 목요일에 금식기도를 했습니다. 그리고 예루살렘 성전과 국가의 운영을 위해서 수입의 십분의 일을 바치는 십일조의 의무도 철저하게 지켰던 사람들이었습니다.

반면 세리는 로마 제국으로부터 세금을 과하게 징수하여 일부는 로마에 바치고 일부는 자신이 착복하여, 당시 사람들로부터 세리를 매국노라

지적받고 배신자로 여겨졌습니다.

그리고 바리새인과 세리가 사회적으로 구분되는 대표적인 두 부류였던 시대에, 오늘 이 두 사람의 기도가 나옵니다. 바리새인은 세리를 먼저 나쁜 사람으로 판단하면서, '저 세리와 같지 않으니 하나님 감사합니다' 하면서 자신의 공과 덕을 자랑하는 기도를 드립니다.

그러나 세리는 그저 성전 문 입구에 서서 고개를 숙인 채 "오 하나님, 이 죄인을 불쌍히 여겨 주시옵소서!" 라고 겸손한 기도를 드립니다.

하나님께서는 우리 인간의 판단과는 전혀 다르게, 이 불쌍한 세리의 기도를 들어주시며 평화스럽게 집으로 돌아가게 하십니다.

사랑하는 성도 여러분! 남을 판단하고 그 사람의 잘못을 지적하는 것은 우리 인간들의 몫이 아니라, 하나님의 몫임을 알아야 하겠습니다. 각자가 처한 환경과 사명은 능력이 서로 다르기 때문에, 우리 인간은 남과 비교될 수 없습니다.

그저 우리는 모두 하나님의 사랑을 받는 존재들임을 먼저 인정해야 합니다. 때때로 우리 신앙인들은 편협한 마음으로 자신의 주장이나 생각만을 고집하는 경우가 많고, 남의 것을 도저히 인정하지 않으려는 태도를 지니기도 합니다.

오늘 우리가 사랑하는 예수님의 말씀은 이런 삶의 태도에 대해 좋은 가르침과 회개의 기회를 주고 있음을 알아야 합니다. 자신의 모습을 먼저 반성하며 이웃에 대한 판단과 평가를 늦추는 성숙한 지혜의 신앙인들이 될 수 있도록, 늘 자신을 새롭게 하는 기도와 찬송과 간증이 필요합니다.

특히 요즘 이슈가 되고 있는 대형교회의 세습 사태가 좀처럼 가라앉지 않는 이유는 무엇일까요? 인간적 반성이 아니라 하나님을 향한 통회가 있다면, 먼저 용서를 구하며 모든 것들을 법이 정한 대로 원상회복시킴으로써 문제가 해결이 될 것입니다.

그러나 혹 편법으로 이를 수용한다면, 기독교의 미래에 큰 상처를 제공할 것입니다. 언제나 이 문제는 가시가 될 것이고, 늘 끊임없는 분쟁으로 인해 복음은 단절되고 성도들과의 신뢰는 더욱 악화되어, 하나님과 세상에 대하여 영광을 가리는 것임을 하루 속히 깨달았으면 좋겠습니다.

지금도 교회 안의 목회자와 지도자들의 잘못된 언행일치 속에 권력과 부패가 난무한 현실이 참으로 안타깝습니다. 자신들에게 충성하는 이들만 항존 직으로 발탁하고 그들에게만 직분을 맡기는 어처구니없는 사실들이 일어나고 있기 때문입니다.

특히 교회에서 운영하는 복지재단의 경우, 어려운 형편에 처해 있는 이들과 능력자로 발탁해야 하는데, 오로지 자신들의 편에 서 있는 사람들만 일자리를 제공하고 있는 사실 앞에, 이곳이 하나님을 사랑하는 교회가 맞는지, 그들의 이중성에 괘씸한 생각이 들기도 합니다.

특히 자신의 편에 있지 아니한 성도들을 적으로 간주하여 쫓아내고 있습니다. 교회의 적은 사탄 마귀인데, 어째서 어제까지 사랑하는 성도라고 말하던 이들을 오늘은 적으로 판단하면서 교회로부터 쫓아낼 수 있을까요? 어찌하여 이런 일들이 교회 안에서 벌어지는지요?

교회가 교회다워야 하지만, 지도자들의 이중적인 모순 때문에 믿음은 황폐되고 교회 안은 이리의 소굴로 변질되게 되니, 저들이 바로 바리새인과 사두개인들이 아닐까 싶기도 합니다.

그리고 말씀을 먹는 성도들은 하나님의 사랑과 뜻이 어디에 있는지를 분별하여, 세상을 향하여 살아갈 때 참으로 좋은 모습으로 세상을 감동시켜 나가는 귀하고 아름다운 복음의 사명을 잘 감당하는 크리스천들이 되었으면 좋겠습니다.

_29

교회·노회·총회 '갑질'에 대한, 성도 '을'의 7대 간언

'갑(甲)의 횡포', '갑질'이란 단어들이 요즘 세상에서 흔히 사용됩니다. 하지만 교회와 노회, 그리고 총회에서도 세상 못지않게 '갑의 횡포'가 만연되어 있습니다. 교계에서 '갑'이란 교회 지도자와, 노회에서 상당한 영향력을 행사하시는 분들, 그리고 총회에서 언권이 있고 상당한 힘이 실리는 분들을 말합니다. 반면 작은 교회, 그리고 부목사, 일반 성도들은 을(乙)의 입장이 아닐까요?

세월과 세상은 빠르게 나날이 변해가지만, 교회는 빠르게 적응하지 못하고 구습과 전례에 파묻혀 앞으로 나아가지 못하는 실정입니다. 이를 바라만 보고 있으려니 가슴이 멥니다. 기득권을 내려놓지 못하고, 자신의 욕구와 욕망으로 교만이 하늘까지 치솟아 있습니다. 연로한 목사님과 장로들이 고집과 구시대적 사고에서 탈피하지 못한 채 현실에 안주하면서, 교회는 점점 더 사회에서 격리되어 갑니다. 이런 형편을 깨닫지조차 못하고 있으니 한심하기 짝이 없습니다.

미래를 위해 고쳐 나가야 할 법률들을 수정하지 못하니, 교회의 부흥

성장에까지 걸림돌이 되고 있습니다. 필자의 속도 타는데, 우리 주님께서는 얼마나 속이 상하실까요? "오냐! 내가 재림하는 그날이 오면, 너희들이 무엇을 잘못했는지 알게 해 주마!" 하시지 않겠습니까? 그렇다면, 예장 통합총회 헌법을 예로 들어 수정이 필요한 부분을 살펴봅시다.

① 제5장 목사 제2편 정치 27조 3항: 부목사는 위임목사를 보좌하는 목사다. 임기는 1년이며, 연임할 수 있다. 단 부목사는 위임목사를 승계할 수 없고, 해 교회 사임 후 2년 이상 지나야 위임(임시) 목사로 시무할 수 있다.

먼저 '부목사가 해 교회 사임 후 2년이 지나야 위임(임시) 목사로 시무할 수 있다'는 규정은 삭제해야 합니다. 예전 어느 부목사가 담임목사를 추방했던 일 하나 때문에 이런 법을 만들어놓은 것은 위헌이라 생각합니다. 담임목사께서 어떻게 처신하시어 그런 상황이 발생했는지는 잘 모르지만, 형평성에 맞지 않는 법입니다. 다른 교회의 부목사와 해 교회 시무 부목사가 무슨 차이가 있을까요? 오히려 해 교회 부목사가 그 성도들을 더 잘 알고 있지 않을까요?

부목사의 임기 문제도 개선해야 합니다. 노회에서 가장 많이 상정되는 안건이 부목사 청빙 문제입니다. 부목사 임기가 1년으로 되어 있기 때문입니다. 세상으로 치면 비정규 계약직 같습니다. 그러므로 임기를 3년으로 하되, 부목사가 다른 교회로 전출을 가고자 할 때는 부임 1년 경과 후부터 가도록 하면 어떨까요? 부목사도 가정이 있으므로, 최소 3년은 보장해 줘야 삶의 계획을 세울 수 있습니다. 뿐만 아니라 각 교회와 노회에서도 매년 연임청원 때문에 시간을 낭비하지 않아도 될 것입니다. 부목사들이 소신껏 일하는 데도 도움이 될 것입니다.

② 제40조 장로의 자격, 제41조 장로의 선택 3항: 장로의 선택을 위한 투표는 3차까지 할 수 있다.

장로 투표를 3차에서 1차로 줄일 것을 건의합니다. 대학 입학은 자신의 선택사항이므로 3차 응시도 있겠지만, 장로로 피택되는 데는 하나님의 뜻이 있지 않겠습니까? 오죽하면 성도들이 그에게 표를 행사하지 않았겠습니까! 3차까지 투표하다 보면 많은 문제들이 생겨납니다. 문제점들을 숙고하셔서, 투표를 1차로 제한하기로 '동의합니다!'

③ 총회 대의원들이 총회에 2년 연속 참석하는 것에 반대합니다.

기회는 균등해야 합니다. 작은 교회 목사님과 장로님들은 현실적으로 총대에 선출되기 어렵습니다. 그러므로 연속 참석을 배제하자는 것입니다. 가끔 보면, 총회에 가는 것이 마치 관광 가는 것처럼 보일 때가 있습니다. 총회에 참석하고도 말 한 마디 못하고 오는 목사·장로님들이 얼마나 많습니까? 노회에서 수정해야 할 법안들을 연구하고 노회원들을 대표해 이를 상정해야 하는데도, 참석만 하는 모습들이 안타깝습니다.

또 성도라면 누구나 법안이나 개선사항을 건의할 수 있도록 부서를 신설해 주십시오. 교회 당회나 노회에서 총회로 상정하는 방식은 다소 무리가 있습니다. 기득권을 가진 분들이 자신의 이익과 합치하지 않으면 묵살해버리기 때문입니다. 일선에서 일하는 '乙' 성도들을 위해, '甲'은 마음 문을 열고 수용해 주십시오.

④ 장로들도 5년마다 재신임을 묻는 제도를 신설합시다.

한 번 안수를 받으면 '평생 직분'이라는 사고방식을 없애야 합니다. 그래서 최선을 다해 하나님나라 복음과 교회 발전에 매진시키자는 취지입니다. 5년마다 재신임을 물으면서, 성경고시를 치르게 할 수도 있을 것입니다. 성경 지식이 낮으면, 성도들이 존경은커녕 속으로 무시하지 않겠습니까? 물론 성경을 많이 안다 해서 존경받아야 하는 것은 아니지만, 성경의 일반적인 내용도 모르는 장로들도 있기 때문입니다.

⑤ 원로·공로 장로 제도는 법으로 보장하면서, 집사들에게는 왜 이런 제도가 없는지요.

총회법에서는 70세까지 항존직 직분이 명시되지만, 요즘에는 65세 은퇴가 많습니다. 나이 때문에 권사나 장로가 되지 못하는 분들이 있습니다. 그들 못지 않게 열정으로 일하시는 집사님들이 많습니다. 물론 하늘에서 상급을 받겠지만, 이 땅에서도 명예집사·권사로 임명할 수 있도록 건의하는 것입니다. 많은 성도들을 공로·명예권사로 추대하여, 하나님나라 건설과 확장에 있어 모든 성도들에게 귀감이 되도록 하며, 믿음의 가문을 세워주는 계기가 됐으면 합니다.

⑥ 타 교단 목사 청빙 시, 반드시 총회에서 1차 검증을 하도록 제도를 마련해야 합니다.

부산 덕천교회 사태와 같은 일을 사전에 막으려면, 이런 제도가 필요합니다.

⑦ 마지막으로, 후임목사 청빙 시 반드시 3년 전부터 청빙 발표 및 광고를 할 수 있도록 법을 개정하면 어떨까요?

목사와 당회가 아무런 사전 준비 없이 갑작스럽게 사임과 청빙이 이뤄지면, 뜻하지 않은 사태가 생기기 쉽기 때문입니다. 사고는 예방이 최우선입니다.

한 해를 마무리하고 새해를 맞는 이 시점에서, 우리는 시대를 품고 미래를 향해 달려갈 수 있는 준비를 마쳐야 합니다. 구시대적 사고방식과 전례의 굴레에서 탈피해야 합니다. '깨어 있음'은 예수님 가르치신 기도에서 볼 때 '아버지의 뜻'이 '내 삶 안에서 이루어지기를 청하는' 깨어 있음 아니겠습니까. 기도와 회개로 삶의 중심에 예수님을 모시고, 내 뜻이 아니라 아버지의 뜻을 찾고 하나님께 옮아가도록 실천해야 합니다. 아버지의 뜻이란 바로 사랑의 실천이자 생명의 존중일 것입니다.

'깨어 있는 삶'은 내 십자가를 짊어지고 그리스도를 따르는 것입니다. 그 따름 속에 잘못된 관행과 전례, 주님의 사랑에 걸림돌이 되는 모든 것들에 대한 철폐가 필요합니다. 교회 지도자들의 게으름과 편함에서 벗어나기 위해, 철저히 나 자신과 싸워야 합니다. 나를 위한 것이 아니라 주님의 뜻을 시행하고, 복음과 성도들을 위하여 나를 내려놓아야 합니다.

한 해가 저물고, 새로운 해가 떠오릅니다. 반복되는 일상에서 벗어나, 새로운 깨달음으로 초대교회에서 행하던 도전정신을 갖고, 주님 기뻐하시는 사랑과 아름다움이 넘치는 풍요롭고 행복한 교회를 만들 수 있도록 함께 소망을 품고 노력하십시다. 나 자신의 처지와 내 형편만을 고집하지 말고, 이웃을 돌아보며 성도들과 교회 미래를 위해 '겸손한 개혁'이 일어나길 기대해 봅니다.

_30

항존직, 목사와 장로님들일수록 자존심이 너무 세다

요즘 같은 시대에 정보는 필수에 해당합니다. 정보를 모르면 아무 일도 할 수 없을 정도로 시대가 변했습니다. 하지만, 많은 거짓 정보로 인한 피해도 심각한 수준에 이르고 있습니다.

거짓 증거는 에덴의 낙원으로부터 생산되어, 인간들이 살고 있는 곳이면 찰거머리같이 붙어 다닙니다. 이러한 거짓에는 참혹한 대가가 기다리고 있습니다.

자신의 권력을 누리기 위해 갖은 방법을 동원하고, 권모술수가 만연하며, 거짓 선전과 증언, 거짓 증거가 활개치는 안타까운 현실입니다. 미래가 보이지 않는 안개 같은 시대를 겪다 보니, 위험을 안고 살아가는 사람들이 측은하기까지 합니다.

창세기 속 요셉은 자신의 의지와 상관 없이, 형들의 시기로 팔려갑니다. 어린 나이임에도 타국으로 팔려 갔지만, 요셉은 형들에게 자랑하고 일러줬던 꿈을 실현하기 위한 하나님의 뜻이 있음을 깨닫고, 외로움과 두려움을 극복하면서 타국 생활을 해 나갔습니다.

하지만, 그런 그에게 좋은 일만 있는 것이 아니었습니다. 주인인 보디발의 아내로부터 유혹을 받았지만, 하나님께 죄 지을 수 없기에 유혹을 뿌리치고 자기의 옷을 여인의 손에 버려두고 밖으로 나갔습니다. 보디발의 부인은 자신의 욕망을 채우지 못한 수치심 때문에, 오히려 요셉을 모함하여 주인에게 거짓 증언을 합니다. 그리고 거짓 증거를 합니다.

두고 간 요셉의 옷이 바로 증거 아니겠습니까? 그 사건으로 요셉은 전혀 예상하지 못했던 감옥행을 하지만, 요셉은 끝까지 죄를 범하지 않고 하나님의 계획과 뜻을 따라 행함으로 자신의 식구를 구했고, 마침내 애굽의 총리가 되는 큰 영광을 누립니다.

에스더에 나오는 모르드개는 아말렉 족속의 후예인 하만으로 인해, 바사 제국 전역에 흩어져 살고 있는 유다인들이 몰살당할 위기에 처했습니다. 모르드개가 유다인임을 안 하만은 모든 유다인을 죽이도록 전국 각지에 조서를 반포하고 모르드개까지 나무에 매달려 하지만, 오히려 자신이 그 나무에 달리는 참혹한 수모를 당합니다. 하만은 온갖 거짓 중상 모략과 아부로 인해 하나님의 백성인 유다 민족과 모르드개를 처치하려 했지만, 자신의 꾀에 자신은 물론 가족까지 처참한 죽음의 수모를 겪게 됩니다. 이 역시 거짓 풍설과 증거로 인한 하나님의 심판이었던 것입니다.

요즘 대한민국은 최순실 사건으로 온통 시끌시끌합니다. 정치인들이나 지식인들의 거짓 풍설과 증거로 인해, 믿지 못하는 세상이 되고 말았습니다. 그래놓고 '대한민국이 썩었다'고 합니다. 착하고 진실된 백성들이 얼마나 많은데, 그들은 되레 백성들에게 책임을 전가합니다. 자신들이 썩은 과일인 줄은 모르나 봅니다. 있지도 않은 사실들을 흘려 자신의 정권 다툼에 이용하며, 자신들의 이익을 위해서는 시기와 모함, 그리고 언어폭력은 물론 정신적 피해까지 주고 있습니다.

저는 십계명의 아홉번째 계명인 '거짓 증거를 하지 말라'는 말씀이 떠오르므로, 그 계명에 대해 생각합니다. 성경 말씀에는 거짓증언을 다른 사람들의 권리와 생명, 그리고 공동체를 앗아가고 파괴하는 행위로 간주하여, 거짓 증언을 한 사람에게는 동일한 책임을 묻고 있습니다. 직접적으로 거짓 증언을 하지 않았더라도, 사실을 있는 그대로 밝히지 않는다면 거짓 증언으로 간주됩니다.

즉 십계명에서 거짓 증언을 금지시키는 것은 나의 거짓 증언으로 누군가의 권리와 생명, 공동체가 파괴되는 것을 방지하기 위함입니다. 그리고 언제나 진실을 말하게 함으로써 자신을 지킬 수 있도록 도와주기 위함입니다.

거짓 증언에 대한 책임은 그 지위와 권한이 높고 클수록 더욱 무겁습니다. 권력과 지위는 그 크기만큼 더 많은 사람들의 권리와 생명에 매우 심대한 영향을 끼칩니다.

사실이 이러함에도, 최근 우리 현실은 이를 별 것 아니게 여기고 있습니다. 물론 밝혀지지 않는다면 아무 문제가 없을지 몰라도, 하나님께서 직접 간섭하신다면 과연 그것을 감당할 수 있을까요?

그러므로 우리 신앙인들은 거짓에서 탈피하여, 진실을 노래하는 깊은 고백을 전하는 것만이 하나님의 계명을 지키는 일이 아닐까요? 필자도 거짓 풍설에 휘말려 마음 아파하고 고통스러웠던 시절이 있었습니다. 거짓 증언을 통해, 실제 있지도 않은 일들을 한 사람의 인격을 무참히 짓밟고, 마음에 깊은 상처를 줬습니다. 당한 본인은 수십년 간 고통에서 헤어나오지 못하고 늘 괴로워하고 있는데, 그 세월의 보상은 어디서 받아야 할까요?

불신자들의 세계에서 그랬다면, 복음을 전하는 마음으로 참고 그들의 영혼을 불쌍히 여기며 끝까지 사랑을 갖고 하나님 앞으로 그들을 인도했을 것입니다. 하지만 가장 가까이에서 늘 회의하고 함께 찬송하며 기도했던 지도자들의 모함과 시기, 거짓 증언을 들으니, 정말 하나님을 사랑하고 믿는 분들인지 구분하기 어렵습니다.

과연 이런 분들이 영혼을 사랑하는 사람이라고 믿어지십니까? 사람은 실수할 수 있습니다. 하지만 잘못이 인정되면 반드시 사과해야 할 것입니다. 신앙인들은 대개 자존심이 강해서, 사과를 잘 하지 않는 습성이 있습니다. 특히 지도자들인 목사와 장로, 그리고 항존직들의 자존심은 엄청나게 강합니다. 자존심이 발동할 때 바라보면, 주님을 잊어버린 것 같습니다.

잘못을 알았다면, 서슴 없이 사과해야 합니다. 그것이 소통하는 것이고, 화목을 이루는 것입니다. 십계명 중 제9계명이 뒤쪽에 있다 해서 가벼이 여길지 모르지만, 하늘에 계시며 늘 우리 심령 안에 머물고 계시는 하나님께서 그 책임을 물으실 때 어떻게 하시렵니까?

하나님의 뜻은 언제나 한결같다는 것을 아시고, 신앙생활을 더욱 야무지게 챙기고 실천했으면 좋겠습니다.

_31

나 하나의 욕심 때문에… 관습과 율법에 갇힌 하나님

관습(慣習)이란? 어학사전을 보면 '한 사회에서 역사적으로 굳어진 전통적 행동 양식이나 습관'을 말합니다. 오랜 기간 사람들의 생활에서 면면이 이어져 온 우리 사회의 규범이며, 도덕과 함께 그 사회를 구성해 가는 역사일 것입니다.

하지만 시대가 변하면서 관습 역시 조금씩 수정되거나 변해가고, 구성원들이 인정하는 한계에서 우리는 그것을 시대적 변화라고 생각하며 조금씩 알게 모르게 수용하며 나가고 있습니다.

율법(律法)이란? 종교적, 도덕적, 사회적 생활에 관하여 신의 이름으로 규정한 규범을 말합니다. 즉 모세가 시내산에서 하나님의 율법인 '십계명'을 받아 사람들에게 알린 것을 말합니다.

특히 유대인들은 예수가 일반 민중을 상대로 한 종교적 인격자라는 사실은 인정하지만, 그리스도교가 주장하는 바와 같이 하나님의 아들, 즉 메시아로 인정하지 않으며, 유대교에서의 메시아 대망은 현재까지도 존속하고 있습니다.

그러므로 그 유대인들은 예수를 메시아로 인정하지 않아, 십자가 형틀에서 죽게 했던 것입니다.

당시 예수님 주변에는 '세리와 죄인들'이 몰려 다녔습니다. 여기서 '죄인들'은 바리새파 사람들의 기준에서 죄인으로 판단되는 사람들을 말합니다. 어려운 환경생활 탓에 율법을 지킬 수 없는 사람들을 세리와 죄인으로 분류를 했던 것입니다.

그래서 예수님께서는 잃은 양의 비유를 말씀하셨고, 잃어버린 드라크마를 비유로 말씀하셨으며, 잃었던 둘째 아들의 비유를 말씀하셔서 그들이 깨달을 수 있도록 쉽게 비유로 설명을 해주셨던 것입니다(눅 15:1-32).

오늘 바리새파와 율법학자들은, 자신들의 관습과 규정으로 사랑이신 하나님을 자신들의 이익에 가두고 있습니다.

원래 법이란, 어떤 것이든 인간을 위해서 만들어진 것입니다. 그러므로 법이 인간보다 우선일 수 없고, 인간 위에 군림할 수도 없는 것입니다.

특히 하나님께서 내려주신 모든 율법과 계명은 근본 가르침이 사랑임을 기억하고 실행에 옮겨야 합니다.

만일 우리가 법조문이나 관습, 그리고 세세한 규정에만 매달려 있다면, 오늘 복음에 등장하는 바리새파와 율법학자들처럼 모순된 삶을 살 수밖에 없다는 것입니다.

사실 하나님의 계명인 율법은 하나님께서 모세와 계약을 맺은 사건에서 시작됩니다. 특히 율법의 대표라 할 수 있는 십계명은 하나님을 모시고 사는 사람들의 삶 속에서 어떻게 하면 하나님의 가르침대로 순종하며 살아갈 수 있는지를 요약해 놓은 것이라 할 수 있겠습니다.

하지만 언제부터인가, 이 율법이 사랑이신 하나님보다 삶의 겉모습만을 소중히 여기는 도구로 바뀌어 버렸습니다. '하나님의 계명'은 사라지고

'사람의 법'이 그 자리를 대신하면서,

사람들을 속박하는 도구로 전락하고 말았습니다.

우리 교회나 노회, 총회에도 많은 규정들이 있습니다. 교회에서 지켜야 할 그 많은 규정들은 사랑에서 비롯되었음을 알아야 합니다. 일찍이 아우구스티누스(어거스틴)는 이렇게 말씀하셨습니다. "사랑하라, 그리고 네 마음대로 하여라!"

법이나 규정은 양심에서 자발적으로 우러나서 지켜져야 가치가 있다는 것입니다.

요즘 TV 방송 속 인기 프로그램인 '나는 자연인이다'에 나오는 주인공들의 공통점은 무엇일까요? 나름대로의 사연을 안고 살아가는 사람들이었는데, 자연의 품 속에서 상처를 이겨내고 남은 인생은 행복을 찾아 살아가는 모습이라는 점입니다.

특히 주인공 자연인들의 공통점은 자연의 질서대로 욕심 없이 살아간다는 것입니다. 인간의 욕심이 닿지 않은 자연은, 하나님께서 주신 균형이 유지되는 곳입니다.

그런 자연의 품에서는 욕심으로 비롯된 세상의 상처를 씻을 수 있을 것 같습니다. 또한 살아가는 이치도 깨달을 수 있을 것 같습니다.

신앙인의 참된 모습은 나의 욕심대로 사는 것이 아니라, 하나님이 주신 질서와 균형이 깨어지지 않도록 살아가는 것입니다.

세상이 제아무리 거칠어도 하나님의 창조 질서의 균형이 무너지지 않도록 하는 것, 그것이 신앙인의 자세이고 그런 곳이라야 하나님께서 편히 머무르실 곳, 곧 관습과 율법에서 탈피한 신앙인들의 공동체를 말하고 있는 것입니다.

주일예배에 참석해 말씀을 따라 행한다는 것 역시, 사랑에서 우러나온 행동이 아니라면 무슨 가치가 있겠습니까? 우리가 하는 모든 신앙생활이 단순히 의무감 때문이라면 2019년 전, 하나님을 자신들의 틀 속에 가두어 버린 바리새파와 율법학자들과 다를 바 없습니다.

이를 기억하면서, 신실한 믿음으로 하나님 사랑과 이웃 사랑을 실천하는 신앙인이 되도록 최선을 다해 노력하는 성도들이 되기를 주님의 이름으로 축복합니다.

현재 각 교회들마다 문제 없는 교회가 없습니다. 지도자들이 과한 욕심을 내려놓지 않는다면, 정말 큰일이 나고 말 것이라는 생각이 듭니다.

나 하나의 욕심 때문에 수많은 신앙인들에게 피해를 준다면, 관습과 율법에 사로잡힌 바리새파와 무엇이 다르겠습니까?

오늘도 눈물로 가슴을 쓸어내리시는 주님의 외로운 마음을 헤아려, 주님께서 원하고 기다리시는 품 속으로 하루속히 회개하고 돌아오시기를 간절히 소망합니다.

_32

'눈총' 아닌… 주님의 '눈빛'으로 바라보는 겸손

　예장 통합 소속 부산 북구 어느 교회 담임목사와 한 장로의 교만과 탐욕으로, 수백 명의 성도들이 떠나갔습니다. 그 이전에도 잘못된 담임목사 청빙으로 이미 2백여 명이 떠나간지 얼마 되지도 않은 시기입니다.

　떠나간 성도들 수를 다 합하면, 왠만한 중형 교회 하나가 사라진 셈입니다. 필자 역시 40년 가까이 섬겨온 교회였는데, 무려 세 번씩이나 잘못된 청빙으로 많은 성도들이 상처를 가슴에 묻어야 했습니다. 어느 한 교회의 문제일 뿐이라고요? 그렇지 않습니다. 이는 오늘날 한국교회 전체의 문제이기도 합니다.

　성도들이 떠나가도록 원인 제공을 한 그 교회는, 건장한 남자 집사들과 여성 집사, 권사들을 동원해 교회 출입문 앞에 세워 놓았습니다. 자신들과 의견이 다른 성도들의 출입을 막아서 예배를 드리지 못하도록 하려는 것이었습니다.

　심지어 쇠사슬로 교회 출입문을 잠가 버렸습니다. 이렇게까지 잘못된 교회 지도자들에게 충성심을 보이고 있는 현실을 보노라면, 이곳이 성전

인지 어느 사이비 집단인지 통 분간할 수 없을 정도입니다.

필자는 하는 수 없이 다른 교회에서 예배를 드리게 되었습니다. 예배가 시작되자, 그만 왈칵 눈물이 쏟아지고 말았습니다. 어찌하여 40년을 하나님 앞에 예배드렸던 교회에 들어가지 못한 채 쫓겨나, 다른 교회에서 예배를 드려야 하는 신세가 되었는지, 하도 서러워 그만 눈물샘이 폭발해 버린 것입니다.

교회 지도자 한두 사람의 욕심이 크나큰 화를 자초하여, 많은 영혼들의 가슴에 상처를 주고 말았습니다. 하나님께 영광을 돌려야 할 교회가 사악한 무리들의 놀이터로 변질된 것이 참으로 안타까울 뿐입니다.

이 모두가 주님께서 당부하신 겸손한 마음이 사라져 버린, 교만과 탐심 가득한 사탄의 하수인들의 행위가 아닐까 싶습니다. 그런 자들에게 오늘 주님께서 말씀하십니다.

"청함을 받았을 때에 차라리 가서 끝자리에 앉으라! 그러면 너를 청한 자가 와서 너더러 벗이여 올라앉으라 하리니 그 때에야 함께 앉은 모든 사람 앞에서 영광이 있으리라! 무릇 자기를 높이는 자는 낮아지고 자기를 낮추는 자는 높아지리라(누가복음 14장 10-11절)".

안식일에 예수님께서 한 식사 모임에 가셨습니다. 거기서 손님들이 저마다 좋은 자리를 차지하려 난리법석을 떠는 것을 목격하시고, 안타까워 말씀하신 것입니다.

"누구든지 자신을 높이는 사람은 낮아지고, 자기를 낮추는 사람은 높이신다"는 성경의 기본적인 진리를 말씀하십니다.

사람과 사람의 관계에서도 마찬가지입니다. 서로에게 겸손함이 없다면 진정한 마음의 교류는 없을 것이며, 진정한 우정이 있다면 그곳에는 분명 겸손함이 있다는 것입니다.

만일 자신을 과시한다면 그 우정은 금이 가버릴 것입니다. 윗자리를 원하고 사회적 지위를 얻어 자신을 높이려는 사람들 사이에서, 진정한 친구란 존재하기가 어려울 것입니다. 호시탐탐 무엇인가를 노리면서, 서로가 경계하며 믿지 못하다 보니, 불신만 쌓일 뿐입니다.

'나'라고 하는 것은 이미 주어진 존재입니다. 나의 존재는 나 자신의 힘으로 만들어져 자란 것이 아닙니다. 다른 사람들의 사랑, 그리고 하나님의 사랑이 없다면 결코 존재하지 않았을 것입니다.

나를 사랑하며 이 사랑을 위해 나를 길러 주시고 돌보아 주시는 부모님이나 사람들이 없었더라면, 지금의 나 자신은 존재하지도 않았을 것입니다.

그럼에도 불구하고, 우리는 그러한 사랑을 받았다고 인정하지 않는 것이 문제 아닐까요. 오히려 반대로 '나'의 오늘을 자신의 힘으로 이루었다고 생각하고, 부모나 이웃의 사랑과 도움 역시 인정하지 않습니다.

주님으로부터 사랑을 받고 온전히 받아들여졌다는 것은, 보답을 바라지 않는 아가페의 사랑입니다. 그것은 하나님께서 우리에게 값없이 일방적으로 사랑을 불어 넣으셨기 때문입니다.

겸손한 마음은 자신의 존재가 하나님과 부모님, 그리고 다른 사람들의 도움과 사랑으로 주어진 것임을 인식하는 데서부터 생겨납니다. 이러한 겸손한 마음이 있는 곳에서부터, 흔들리지 않는 교류나 소통이 시작됩니다.

그리고 이 겸손을 토대로, 하나님과 가족, 그리고 이웃에 대한 진정한 신앙인과 친구로 진정한 사랑이 자라나는 것임을 깨달아야 하겠습니다.

겸손은 그저 내가 하고 싶다고 해서 얻을 수 있는 것이 아닙니다. 먼저 나를 비워내고 나를 낮추는 자세에서부터 시작하며, 이웃을 향한 따스한 눈빛을 가질 때 얻어지는 것입니다.

함께 교회를 떠나온 안수집사님과 오랜만에 점심 약속을 했습니다. 그 집사님께서는 옮길 교회를 곧 정한다고 하시면서 말씀하셨습니다.

"우리가 비록 정의를 위해 싸웠지만, 나 자신도 교회 분쟁에 가담한 자로써 마땅히 회개를 해야 한다고 생각합니다."

이 말씀을 듣고 보니, '아! 이분이야말로 진정한 겸손의 사람이구나! 예수님께서 당부하시는 겸손을 실천하는 집사님이시구나!' 싶었습니다. 존경과 동시에, 가까이에서 자주 보며 만나야 할 친구라는 생각이 들었고, 내심 너무 기뻤습니다.

교회 지도자로서 자신의 권력과 욕망을 채우기에 혈안이 되어, 성도들의 영혼이 망가지든 말든 상관하지 않고, 오롯이 자신들의 이익과 목적을 달성하기 위해서만 수단과 방법을 가리지 않는 모습들을 보노라면 참으로 안타까울 뿐입니다.

오늘날 기독교가 세상으로부터 지탄의 대상이 되는 것은, 어쩌면 당연한 사실이 아닐까 싶습니다.

교회 지도자들은 성도들을 바라볼 때, 주님의 시선과 주님의 눈빛으로 바라보아야 합니다. 예수님 자신을 팔아 넘기려는 가룟 유다를 바라보시는 주님의 눈빛은, 눈총이 아니라 측은한 마음이었습니다. 그가 장차 겪어야 할 안타까운 일을 염려하는 사랑의 눈빛인 것입니다.

'눈빛'의 사전적 의미는 마음의 작용으로 나타나는 기색을 말합니다. 반면 '눈총'은 독기가 오른 채 쏘아보는 눈빛을 말합니다. 또 '눈웃음'은 소리를 내지 않고 눈으로만 살짝 웃는 모습을 이릅니다.

"죽어도 주님을 떠나지 않고 곁을 지키겠다"고 약속한 베드로가 세 번씩 부인할 것을 아셨던 주님의 마음은 어떠했을까요? 하지만 주님께서는 '눈총'으로 베드로를 바라보시는 것이 아니라, 사랑스런 '눈빛'으로 바라보시며 위로해 주셨습니다. "닭 울기 전 네가 세 번 나를 부인하리라"고 하시면서 말입니다.

교회의 지도자들은 이러한 주님의 '눈빛'으로 성도들을 바라보아야 합니다. 그러기 위해 먼저 해야 할 일이 있습니다.

마음으로부터 주님의 겸손을 배워야 합니다. 주님께서 당부하신 겸손을 배우고 익히며, 선한 눈빛과 선한 눈웃음으로 성도들과 세상을 향해 다가가야 할 것입니다.

고아와 과부, 병들어 고통받는 이들, 억압에서 억눌린 자들, 그리고 가난과 헐벗음에서 신음하는 이들을 바라보시는 주님의 그 눈빛으로 다가가야 합니다. 그런 시선과 눈빛이 없다면 교회 지도자로서 자질이 없는 분이며, 오롯이 상석자리에만 급급한 세상적인 눈높이에 어울리는 사람일 것입니다.

이를 깨닫고 지금이라도 철저한 회개를 통해 주님이 바라고 원하시는 낮은 자세로, 그리고 겸손한 인격자로 거듭나 주님과 세상을 위해, 그리고 교회 안의 성도들을 위해 주님의 눈빛으로 바라보며 나아가는 신앙인들이 되셨으면 참 좋겠습니다.

_33

천국을 차지할 수 있는 자격증이 있을까요?

　세상에서 살아가려면 필요한 것들이 있습니다. 아담과 하와가 살아가는 에덴의 낙원에서도 주인공들의 교만과 탐심으로, 금기시되던 선악과에 손을 대는 불법행위로 말미암아, 아름답고 행복했던 낙원의 생활을 접고 추방됐던 것입니다.

　그러므로 이 세상은 선악과를 따먹을 수 있는 허가와 자격(license)을 획득해야 그 열매를 먹을 수 있고, 그 곳에서 살아갈 수 있습니다.

　자동차를 운전할 수 있는 면허증을 취득해야 자동차를 운전할 수 있지 않습니까? 운전을 하기 위해, 운전자가 지켜야 할 많은 법규들도 있습니다.

　항공기를 조종하려면, 해당 항공기에 대한 면허를 취득해야 합니다. 조종사나 정비사는 기본적인 조종사 자격증과 항공정비사 자격증을 취득해야, 다른 기종의 항공기도 조종하거나 정비할 수 있습니다.

　항공기뿐 아니라 선박과 자동차 등 모든 장비를 작동하는데 있어, 해당 자격증을 이수하지 않으면, 해당 업무를 할 수 없습니다.

전기기사는 마찬가지입니다. 전기기사 자격증을 이수해야 하고, 통신, 계기, 유압, 사출 용접, 판금 등 수많은 계통의 자격증을 취득해야 그 임무를 수행할 수 있습니다.

무자격자가 이를 무시하고 작동을 한다면, 재산은 물론 큰 인명 피해까지 기다리고 있음을 알아야 합니다. 언론이나 방송 보도에서 터져 나오는 음주운전과 무면허 사고는 늘 큰 화를 자초했기 때문입니다.

자격증을 취득했다 해서, 난폭운전을 한다든지 음주 운전을 해서는 안 됩니다. 해당 자격증에 대한 법규를 무시해서는 안 되며, 매뉴얼대로 순종하며 따라야만 서로의 안전을 약속받으며, 그 자격을 인정받게 되는 것입니다.

해외여행이나 업무를 위해 출장이나 교육, 그리고 공부를 위해 유학을 갈 때, 반드시 해당 나라의 여권이나 비자가 있어야 그 나라에서 소기의 목적을 달성할 수 있습니다.

그러면 우리 신앙인들에게 '자격증'이란 무엇일까요? 하나님에 대한 신뢰와 믿음일 것입니다. 비유하자면, 그 믿음을 시작할 수 있는 자격은 세례가 아닐까 싶습니다. 그리고 하나님과 함께 식탁에서 식사를 나누는 성찬 예식이 아닐까 생각합니다.

세례라 함은 우리 신앙인들이 하나님만을 의지하고 내 심령 속에 그 분의 말씀대로 살아가겠다는 약속을 통해 주어지는 자격이며, 하나님 나라에 입성하는데 가장 기본적이고 필수적인 믿음의 시작이며 자세입니다.

나라에서 발부하는 여권에도 유효기간이 있습니다. 하지만 하나님 나라인 천국에는 유효기간이 없습니다. 남녀노소와 빈부차이, 그리고 직업의 귀천, 인물이 잘나고 못나서가 아니라, 누구에게나 균등하게 발부할 수 있는 것이 바로 '천국 여권'임을 알아야 합니다.

세상에서 주는 여권에는 스탬프 또는 출입국 관리 기록이 있어야 합니다. 하지만 '천국 여권'에는 심판날 하나님과 대면하면서 생명책을 펴보일 때, 비로소 세상에서 나의 행함이 빼곡히 기록돼 있음을 발견할 수 있습니다.

그 빼곡함에는 주님을 위해 핍박당했던 일들, 주님 때문에 당했던 수많은 고통과 고초들이 기록돼 있고, 가난하고 소외된 이웃들을 향한 나의 숨은 공로가 기록돼 있을 것이며, 의를 위해 싸웠던 기록들이 하나도 숨김없이 기록돼 있을 것입니다.

오늘날 교회 안에는 남을 의식하여 큰 소리로 기도하고, 남들 보는 앞에서 선을 행하고, 거룩한 척 하는 종교인들이 교회 안과 밖에 우글우글합니다.

예수님께서 우릴 위해 친히 제정하고 만들어주신 거룩한 예식이 두 가지가 있는데, 하나는 세례식이요 또 하나는 성찬식입니다. 거룩한 세례식은 내가 죽고 다시 태어나는 의식으로 그 이름을 천국의 생명책에 등록하는 것이며, 성찬예식은 하나님의 나라의 가족으로서 아버지의 식탁에 참여하는 것입니다.

우리는 처음 교회를 나온 뒤 얼마간 교육을 이수하면 세례식을 거행합니다. 하지만 한 가지 절대적인 조건이 있습니다. 그것은 바로 예수님을 나의 구주로, 또한 주인으로 믿고 고백하는 믿음입니다.

그러므로 이 믿음은 하나님 앞과 온 교회 앞에 공적으로 보여주며 고백함으로서 세례를 받는 것임을 알아야 하겠습니다.

그 세례를 통해 비로소 몸 된 제단의 정식 지체가 되고, 성찬 예식을 할 때 세례교인들만이 떡과 포도주를 먹고 마시는 이유가 바로 여기에 있음을 깨달아야 하겠습니다.

하지만 오늘날 교회 안에서는 세상에서 취득하는 면허처럼 세례식과 성찬식을 가벼이 하는 분들이 많아 참으로 안타깝기도 합니다.

초심의 마음을 길이 간직하지 못하고 선악과를 따먹은 아담과 이브의 교만과 탐심처럼, 자신의 지위가 높아지는 교만의 극치가 하늘에 닿아 버렸습니다. 이에 많은 성도들의 심령에 상처를 주고, 실망과 안타까운 마음으로 교회를 떠나가는 성도들이 많아 주님 보시기에 민망하기도 합니다.

천국을 차지할 수 있는 자격은 오직 주님만을 향한 믿음뿐입니다. 그 자격증은 교만과 탐심, 자기자랑과 명예가 없는 순수한 믿음입니다. 그것만이 자격을 영원히 쟁취할 수 있는 것임을 깨달아야 하겠습니다.

그러기 위해 우리 신앙인들은 날마다 나를 돌아보는 성찰이 필요합니다. 평생 믿음생활을 잘 유지하다 교만과 탐심, 그리고 명예와 자랑 때문에 한 순간 천국의 자격을 상실하는 비극의 날이 오지 않도록, 우리는 날마다 천국의 법규를 잘 숙지해야 할 것입니다.

우리 모든 신앙인 여러분들이 천국에서 선물하는 귀하고도 아름다운 영원한 자격증을 받으시기를 소망합니다.

"누구든지 그리스도와 합하여 세례를 받는 자는 그리스도로 옷 입었느니라(갈 3:27)".

_34
공정한 신앙인들이 되자

"천국은 마치 품꾼을 얻어 포도원에 들여보내려고 이른 아침에 나간 집 주인과 같으니 그가 하루 한 데나리온씩 품꾼들과 약속하여 포도원에 들여보내고 ... 또 제삼시와 제육시, 제구시에도 들여보내고, 제십일시에도 들여보냈습니다(마 20:1-16 참고)".

주님께서는 자신에게 오는 이들에게 정당한 삯을 주시겠다고 명확하게 말씀하십니다. 예수님 당시 한 데나리온은 하루 품삯이었습니다. 일의 난이도에 따라 달라질 수도 있지만, 하루 10만원 정도의 품삯이 아닐까 싶습니다.

대개 직장생활이나 남 밑에서 일을 하다 보면, 항상 옆사람과 비교를 많이 합니다. 주인으로부터 받는 자신의 임금에 대해서는 늘 불평과 불만을 하게 됩니다. 그 때문에 시기도 많이 하고 모함도 하며, 겉으로는 표현하지 않지만 내심 늘 경쟁 상대를 못마땅하게 생각하고, 자신보다 못하는데 임금은 많이 받는다면서 속으로 괴로워하기도 합니다.

특히 내가 받는 삯에 대해서는 의문을 품을 때가 많습니다. 하지만 하나님의 시각으로 보면 우리가 정당한 대가를 받고 있음을 믿고, 불평 없이 묵상하면서 주님의 계획에 따라야 할 것입니다. 물론 나 자신이 주님의 부름에 응답하지 않는다면, 이 삯은 결코 받을 수 없는 것입니다.

그러므로 신앙인들은 하나님의 눈으로, 하나님의 일로 생각하면서 감사함으로 넓게 보고 넓게 행동할 수 있는 도량이 있어야 하겠습니다. 밭 임자에게 왈가왈부할 것이 아닙니다. 받은 품삯에 대해 뒤에서 중얼거리며 참견한다면, 결국 추한 모습이 아닐까요?

이 포도원 품꾼들의 비유는 예수님이 말씀하신 하나님 나라에 대한 특징을 잘 나타냅니다. 세상에서의 기준과 원칙으로는 가장 오래도록 일한 사람이 품삯도 가장 많이 받지만, 하나님 나라에서는 공로나 능력의 원칙이 아닌, 화평의 원칙만이 공로로 인정받는 것입니다. 그러므로 선하신 하나님은 합당치 않은 사람에게 더 많이 주시기도 합니다.

예수님께서도 자신의 의와 공로를 주장하는 바리새인들보다, 창녀와 세리들이 먼저 천국에 들어간다고 말씀하셨습니다. 그야말로 하나님의 자비하심과 선하심에서 나오는 보상은 값 없이 거저 주시는, 아름다운 은혜인 것입니다.

오늘 복음서에 나오는 하나님 나라 비유의 주인공인 '밭 임자'는 자기 포도밭에서 일할 일꾼들을 찾아 나섭니다. 아침 일찍 만난 일꾼들에게 한 데나리온씩 주기로 하고 일을 맡깁니다. 자비로운 밭 임자는 이후 시간에 다시, 선택받지 못한 자들을 찾아 나섭니다. 늦게까지 자신의 밭으로 불러와 일을 하게 합니다.

일찍부터 포도밭에서 일한 품꾼들은, 아마 자신들에게 더 많이 줄줄 알고 기대했을 것입니다. 하지만 공정한 밭 주인은 처음 약속했던 대로 한 데나리온을 차례대로 나눠 주었습니다. 그러자 심기가 불편한 이들의 바람이 일기 시작했습니다. 교만으로 인해 그 마음 속에 사탄이 들어가고 말았습니다.

그들은 정당한 대우를 받지 못한 것에 대하여 항의하는 것이 아니라, 자기들이 오히려 박한 대우를 받았다는 점에 대해 불만을 품었습니다. 다른 사람들은 후한 대접을 받았다고 생각하는 교만 때문에, 밭주인의 지시에는 잘 따랐지만 열심히 일을 하고도 질책을 받게 됩니다.

한 데나리온이라는 것은 정당한 삯이기도 하고, 천국을 의미하기도 합니다. 천국을 선물로 받고도, 그것을 온전치 못한 대우라고 하다니! 옆 동료들과 비교하며 시기, 질투에 눈먼 그들은 천국 이상의 것, 즉 있지도 않고 있을 수 없는 어떤 것을 요구한 것입니다.

그러므로 천국은 나의 노동을 지불하고 그 대가로 갈 수 있는 곳이 아니라, 밭 임자가 나에게 자비를 베풀어 주었기 때문에 얻을 수 있는 것입니다. 이른 아침이든 오후 다섯 시든, 밭 임자가 일을 주었기 때문에 포도밭에 들어 갈 수 있었던 것 아닙니까? 하나님 나라는 내가 기도나 희생과 봉사를 많이 했기 때문에 당연히 차지하는 것이 아니라, 이런 나의 신앙생활이 올바르고 공정했음을 인정해 주신 하나님의 은총으로 들어갈 수 있는 나라입니다.

마치 자신들이 천국을 보내주는 것처럼 함부로 판단하는 분들이 많음을 봅니다. 하나님 나라는 모두에게 공정한 기회가 주어지는 나라, 세상의 기준과는 달라서 꼴찌가 첫째 될 수도 있는 나라, 인간의 심보로는 알 수 없는 넓고 높고 깊은 사랑의 완성자를 만날 수 있는 나라입니다.

그러므로 신앙인들은 신실해야 합니다. 정직해야 합니다. 공정한 하나님 나라를 맛보려면, 우선 물질의 욕심에서 벗어나야 합니다. 권력의 자리를 비껴가야 합니다. 공과 사를 구별할 줄 아는 판단력이 있어야 하겠습니다.

좋은 예로 거지 나사로와 부자의 이야기, 부당한 방법으로 재물을 모았다가 주님을 만나면서 공정한 하나님 나라를 맛보는 삭개오의 아름다운 이야기가 있습니다. 이는 현대 신앙인들에게 좋은 본보기이자 모범입니다.

남자든 여자든 나이가 많고 적음, 잘 생기고 못 생기는 기준, 강하고 약한 자를 구별해선 안 됩니다. 장애인과 비장애인을 차별하지 않는 세상, 공정한 하나님 나라를 꿈꾸고 만드는데 신앙인들이 앞장서서 실천해야 하겠습니다.

지금도 교회 안에서 사람을 차별하고 자기 편에서 순종하는 사람들과 헌금을 많이 하는 이들에게 편의를 제공하며, 갖은 혜택을 주면서 누리는 그들의 실체는 비신앙인들 보다 못한 바리새인들이 아닐까 합니다.

특히 우리 신앙인들은 시시때때로 자신의 내면을 무겁게 바라볼 수 있는 성찰이 필요합니다. 또한 항상 정직성과 공정성, 그리고 아파하는 세상에 긍휼을 전하는 사랑의 이웃이 되어야 하겠습니다.

제6장

기독교인이
바라본 세상

_35

시국선언문 발표와 원로들의 반대에 대하여

"너는 네 하나님 여호와의 이름을 망령되게 부르지 말라 여호와는 그의 이름을 망령(亡靈)되게 부르는 자를 죄 없다 하지 아니하리라(출 20:7)".

하나님께서는 모세를 통하여 십계명을 주셨는데, 10개의 계명 가운데 앞 네 계명은 하나님을 위해 지키도록 한 계명입니다. 그 중 세 번째 계명이 "여호와의 이름을 망령되게 하지 말라"는 강력한 명령입니다.

요즘 방송 뉴스 가운데 이슈가 되고 있는 한국기독교총연합회 대표회장 전광훈 목사의 시국선언문 발표 3일만인 8일, 전광훈 목사가 '문재인 대통령 하야' 주장을 되풀이하는 것을 놓고 기독교 원로들이 기자회견에 임하여 크게 염려하고 크게 통회했습니다.

원로들은 호소문에서 전광훈 목사의 언행이 새로운 일도, 의미 있거나 주목할 만한 일도 아니라며, 주요 언론에서 이 일을 매일 크게 취급하고 있어 마치 그와 그의 주장이 기독교회의 신앙이며 대표적 형태인 양 오해를 불러일으키고 있다고 했습니다. 그러나 그런 기자회견을 하는 모습 역시 좋아 보이지는 않습니다.

청와대 앞 릴레이 단식기도와 함께 문재인 대통령 하야를 주장하고 있는 전광훈 목사는 "저는 독일의 신학자 본회퍼의 길을 선택했다"며 우리 한기총은 문재인 대통령이 하야할 때까지 청와대 앞에 캠프를 치고 릴레이 단식 기도회를 진행할 것이라고 밝혔습니다.

전광훈 목사는 "제가 문재인 하야를 주장하는 것과 공산주의를 따르는 주사파를 책망하는 것은 개인적·정치적 유익을 위해서가 아니라, 평화를 지키려 노력한 본회퍼의 심정으로 자유 대한민국과 신앙의 자유를 수호하기 위함"이라고 말합니다.

필자는 아마 전광훈 목사가 대한민국이 공산화되어 가는 것을 심히 안타깝게 여기고, 이 나라 이 민족의 앞날을 위한 시대적 사명이라고 생각했기 때문에, 큰 위험을 무릅쓰고 순교의 정신으로 이 일을 적극 나서서 하고 있다고 생각합니다.

필자가 전광훈 목사를 두둔하는 것은 절대 아님을 먼저 말씀드립니다. 그리고 저는 솔직히 전광훈 목사를 예전부터 좋아하지도 않았습니다. 하지만 하나님과 신앙인을 위하며, 나라와 백성을 위해 하는 일이라면 적극 동감합니다.

1970년 천주교 정의구현사제단의 출범 이후, 사제단은 여러 차례 시국선언문을 발표하고 수십 차례의 기도회와 평화적 가두시위를 벌임으로써, 한국 사회의 불평등한 사회구조와 비민주적 정치 상황 등의 문제를 극복하고자 노력했습니다.

특히 국가보안법 철폐와 국가인권위원회 법 및 부패방지법 제정을 촉구하는 시국기도회를 열었으며, 박근혜 전 대통령 재임 당시에는 불법 부정선거 규탄 및 퇴진을 위한 시국 미사를 집전했습니다.

하지만 당시 천주교에서는 정의구현사제단의 시국선언이나 기도회 등의 활동에 대해 지금 개신교처럼 반응하지 않았습니다. 물론 당시 필자 역시 사제단의 시국선언을 못마땅하게 생각했고, 천주교에 속한 친구 역시 사제단의 활동을 마음에 들어하지는 않았습니다.

그러나 지금에 와서 정의구현사제단은 다 어디로 갔습니까? 나라가 위태하지도 않을 때 그렇게 목을 매고 활동하더니, 더욱 위태롭고 어지러운 지금의 시대에서는 목소리를 내지 않고 고요하게 있는지, 통 알 수 없습니다. 과연 그들의 목적은 어디에 있었을까요?

하지만 기독교(개신교)는 왜 한 목소리를 내지 못할까요? 모두들 개인적으로는 인격자요 지성인이며 성직자입니다. 하지만 나라가 위태롭거나, 교계가 교계답지 못할 때도 여전히 함구하고 있습니다.

무엇이 그렇게 두려울까요? 강단에서는 하나님께서 우리를 지켜주신다고 늘 선포하면서 정작 본인들은 비판만 할 줄 알았지, 나서서 순교의 정신으로 싸울 의지는 없나 봅니다.

만약 적화통일이 되면, 기독교를 비롯해 타종교인들은 모두 말살됩니다. 심지어 우리 후손들까지 살아남을 사람이 없을 것입니다.

더구나 한 나라에 대통령이 둘이 될 수는 없습니다. 대통령 둘 중 한 분은 죽어야 합니다. 김정은 위원장이 남한의 대통령을 살려둘 것 같습니까? 절대 착각해서는 안 될 것입니다.

우리 기독교인들은 그렇게 되지 않기 위하여 한데 뭉쳐 기도해야 합니다. 그리고 정의를 위해 싸워야 합니다. 특히 기독교가 공산주의와 타협한다는 것은 있을 수 없는 일입니다. 공산당이 제일 싫어하는 것은 바로 기독교입니다.

일제시대, 기독교인들은 오로지 나라를 위해 싸웠습니다. 그 싸움 덕분에, 오늘날 대한민국이 세계 선진국 대열에 함께 하고 있는 것이 아니겠습니까?

이 시대에는 나라를 위한 인물이 대거 나와야 합니다. 기도로 무장하여 나라와 민족을 위해 싸워야 할 시기입니다. 지금 언론에서는 한기총에서 주장한 하야보다, 이를 반대했던 원로들에 대한 보도가 더 많이 나오고 있습니다.

지금 언론과 현 정부에서는 이 기회를 노려, 오히려 기독교계가 내부에서 싸우는 것을 적극 권장할 것입니다. 이는 우리 스스로 무덤을 파는 꼴입니다. 이럴 때일수록 하나님께 매달려 기도해야 합니다. "오 하나님 이 나라를 지켜 주옵소서!"

이 나라는 뜨거운 순교의 피로 세워진 나라이기에, 우리 기독교인들은 이 나라를 지켜내야 할 의무가 있음을 깨닫고, 반드시 자유민주주의 국가를 지켜내 자손 만대로 뻗어야 할 것입니다.

이 나라는 절대로 하나님께서 그냥 두시지 않으신다는 것을 확실히 신뢰하고 믿으며, 용기 있는 신앙인으로서 과감하게 표현할 것을 해야 합니다.

한국교회 원로들과 지도자들께서는 입으로만 하나님을 부르짖지 말고, 이제 행동으로 나서야 합니다. 모두가 기드온 300 용사가 되어야 합니다. 특히 그리스도인들은 서로 싸우지 말아야 하고, 한데 어울려 기도하며 나라를 지켜내야 할 방도를 찾아야 합니다. 그것이 하나님의 이름을 망령되이 하지 않는 것입니다.

언론에서는 전광훈 목사의 대통령 하야를 위한 시국선언에 대해, 무엇 때문에 하야를 외쳤는지 보도하지 않습니다. 박근혜 대통령 탄핵 때에는 왜 탄핵돼야 하는지를 연일 보도했는데 말입니다.

대통령 하야를 주장하며 시국선언을 하는 분들이 다수가 아니라 소수일 수도 있습니다. 더구나 다수가 꼭 옳다고 볼 수도 없습니다. 간음한 여자를 앞에 두고 다수의 사람들이 돌로 치려고 할 때, 예수님께서는 다수의 사람들을 물리고 간음한 여자를 구원하였습니다.

자유민주주의 체제에서는 얼마든지 표현의 자유가 있습니다. 대한민국의 국민이자 신앙인이기 때문입니다. 옳지 않은 동성애와 낙태에 대한 반대 주장은 지금 소수의 사람들이 외치고 있습니다.

하물며 나라의 안위와 명운이 걸려 있는 이 시점에서, 전광훈 목사의 용기 있는 투쟁에 대해, 오히려 우리가 하지 못함을 부끄럽게 생각해야 하지 않을까요?

가만히 앉아서 뒤에서 흉이나 보고 불평만 하면서 함부로 판단만 하는 신앙인이 되어서는 안 될 것입니다. 옳은 일에는 만군의 여호와 이름으로 적극 나서서 외쳐야 합니다.

임진왜란 때 적군이 침략해오고 있는데, 대신들은 당파 싸움으로 얼룩져 나라가 망할 뻔 했던 사건은 누구나 아는 사실입니다.

이제 기독교 지도자와 원로들, 그리고 평신도에 이르기까지 모두가 하나님의 이름만 팔 것이 아니라, 한 마음으로 기도하고 행동으로 살아 있는 믿음을 보여줄 때입니다.

_36

북한 김정은, 역사적 선언 전에
진심 어린 사과부터 했다면

2018년 역사적 남과 북의 정상들이 만났습니다. 평창 동계올림픽을 시작으로 남과 북이 급격히 가까워지므로, 마침내 두 정상이 세계의 이목을 받은 가운데 판문점 평화의 집에서 만남을 가졌습니다.

그 만남의 주된 목적은 한반도 핵 포기를 위한 정부의 각고의 노력이 있었다고 할 수 있지만, 11년 전에도 정상들이 만남을 가졌음을 잊지 말아야 합니다. 그 때도 결국 만남으로만 그쳤지, 그 후 아무 것도 변화된 것이 없었습니다. 북한은 그 사이 핵을 개발했다고 합니다.

올해는 6·25 사변이 발발한지 68년째 되는 해입니다. 이산가족 1,000만 명이라는 엄청난 비극을 초래한 북한의 도발 때문에 민간인 991,068명, 군인 988.920명, 경찰 16,816명까지, 합계 199만 6,844명이라는 엄청난 사상자가 나왔습니다. 우리를 도와준 16개국을 제외한 순수한 우리 사상자만 이렇게 많았습니다.

2010년 3월 26일 밤 9시 22분, 서해 백령도 근처 해상에서 해군 초계함인 1,200톤급 천안함이 원인을 알 수 없는 폭발로 침몰했습니다. 천안함에 탑승했던 승조원 104명 중 58명이 구조됐지만, 40명은 사망했고 6명은 실종됐습니다.

민군 합동 조사단을 구성한 정부는 침몰 원인에 대해 북한의 어뢰 공격이라고 발표했지만, 정부의 발표에 의문을 제기하는 등 대한민국의 국민들인지 분별하기 어려운 일들이 잇따랐습니다.

2008년 7월 11일 오전 4시 50분경, 조선민주주의인민공화국 금강산 관광 지구에서 당시 만 53세의 대한민국 여성 관광객 박왕자 씨가 북한군에 의해 피살되었습니다. 피해자가 군사 경계 지역을 침범했다는 이유로 무자비하게 사살한 것입니다. 시신을 부검한 의료진은 인민군 초병이 무방비 상태의 민간인 피해자를 등 뒤에서 조준사격했을 가능성을 제기했습니다.

그뿐입니까. 지금으로부터 50년 전인 1968년 울진 삼척 무장공비 침투 사건으로 무장공비 7명이 생포되고 113명이 사살됐으며, 우리 국민 40명이 사망하고 30명 이상이 부상당했습니다. "나는 공산당이 싫어요!"라고 말했다가 처참하게 숨져간 이승복 어린이가 대표적입니다.

이 같은 만행이 비일비재했던 역사 앞에, 지금 두 정상이 만난 것입니다. 앞으로는 이런 참혹한 사건들을 더 이상 만들지 않고자 만난다지만, 어째 뒷맛이 썩 좋아 보이질 않는 것은 무엇 때문일까요?

하도 우리만 늘 당했기 때문이 아닐까요? 그들은 약속을 이행하지 않고, 그들만의 수법으로 우리 국민들을 계속해서 괴롭혀 오질 않았습니까. 그들의 눈치 보기에만 급급했던 정부의 탓만 할 것도 아닙니다. 언론과 국민들이 올바른 분별력을 갖고 비판할 것은 비판해야 합니다.

동족 간에 총부리를 들이대며, 사람 목숨을 파리 목숨보다 못하게 여기고, 세계 역사상 어느 나라보다도 끔찍하고 처참한 인권 유린을 하는 저들의 모습을 볼 때마다 참으로 안타까운 마음 헤아릴 수 없습니다.

핵 포기도 좋지만, 두 정상 간의 역사적 만남 이전에 각종 사건과 전쟁의 피해를 입힌 것에 대한 북한의 책임 있는 사과가 우선돼야 한다는 것입니다. 6·25 전쟁의 피해를 입어 지금도 아파 신음하는 이산가족, 그리고 나라를 위해 부름받아 싸웠던 국군 포로들이 아직도 돌아오지 못하고 있습니다.

많은 젊은이들의 피를 흘린 6·25 남침을 비롯해 최근의 연평도 포격사건, 그리고 천안함 사건까지, 그리고 6·25 이후 지금까지 이어진 수많은 간첩 침투 사건 등으로 많은 인명 피해를 만들어 낸 북한 정권입니다.

과거의 잘못을 인정하는 것은 물론이요, 피해를 당해 억울함 속에 살아가는 사람들에게 진심 어린 사과와 재발 방지를 위한 대책을 내놓아야 할 것이 아니겠습니까?

지금 남북정상회담을 환영하는 국민과 세력들은 일제의 위안부 사건은 이미 나라와 나라 간에 합의가 있었음에도 거듭해서 사과를 요구하고 있습니다. 그런데, 왜 북한의 소행에는 저리도 거듭 함구하고 있는지요. 지금까지도 슬픔과 고통, 깊은 상처 속에서 살아가는 이들의 절규에는 왜 함구하고 있는지요. 참으로 황망하여 어찌할 바를 모르겠습니다.

정말로 남북통일을 원한다면, 스스로 핵을 포기하겠다면, 먼저 과거의 잘못을 시인하고 진정성 있는 사과가 선행돼야 합니다. 그것이 진정 믿을 수 있는 만남이 아니겠습니까?

그동안 북한으로부터 너무 많이 속아왔기 때문에, 이제는 믿을 수 없습니다. 지금 당장 통일이라도 되는 것처럼 온 국민들의 환호와 기대감은 얼마나 사무쳤으면 그렇게 했을까 싶기도 합니다.

독일을 보십시오, 해마다 총리가 유대인들에게 사과를 하는 모습에는 어찌 그리 함구 하고 있는지요? 일본을 사과하라 하기보다, 먼저 우리 민족끼리 서로가 진심어린 사과를 해야만 하지 않겠습니까? 그 후 함께 일본에 대해 사과를 요구하는 것이 옳은 순서가 아니겠습니까?

자신들의 가족이나 친척이 화를 당했으면, 가만히 있겠습니까? 연약한 백성들의 절규를 잊지 마시고 그들의 고통에 함께 참예하는 마음으로 북한 김정은에 대해 진심 어린 사과를 요구를 해야만 합니다. 그 진정성이 곧 핵무기 포기라는 중대한 결과를 낳지 않겠습니까?

그리고 진심 어린 사과가 있지 않고서는 그들의 요구를 들어주어서는 안 될 것입니다. 또 속으므로 국민들의 실망이 이만저만 아닐 것이 불 보듯 뻔한 일 아니겠습니까?

우리 신앙인들의 최대 적그리스도는 하나님이 없다고 하는 공산국가입니다. 그리스도를 외면하는, 저들이 원하는 적화통일을 성취하게 된다면, 이 땅에 크리스천은 한 사람도 살아남지 못할 것입니다.

6·25 전쟁 동안 얼마나 많은 기독교인들이 희생을 당했습니까? 공산국가에서 제일 싫어하는 것은 바로 기독교인들임을 깨달았으면 좋겠습니다.

계파를 초월하여, 민족과 나라를 위해 우리가 이제 일어서야 합니다. 교회 지도자들은 더 이상 함구하지 마시고, 제발 먼저 행동을 보이십시오.

그리고 이 땅에 공산 정권이 들어서는 것을 막아야 할 의무가 우리 크리스천 모두에게 있습니다. 그 행동에 앞서 하나님께 드리는 간절한 기도가 우선되어야 합니다.

기독교인들은 믿음으로 뭉쳐야 합니다. 핵보다 더 무서운 것은 하나님을 부정하는 세력입니다.

_37

실종된 언론(言論)의 자유

언론의 참 모델은 바로 예수님이십니다. 세례자 요한에게 물세례를 받으심부터 시작하여, "회개하라 천국이 가까웠다"고 당당하게 복음을 선포하셨습니다.

주님께서는 가나의 혼인 잔치를 시작으로 대제사장 가야바의 뜰에서 심문을 받으시면서 "네가 하나님의 아들 그리스도인지 우리에게 말하라"는 물음을 듣고, "예수께서 이르시되 네가 말 하였느니라, 그러나 내가 너희에게 이르노니 이 후에 인자가 권능의 우편에 앉아 있는 것과 하늘 구름을 타고 오는 것을 너희가 보리라(마 26:63-64)" 하셨습니다.

주님께서는 복음을 전하시면서, 누구를 막론하고 소통을 하셨습니다. 직업이 다르고, 문화 수준의 차이가 있으며, 빈부의 차이와 권력에서 소외되고 힘 없는 어린이, 그리고 장애자와 병든 자들에게 편견 없이 사랑으로 모든 언론을 다스리시며, 그들이 원하는 것들을 손수 해결해 주셨습니다.

어학사전에서 말하는 언론의 뜻은 신문, 잡지, 방송 등을 통해 뉴스나 사실을 알리거나 의견과 논의를 전개하며 여론을 형성하는 활동을 말합니다. 언론기관이란, 여러 사건이나 현상들에 대해 보도하고, 그에 대해 논평·해설하는 공적 기관을 말합니다.

'언론업'이란 신문사나 방송사, 잡지사 등의 언론 기관에 종사하는 직업을 말합니다. '언론 통제'란 사상의 표현, 보도, 출판의 내용에 대해 국가 등이 공권력으로 규제와 제약을 가하는 일입니다. '제도 언론'이라 함은, 체제에 순응하여 그 체제를 선전하고 옹호하는 언론을 말합니다.

언론은 정보를 제공해 여론을 형성하고 이를 정책 결정기구에 전달함으로써, 정치적 영향력을 행사합니다. 특히 신문이나 방송과 같은 언론이 여론 형성에 미치는 영향은 막강합니다. 이들은 취사선택을 통해 보도에 특정 관점을 반영하고, 주요 쟁점을 부각시켜 해설하며, 나아가 사설이나 기획기사를 통해 특정 방향으로 여론을 형성하기도 합니다.

특히 언론이 권력이나 특정 세력과 유착할 경우, 여론을 조작하고 민주주의를 저해할 수 있습니다. 따라서 정치권력 혹은 특정세력의 간섭과 영향력에서부터 독립할 수 있도록 언론에게는 자유가 보장되어야 합니다.

언론은 공정성, 공익성, 객관성, 정확성에 책임을 갖고 국민들에게 사실을 전달하고, 사회적 쟁점에 관한 올바른 해설과 비판을 제공해야 합니다.

언론의 자유에는 자신의 의사를 표현하고 전달할 수 있는 의사 표현의 자유, 일반적으로 접근할 수 있는 정보원으로부터 정보를 수집할 수 있는 정보의 자유(알 권리), 출판물 또는 전자매체에 의해 의사를 표현하고 사실을 전달 할 수 있는 보도의 자유 등이 있습니다.

그러므로 언론의 자유는 외면적 정신활동의 자유로서, 고립된 개인보다는 인간의 사회적 연대 내지 관계를 중요시합니다. 주권자가 여론을 형성하여 국정에 참여하거나 영향을 미치기 때문에, 국민이 공권력을 비판

또는 감시한다는 의미에서 언론의 자유는 민주주의의 필수적인 제도입니다.

일제강점기와 6·25 동란의 참혹한 시대에서도 우리 믿음의 선배들은 주님께서 선물로 주신 성령의 감동으로 담대히 나가서 복음을 전하며, 죽음을 두려워하지 않고 소신껏 힘써 싸웠습니다.

그들은 초대교회의 정신으로 오직 주님, 그리고 이웃을 위해, 나라와 민족을 위해 순교를 거치면서 믿음을 지켰고, 나라와 백성을 위해 희생을 감내했습니다.

하지만 물질이 풍부해지고 아쉬울 것 없이 모든 것이 순탄하고 편리해진 이 시대에, 믿음은 점점 퇴색돼 가며, 개인이기주의 때문에 선한 사마리아인을 찾아볼 수 없는 시대로 변하여, 주님의 음성을 듣지 못하는 안타까운 현실에 마음이 무거워집니다.

현재 나라에 많은 방송국과 신문사, 그리고 잡지사가 있지만, 국민들에게 제대로 정보를 제공하지 않고 있습니다. 어느 힘 있는 권력자들에 의해 '쉬쉬'하는 것으로 일관하며, 사실을 왜곡 보도하고 있습니다. 특히 엉터리 여론조사로 국민들을 기만하고 있으니, 이 시대가 언론 자유의 시대인지 의심하지 않을 수 없습니다.

구약 선지자 요나도 이스라엘의 대적인 니느웨에 은혜를 허락하시는 하나님의 섭리에 불만을 토로했습니다. 요나가 계속해서 만인을 향한 하나님의 사랑과 구속 계획하심을 깨닫지 못하자, 하나님께서는 박넝쿨을 통해 요나의 오해를 지적하셨습니다.

그에 앞서 불순종하는 요나를 물고기 뱃속에 삼키게 함으로써 그의 불순종을 일거에 무력화시키기도 하셨습니다. 당신의 뜻을 관철시키기 위한 일종의 비상수단이라 할 수 있습니다. 암튼 요나는 고난의 현장에서 철저히 회개하므로, 하나님의 준엄한 명령을 수행합니다.

구약에서 하나님의 구원이 이스라엘 백성에게 집중되어 있기는 했지만, 이방 민족들이 완전히 구원의 반열에서 제외된 것은 아니었습니다. 요나가 니느웨로 가라는 하나님의 명령을 어기고 다시스로 간 것은, 지나친 배타주의와 선민사상에 사로잡혀 하나님의 뜻을 잘못 해석하고 오직 자신의 생각과 뜻대로 하다가 큰 낭패를 당한 것입니다.

하지만 요나는 하나님 주시는 진노를 경험하고, 다시 니느웨 성으로 달려가 "회개하라"고, 40일이 지나면 니느웨가 무너지리라고 외쳤습니다. 그는 하나님의 뜻을 전했습니다. 니느웨 사람들에게 하나님의 계시를 알렸습니다. 니느웨성이 망한다는 정보를 확실하게 알림으로, 니느웨 백성이 구원을 얻는 놀라운 사실이 일어났습니다.

소돔과 고모라 성은 롯을 통해 하나님의 준엄한 심판을 알렸건만, 그 성 안에 있는 백성들은 듣지 않으므로 참혹한 비극을 초래합니다. 나단은 하나님의 명령을 다윗에게 고했습니다. 다윗은 자신의 죄를 모르고 있다가, 나단 선지자의 충고에 죄를 뉘우치고 철저히 회개함으로 하나님으로부터 귀하게 쓰임 받는 왕으로 추앙을 받는 놀라운 사건도 있었습니다.

이처럼 꼭 알려야 할 때를 놓치고 알리지 않는다면, 그것은 하나님의 뜻을 저버리는 신앙인으로 훗날 징계를 피하지 못할 것입니다. 요즘 같은 물질만능이 최고조에 달하는 편리한 시대에, 오히려 신앙인들은 그저 무사안일하게 누군가 자신을 간섭하지 않는 한 그냥 지나갑니다.

참으로 안타깝기 그지없습니다. 일제강점기와 6·25 동란 때조차 불신자들의 억압과 탄압에도 불구하고 오로지 하나님을 사랑하고 의지했던 믿음의 선배들의 보배로운 믿음을 지키며 지금까지 견뎌온 종들이 있었기에, 오늘날 우리가 이렇게 태평스럽게 신앙생활을 하는 것입니다.

나라의 안보에는 여야가 없으며, 모든 기관과 종교, 그리고 이 땅에 사는 사람들이라면 하나가 되어 나라를 지켜야 합니다. 나라가 위기에 처해 있음에도 언론인들이 양심을 저버리고 권력 집단에 이끌려 백성에게 알 권리를 제대로 알리지 않는다면, 그렇게 언론인으로서의 역할을 제대로 하지 않는다면, 그 나라의 미래는 암울할 뿐입니다.

언론인들의 역할은 참으로 귀합니다. 언론인들은 첫째로 양심을 속여서는 안 될 것입니다. 그리고 권력의 힘에도 굴하지 않는 소신이 있어야 하고, 백성들의 삶 속에 깊숙이 들어가 그들에게 알 권리를 제공하며, 그들의 참 뜻을 힘 있는 권력자들에게 전해야 하는 것입니다.

성찰이라는 용기는, 용기가 있어 두려움을 극복하는 게 아니라고 합니다. 두려움을 지그시 참아냄으로써 매일 1g씩 용기가 쌓여가는 것이라고 합니다. 참된 기개는 밖을 향하는 게 아니라, 안으로 자신의 결점을 돌아보는 마음이 진정한 성찰의 용기라고 할 수 있습니다.

오늘날 나라가 시끄럽고, 위기가 곧 닥쳐온다 해도, 과거 믿음의 선배들이 쌓아왔던 용기의 신앙은 어디로 자취를 감춰버리고, 보신주의와 안일무사주의로 오늘날 기독교가 제대로 사명을 감당하지 않으므로, 예수님의 마음에 상처를 입히며 예수님에 대한 치욕적 언어들이 난무한 상태로 변하여, 감히 주님 앞에 고개를 들 수 없을 지경입니다.

기독교의 지도자들은 청와대 조찬기도회도 좋지만, 나라를 위해 할 말은 해야 한다고 생각합니다. 옳은 소리를 내지 않는다면, 기독교 본연의 사명은 상실되고 마는 것입니다. 목숨을 두려워하지 않고 순교까지 당하면서까지 그들은 바르게 외쳤습니다.

교회 안에서는 평신도와 항존직들과의 관계에 있어서도 서로 바르게 소통하며, 하나님의 귀한 말씀 가운데 "예"와 "아니오"를 정확하게 표현하는 신앙인들이 되어야 합니다.

교회 지도자들은 성도들의 말에 귀를 기울여야 합니다. 그들의 말을 귀담아 듣지 않는다면, 소돔과 고모라 같은 참사를 당하고 맙니다.

그리고 교회 안에는 절대로 권력이 존재해서는 안 될 것입니다. 인도처럼 카스트 제도가 있어서는 안 된다는 뜻입니다. 기독교 예장 총회 헌법에 명시한 대로, 목사는 목사의 사명을 다하고, 장로는 장로서의 직무와 사명을 다하여야 할 것입니다.

현재 기독교 안에 교회들 마다 권력이라는 암적인 존재로 인하여 편이 갈라지고 서로 불신하며, 하나님의 영광은 온데간데없고, 오직 자신들의 기득권에만 몰두하여 교회로서의 기본 사명마저 잃어져가고 있는 현실이 참으로 안타깝기도 합니다.

한국 기독교 내에도 언론사가 참 많은 것으로 알고 있지만, 한두 곳을 제외하고는 제대로 역할을 하는 매체는 없는 거 같아 참으로 안타깝습니다. 그저 돈 벌이 수단으로, 형식적인 면모만 갖춰, 본연의 사명을 망각하고 있는 것입니다.

특히 언론인들과 기독교는 양심의 자유가 있어야 합니다. 양심을 속이는 신앙인들, 그리고 언론인들이 있어서는 안 될 것입니다. 양심을 가지는 주요한 내용으로는 양심상 결정의 자유, 즉 자신의 도덕적 논리적 판단에 따라 무엇이 옳고 그르다고 확신할 수 있는 자유가 포함되는 것입니다. 이는 개인의 마음 속에서 이뤄지는 것이므로, 어떠한 경우에도 제한 될 수 없는 절대적 자유를 말하는 것입니다.

물론 침묵할 자유도 있습니다. 하지만 언론인과 기독교 지도자들과 신앙인들은 침묵도 좋지만, 요나처럼 나서서 외쳐야 할 때가 왔습니다.

계속 이런 형태의 침묵으로 일관한다면, 기독교의 미래는 암울할 뿐입니다. 일제강점기 시절에도 기독교인들은 나라와 백성을 위해 나서서 죽음을 불사하고 항거하고 외쳤습니다. 그것이 초대교회가 우리에게 알려주는 본보기가 아닐까요?

남이 나에게 시기와 중상모략을 할 때, 참고 인내하며 하나님의 자비를 기다리는 것은 마땅할 수 있지만, 복음을 전하는데 걸림돌이 있다든지, 교회나 노회 총회에 잘못이 있을 때까지 침묵으로 일관해서는 안 될 것입니다.

과감히 그 잘못을 지적해야 합니다. 교회 안에서 마찬가지며, 나라와 백성에게 해를 당하는 일이라면, 마땅히 외쳐야 합니다.

교회의 개혁과 나라의 미래를 생각한다면, 침묵은 오히려 화를 자초하는 단초를 제공할 뿐입니다. "예"와 "아니오"를 정확하게 표현하는 것만이 기독교의 미래를 열어가며 나라와 백성도 위기에서 구할 수 있음을 모든 신앙인들은 깨달아야 합니다.

_38

낙태죄 폐지 결정, 세상 종말을 재촉하려는가?

　무겁고 혹독한 추위를 이겨내며, 봄의 내음이 물씬하고 상큼한 향기들이 울려 퍼지는 4월을 잔인한 달, 또는 잔인한 4월이라고 한다.

　특히 4월 11일은 '헌재, 낙태죄 처벌 조항 헌법불합치 결정'이 내려진 날로, 향후 많은 아픔의 상처로 인류에게 씻지 못할 대참사를 재촉하는 잔인한 비운의 날로 기억될 것이다.

　5,000년 유구한 역사와 전통에 빛나는 오늘날 대한민국의 번영은, 쓰러져 가는 초가집 단칸방에서 먹을 것이 없어 끼니를 걱정하며 오롯이 자식들을 위해 희생했던 우리 조상들의 그 노고 덕분임을 생각하면, 정말 피눈물이 흐른다.

　식구들이 많아 입에 풀칠조차 힘들었던 세월이었지만, 낙태라는 말조차 모르며 불평 없이 자녀를 낳았다. 당시는 아버지의 무게가 컸던 시절이라 어머니는 가정에서 주로 자녀를 기르며, 소일거리로 남편의 수입에 보태면서 자식들을 굶기지 않으려고 무던히 애를 썼다.

　외부의 침입으로 나라가 위기에 처해 있을 때도, 우리 민족은 너나없이 나라를 위해 전쟁에 참가하여 나라를 위기에서 구해 냈던 끈기 있는 민족이었다.

지금 시대같이 복지가 잘 되어 있었던 것도 아니다, 아이를 낳게 되면 이웃집 산파가 와서 도와주거나, 아니면 스스로 낳아야 했다, 요즘에는 산후조리 시설이 잘 되어 있고, 직장에서 많은 휴가도 할애해 준다. 자녀들을 위한 혜택도 많이 제공된다. 그럼에도 자식을 낳으려 하지 않는다. 곧 인구 절벽시대가 코 앞에 와있음을 실감하지 못한다.

이번 헌법재판소에서는 지난 2012년 4대 4 합헌 결정이 7년 만에 뒤집힌 결과가 나왔다. 이번 결정이 어떤 의미가 있고, 또 앞으로 어떤 변화와 파장이 예상될지 가늠하기 어렵다.

헌법재판소는 이번 결정의 요지에 대해 여성의 자기결정권, 특히 생명과 건강에 관한 권리를 존중해야 한다고 주장한다.

그리고 경제적 어려움이나 다른 이유로 불가피하게 임신을 해서 원하지 않는 출산까지 이어지면, 오히려 인권을 보장하는데 해가 된다는 것이다. 생명의 탄생과 관련된 문제를 왜 여성만 책임져야 하는가 하는 부분도 지적됐다. 아무리 노력을 해도, 100% 원하지 않는 임신을 막을 수 있는 방법은 없다는 것이다.

그렇게 1953년 낙태죄 처벌 조항을 도입한 이후 66년 만에 임신한 여성의 자기결정권이 인정을 받게 된 것이다. 4월 11일은 씻을 수 없는 비운의 날이 될 것이며, 이번 판결은 역사 앞에 큰 오류를 범한 것 아닐까 싶기도 하다.

낙태 문제를 해결하기 위해서는 먼저 어릴 적부터 자연스러운 성윤리 확립을 위해 올바른 성교육을 실시해야 한다. 또한 생명의 존엄성에 대한 교육과 계몽, 부부의 자녀 계획에 있어서는 적절한 피임법 사용을 교육하고 이를 실천해야 한다.

변명 같은 여러 가지 이유로 아이를 낳아 기를 수 없는 사람들을 위해 대신 아이를 맡겨줄 사회시설이나, 국가가 아이를 맡아 기를 수 있는 환경도 제공해야 한다.

특히 엄격한 법 집행을 우선해 낙태에 관한 근본적인 대책을 세우고, 한 생명이라도 거저 죽어가는 일이 발생해서는 안 될 것이다. 사람이야말로 그 나라의 미래임을 결코 잊어서는 안 될 것이다.

나 하나만의 편의를 위한 이기적인 생각은 금물이다. 이후 법을 제정할 때도 충분한 논의를 거친 후, 적절한 법률이 제정되도록 노력해야 할 것이다.

이제 우리 신앙인들도 인간 생명의 존엄성을 지키고, 인간의 생명과 존엄성에 반대되는 행위와 조치에 대한 저항과 더불어, 근본 해결책으로서 생명 살리기 운동을 필수 과제로 삼아야 할 것이다.

이러한 낙태 문제를 기독교가 계속해서 침묵으로 방관한다면, 낙태하는 사람들은 부지기수로 늘어날 것이다. 그리고 성문란으로 인한 사회질서는 더욱 나라를 어둡게 할 것이다. 특히 임신 8-12주 사이 낙태를 허용하는 방향으로 여론을 몰아가는 것 같아 참으로 마음이 아프다.

임신 8-12주 단계에서, 하나의 생명의 싹이 잘려나가는 것과 무엇이 다르랴! 임신한 여성은 '창조주로부터 최고의 아름다운 선물을 품는 것'이므로 감사와 기쁨으로 화답하여야 하는데 말이다.

만약 낙태를 허용할 경우 남성의 책임은 더욱 묻기 힘들어질 것이다. 여성에게만 책임을 전가할 것이 아니라, 남성에게도 그 책임을 묻는 법을 신설해야 할 것이다.

그리고 임신 순간부터는 한 인간으로 인격으로 동일시 해야 한다. 그리고 자기 배 속에 있는 태아가 자기 것이라며 죽여도 된다는 사고방식은 절대 금물이다.

이 땅에서 많은 낙태를 통해 셀 수 없는 생명이 안타깝게 죽어갔다. 이는 하나님에 대한 불순종이며, 십계명 여섯 번째 '살인하지 말라'는 준엄한 명령을 거부하는 것임을 깨달아야 할 것이다.

우리 신앙인들은 낙태 문제를 윤리적 관점에서 다루어 놓은 성경 말씀은 없다는 것을 알아야 한다. 하지만 인간의 생명을 낙태케 하는 일에 관련되어 주는 교훈은 성경에서 발견되고 있다.

성경이 직접 언급하고 있는 낙태에 대한 기록은 창세기 31장 38절과 욥기 21장 10절에서 볼 수 있다. 창세기 31장 38절에서, 성경은 야곱이 외삼촌 집에서 짐승들을 기를 때, 낙태하는 일이 없이 잘 키우고 관리했다는 점을 증언하는 내용이다.

그리고 욥기 21장 10절은 악인의 짐승이 낙태시키는 일 없이 새끼를 잘 배는 것이 어찌된 일이냐고 질문하고 있는 내용이다. 여기서 생명윤리와 관련된 낙태 문제의 교훈을 얻어낼 수는 없다.

사람의 낙태와 관련한 기록은 출애굽기 21장 22절, 23장 26절에서 발견된다. 출애굽기 23장 26절은 이스라엘이 여호와를 섬기고 그의 말씀에 순종하면 "나라에 낙태하는 자가 없고 임신하지 못한 자가 없을 것이라"는 축복의 말씀이다.

그리고 출애굽기 21장 22절의 낙태 문제는 생명윤리와 관련되어 있다. 특히 사람으로부터 임신한 여인이 구타를 당하여 산모나 태아가 생명을 잃게 되었을 때 "생명은 생명으로" 보상하라고 말씀한다. 이 말씀들은 생명윤리의 관점에서 낙태 문제와 관련된 윤리적 방향을 제시하는 것이다.

심지어 성경에는 동물에게까지 낙태를 금지하고 있다. 하물며 만물의 영장이자 하나님께서 친히 만드신 사람을 함부로 죽이는 일은 절대로 있어서는 안 될 것이다.

태아라고 해서 함부로 생명을 잃게 해서는 안 된다. 낙태라는 말이 거침없이 쏟아진다는 자체가 교만과 탐심에서 나오는 인간의 죄악된 모습 아닐까?

세상은 갈수록 사악해지고 있다. 성문란이 도를 넘어, 동성애를 비롯해 낙태를 정당화하려는 이 시대의 악은 거침없이 세상 종말을 재촉하고 있다.

하나님께서 인간에게 선물하신 태아까지 죽이는 참혹한 현장에는 준엄한 심판이 기다리고 있다.

하지만 어떤 면에서 이런 일들은 곧 주님의 재림이 임박했다는 기쁜 소식이 아니겠는가? 하지만 우리 신앙인들은 주님께서 재림하시는 그 날까지 복음을 전하는 것은 물론, 태아를 죽이는 일과 성문란 그리고 동성애 반대에 대한 목소리를 더 높여야 한다. 그리고 행동에 나서야 한다.

신앙인들을 위해, 마지막으로 성경에 나오는 '태'에 관한 성경 구절을 살펴보고자 한다. 시편 127편 3절, "보라 자식들은 여호와의 기업이요 태의 열매는 그의 상급이로다"를 비롯해 시편 22편 10절, 예레미야 1장 5절, 전도서 11장 5절, 이사야 49장 1절, 누가복음 1장 39-45절, 출애굽기 20장 13절 등을 참고하면 좋겠다.

_39

도올 김용옥의 망언과 공영방송 KBS의 공정성

도올 김용옥 한신대학교 석좌교수가 지난 3월 16일 방송된 KBS 1TV '도올아인 오방간다'에서 "이승만 대통령을 국립묘지에서 파내야 한다고 생각한다"고 말해 비판을 받았다. 도올 김용옥 교수는 자신의 생각만을 가지고 망언을 쏟아내고 역사를 왜곡해서는 안 될 것임을 경고하는 바이다.

"역사를 잊은 민족에게 미래는 없다"는 말도 중요하지만, 우리에게는 현재를 탐구하는 안목도 필요하다. 그 안목은 지난 역사를 제대로 알 때 길러질 수 있다.

도올은 한국 사회의 방향성에 대한 문제를 재고하고 성찰하면서, "우리가 미처 몰랐고 잘못 알려지기만 했던 우리 현대사를 다시 정리한다"면서 "우린 너무 몰랐다"고 했다.

석좌교수 정도 되는 인물이 대한민국 건국 대통령을 모른다고 한다면, 누가 이를 믿겠는가? 과연 방송에 출연한 공인이자 석좌교수로서 자질과 자격이 있는지 의심하지 않을 수 없다.

어린 시절 추억이 새삼 피어오른다. 필자는 <독립협회 청년 이승만>이라는 영화를 감상했다. 당시의 이승만과 지금의 이승만은 왜 그렇게 차이가 나는 것일까? 가늠하기 어렵다.

이승만 대통령은 1948년 8월 15일, 대한민국 건국 당시 초대 대통령이었다. 그가 아니었다면 자유민주주의 대한민국의 건국은 결코 쉽지 않았을 것이고, 오늘날과 같은 대한민국의 발전상도 목격하기 어려웠을 것이다. 이승만이 건국 대통령으로서 나라를 위해 정말 큰 일을 했음을 분명하게 인정하는 것이 순리다.

그는 해방 후 입국해 미군정 및 한민당과 손잡고 과도 민주주의를 거쳐, 유엔(UN) 결의안에 따라 제헌의회 총선거를 실시하며 대한민국 정부를 수립하는데 이바지한 인물이다.

뿐만 아니라 최초로 사병급여를 지급했고, 농지개혁법을 실행했으며, 의무교육을 실행해 1948년 당시 80%에 달했던 문맹률을 재임 막바지이자 11년만인 1959년에는 22.1% 수준까지 낮췄다. 이를 통해 대한민국 발전의 기틀을 마련했던 것이다.

이승만은 외교통으로서, 독립운동 내내 일관되게 외교를 통한 국가의 독립을 추진했다. 그는 일제강점기 이전부터 독립협회에 가입해 독립운동을 했던 인물이다.

특히 국제정세를 읽어내는 안목만큼은 한국 독립운동 지도자들 중 가장 탁월했다. 1941년 이미 「JAPAN INSIDE OUT」라는 책을 저술, 태평양전쟁 이전 일찍이 일본의 미국 침략을 예고하기도 했다.

또 한국의 독립을 위해서는 미일 관계, 미일 개전의 중요성을 일찍 간파하고, 미국에서 일본의 위험성과 호전성, 잔혹성 등을 알리는 활동을 끊임없이 전개하기도 했다.

이승만 대통령은 평화선 선포와 한미방위조약으로 국토안보와 경제개발의 초석을 마련했다. 북한의 일방적 남침으로 1950년부터 3년간 계속됐던 6.25 전쟁의 파괴로부터 경제를 복구함은 물론, 국민의 의식주 기초생활을 위한 원조자금을 유엔의 지출 경비 등으로 충당했다.

6.25 전쟁 도중에는 (반공) 포로들을 전원 석방해 세계인들을 깜짝 놀라게 하기도 했다. 그 대담함과 위대함은 북한의 김일성이 국군 포로들을 석방했는가를 생각해 보면 쉽게 알 수 있다.

당시 나라의 부름을 받거나 자원해서 전쟁에 갔던 젊은이들은 포로가되어 지금까지 돌아오지 못하고 있는데, 도올 김용옥 교수는 고령의 우리국군 장병들을 위해 무슨 노력을 했는가? 생이별해야 했던 1천만 이산 가족은 또 어떤가?

뿐만 아니다. 북한 인권에 대해서는 어찌 그리 함구하고 있는가? 도올 김용옥 석좌교수는 입이 있으면 말해보라! 미국은 사병 한 사람을 구출하기 위해서도 수많은 인력과 물자를 투입해서 결국 데려오는데, 하물며 나라를 위해 싸우다가 젊음을 송두리째 불태운 우리국군 포로들에 대해서는 어찌 말이 없는가?

하지만 이승만 대통령은 재임 후반 고령의 나이 때문에 판단력에 상당한 지장을 초래했다. 인재를 등용하는 능력이 부족했던 탓에 자유당의 부정선거를 방관하다 결국 하야하고 말았다.

이후 하와이로 망명해 생을 마감했지만, 이승만 대통령은 청빈 사상을 갖고 자신의 부를 축적하지 않았으며, 양말까지도 꿰매어 신을 정도로 검소한 생활을 했던 모범적인 가장 이기도 했다.

역사는 좌로나 우로나 치우쳐서는 안 될 것이다. 덜도 말고 더도 말고, 사실 그대로 정확하게 짚어주되, 이후 판단은 개개인의 몫으로 돌려야 한다.

미국 대부분의 국민들에게 추앙을 받는 에이브러햄 링컨 같은 인물도, 도올 김용옥 같은 시각으로 바라볼 경우 흠이 없을 수 없다. 그렇다면, 링컨 대통령의 무덤도 국립묘지에서 파내야 하지 않겠는가?

지금 세계 10위권의 강대국이 되어 호의호식하며 잘 살고 있는 것은, 결국 이승만 초대 대통령의 건국이 아니었다면 꿈도 꾸지 못할 일이었다. 이런 점에서 도올 김용옥은 역사 인식을 확실히 해야 할 것이다.

한신대학교에 묻는다. 이런 사람을 어찌 석좌교수로 앉혀 망신을 당하고 있는가? 즉시 그를 석좌교수에서 물러나게 해야 옳을 것이다.

역사는 옳고 그름을 함께 판단하고 기록하며 알려야 한다. 일방적으로 어느 한편만 바라보는 시각은 매우 위험하다. 이는 후손들에게 치명적인 실수를 물려주는 것임을 깊이 인식해야 한다.

3.1 운동을 생각해 보라. 기독교 정신을 바탕으로 세계를 깜짝 놀라게 했던 비폭력 주권회복 운동이었다. 수많은 기독교인들의 순교와 피로 지켜낸 대한민국이다. 이 대한민국을 지켜내기 위해서는 투철한 그리스도 정신으로 무장해야 한다. 그래야 또 다시 6.25 전쟁과 같은 참사가 일어나지 않을 것이다.

인간 세상에서의 평화란, 절대 강자 만이 누릴 수 있는 특권이다. 강하지 않고는 평화를 논할 수 없다. 강대국이 아니라면 늘 속국으로서 조공을 바쳐야 하고, 노예나 다름없이 늘 간섭 속에서 살 수밖에 없다.

이제 한국 기독교가 나서야 할 때다. 믿음의 선배들이 피로 값 주고 사신 이 땅을, 적그리스도의 손에 넘어가게 해서는 결코 안 될 것이다. 늘 깨어 기도하면서, 겟세마네 동산에서 나를 위해 보혈 흘리신 주님의 공로를 가슴 깊이 묵상하면서, 적극적인 행함으로 나아가는 십자가 군병들이 되어야 할 것이다.

더불어 KBS를 비롯한 방송사들에 대해 말하고 싶다. 지난 2월 27일 초유의 관심 속에 북미 정상들이 다시 만났다. 트럼프와 김정은, 두 정상의 회담은 우리나라로서는 매우 중요한 사안임에 틀림 없다.

하지만 우리 대한민국에서 실시하는 회담이 아니었기에, 뉴스 시간에만 방송해도 충분했을 것이다. 그런데 당시 종일 모든 방송들에서 똑같은 내용들을 반복하고 있었다.

물론 두 정상의 회담 성공 여부에 대한민국의 안보와 경제 등 국익과 국격이 달려 있었다. 하지만 언론과 방송은 공정해야 한다. 모든 방송사들이 정규 프로그램을 뒤로 한 채, 계속해서 똑같은 내용을 반복해선 내보내는 것은 분명 편파적이다.

특히 KBS는 늘 공정한 방송, 국민의 방송이라고 홍보하지만, 실상은 너무 다르다. 언론은 어떤 조건이나 환경을 탓하지 않으며, 권력이나 폭력 앞에서도 굴하지 않고, 정직하고 투명하게 보도해야 한다.

이를 통해 국민에게 깊은 믿음과 신뢰를 구축하고, 국민의 알 권리를 제대로 전달해야 할 책임과 의무가 있다. 언론이 자기 역할을 하지 못한다면, 그 나라는 후진성을 면치 못할 뿐 아니라 미래를 위한 민주주의와 국가 부흥은 기대하기 힘들다.

같은 내용을 계속 방송하면, 이를 보는 국민들은 뭐라고 하겠는가? 아마 짜증스러웠을 것이다. 이제는 방송사들도 더 이상 국민을 우롱하지 말고, 국민의 높아진 눈높이를 맞춰야 한다. 방송은 오롯이 국민의 눈치만 봐야 한다. 어떠한 힘이나 특정 정치세력의 눈치를 보는 것은 절대 금물이며 자멸의 길이다.

역사는 반드시 살아서 움직인다. 그러므로 KBS는 공영방송으로서 그 사명과 소임과 의무를 다해야 한다. 정권이 바뀌면, 또 다시 그들의 대변인 노릇을 할 것인가?

특히 올해 46주년을 맞는다는 공영방송 KBS는 구습에서 탈피해 새로운 민주주의를 향한 국민의 염원을 결코 가벼이 해서는 안 될 것이다.

기독교 방송 역시 기독교의 발전을 위해 달콤한 소리로 치장만 하지 말고, 가끔은 쓴 소리도 낼 줄 알아야 한다. 하나님 뜻을 제대로 전파하면서, 21세기 나단 선지자의 사명을 잘 감당하는 복음의 방송이 되었으면 좋겠다.

하나님의 복음을 위해 고군분투하는 모든 신앙인들에게 하나님의 평강을 기원한다.

_40
기독교 때리기 위해… '가짜뉴스'로 국민들 현혹하는 언론

"제자들에게 오사 그 자는 것을 보시고 베드로에게 말씀하시되 너희가 나와 함께 한 시간도 이렇게 깨어 잇을 수 없더냐 시험에 들지 않게 깨어 기도하라! 마음에는 원이로되 육신이 약 하도다 하시고(마 26:40)".

예수님께서는 얼마 안 있으면, 십자가 형틀에 달리셔서 운명을 하셔야 하는데, 그조차 모르고 자고 있는 제자들을 보고 주님께서는 말씀하십니다. 하지만 육신이 연약하여 자는 제자들을 보며, 위로하십니다.

마가복음 13장 33절에는 "주의하고 깨어 있으라", 35절에는 "그러므로 깨어 있으라", 37절에는 "깨어 있으라"고 말씀하십니다.

이 말씀은 예루살렘 성전의 운명과 종말에 있을 환난과 핍박에 대해 알게 된 제자들이 지금 가장 시급하게 가져야 할 마음과 행동이 있다면, 조심하고 깨어있어야 한다는 것입니다. 그 이유는 그 날과 그 때를 우리는 알 수가 없기 때문입니다.

예수님이 이 세상에 오셨을 때의 시대와 지금 시대 역시 깨어 있어야 한다는 것입니다. 주님께서 약속하신 재림의 시기는 분명 임박했지만, 그 때와 그 시기는 정확히 모르기 때문에 늘 기도에 힘쓰며 세상을 위하여 죄를 짓지 말라는 당부의 말씀이기도 합니다.

하지만 작금의 이 시대는 주님의 재림이 몇천 년 후에 이뤄지는 것처럼, 태연하게 세상의 뜻과 함께 하는 크리스천들이 있어, 참으로 안타까울 뿐입니다.

이 나라 대한민국은 그저 이루어진 나라가 아닙니다. 조선 말기 기독교의 박해가 심하여 순교했던 믿음의 조상들의 열정적으로 이뤄 냈던 복음화의 불씨로 인하여 일제강점기 시절의 기독교의 핍박과 박해, 그리고 6·25 남침으로 인한 기독교 말살 정책으로 수많은 크리스천들이 목숨을 잃으며, 주님의 사랑을 전한 덕분에 오늘날 우리가 이렇게 태평성대의 신앙생활을 하고 있는 것임을 깨달아야 할 것입니다.

하지만 현재 이 나라는 지금 혼돈과 혼란 속에 가늠할 수 없는 이상한 문화의 나라로 빠져들고 있음에도, 1,000만 기독교인이라 자처하면서 나라가 점점 사회주의로 빠져 들어가고 있다. 그럼에도 되레 평화를 구실 삼아 종전을 위해 기도하자고 소리치는 지도자들이 있으니 참으로 난감하기도 합니다.

예수님께서는 장차 임할 박해와 핍박을 위해 깨어 있으라고 당부하고 계시는데, 교계의 지도자와 신앙인들은 안주하며, 세상의 행복을 위해 태평성대를 누리며 주님의 당부와는 전혀 관계 없는 일에 몰두하고 힘쓰고 있음을 실로 개탄스럽게 생각을 합니다.

온통 뉴스는 명성교회 세습 문제로 들끓고 있고, 목회자들의 총회 연금재단 문제와 총회장·부총회장 선거, 신학교 총장 선거, 노회장 선거, 총대 선거 등이 늘 신문에 도배가 되고 있습니다. 목회자의 성추행 사건과 공금 횡령사건, 그리고 교회 분쟁을 늘 제공하는 목사와 장로들의 권력

싸움, 교만과 욕심에서 생산되는 각종 얼룩진 죄들 때문에 나라가 어떻게 가고 있는지 깨닫지 못하고 자신들의 보신주의에 함락돼 주님을 믿는 사람들인지 알 수 없는 이상한 시대 속에서 신앙생활을 하고 있음은 실로 안타깝기 그지 없습니다.

각종 홍보물과 신문, 그리고 방송에서 하는 외침들은 자신의 행동과 동 떨어진 말씀을 선포하며, 자신들은 말씀에 순종하고 살지 않으면서, 애끓은 성도들에게 순종을 강조하면서 자신은 보신주의에 빠져 세상보다 더 찬란하게 살아가고 있음은 대단히 실망스럽기도 합니다.

오늘날 일어나고 있는 '기독교 때리기'는 '종교와의 전쟁' 수준입니다. 지금 몇몇 언론사들은 만행을 저지르며 '가짜뉴스'로 국민들을 현혹하고 있는데도 잠잠하고 있는 크리스천들은 누구의 백성들입니까?

기독교 사상과 정신에 어긋나는 동성애 퀴어축제를 통해, 그리고 무슬림을 통해 기독교를 파괴하려는 저들의 공작을 그냥 두고 보시렵니까? 평화를 외치면서 철책선을 무너뜨리고, 철도를 놓겠다, 고속도로를 닦아주겠다고 선심을 쓰면서도, 자신들의 목적을 위해 수단과 방법을 가리지 않는 이 나라에 대해선 어찌 함구하고 있습니까?

진정한 평화를 추구한다면, 일단 김정은 위원장에게는 우선시해야 할 것이 있습니다. 첫째, 6·25 남침으로 수십만 명의 목숨을 앗아간 그 전쟁에 대한 사과와 용서가 전제돼야 합니다. 둘째, 천안함 포격 사건, 연평도 포격 사건, 금강산 관광객을 총으로 사살한 사건, KAL기 폭파 사건 등의 남은 유가족과 대한민국 백성에게 사죄를 먼저 해야 하는 것이 우선순위 아닌가요?

일제강점기 만행을 저지른 일본에 대해서는 계속 사과를 요구하면서, 어찌 북한에 대해서는 함구하고 있는지 참으로 안타깝기 그지 없습니다.

북한 김정은 위원장의 사과가 있은 다음에, 북한을 위해서 우리가 도울 수 있으면 도와야 한다고 생각합니다.

그리고 나서 북한에 산적해 있는 풍부한 지하자원을 남한과 북한이 함께 개발한다면, 북한 경제는 발전할 것이고, 남한에는 일자리가 창출되어 상부상조할 수 있을테니, 이처럼 좋은 제안이 어디 있을까요?

한 나라의 대통령이라면 자기 나라의 이익에 부합되는 일을 해야 하는데, 오히려 북한 김정은 위원장 특사처럼 일하는 것 같아 참으로 분하기도 합니다. 우리나라는 미국이라는 나라와는 절대로 끊을 수 없는 관계인데, 점점 미국이라는 나라에 등을 돌리려 하는 것 같아 참으로 불안하고 두렵기도 합니다.

미국과 동맹국인 많은 나라들은 북한의 남침 야욕으로 말미암아 많은 목숨을 잃었습니다. 그리고 많은 선교사를 보내어 우리가 지금까지 신앙생활을 잘 할 수 있도록 만들어 준 고마운 은혜의 동맹국이기도 합니다.

하지만 지금의 대한민국은 어느 길로 가고 있는지, 고뇌하지 않을 수 없습니다. 사회주의는 분명 기독교를 말살해야 자신들의 목적을 이룰 수 있는데, 지금 기독교에는 이러한 광경을 눈으로 보면서도 침묵하고 있습니다.

"깨어 있으라"는 주님의 음성에는 어찌 그리 함구하고 있습니까? "주의 백성들이여, 깨어 일어나라!"

교계의 지도자들과 기독교 언론 역시 함구해서는 안 될 것입니다. 기독교를 파괴하려는 움직임을 저지하는 일도 복음화임을 명심하시기 바랍니다.

_41

풍설, 괴담, 그리고 SNS

"너희는 거짓된 풍설을 퍼뜨리지 말며, 악인과 연합하여 위증하는 증인이 되지 말며, 다수를 따라 악을 행하지 말며 송사에 다수를 따라 부당한 증인을 하지 말며, 가난한 자의 송사라고 해서 편벽되이 두둔하지 말지니라(출 23:1-3)".

풍설(風說)의 의미는 '다른 뜻'이며 풍문(風聞)이라고도 하는데, 이는 '바람같이 떠도는 소문'을 말합니다. '허망한 풍설'은 거짓 소문을 뜻합니다. 출애굽 당시 200만 명에 달하는 이스라엘 백성이 긴 광야 여정에서 가나안으로 향할 때, 맨 앞에서 후미까지 작전이나 명령을 하달하면 전하는 말들이 왜곡되어, 좋은 이야기보다 좋지 않은 이야기나 헛소문으로 변질되어 전달됐나 봅니다. 이는 예전이나 지금이나 인간의 참 모습이 아닐까 싶습니다.

특히 인터넷이 생활과 일상에서 지나칠 정도로 사용하는 현 시대에는 국가와 사회적으로 큰 피해를 야기 하기도 합니다. 진실보다 오히려 거짓을 알리려 혈안이 된 시대가 아닌가 할 정도로, '허망한 풍설'은 우리 주위에 이미 깊숙이 파고들어 뿌리내리고 있는 고질병이 되고 말았습니다.

그리고, 인터넷이나 SNS를 이용하여 허망한 풍설을 앞다투어 전하면서 개인의 인격과 명예는 온데간데없어져 버렸고, 자신의 유명세를 위하여 얼토당토않은 이야기를 기사화하려는 정신없는 사람들도 있으며, 인터넷 방송을 포함해 언론, 개인, 단체를 막론하여 거짓 소문을 퍼뜨리는 매개체로 이용되고 있음을 실로 안타깝게 생각합니다.

그 허망한 풍설을 통하여 한 사람이라도 상처가 생긴다면, 하나님께서는 분명 그 책임을 물으실 것입니다. 특히 자신의 영욕을 위하여 자신을 따르는 무리들과 연합하고, 선량한 사람을 모함하는 증인이 돼선 안 됩니다. 특히 논쟁이나 회의에 있어 정의에 어긋나서도 안 되며, 다수를 이용하여 잘못된 증언이나 왜곡을 해서도 안 됨을 우리에게 알려주는 말씀입니다.

SNS(Social Network Service/Sites)는 특정한 관심이나 활동을 공유하는 사람들 사이의 관계망을 구축해 주는 온라인 서비스라고 합니다. 페이스북과 트위터 등은 그 폭발적 성장에 의해 사회적·학문적 관심의 대상으로까지 부상했고, 사회적 파급력만큼 많은 문제를 야기하며 논란에 중심에 서 있습니다.

특히 일부 유명 연예인들이 SNS에 올라온 기사나 댓글 때문에 마음에 상처를 입어 자살하는 지경에까지 이르는 섬뜩한 사건이 매스컴에 등장하기도 합니다. 특히 그들의 장례 중 십자가로 무늬된 관포로 관을 덮어 씌운 모습을 TV로 볼 때면, 성도로서 안타까움을 금치 못했습니다. 왜 참지 못하고 자살을 선택했을까? 믿는 사람으로서 무척 안타까울 뿐입니다.

요즘은 괴담으로 온통 인터넷이 도배되어 많은 사람들을 현혹하고 있으니, 착잡함을 금할 수 없습니다. 괴담이란 괴상한 이야기, 요괴나 괴이한 내용의 이야기를 말합니다. 옛 속담에 "발 없는 말이 천리 간다"고 했습니다. 하지만 풍설이나, 괴담, SNS 등으로 인한 크나큰 범죄는 개인은 물론 이웃과 나라까지 큰 영향을 미치고 있습니다.

그러므로 말 한 마디가 얼마나 위험 한 것인지를 아는 한편, 말 한 마디가 영혼을 살리고 사람을 살리는 놀라운 역사를 만들기도 한다는 사실도 기억해야 합니다. 지나가다 한 마디 '툭' 던진 말이 한 사람에게는 멸망을, 또 다른 한 사람에게는 용기와 감동을 선물하기도 합니다. 그 만큼 말에는 큰 위험과 놀라운 변화를 가져다주는 힘이 있습니다.

교회 안에서는 힘 있는 권력자의 말이라면 무조건 믿고 따르는 것이 문제입니다. 분명 하나님께서는 풍설을 퍼뜨리지 말라고 경고하셨습니다. 말을 함부로 내뱉어서도 안 될 것입니다. 우리 옛 속담에 "말 한 마디에 천냥 빚을 갚는다"고 했습니다. 그러므로 우리는 말을 조심해야 하겠습니다. 그리고 그 자리에 본인이 없다 해서 함부로 말을 내 뱉어도 안 될 것입니다.

성도들이라면 그 사람이 있을 때 존경하고, 그 사람이 없을 때 칭찬하는 참 인간성을 품고 살아야 하겠습니다. 자신의 뜻과 다르면 무조건 상대를 멸시천대하는 나쁜 습관들도 버려야 할 것입니다.

출애굽 당시 모세는 200만 명에 달하는 이스라엘 백성들을 이끌면서 얼마나 많은 고충이 있었겠습니까? 지금처럼 빠른 교통수단이나 통신수단이 있는 것도 아니고, 회의를 할 수 있는 좋은 장소나 환경이 조성된 것도 아니었습니다. 부산에서 대구까지의 긴 거리를 가면서 백성들에게 말로만 전달하는 것은 매우 힘들었을 것입니다. 말을 옮기다 보면 끝에 가서는 하나님의 뜻과 무관한, 전혀 예상치 못한 내용이 전달되는 경우가 있었을 것이고, 그것이 바로 '풍설'입니다.

지금은 그 시대와 달리 모든 수단과 방법이 참으로 놀라울 정도로 좋아졌지만, 이를 악용하고 있는 것입니다. 제발 남의 말을 함부로 하지 말고, 좋은 생각과 좋은 뜻으로 말해야 할 것입니다.

특히 요즘은 교회들 마다 문제가 많음을 볼 수 있습니다. 그 문제들은 바로 서로를 믿지 못한 채 함부로 내 뱉는 말에 상처가 되어 교회가 갈라지고, 서로 믿지 못해 다른 교회를 찾거나, 아예 실망한 나머지 교회를 떠나는 분들까지 생겨나는 현상이 속출하고 있습니다.

교회는 주님을 믿고 사랑하는 성도들이 모이는 공동체입니다. 그러므로 남을 중상하고 모략하며 악성루머를 생산해서는 안 될 것입니다. 늘 '할 수 있다'는 긍정적인 마인드와 믿음을 함께 나누는 공동체가 됩시다.

교회의 지도자인 안수집사·권사, 그리고 장로와 목사는 공정하고 투명해야 합니다. 성도들에게 궁금증이나 의심이 가는 행동을 해서는 안 됩니다. 편 가르기나 빈부에 따른 차별도 안 되며, 무슨 일을 하든 공명정대하게 해야 합니다. 그리고 성도들에게 신뢰를 얻을 수 있는 믿음을 선물해야 할 것입니다. 다음은 성도들 모두 한 마음이 되어 고요하게 기도하고 찬양합시다. 그 후 세상은 교회를 향해 친구 삼으며 절로 찾아올 것입니다.

_42

명성교회, 그리고 부산 OO교회…
통합 총회재판국 판결을 보면서

"예물을 제단 앞에 두고 먼저 가서 형제와 화목하고 그 후에 와서 예물을 드리라 너를 고발하는 자와 함께 길에 있을 때에 급히 사화하라 그 고발하는 자가 너를 재판관에게 내어주고 재판관이 옥리에게 내어 주어 옥에 갇힐까 하노라 진실로 네게 이르노니 네가 한 푼이라도 남김없이 다 갚기 전에는 결코 거기서 나오지 못하리라(마 5:24-26)".

여기서 '사화하라'는 소송 당사자들끼리 화해하여 풀라는 뜻입니다.

어느 교회에서 총회를 상대로 제기한 상고건에 대한 총회재판국 판결문을 읽고 놀라움을 금치 못하였습니다. 몇몇 장로와 부임한지 얼마 되지 않은 담임목사의 이기적인 탐심과 교만으로 인해 성도 400여명이 떠나갔습니다. 전에도 담임목사 청빙 잘못으로 200여명의 성도들이 떠나갔음에도, 노회는 이를 방관하다 또 다시 오늘에 이르는 사태를 유발할 수 있도록 단초를 제공하고 많은 성도들에게 상처를 주며 하나님의 마음을 아프게 하였습니다.

도대체 노회와 총회는 누굴 위해 존재하는 기관인지 분별이 가질 않습니다. 확실한 내용인데도 수사하지 않은 채 장로 한 사람 말만 듣고 손을 들어주는 황당한 재판이었습니다. 노회재판국은 양들을 위하여 있는 것인지, 아니면 자신과 친분이 두터운 사람들을 위해 있는 기관인통 구별할 수 없습니다.

양들이 있기에, 울타리가 있고 목자가 있는 것입니다. 교회는 하나님의 거룩한 집이지 어느 누구의 힘과 권력의 집이 아닙니다.

오래 전 선배 장로님들이 당회에서 후진들을 위해 65세 조기 은퇴를 결의하고 이를 실행하여, 8년이라는 세월이 흘렀습니다. 많은 당회원들이 이미 조기 은퇴를 했음에도, 자신들의 은퇴가 다가오자 이를 뒤집는 결의를 하여 오늘의 사태를 불러온 것입니다.

원래 총회법에는 70세에 은퇴하기로 되어 있지만, 70세가 되지 않아도 은퇴할 수 있다고 명시되어 있습니다. 그럼에도 불구하고, 자신의 이익을 위해 당회원 전원과 결탁하여 후배들을 위해 만들어 놓은, 여태 잘 지켜지던 룰까지 무너뜨려 가면서 이를 시행하는 이유가 무엇일까요? 분명히 무언가가 있을 것입니다.

70세 은퇴로 돌아가고 싶으면, 교회 내 의결기구인 공동의회를 소집하여 전 교인들에게 알리고 투표로 결정하면 될 일입니다. 그런데 공동의회를 열면 의결이 되지 않을 것을 알고, 당회 결의로 이를 결정하여 시행해 버려 오늘의 사태를 초래하게 됐습니다.

이후 자신들의 의견에 따르지 않은 두 장로와 한 명의 은퇴장로를 비롯해 선량한 안수집사와 권사들, 서리집사와 교인들을 무차별 고소·고발하여 많은 성도들이 떠나가게 한 단초를 제공한 것입니다. 그러나 이러한 사정은 무시한 채 장로와 담임목사 편만 드는 노회와 총회 재판국을 어찌 믿고 재판 결과를 수용하겠습니까?

혹 양들이 실수하여 죄를 지었다 할지라도 용서하고 그들의 영혼을 위해 기도해 주어야 할 지도자들이, 오히려 성도들을 내어 쫓으며 '악의 세력'이나 심지어 '사탄'이라고 하는 목사가, 진정한 주님의 종인지요?

자신들 이익에 협력하지 않는 성도들의 교회 출입을 막아서고, 2층으로 올라가는 계단 문을 쇠사슬로 잠가 버렸습니다. 교회 문 앞에는 건장한 남자 집사들을 포진시켜 협력하지 않은 성도들의 출입을 막으면서, 예배 후 단합대회를 한답시고 윷놀이를 하면서 즐기는 모습들을 보노라면, 여기가 교회가 아니라 사회 어느 몹쓸 집단 같아 보이기도 합니다.

거기다 자신의 뜻에 협력하지 않고 옳은 말을 하는 두 장로를 몰아내기 위해 갖은 수법으로 법을 어겨가면서까지 면직 출교를 단행했지만, 노회와 총회 재판국은 사실조차 제대로 파악하지 않습니다. 오직 자신들의 인맥을 통해 사정없이 내치는 그러한 목회자들의 모습을 보며, '과연 저 분들이 신학교를 제대로 나온 분들인가' 싶습니다.

마태복음 5장 30절에는 "만일 네 오른손이 너로 실족하게 하거든 찍어 내버리라 네 백체 중 하나가 없어지고 온 몸이 지옥에 던져지지 않는 것이 유익하니라"는 말씀이 있습니다.

특히 하나님께서는 저울 사용법을 말씀하셨습니다. 구약 성경에는 우리가 지금 사용하지 않는 도량형의 단위들이 많이 나와 있습니다. 에스겔에서도 하나님은 에바, 밧, 호멜, 게라, 마네 등 여러 종류의 도량형에 대해 말씀하시고 계십니다(겔 45:10-12).

왜 하나님께서는 이렇게 많은 종류의 저울 사용법을 말씀하셨을까요? 그것은 바로 하나님의 공의와 정의의 속성을 보여주시고, 특별히 지도자들이 정의와 공의를 행하는 것을 하나님이 기뻐하심을 말씀하기 위해서입니다(겔 45:9).

하나님은 사유재산 보호(출 20:17), 착취와 횡포 금지(출 22:21-27), 공정한 임금 지급(신 24:14-15) 등 사회 정의에 대해 매우 강력하게 말씀하고 계십니다. 이처럼 하나님께서는 모든 면에서 우리가 하나님처럼 의롭게 살기를 원하고 계십니다.

작금에 법을 무시하고 오히려 그 법을 자기들에게 유익하게 이용하여, 선량한 성도들의 가슴에 대못을 박으며 내쫓으려는 극악무도한 범죄에는 분명 하나님의 진노가 있을 것이라고 굳게 믿습니다.

그렇다 해서 우리가 그들이 벌 받을 것을 좋아하는 것은 아닙니다. 지금이라도 하나님과 성도들 앞에서 잘못을 시인하고 서로 화합하면 되는 것입니다. 하지만 그 놈의 자존심과 교만 때문에 점점 더 깊숙한 구렁텅이로 치닫고 있으니, 교회가 교회로서의 가치와 사명을 잃어버린 채 그저 하나의 건물처럼 보여 참으로 슬프기도 합니다.

목자는 양을 보호하기 위해 우리가 망가졌는지, 혹 포식자들의 위험에 빠지지 않았는지 늘 살피고 보호해야 할 사명이 있습니다. 그러나 오히려 포식자들에 잡혀 먹잇감으로 내몰리는 참사를 겪고 보니, 그들의 목적이 어디에 있는가 의심스러울 지경입니다.

지금 이곳은 기독교를 말살하려 했던 일제강점기도 아니고, 종교의 자유가 보장되지 않은 공산국가도 아닙니다. 평화롭게 믿음의 생활을 할 수 있는 자유분방한 시대이지만, 자신들의 생각과 맞지 않는다 해서 성도들을 적으로 간주하고, 갖은 비방과 모함으로 현혹하고 있습니다.

이제 비신앙인들조차 다 아는 이러한 현실이고 보면, 앞으로 복음 사업에는 얼마나 힘이 들까 우려스럽습니다. 말로는 사랑을 외치고 겉으로는 갖은 포장으로 술수를 쓰지만, 내면에서는 이리떼들의 놀음을 하고 있는 참으로 안타까운 현실입니다.

지금 당장 사람들의 눈을 가릴 수 있을진 모르지만, 얼마 못 가서 모든 것이 낱낱이 밝혀질 것입니다. 물론 세상에서는 끝내 진실이 밝혀지지 않을 수도 있습니다.

하지만 머리털까지 세신 바 되시는 하나님의 심판대 앞에서까지 모른다고 하지는 못하겠지요? 그때 가서 슬피 울며 이를 갈지 말고, 하루빨리 죄를 자복하고 돌아오는 것이 최선입니다.

사람들의 눈을 가리려고 로비를 하는 당사자나 로비를 받는 자나, 한시 바삐 하나님의 공정한 추를 두려워하시기 바랍니다. 돈 몇 푼에, 식사 몇 끼에 양심을 속이시렵니까? 그까짓 몇 푼 안 되는 향응에 하나님의 진노를 맛보시렵니까? 자신의 고향 사람, 학연, 그리고 뇌물에 의해 양심을 빼앗기시렵니까? 그것으로 인하여 훗날 지옥으로 가시겠습니까?

옛말에도 윗물이 맑아야 아랫물이 맑다고 했습니다. 교회를 이끌고 있는 지도자들은 지금이라도 늦지 않았으니, 돌아오십시오, 탕자의 비유는 모든 신앙인, 아니 비신앙인들도 잘 알고 있는 말씀 아니겠습니까?

거짓말은 한 번 하기 시작하면 끝이 없습니다. 죄를 뉘우치지 않는 한 거짓말은 계속 될 것이며, 죄를 포장하는 일은 끊임없이 진행될 것입니다. 전신이 다 망가지고, 흉계가 낱낱이 다 드러나서야 돌아오시렵니까?

특히 노회에서 먼저 이를 잘 파악해서 참 하나님의 뜻으로 재판을 했더라면, 이렇듯 물질과 시간을 헛된 곳에 사용하지 않았을텐데 안타깝습니다. 하지만 아는 사람과 인맥의 손을 들어줌으로써 총회 재판까지 이르게 된 점도 불행한 일이지만, 또 그것 하나 이기기 위해 총회 지도자들에게까지 로비를 해서 승리를 한다 해서, 과연 그들이 얻는 것은 무엇입니까?

노회와 총회 지도자들께서는 하나님의 말씀인 성경에 의해 모든 일을 처리하시길 바랍니다. 양을 내치는 목자에게 화가 있다는 말씀은 더 잘 아실텐데, 어찌하여 말씀대로 하지 않으셨을까요? 공평하고 공의롭게 재판을 하셨으면 좋겠습니다. 지금은 오히려 사회법에서 더 공의롭게 하는 같아 마음 한 구석이 씁쓸합니다.

신앙인들의 마지막 호소 기관인 총회는 제발 목자와 기득권자의 편에서만 사명을 감당하지 마시고, 약자인 양들의 편에서 정의롭고 은혜 충만한 판결을 해 주셨으면 좋겠습니다. 물론 다 그러지는 않겠지만, 몇몇 소수의 사람들이 힘을 보태 공의를 무시하고 세상에도 옳게 여기지 않는 편법을 동원해 기독교의 앞날에 찬물을 끼얹는 행동을 서슴없이 자행하고 있는데, 그들을 위해 말씀드리는 것입니다.

분명 잘못 하고 있는 것을 알고 있으면서도 말 한 마디 하지 못하고 남의 교회라 눈치만 보는 지도자들 역시, 하나님의 공의와 정의를 의심치 마시고, "예"와 "아니오"를 분명히 함으로써 자신의 의사를 나타내는 정직하고 용기 있는 지도자들이 되었으면 좋겠습니다.

특히 명성교회 세습 청빙에 관한 이번 총회재판국 판결은 주님 재림하시는 그 날까지 두고두고 가시가 되어 분쟁이 끊이질 않을 것임을 명심 또 명심해야 합니다. 모든 문제들은 신앙의 지도자들이 영적으로 생각하지 않고, 자신들 뜻대로 생각하고 판단하고 행동하다 세상 사람들의 웃음거리가 된 것입니다.

분명 김삼환 목사님도 처음부터 세습에 관한 생각을 하지는 않았을 것입니다. 현재 통합 측 지도자로서 존경을 한 몸에 받고 있던 분인데, 세습이라는 말을 감히 입에 담았을 리 만무하다고 생각합니다. 분명 누군가 사리사욕 때문에 부채질했을 것입니다.

정치 목사와 장로들 때문에 당회로부터 시작해 노회와 총회가 제 기능을 발휘하지 못하고 그들의 놀음에서 탈피하지 못하고 있는 것이 현실입니다. 양들을 위해 일하지 않는 정치 장로와 정치 목사들은 사라져야 할 때가 왔습니다.

그까짓 몇 표를 의식하여 제대로 소리를 내지 못한다면, 아예 지도자로서 자질이 미함량임을 알고 교단을 떠나시기 바랍니다.

모든 사건은 지도자들 때문에 일어나는 것입니다. 강단에서 말씀은 거창하게 하지만 언행일치가 되지 않는 지도자라면, 교회 지도자로서 사명을 감당할 수 없는 분입니다. 양들을 생각해서, 그리고 겟세마네 동산에서 피와 땀을 흘리시면서 우리를 위해 기도하신 그 주님을 생각하면서 조용히 떠나시든지, 지금이라도 회개하여 다시 한 번 양들을 위해 봉사하는 지도자가 되시든지 둘 중 하나를 선택하시길 소망합니다.

제7장

미지근한 신앙인들

_43
쇠사슬 채워 성도들 막아서다…
이제 와서 잃은 양 찾겠다니

하나님께서 말씀으로 창조하신 아름다운 자연을 인간들의 교만과 탐심으로 인해 잃어버린 것이 얼마나 많습니까? 우리나라에서는 온통 미세먼지로 난리를 치르고 있습니다. 말씀 불순종의 대가가 얼마나 참혹한지, 미세먼지로 자욱한 바깥 풍경을 보면서 느끼고 있습니다.

이 미세먼지는 우리가 예배드리는 교회 안에까지 스며들어 있습니다. 비신앙인들도 상상하기 어려운 혐오스런 모습들을 생산하는 교회가 있습니다. 참으로 황당함을 느끼면서, 어디서부터 잘못되었는지 가늠조차 어려워 하나님께서 해결해 주실 것을 믿고 기다릴 뿐입니다.

어느 교회는 양들을 면직·출교시킨 뒤 '자신과 코드가 맞지 않은 성도들은 다 나가라!'면서 온갖 추태와 권모술수를 부리고 잔머리를 굴렸습니다. 성도들을 현혹할 뿐 아니라, 자신들의 이익을 함께 도모하지 않는 양들을 내쫓는 교회의 지도자들이 있는 이곳이 하나님의 집인지, 사탄의 굴혈인지 구별하기가 쉽지 않습니다.

마태복음 21장 12-13절에서는 예수님께서 성전에 들어가신 후 매매하는 모든 사람들을 내쫓으시고, 돈 바꾸는 사람들의 상과 비둘기 파는 사람들의 의자를 둘러 엎으시며 말씀하셨습니다. "내 집은 기도하는 집이라". 그런데 그 성전을 강도의 소굴로 만들고 있다고 질책하셨습니다.

바리새인이든 세리이든 누구든, 만민이 예배드리고 기도하는 집이 될 것이라는 예언이었습니다. 그러나 당시 성전 지도자들은 상인들과 결탁해 성전 뜰을 속된 시장바닥처럼 전락시키고, 순례자들에게 폭리를 취함으로써 성전을 마치 강도의 소굴로 만들고 말았습니다. 그러나 2천년 전 그때와 작금의 교회 안에서 이루어지는 현실이 과연 다를까요?

어처구니없는 일은, 쇠사슬로 교회 출입구를 봉쇄해 가며 400-500명의 양들을 흩어놓고서, 수개월 동안 '잃은 양 찾기'를 해 포상을 한다는 소식이 전해진 것입니다. 참으로 어이없고 희한한 일이 버젓이 전개되는 현실 앞에, 기독교 역사에 이러한 교회가 또 어디 있을까 싶기도 합니다.

잃은 양을 찾기보다, 차라리 지도자들의 잃어버린 양심을 우선순위로 찾는 것이 마땅하지 않을까요? 더구나 잃은 양을 찾겠다면서 가까이 있는 성도들에게는 일언반구도 하지 않더니, 헌금을 많이 하던 멀리 있는 '양'만 찾고 있으니, 어찌 선한 목자들이라 할 수 있을까요?

"여호와의 말씀이니라! 내 목장의 양떼를 멸하며 흩어지게 하는 목자에게 화 있으리라! 그러므로 이스라엘의 하나님 여호와께서 내 백성을 기르는 목자에게 이와 같이 말씀하시니라 너희가 내 양떼를 흩으며 그것을 몰아내고 돌보지 아니 하였도다 보라 내가 너희의 악행 때문에 너희에게 보응하리라 여호와의 말씀 이니라(예레미야 23:1-2)!"

이는 충성스럽지 않고 불의한 목자들을 폐하고, 하나님의 의롭고 신실한 목자들을 새롭게 세우겠다고 선포하신 말씀입니다. 목자는 자신의 생명을 돌아보지 않고, 양들을 위해 최선 다해 보호하지 않으면 하나님의 크신 진노가 있음을 말씀해 주고 있습니다.

"인자야! 너는 이스라엘 목자들에게 예언하라 그들 곧 목자들에게 예언하기를 주 여호와께서 이같이 말씀하시되 자기만 먹는 이스라엘 목자들은 화있을 진저 목자들이 양 떼를 먹이는 것이 마땅하지 아니 하냐(에스겔 34:2)".

이 본문은 거짓 목자와 참 목자의 비유를 들면서, 유다 백성에게 하나님의 인도함을 받는 것만이 진정으로 살 길임을 교훈하고 있습니다. 그래서 우리는 참 목자 되신 그리스도만을 삶 속에 주관자로 모시고, 그 분께 절대 순종해야 할 것임을 교훈하고 있는 것입니다.

성경에는 어린 양과 목자에 대한 말씀이 수없이 등장합니다. 양들을 위해 어떤 좋은 꼴을 먹일까, 혹 사나운 포식자들에 의해 잡아먹히지 않을까, 추위와 더위를 잘 견뎌낼 수 있을까, 늘 노심초사하며 양들의 행복을 위해 깊이 골몰하며 기도를 해야 하지 않습니까?

그런데 양들 하나 하나를 돈으로 생각하여, 헌금을 많이 내고 자신들의 사치놀음에 도움이 되는 양들에게만 눈길을 주고, 고통과 괴로움 속에서 신음하는 양들에게는 별 관심이 없을 뿐 아니라 오히려 교회 밖으로 내모는 현실 앞에, 여기가 바로 강도의 소굴 아닐까 싶습니다.

"너희 중에 어떤 사람이 양 백 마리가 있는데 그 중의 하나를 잃으면 아흔 아홉 마리를 들에 두고 그 잃은 것을 찾아내기까지 찾아다니지 않겠느냐! (누가복음 15:4) 무리를 보시고 불쌍히 여기시니 이는 그들이 목자 없는 양과 같이 고생하며 기진함이라(마태복음 9:36)".

고기가 물을 떠나 살 수 없듯, 양들은 목자 없이 살 수가 없습니다. 그래서 우리 신앙인들은 주님 없이 더더욱 살아갈 수 없음을 알아야 하겠습니다.

특히 목자는 양에게 먹을 것과 마실 것을 충분히 공급해야 하고 사나운 포식자들이나 도둑으로부터 양을 지켜내야 할 막중한 책임과 사명을 잊지 말아야 합니다.

하지만 교회의 지도자들은 어린 양들의 요구사항은 뒷전이며, 오로지 자신들의 이익에 급급하여 양들을 돌보지 않고, 사납고 어두운 곳에 그대로 방치하며, 세상 즐거움에 사로잡혀 양들의 울부짖음에는 귀를 닫고 있습니다. 목자는 때때로 밤을 낮 삼아 양을 지켜야 하며, 심지어는 위험한 지경에 이르러 양들을 위해 죽음까지 불사하는 희생적인 노력을 아끼지 말아야 합니다.

특히 목자는 맹수의 공격을 물리치거나 방어하기 위해 마땅히 지녀야 할 지팡이와 막대기, 물매 등을 필수적으로 지니고 다녀야 합니다.

양을 지키기 위해서는 갖추어야 할, 올바른 사랑의 정신과 사명감으로 무장돼야 하지만, 이곳에서 초막 셋을 짓자고 하며 세상 향락과 태평 시대를 누리려는 안타까운 모습에 긴 한숨만이 흘러, 하나님께 고요히 부르짖고 싶을 뿐입니다.

그리고 양들은 목자가 없으면 꼴을 얻지 못할 뿐 아니라, 생명까지도 위태로울 수밖에 없습니다. 이런 목자와 양의 관계 때문에 목자는 비유적으로 당신의 백성을 생명으로 인도하시는 '하나님' 혹은 백성을 지키고 보호해야 할 '지도자'들을 가르치고 있는 것입니다.

잘못된 지도자의 폭정에 시달리는 양들을 일컬어, 찬송가에도 '어둔 죄악 길에서 목자 없는 양같이 모든 사람 길 찾아 헤맨다(523장)'는 찬송을, 그릇된 지도자들에게 불러주고 싶을 뿐입니다.

특히 교회 안에 지도자는 양을 치는 목자의 사명으로 거듭나야 합니다. 목자는 양들이 무엇을 요구하는 지를 잘 알고 있습니다. 양 역시 목자의 음성만 듣고도 무조건 따르고 순종합니다.

누가복음 15장의 비유를 성서학자들은 '구원의 비유들'이라고 합니다. 이 본문은 잃은 양의 비유를 말하면서, 무언가 소중한 것을 잃어버렸다고 합니다. 그것은 목자가 양을 버렸기 때문입니다.

세리, 죄인, 창기들을 멀리하는 것을 율법의 뜻을 이루는 일로 착각했던 당시의 모순을 지적하시며, 예수님께서는 곧바로 이런 사람들에게 잃은 양의 비유를 들려주시면서 자신이 곧 잃은 양을 찾아나서는 목자임을 분명하게 가르치고 계십니다.

그래서 하나님께서는 인간적인 의인 아흔 아홉보다 하나님 앞에 회개한 한 사람의 죄인이 더 중요하다고 말씀하십니다.

여기서 회개라 함은 자신의 모든 권리를 포기하는 것이며, 은혜의 보좌 앞에 자신을 온전히 내어 맡기는 것을 말씀하십니다.

교회 안에서 가난하고 힘없고 불행하고 소외된 억눌린 양들을 보호해야 함에도, 돈 많고 힘 있는 권력자들과 한데 뭉쳐 당시 율법자들보다 못한, 양들을 내치는 지도자들이 있습니다.

그들 때문에 한국 기독교의 미래는 더더욱 암울해질 것이 불 보듯 뻔하니, 마음이 무겁기만 합니다. 잃은 양 찾기란 참으로 훌륭한 하늘의 소명이며, 하나님께서 제일 기뻐하시는 일이라 믿습니다. 하지만 진심 없는 행사는 '소문난 잔치에 먹을 것 없다'는 옛말과 같이 그저 허울뿐입니다.

지금이라도 늦지 않았으니 주님 앞에 모든 죄를 자복하고 돌아오는 참 목자와 참 지도자들이 되시면 좋겠습니다.

더불어 교회 밖에서 절규하는 양들의 신음을 제대로 듣고, 주님께서 원하시는 화목한 교회로서 세상의 소금과 빛의 사명을 잘 감당하는 아름다운 교회가 되었으면 좋겠습니다.

_44
천국과 지옥행, 자신에게 달려 있다는 목회자들

하나님께서 인간을 창조하신 후, 매우 흡족해 하시며 기뻐하셨습니다. 하지만 창조된 인간은, 먹지 말라고 명령하신 '선악과'를 따먹은 죄를 범하고 말았습니다.

우리가 생각하는 도덕적인 관점에서 바라본다면, 분명 남의 것을 훔친 죄인일 것입니다. 그러나 믿음의 사람으로서의 관점에서는 하나님의 명령을 어긴 불순종과 교만의 죄를 지었습니다.

하지만 정말 잘못은 그것이 아닐지 모릅니다. 선악의 기준은 하나님이신데, 그 기준을 바꾸어 인간 스스로가 그 기준이 되고 나의 기준에서 판단하려는 것이 잘못이라는 것입니다.

천지의 주인이신 하나님이 아니라 바로 내가 하나님의 자리를 꿰차고, 그 자리를 유지하려 내려오지 않으며 그 자리에서 내가 주인이 되려 하는 것이 '원죄'이고, 그렇게 되고 싶어하는 망상이 바로 '교만'인 것입니다. 우리 믿는 성도는 자기 중심이 아닌 하나님 중심으로 살아가고 있는지 점검하며 되돌아봐야 할 것입니다.

어떤 지도자들은 자신이 누군가를 천국과 지옥을 보내는 것처럼 하나님의 권한을 유용하는 분들도 있어, 심히 민망하기도 합니다. 특히 내 기준에서 좋은 사람과 나쁜 사람을 구분하고 판단하며, 때로는 내가 중심이 되어 편 가르기를 합니다.

그리고 우리는 늘 열심히 기도하려 하지만, 그 내면을 가만히 들여다보면 하나님께서 원하시는 것을 알아듣고 그 뜻에 따르고자 하는 것이 아니라 내가 원하는 것을 이루어 달라고 기도하는 모습이 있습니다.

우리들이 교회 안에서 늘 하나님 뜻대로 하나님 중심으로 신앙생활을 해야 한다며 입버릇처럼 말들을 많이 하지만, 정작 하나님의 뜻은 온데간데 없고 한결같이 자신의 뜻과 자기 중심적인 사고로 모든 일들을 하려합니다. 바로 그 점이 문제임을 알아야 합니다.

우리 믿는 성도는 한 번쯤 상대방의 입장에서 바라보며 생각해 보는 습관을 심어야 합니다. 특히 상대방의 말을 경청하는 습관을 가져야 합니다. 하찮은 미물에게서도 배울 것이 있다고 했습니다. 철없이 쏟아내는 어린아이의 말에도 배울 점이 있습니다. 교회 안에서는 열린 귀가 있어야 하며, 받아들일 수 있는 깊은 마음과 밭이 형성되어야 합니다.

자기의 뜻대로 하기 위해 남을 모함하고 시기하는 사례는 사라져야 하겠습니다. 특히 지도자를 선출하는 과정에서는, 그 자리에 설 수 있는 인물인지 냉철하게 자신을 돌아볼 수 있어야 합니다. 장로가 되고자 하기 전에, 장로를 뽑기 전에, 그만한 재목이 되는지 한 번쯤 생각해 보는 일이 필요하다는 말씀입니다.

물론 믿음만 있으면 된다고 하시겠지만, 대개 사람들이 말하는 믿음이란 인간이 측량하기가 애매모호합니다. 그래서 자칫 인기투표로 하나님의 기준과 무관한 일꾼들을 세우게 되는 꼴이 분명 있음을 알아야 합니다.

총회법에 나오는 장로의 자격과 직무를 먼저 이해하고 실천하려는 믿음이야말로 하나님의 기준이며, 그러한 사람이 장로에 적합한 자 아니겠습니까? 특히 자신의 잘못을 인정하고 시인하며 회개할 수 있는 분이라면, 참으로 귀한 하나님의 종이 될 수 있을 것입니다.

그리고 자신의 입지를 위해 근친이나 지역, 선후배를 따지거나, 자신의 말을 잘 따르는 사람을 기준으로 삼아 일꾼을 세운다면, 교회의 미래는 소망이 없을 것입니다.

더구나 지도자들이 저지른 실수나 거짓이 있다면, 분명 하나님께 회개하고 성도 앞에서 시인하며 용서를 구해야 합니다. 지금까지 '나'를 기준으로 살던 모습을 청산하고, 하나님을 향해 다시 방향을 돌리는 신앙생활이 곧 회개일 것입니다. 지금의 내 삶은 어느 쪽으로 가고 있는지 한번 되짚어 보고 하나님의 목소리에 귀를 기울이기 위해 노력한다면, 나의 죄가 무엇인지 보이며, 남은 인생을 어떻게 하나님의 기준으로 살아가야 할지 깨닫게 될 것입니다. 보다 나은, 하나님께서 원하시는 신앙생활을 즐겁게 할 수 있을 것입니다.

교회 지도자들은 성도에게 "불평불만을 하지 말라"고 합니다. 그러나 그 자체도 자신의 기준과 판단으로 나온 것이기 때문에, 귀를 기울여 경청할 수 없습니다. 세상에 살면서 불평과 불만이 없을 수 있을까요?

구약에서도 불평불만으로 징벌을 받는 기록이 많이 나옵니다. 하나님께서는 이스라엘 민족에게 많은 기적을 보여주시며 사랑하셨지만, 그들은 불평불만으로 응답했습니다. 예수님의 공생애에서도 그들은 예수님을 오히려 정죄하며 십자가에 못 박고 말았습니다. 눈으로 예수님을 직접 보고 당신의 기적을 확인하면서도, 그들은 믿지 못했던 것입니다.

지금 눈에 보이지 않는 하나님을 믿는 것은 참으로 어려운 일이지만, 많은 성도가 하나님을 신뢰하며 의지하고 있습니다. 그 가운데 성도가 불만을 품거나 불평을 토로하는 것은, 대개 교회 지도자들에게 잘못이 있기 때문입니다. 성도가 원하고 바라는 것을 해결해 줄 의향은 전혀 없으면서, 불평불만을 한다고 지적하는 것입니다.

　성도의 불평을 가만히 들어 보면, 모두 해결 가능한 것들입니다. 이를테면 공정하게 처신하지 않는 것, 교회 헌금을 잘못 사용하는 것, 약속을 지키지 않는 것, 말과 행동이 전혀 다른 것, 성도를 차별하는 것, 그리고 소통 없이 자신들의 목적을 위해 강압적으로 밀어붙이는 것, 민주적 절차를 밟지 않는 것, 헌금을 강요하는 것, 그리고 편견을 갖는 것 등입니다.

　그러나 예수님께서는 이웃을 판단하지 말라고 강조하셨습니다. 특히 믿는 성도에게 판단은 절대 금물입니다. 서로 안고 품으며, 말과 행동을 조심스럽게 하면서, 서로를 위해 소통하며 하나님께 진정한 예배를 드린다면, 교회는 천국의 전진기지로서 그 역할을 잘 감당하고 미래가 밝으리라 확신합니다.

　그러므로 우리 믿는 성도는 교회 안팎을 넘나들며, 나의 기준에서 탈피하여 상대방의 인격을 존중하며, 긍정적 마인드로 품으며 행동할 때, 비로소 하나님의 기준으로 살아가는 크리스천임을 깨닫게 될 것입니다.

　덧붙여 교회 모든 직분자들은 나의 생각과 판단만 옳다고 주장하지 말고, 상대방의 입장을 살피면서 '왜 그랬을까?' 돌아보며 생각과 마음을 완전히 읽기 전에 결코 판단해서는 안 될 것입니다. 하나님 한 분 외에는 쉽게 판단하거나 기준을 세우지 말아야 합니다. 교만이 앞장설 때, 자신이 하나님의 자리를 꿰차려 하는 것임을 깨달아야 하겠습니다.

_45

원로 목사·장로제도, 이대로 둬야 할까요?

대한예수교장로회 총회(통합) 헌법 제5장 목사 27조 7항을 보면, 원로 목사는 '한 교회에서 20년 이상을 시무한 목사가 노후에 시무를 사면할 때 교회가 그 명예를 보존하기 위하여 추대한 목사'라고 돼 있습니다. 또 '공동의회에서 투표하고 생활비를 정하여 노회의 허락을 받아야 한다'고 명시돼 있습니다.

이처럼 원로 제도를 처음 제도화해 시행할 때는 20년 이상 교회와 성도, 그리고 사회를 위해 헌신하셨던 뜻을 아름답게 기리며, 후배들과 후손들에게 귀감이 되고 앞으로 교회가 더 발전할 수 있도록 하기 위해 만들었다고 생각합니다. 하지만 오늘날 원로제도가 시행되고 있는 현실은 그렇지 못합니다. 작은교회에서는 원로제도가 있으나마나한 제도에 불과합니다. 큰 교회만 원로제도를 충분히 활용하여 시행하고 있지만, 많은 문제들이 내포되어 있습니다.

과거 원로 제도를 처음 만들었을 때는 목사님들의 연금제도가 없었지만, 현재는 목사님들은 연금제도가 존재하고, 소속 교회에서 퇴직금도 받고 계십니다. 그런데 문제는 연금을 받는 가운데 교회에서 퇴직금도 받으시면서, 헌법을 따라 생활비를 또 지급해야 한다는 것입니다. 원로목사가 되면, 시무 당시 사례금의 50%를 받게 됩니다. 때로는 자동차도 제공됩니다. 교회가 어렵고 빚이 많음에도, 요구를 하시면 해 드릴 수밖에 없습니다.

작은교회나 시골 교회, 특히 어려운 교회에서 부럽고 행복해 보일지는 모르나, 이건 아니라고 생각합니다. 이제 원로목사제도를 폐지했으면 하는 바람입니다. 이는 대다수 성도들도 공감하는 바입니다. 성도들은 어려운 환경 속에서, 얼마 안 되는 수입이지만 하나님께 드린 약속을 지키기 위해 십일조와 감사헌금을 드립니다. 하지만 교회의 지도자라는 분들이 교회나 성도들의 어려움은 아랑곳 않고 오직 자신들의 배만 채우려는 모습에 마음이 너무 아픕니다. 하나님의 말씀을 전할 때와는 말과 행동이 다름을 볼 수 있습니다.

목사님에 대한 예우를 하지 말라는 것은 절대 아닙니다. 예를 들어 은퇴목사님께서 끼니를 거른다든지, 무슨 일을 당하신다면 과연 성도들이 가만히 있겠습니까? 올바른 성도들이라면 절대로 이를 방관하지 않을 것입니다.

또 어떤 문제가 발생하느냐 하면, 공동의회에서 원로목사가 되기까지 장로와 성도들에게 아무 말씀을 하지 않게 됩니다. 권징이나 책망이 사라진다는 것입니다. 자칫 잘못 말씀을 전했다가는 원로가 되지 못할까 봐 눈치만 봅니다. 원로목사님에게 제공되는, 50%의 사례금과 각종 혜택 때문입니다. 그래서 잘못되어가는 일에도 수수방관하게 됩니다.

어떤 교회에서는 은퇴하시는 목사님께 예우와 은퇴에 해당되는 퇴직금 및 생활비를 형편이 어려워 매월 나눠서 지급하겠다고 말씀드렸더니,

그 목사님께서 '그렇다면 내가 그 돈을 다 받을 때까지 은퇴하지 않고 계속 시무하겠다'고 하셨답니다. 이에 청년들은 모두 다른 교회로 가 버렸고, 나이 많은 어른들만 남았다고 합니다. 젊은 시절부터 한평생을 온갖 기도와 눈물로 지켜온 교회를 어찌 그렇게 하셨는지….

초창기에 이 원로 제도를 만들 때는, 순수하게 목사님들의 노후를 위해 마련한 것으로 압니다. 하지만 현재 이 제도는 재정이 넉넉한 교회에서만 실시될 뿐, 시골 교회나 개척교회, 작은교회에서는 그림의 떡일 뿐입니다. 오히려 이 제도는 작은교회 목사님들의 사기 저하를 야기하고 있습니다. 연금도 퇴직금도 받는 목사님들은 생활에 별 어려움이 없는데, 원로라는 이유로 또다시 생활비를 지급을 해야 할까요? 총회 헌법에는 분명 생활비를 드린다고 되어 있지만, 이미 연금과 퇴직금을 받기 때문에 생활비를 거기에 더해서 드린다는 것은 잘못된 제도입니다.

이에 더하여 원로장로 제도도 폐지해야 합니다. 총회 헌법 제6장 144조를 보면 원로장로는 한 교회에서 20년 이상 시무하던 장로가 노후에 시무를 사임할 때, 교회가 그의 명예를 보존코자 하면 공동의회의 결의로 추대하도록 돼 있습니다. 하지만 장로 직분을 은혜 가운데 마쳤다면 하나님께 큰 영광을 드릴 뿐이지, 원로라는 제도를 만들어 20년을 시무하면 무조건 원로가 되어야 합니까? 정말 열심히 피땀을 흘리며 교회의 부흥·성장을 위해 열심히 노력했지만, 장로 시무 기간이 20년이 되질 않아 원로가 되지 못하는 경우도 많기 때문입니다. 그러나 20년만 채우면 아무런 일을 하지 않아도 원로장로가 되는 것을 보면, 잘못된 법이 아니라 할 수 없습니다. 짧은 기간이라도 정말 주를 위해 열심히 봉사했다면 같은 예우를 해야 하는데, '원로'라는 제도가 계급이 아닌데도 원로가 되지 못하고 은퇴한 이들은 예우도 없이 뒷전으로 밀려나는 게 현실입니다.

주님 앞에 가면 원로가 있을까요? '원로'가 아니면 천국에 못 간답니까? 그러므로, 원로 목사 및 장로 제도 폐지를 위해 법을 수정해 주시기를 총회에 간곡히 건의하는 바입니다. 오히려 은퇴하여 생활이 어렵고, 힘든 목회자들이 노년에 편히 쉴 수 있도록 배려하는 제도를 만드는 것이 주님을 기쁘시게 하시는 일이 아닐까 싶습니다. 그들의 노후 보장을 위해 법을 제정하여, 소신껏 목회하실 수 있도록 하는 것이 주님께 더 영광이 아닐런지요!

마태복음 20장에는 천국 품꾼에 대한 말씀이 나옵니다. 여기서 주인은 이른 아침에 나간 품꾼부터 제 삼시, 제 육시, 제 구시, 제 십일 시에 포도원으로 들어간 이들에게 약속대로 동일하게 한 데나리온을 지급했습니다. 그리고 16절에는 '이와 같이 나중 된 자로서 먼저 되고 먼저 된 자로서 나중 되리라!'고 했습니다. 이처럼 성경 말씀에도 분명 차별이 없었음을 알 수 있습니다. 오히려 '원로'제도 때문에 교회가 시끄러워지고, 금전 문제로 갈등이 심해지는 모습만 보일 뿐입니다.

'은퇴는 곧 제2의 천국사역 시작'이라는 점을 잊지 맙시다. 은퇴 후에는 하늘나라 부르심을 받기 전까지 최선을 다해 주님 사랑을 전하기 위해 받은 복과 감동을 모두 이 땅에 쏟아놓고 가셔야 합니다. 어떤 은퇴목사님께서 지하철에서 전도를 하시는 모습이 얼마나 아름다운지, 믿지 않는 분들도 좋아하시는 모습을 본 적이 있습니다. 그 목사님 얼굴을 뵈니, 마치 천사를 만난 듯했습니다.

_46
양들은 소유 팔아 천국 밭 사는데…
법 내세워 갑질하는 기득권자들

"천국은 마치 밭에 감추인 보화와 같으니 사람이 이를 발견한 후 숨겨
두고 기뻐하며 돌아가서 자기의 소유를 다 팔아 그 밭을 사느니라 또 천
국은 마치 좋은 진주를 구하는 장사와 같으니 극히 값진 진주 하나를 발
견하매 가서 자기의 소유를 다 팔아 그 진주를 사느니라(마 13:44-46)".

보화와 진주, 이 두 비유의 요점은 하나님 나라가 무한한 가치를 지니
기 때문에, 다른 모든 소유보다도 귀하다는 점입니다. 어떤 면에서 하나님
나라는 외적 표시나 가시적 영광이 없습니다. 예수님을 따른다는 것은 세
리와 죄인의 친구가 되는 것을 의미합니다. 그러나 실상은 하나님 나라의
축복에 동참하는 것입니다.

따라서 그 나라는 다른 모든 소유보다 값진 보화이며, 가치에 있어 다
른 모든 것을 능가하는 진주인 것입니다.

오늘 복음서에서 말하는 하나님 나라는 밭에 묻혀 있는 귀한 보물을
발견하고, 가진 것을 다 팔아 그 밭을 산 것을 비유로 말씀하셨습니다. 우
리 성도들은 여기서 발견한 것을 그냥 지나쳐서는 안 될 것입니다. 여기서

발견한 것은 깨달음을, 가진 것을 다 파는 것은 결단을, 밭을 사는 것은 실천에 옮기는 행동이라 할 수 있습니다.

하나님 나라에 이르는 과정은 이 세 단계를 거치는데, 사람에 따라 그 시기가 다를 수 있습니다. 어떤 사람은 빨리 발견하여 깨닫는가 하면, 또 다른 사람은 생의 끝에 가서야 진리를 발견하고 깨닫는 사람들도 있습니다.

첫째, 깨닫는 것입니다. 하나님 나라의 신비는 세속적 지식이나 지혜에 의해 깨달아지기보다, 어느 날 우연히 은총의 선물로 주어지는 것입니다. 학식이 많고 지위가 높은 사람이라도, 세속에 묻혀 살게 되면 하나님을 알지 못하고 헛되이 생을 마감할 수 있습니다. 하지만 배우지 못한 사람이라도 참된 삶을 추구하고 진실하게 살려고 노력한다면, 하나님을 쉽게 만날 수 있습니다.

어떤 사람은 성공과 부귀영화 가운데서도 참된 삶의 의미를 깨닫지 못하지만, 어떤 사람은 실패와 좌절과 역경 속에서 삶의 의미를 깨닫고 하나님을 만나기도 합니다.

둘째, 농부가 보물이 묻혀 있는 밭을 사기 위해 가진 것을 모두 파는 단계, 곧 결단의 시기입니다. 사도 바울은 빌립보에 사는 성도들에게 보낸 편지에서 "나는 그리스도 때문에 모든 것을 잃었지만 그것들을 배설물로 여긴다"고 말씀하셨습니다.

내가 가지고 있는 모든 소유, 그것이 물질적인 것이든 정신적인 것이든 기꺼이 버릴 수 있는 마음, 그 정신과 마음은 참으로 주님께서 말씀하신 가난한 마음이요, 참된 기쁨입니다.

어떤 것에도 얽매이지 않고 포기할 수 있는 자유로운 마음입니다. 재물이나 권세나 명예에 대한 애착에서 벗어나지 못하고 여기에 얽매일 때, 신앙인으로서 추해지고 비참해지는 것입니다.

셋째, 깨달음과 결단을 통해 이뤄지는 행동의 단계입니다. 칼로 잘라 버리듯 세속적 인연이나 미련, 애착과 집착을 버리고, 밭을 사는 실천의 단계를 거쳐야 합니다.

이제 농부는 완전한 기쁨으로 주님 안에 머무르게 되고, 세상의 누구도 부러워하지 않는 행복한 자가 될 것입니다. 자신이 꿈꾸고 원하던 것을 모두 얻었으니, 죽어도 여한이 없을 것입니다. 이것은 하나님의 사랑 안에 머무는 사랑의 신비이며 환희의 신비입니다.

특히 사도 바울은 자신의 의를 완전히 포기하고, 그리스도의 의를 소유하려고 노력을 했습니다. 그리스도의 의는 율법을 지킴으로써 얻는 것이 아니라, 오직 믿음으로 말미암아 얻는 것이라고 했습니다.

성도 여러분! 참된 복락과 행복은 하나님 나라의 신비를 깨닫고, 이 신비 속에 온전히 누리기 위해 자신의 모든 기득권과 권력, 명예를 포기하고 교만함을 내칠 때 얻을 수 있습니다. 그때 온전히 자유로워진 해방의 삶을 만끽하며, 천국의 주인이 됨을 비로소 체험하게 될 것입니다.

그러나 오늘날 교회 안에서 '법'을 논하는 분들이 많습니다. 어린 양들을 위한 좋은 의미의 법이 아니라, 기득권 세력들이 자신들의 부귀영화를 위해 그물을 쳐 놓고 자신들이 유리한 방향으로 모든 것들을 이끌고 가려는 법입니다.

어린 양들은 이러한 '갑질' 때문에 숨도 제대로 쉬지 못하고 있습니다. 사회나 교회나 법은 약한 자를 위해 있는 것인데, 오늘날 교회의 법은 기득권 세력을 위한 것이 되어, 신앙양심에서 더 발전하지 못하고 늘 그 자리에 머물고 있어 심히 안타깝고 개탄스러울 뿐입니다.

천국을 차지하는 사람은 마음이 가난한 자라고 했습니다. 숨도 제대로 쉬지 못했던 양들은 이제 오직 믿음으로 하나님에게 모든 것을 의탁하고, 기도하면서 찬양으로 나아가야 할 것입니다. 고난과 핍박이 나를 괴롭히더라도, 양들은 주님을 끝까지 따르며 나아가야 할 것입니다. 그 후에는 천국을 차지하는 주인으로 바뀌어 영생복락을 누리는 참 아름다운 때가 분명히 올 것이기 때문입니다.

그러므로 모든 성도들은 자신의 소유를 다 팔아, 빈부의 차이가 없고, 사람 간의 차별이 없으며, 명예와 물질욕이 없고, 모략과 시기, 모함 없는 천국의 밭을 모두 사야 할 것입니다. 오늘도 순교하는 마음으로 기도하며 행동합시다.

_47
교만 이기려면, 먼저 자신의 교만 시인해야

교만(驕慢)이란 잘난 체 하거나 뽐내고 건방진 것, 스스로 잘난 체 하며 겸손하거나 온유함 없이 건방지고 방자함을 이르는 말이라고 합니다. 성서에서 교만함이란 하나님을 신뢰하기보다는 자기 자신이나 자신이 선택한 수단을 더 신뢰하는 것을 이릅니다.

교만이란 이웃과 비교하면 내가 좀 낫다고 여기며, 스스로 만족해하는 것입니다. 내가 상대방보다 키가 크다고 그를 깔보거나 업신여기는 행위, 나의 직위가 상대방보다 높다 해서 낮추어 보는 행위, 그리고 상대방이 나 보다 재능이 부족하다 해서 그 장본인 앞에서 우쭐대며 깔보는 행위, 내가 상대보다 권력과 돈이 많다 해서 업신여기는 행위, 나보다 머리가 나쁘고 공부를 못한다고 멸시하는 행위, 외모로 상대방을 판단하는 행위 등을 교만이라고 합니다.

이렇듯 교만이 판을 치는 세상이지만, 그 반대편에서는 겸손이라는 미덕도 있습니다. 사사 시대에 왕을 달라고 요구했던 이스라엘 백성들은, 교만이라는 마귀 사탄의 침입으로 사울을 겸손한 자라 인정하고 사무엘을 통해 기름을 부었습니다. 그러나 사울은 불신과 더불어 하나님께서 싫어하시는 교만이라는 죄를 범하므로, 자신은 물론 가족들까지 처참한 죽음으로 내몬 비운의 왕이 되고 말았습니다.

교만하지 않고 겸손해지는 삶을 영위하려면, 우선 자신이 교만하다는 사실을 시인하고 깨달아야 합니다. 특히 다윗의 아들들은 아버지가 기름부음을 받은 '믿음의 왕'이라는 사실을 잊은 채, 교만함으로 형제들끼리 칼을 겨누고 심지어 아버지를 살해하려 했습니다. 이러한 교만의 극치는 결국 참혹한 죽음과 함께, 역사에 '악인'으로 영원히 남게 되는 것입니다.

특히 교만은 죄를 생산하는 가장 무서운 것이자, 자신을 음부로 내려가게 하는 통로입니다. 그 교만의 첫 시작은 뱀의 간교한 계책에 마음을 빼앗긴 하와였습니다. 그녀의 교만함으로 인해 인류는 낙원에서 영원히 추방당했고, 인간에게 영원히 씻지 못할 비극을 제공했습니다.

그러므로 우리는 교만하지 않기 위해 늘 기도하며, 주님께서 우리를 향해 원하시는 뜻이 무엇인지 깊이 아로새기고, 자신에 대한 깊은 성찰과 철저한 믿음의 신뢰를 통해 자기 자신을 관리해야 할 것입니다.

자존심(自尊心)이라는 단어도 있습니다. 어학사전에는 '남에게 굽히지 않고 스스로 가치나 품위를 지키려는 마음(self-respect, pride, ego)', 백과사전에는 '자신에 대한 존엄성이 타인의 외적 인정이나 칭찬에 의해서가 아니라 내부의 성숙된 사고와 가치에 의해서 얻어지는 개인의 의식'이라고 각각 정의하고 있습니다.

모든 사람에게는 자존심이 있습니다. 문제는 내 자존심만 중요해 상대방의 자존심을 배려하지 않는 것입니다. 그러면 늘 갈등과 오해 속에 냉랭

한 살얼음판을 걷게 되고, 아슬아슬한 위기의 삶을 살게 됩니다. 그러므로 주님으로부터 진정한 자존심이 무엇인지 배워야 하겠습니다.

주님은 하나님이시기도 하지만, 인간으로 오셔서 인간들이 목말라 애타 하는 소망을 해결해 주시려고 모든 것을 내려 놓으시며, 모진 고난과 처참한 십자가의 형틀에서 그 자존심을 못 박으셨던 것입니다. 그리고 인간에게 행복하게 살 수 있도록 은혜와 축복, 그리고 사랑을 듬뿍 주셨습니다.

그리고 자존심이라는 것도 주셨습니다. 하지만 자존심을 잘못 사용해, 상대방을 미워하거나 살인까지 저지르고 있는 현실이 너무 안타깝습니다.

자신의 체면을 좀 구겼다고 그를 증오하거나 멸시해선 안 될 것입니다. 자존심의 능력은 나를 내려놓고 주위의 시선에도 아랑곳하지 않으며, 시간이 흐른 후 나의 진심이 드러나리라는 진실을 옹호하고 때를 기다리며, 옳은 일을 과감히 실천하는 '믿음의 삶'에 있습니다.

특히 성도들이라면 주님 한 분 외에 누구도 자랑하거나 높이려 해서는 안 될 것입니다. 나를 정면으로 세우다 보면, 차츰 교만이라는 염증이 암덩어리가 되어 괴롭힐 것입니다. 나를 내세우기보다 겸손한 미덕으로 상대를 칭찬하고 격려하는 도량으로 먼저 품고 다가가야 하겠습니다.

교회 안에서 자신의 권위를 위해 자존심을 발동해서도 안 되겠습니다. 조금 참고 기다리면 될 것을, 결국 폭발하여 많은 성도들의 가슴에 깊은 못을 박아 상처 투성이로 얼룩지게 합니다. 자신의 한 말과 행동에는 전혀 뉘우침 없이 오히려 자신이 옳았음을 증명하려는 헛된 수고에만 열심임을 볼 때, 믿음의 가족인지 구별하기 힘들 정도 입니다.

그 결과, 세상 사람들은 기독교인들을 이기심 많고 배려가 없으며, 고집과 아집만 가득한 부류로 보고 있습니다. 세상 사람들로부터 조롱거리가 되어, 하나님의 마음을 아프게 하고 있습니다.

성경에 나오는 다니엘은 두 친구와 함께 올바른 자존심을 유지하고 사용함으로, 하나님에게 전적으로 신뢰와 축복을 받은 믿음의 사람이 됐습니다. 엘라 골짜기에서 만군의 여호와의 군대를 모욕하는 블레셋 장수인 골리앗을 만군의 여호와 이름으로 나아가 물리쳤던 어린 다윗도 마찬가지입니다. 하나님을 모욕하는 골리앗을 참을 수 없다는, 그 자존심이 움직였기에 후세에 길이 남을 성군이 됩니다.

그러므로 자존심은 하나님을 위해 세워야 합니다. 많이 배우든 못 배우든, 부유하든 가난하든, 재능이 있든 없든, 남녀노소를 불문하고 자존심은 다 있습니다. 하지만 자존심을 내세울 만한 환경이나 여건이 조성되더라도, 참고 인내해야 합니다. 자존심 때문에 상대방의 인격과 생명이 위협을 받아서는 안 될 것입니다. 자신의 자존심도 중요하지만, 상대방의 자존심에 대한 배려도 잊지 말아야 합니다.

특히 주님 앞에서 내세우는 자존심은 아무 의미가 없습니다. 우리가 '겸손한 자존심'을 가진다면, 많은 이웃에게 행복한 복음이 전해질 것입니다. 그리고 하나님을 사랑하는 데 큰 걸림돌이 되는 '쓸데 없는 자존심'은 씻지 못할 처절한 불행으로, 영원히 뼈아픈 상처로 후회막심한 세월이 될 수 있음을 기억합시다.

_48

차지도 뜨겁지도 않은··· 어중간한 신앙인들

'어중간(於中間)하다'는 것은, 조금 모자라거나 지나쳐서 어느 쪽에도 맞추기가 어렵다는 것입니다. 사전적 의미로는 '거의 중간쯤 되는 곳, 또는 그런 상태'를 뜻합니다.

일상생활에서는 확실하지 않을 때 주로 사용하는 표현입니다. 또 어정쩡한 것은 분명하지 않고 모호하거나 애매하다는 것입니다. 찬성도 반대도 아닌 어정쩡한 태도를 말하기도 합니다.

"내가 네 행위를 아노니 네가 차지도 아니하고 뜨겁지도 아니하도다. 네가 차든지 뜨겁든지 하기를 원하노라 네가 이같이 미지근하여 뜨겁지도 아니하고 차지도 아니하니 내 입에서 너를 토하여 버리리라 네가 말하기를 나는 부자라 부요하여 부족한 것이 없다 하나, 네 곤고한 것과 가련한 것과 가난한 것과 눈 먼 것과 벌거벗은 것을 알지 못하는도다(계 3:15-17)".

당시 라오디게아는 소아시아를 가로지르는 세 개의 제국 도로가 만나는 지점에 위치한, 상업과 행정의 중심지였습니다. 이 도시를 대표하는 세 가지는 은행, 검은 양의 털로 만든 고급 의복과 양탄자, 그리고 뛰어난 의술이 만들어낸 약품들이었습니다. 특히 유명했던 것은 돌을 갈아 만든 안약이었다고 합니다.

우리가 세상을 살아가는데 있어, 사람들과의 관계는 떨어질 수 없는 불가분의 것입니다. 무인도에서 산다면 어쩔 수 없겠지만, 세상에서 살아가면서 사람들의 틈바구니에서 벗어 날 수는 없습니다. 자칫 그 틈바구니를 이탈하면, 요즘 세대가 말하는 '왕따'가 되는 것입니다.

사람들과의 관계 속에는 정말 헤아릴 수 없는 다양한 생각들과 성격, 행동, 그리고 문화들이 있습니다. 어떤 사람은 아부를 잘하여 자기가 원하는 것들을 얻기도 하고, 어떤 사람들은 고지식하게 살아가기도 합니다. 옳고 그름을 분명하게 처신하는 사람이 있는 반면, 눈치 보기에 급급해 자신이 유리한 쪽으로만 선택하는 사람도 있습니다. 이처럼 세상을 살아가는 사람들의 성격과 유형은 다양합니다.

하지만 이것도 저것도 아닌 어중간한 사람들이 있습니다. 순종파도 아닌데, 그저 남들이 하는 대로 따라가는 사람들도 있습니다. 차지도 않고 뜨겁지도 않은 라오디에가 교회 성도 같은 사람들 아닐까요?

교회에서 난관에 봉착했을 때, 분명 옳은 일이 아닌 것을 알고 있지만, 반대편에 힘 있고 권력 있는 사람이 있다는 이유로, 그들을 따라가는 사람들도 있습니다. 그런 사람들은 이쪽에 와서는 이쪽 사람들을 응원하고, 저쪽에 가서는 이쪽 사람들의 행동을 비방합니다.

한국교회 개척 당시, 크리스천들은 오직 주님을 안에 모시고 그 사랑을 전하겠다는 일념 하나로 순교까지 감내하며 이 땅에 복음을 전했습니다.

그 믿음의 선배들의 열정적인 믿음의 삶을 본받아 실천하려는 의지는 온 데간데없이, 오로지 부와 권력을 남용하여 마치 교회가 자기 개인의 것인 양 착각하여, 오늘날의 기독교의 이미지에 찬물을 끼얹는 사실들 가운데서, 주님은 '내 입에서 너를 토하여 버리리라'고 말씀하지 않으실까요?

주님께서는 "내가 사랑하는 사람은 누구든지 책망도 하고 징계도 한다"고 말씀하십니다. 그래서 더욱 열심을 내어 노력하고 회개하라는 당부의 말씀도 하십니다. "보아라! 내가 문 밖에서 서서 문을 두드리고 있다. 누구든지 내 음성을 듣고 문을 열면 나는 그에게로 들어가서 그와 함께 먹고 그는 나와 함께 먹을 것이다"는 당부도 하십니다.

주님은 이처럼 우리를 사랑하셔서 우리가 문을 두드리기를 원하고 계시지만, 우리는 세상의 부요함에 심취해 영적인 감각을 잃어버린 채 주님과의 간격을 더 멀리 하려고 합니다. 하지만 주님께서는 우리의 영혼이 깨어 항상 주님과 동행하도록 늘 은혜를 베풀어 주기를 좋아하시며, 기다리고 계심을 잊지 말아야 하겠습니다.

뜨겁지도 차지도 않은 미지근한 신앙에는 분명 이유가 있을 것입니다. 그 이유를 먼저 점검해야 합니다. 그 주된 범인은 바로 자만이라는 몹쓸 균이 침투해 있기 때문입니다. 성경에 나오는 라오디게아 교인들의 삶도 너무나 풍족했습니다. 그래서 그들은 예수님이 얼마나 필요한 분이신지 전혀 느끼지 못한 탓에, 죄를 짓고 있었음을 우리 신앙인들은 깨달아야 하겠습니다.

자만은 예수님에게서 점점 멀어지게 하는 나쁜 것입니다. 가능한 주님과 가까이서 동행하는 삶을 살려고 노력해야 하는데, 오히려 돈을 더 갖기를 원하고 재물과 권력을 더 탐내며, 명예와 자랑하기를 좋아하면서 살다 보면, 주님은 안중에서 사라지고 엉뚱한 마음과 생각에 사로잡혀 헛된 것을 추구하며 시간과 물질을 낭비하는 어리석은 사람이 되는 것입니다.

그렇지만, 주님께서는 단호히 말씀하십니다. '헛된 것을 위하여 살아가는 신앙인들'에게 '토해 버리신다'고 말씀하심을 깨달아야 합니다. 때로 교회가 가진 부유함은 구제와 선교의 도구로 사용되지만, 교회를 영적으로 무기력하게 하며 심지어 주님을 잊어버리게 하는 원인이 되기도 합니다. 그러므로 교회는 부유함이 가진 이 위험을 경계해야 하는 것입니다.

때로는 교회가 부유함에 취해, 분명 교회가 부흥 성장했음을 착각한 나머지 그 힘에 취하다 보면, 주님은 어디론가 잊혀지고 인본주의가 활개치는 위험한 일임을 깨달아야 합니다. 물질과 능력에 심취해 부와 권력을 행사하는 교회 지도자들이 죄에 무감각해져, 온갖 추문에 휩싸이는 현실이 매우 곤혹스럽기도 합니다.

이 부요함과 자신의 능력에 대한 과소평가 사이, 주님께서는 우리에게 경고하십니다. "회개하고 돌아오라"고 말씀하시는 주님의 음성을 듣고, 부와 물질 만능의 교만에서 깨어나도록 경고하시는 주님의 가르침을 듣고, 속히 회복하고 돌아오시기를 당부하며 기다리고 계십니다.

특히 요즘 교회 안에 차지도 뜨겁지도 않은 신앙인들이 너무 많습니다. 옳은 일은 함께 도우며 기도로 협력을 해야 하지만, 부와 물질과 권력 앞에서 맥을 추지 못한 채 어중간한 태도로 신앙생활을 하시는 분들이 많으니 참으로 안타깝습니다. 하나님이 우리와 함께 하시는데, 무엇이 두렵겠습니까?

이 어중간한 신앙인들은 주님을 잘 모르는 분들이 아닐까 싶기도 합니다. 제목처럼 어중간한 신앙인들이 결코 되어서는 안 될 것입니다. 차지도 뜨겁지도 않은 미지근한 신앙생활은, 주님께서 토해 내신다는 무거운 책망을 한 시라도 빨리 깨달아야 하겠습니다.

_49

옳은 만남과 옳은 선택

인간은 누굴 만나고, 누굴 선택하느냐에 따라 성공과 실패를 가늠할
수 있습니다. 오늘의 주인공으로 등장하는 룻은, 옳은 만남과 옳은 선택
에 대하여 우리 신앙인들에게 일러 주는 교훈이 참으로 크다고 할 수 있
습니다.

룻기의 역사적 배경을 살펴봅시다. 기근을 피해 모압 지방으로 이주한
나오미는 남편 엘리멜렉과 두 아들을 잃고, 모압 여인인 두 며느리와 함
께 남게 됩니다. 이 때 시어머니 나오미는 자신의 고향인 이스라엘로 돌아
가기로 결심을 합니다.

하지만 곁에 있는 두 며느리가 걸림이 되었습니다. 아들을 잃은 슬픔도
잠시, 이방 여인인 두 며느리에게 자신들의 어머니 곁으로 돌아가기를 강
권하며, 홀로 고향으로 가고자 합니다.

두 며느리는 젊었고 앞날이 창창했기에, 함께 데리고 갈 처지가 되지

못했습니다. 결국 며느리 중 오르바는 나오미 곁을 떠났습니다. 하지만 룻은 시어머니의 나라이자 시어머니의 고향으로 함께 가고 싶어 애원합니다.

이 때 시어머니 나오미는 룻에게 말합니다. "보라 네 동서는 그의 백성과 그의 신들에게로 돌아가나니 너도 너의 동서를 따라 돌아가라 하니".

룻이 대답합니다. "내게 어머니를 떠나며 어머니를 따르지 말고 돌아가라 강권하지 마옵소서! 어머니께서 가시는 곳에 나도 가고 어머니께서 머무시는 곳에서 나도 머물겠나이다. 어머니의 백성이 나의 백성이 되고 어머니의 하나님이 나의 하나님이 되시리니 어머니께서 죽으시는 곳에서 나도 죽어 거기 묻힐 것이라, 만일 내가 죽는 일 외에 어머니를 떠나면 여호와께서 내게 벌을 내리시고 더 내리시기를 원하나이다(룻 1:15-17)".

시어머니 나오미는 룻이 단단히 결심하여 떼어 놓을 수 없는 처지가 되자, 고향인 베들레헴까지 함께 갑니다. 비록 룻의 남편은 죽었지만, 시어머니와의 만남과 룻의 그 선택은 미래에 크나큰 역사를 창조하는 단초를 제공하게 됩니다.

특히 룻은 "시어머니의 백성이 나의 백성이 되고 시어머니의 하나님이 나의 하나님이 되신다"는 지혜롭고 명철한 대답으로, 시어머니 나오미를 설득하는데 성공합니다. 비록 기근 때문에 이방인 모압 지방에서 살았지만, 시어머니 나오미의 믿음은 돈독했을 것으로 추측해 봅니다.

그리고 룻은 나오미 때문에 이스라엘 백성을 사랑하게 되었고, 그 백성에게는 여호와 하나님이 계시며 그 하나님이 또한 자기를 사랑하신다는 것을 깨닫게 되었을 것입니다. 그래서 이제 룻은 그 백성과 하나님을 사랑하게 됩니다.

비록 나오미는 약속의 땅이 비록 기근으로 인하여 살기 어렵다 할지라도 하나님의 능력을 믿고 그의 사랑과 긍휼을 구했어야 하는데, 그렇지 못한 채 이방 땅으로 이주함으로써 남편과 두 아들을 잃고 말았던 슬픈 사연을 갖고 있었습니다.

반면 룻은 대단한 여인임에 틀림 없습니다. 자신의 어머니가 계신 고향을 등지고 낯선 땅, 그것도 시어머니의 나라인 이스라엘로 함께 동행했다는 사실 앞에, 그는 미래를 바라볼 수 있는 예지 능력도 있지 않았나 추측해 봅니다.

시어머니의 나라인 이스라엘로 이주 해온 룻은, 시어머니와 자신의 식량 문제로 보리 이삭을 주으러 갔다가 보아스와 자연스러운 만남이 이루어졌습니다.

룻의 신앙과 인품은 보아스를 감동시켰고, 시어머니 나오미를 섬기기 위한 이삭줍기에 있어 보아스로부터 크게 편의를 제공받게 됩니다.

다른 곳으로 가지 말고, 자신의 밭에서만 이삭을 줍도록 확실하게 믿음을 주었으며, 곡식 베는 자들 가까이에서 이삭을 주울 수 있도록 배려합니다. 그리고 룻을 해하지 못하도록 안전을 보장해 주며, 그의 일군들이 물을 마실 수 있도록 제공해 주었습니다.

이쯤 되면 룻은 주위로부터 인정을 받는 놀라운 기업의 일들이 시작됩니다. 보아스는 아브라함을 염두에 두고, 룻의 신앙과 인간 됨됨이에 대해 극찬하게 됩니다.

더구나 룻의 장래에 대한 나오미의 염려는 단지 룻이 젊은 과부이기 때문에 재혼을 시켜야겠다는 것이 아니었습니다. 나오미는 이스라엘 율법에 입각한 혈통승계 및 재산 회복 권리 행사에 대한 관심이 남달랐습니다.

그래서 보아스와의 혈연관계를 가르치면서, 그에 대한 권리를 이행하도록 며느리 룻을 독려합니다.

보아스는 침착하고 신중한 사람으로서, 기업 무를 자의 우선순위를 무시하지 않았습니다.

그리고 룻의 평판에 누를 끼칠까봐 날이 밝기 전에 돌려보내는 배려도 했습니다. 그것도 그냥 보내는 것이 아니라, 곡식을 넉넉하게 들려 보냈던 것입니다.

결국 보아스는 룻을 아내로 맞이하게 되어, 아들 오벳을 낳습니다. 오벳의 탄생은 다말이 유다에게 낳아준 베레스와 같은 경우로서, 이 베레스는 보아스의 조상이 되었습니다. 이 족보의 끝은 바로 예수님입니다.

룻은 미모뿐 아니라 지혜와 총명을 겸비한 사람이었음을 성경을 통해 알 수 있습니다. 자신을 떼어 놓으려는 시어머니에게, "시어머니의 백성이 내 백성이 되고 시어머니께서 섬기는 하나님은 나의 하나님이요 시어머니가 묻히는 곳에 나도 묻히겠다"는 확신에 찬 믿음으로 다가간 것입니다. 이 때 나오미는 마음으로 받아들일 수밖에 없었습니다.

그리고 그는 정착하자마자 시어머니의 굶주림을 해결하기 위해 보리 이삭 줍기에 적극적으로 동참해, 보아스의 눈에 띄었음을 알 수 있습니다.

룻의 선택은 참으로 현명한 선택이 아닐 수 없습니다. 동서 오르바는 자신의 어머니가 계시는 곳으로 돌아가므로 하나님을 만나지 못했고, 우상숭배로 인해 그의 역사는 끝이 났습니다.

하지만 룻은 나오미가 섬기는 하나님을 선택함으로써 놀라운 구원을 맛보았으며, 하나님의 아들 예수 그리스도의 조상이 되었습니다.

신앙인이라면 누구나 다 아는 이야기이지만, 룻의 선택은 참으로 누구나 할 수 있는 그런 선택이 아닙니다. 그 아름다운 선택은 자신의 행복을 뒤로 하고, 홀로 계신 시어머니를 끝까지 책임지고 봉양하겠다는 효의 정신과 함께, 신앙이 자라고 있었기 때문일 것입니다.

시어머니인 나오미와 함께 생활하면서, 룻은 아마도 나오미가 훌륭한 시어머니라는 사실을 인정했던 것 같기도 합니다. 나오미의 신앙심과 배려, 그리고 며느리를 사랑하는 그 마음이 룻에게 큰 감동으로 이어졌던 것 아닐까 생각해 봅니다.

룻의 옳은 선택으로 인하여, 보아스라는 당대의 훌륭한 청년을 만납니다. 그의 희생적이고 옳은 선택에는 반드시 하나님의 섭리가 계셨으리라 생각해 봅니다.

그리고 룻은 처음에 시작은 미비하고 보잘 것 없었던 과부 신세였지만, 그의 피나는 노력과 희생정신은 온전히 시어머니의 아름다운 신앙생활에서 얻어진 결과입니다.

'네 나중은 창대하리라'는 성경 말씀을 확신하며 나아갈 때, 보배스런 하나님의 자녀가 되는 놀라운 은혜를 체험하게 되는 것입니다.

우리 신앙인들도 각 공동체 안에서 사람들을 함부로 대하지 말고, 작은 것 하나부터 소홀히 하지 않으며, 온 마음을 다해 양들을 섬기고 세상에 소금과 빛의 역할을 잘 감당하는 귀한 양들이 되기를 소망합니다.

룻의 명철한 지혜와 희생정신, 그리고 믿음을 본받으며 살아가는 제자들이 되어야 하겠습니다.

제8장   익어가는 신앙인들

_50

욥의 믿음을 본받는 신앙인이 되자

"우스 땅에 욥이라 불리는 사람이 있었는데, 그 사람은 온전하고 정직하여 하나님을 경외하며 악에서 떠난 자더라(욥 1:1)".

성경 역사에 가장 어렵고 힘든 시험을 받으신 분은 아마도 예수님일 것입니다. 두 번째로는 아마도 욥이 아닐까 생각해 봅니다.

예수님께서 당하신 시험과 고난은 인간으로서 도저히 감당하기가 어려운 시험이었으므로, 하나님께서는 외아들을 친히 이 땅에 보내셔서 이를 감당 하시게 한 것 아닐까 생각해 봅니다.

구약 시대의 욥은 소유물로 양이 칠천이요 낙타가 삼천 마리요 소가 오백 겨리요 암나귀가 오백 마리를 갖고 있었으며, 종도 많이 있었고 동방 사람 중에 가장 훌륭한 자라고 하나님으로부터 인정을 받는 사람이었습니다. 뿐만 아니라 하나님께서는 그를 당대에 순전하고 온전하며, 정직하여 하나님을 경외하며 악에서 떠난 자라고까지 하셨습니다.

그러나 하나님은 사탄의 요구를 통해, 욥을 시험하도록 허락하십니다. 아마 당시 욥 외에는 그 시험을 이겨낼 자가 없기에, 하나님께서는 욥을

택하지 않았을까 하는 것이 필자의 생각입니다.

하나님께서는 이미 욥의 신실함과 단단한 믿음을 알고 계셨습니다. 특히 욥의 믿음을 더 연단하기 위해, 사탄의 시험을 허용하셨을 것입니다. 아마 욥이 이겨낼 수 있으리라는 하나님의 확고한 생각과 계산이 있었을 것으로 추측해 봅니다.

욥은 시작부터 흠이 없고 올곧으며, 하나님을 경외하고 악에서 떠난 인물이라고 성경은 소개합니다. 또한 욥의 고통은 욥의 의로움을 시험하고자 하는 사탄의 간계 때문임을 밝혀 줍니다.

그런데도 욥의 친구들은 욥의 고통이 욥의 탓이라고 주장합니다. 인간이 죄가 없을 리 만무하며, 고통은 곧 자신의 죄 때문이라고 여기기 때문입니다. 당시가 아니라 지금 현대를 사는 우리도 아마 그렇게 생각했을 것입니다.

그러나 친구들은 사태를 전혀 파악하지 못하고 있음이 드러납니다. 차라리 욥의 억울한 마음을 들어주고 동참하며 아파하는 편이 나았는데, 자신들의 신학적 관점을 바탕으로 욥의 불의함을 드러내고자 했습니다.

결국 그들은 하나님으로부터 욥처럼 올바른 것을 말하지 않았다면서 질책을 당합니다. 물론 하나님께서는 욥에게도 야단을 치십니다. 피조물인 욥이 하나님의 신비를 알지도 못하면서 따졌기 때문입니다. 하지만 하나님께서는 욥이 올바른 것을 말했다고 말씀하십니다(욥 42:8). 욥은 마지막까지 하나님에게서 그 답을 찾으려는 진실한 마음이 있었기 때문입니다.

그러므로 욥은 하나님을 만나자마자 모든 것을 내려놓고 참 회개의 길을 걷습니다. 사실, 욥은 마지막에도 자신의 고통에 대한 해답은 얻지 못했습니다. 하지만 욥은 하나님을 보는 것만으로도 충분하다며 하나님께 모든 것을 내어맡기는 본래의 의로운 모습으로 회복합니다. 이런 욥에게 하나님께서는 모든 것을 되돌려 주시고 회복시켜 주십니다.

욥기는 이처럼 끝까지 하나님을 신뢰하고 그 분에게서 길을 찾는 이를 두고 '의인'이라고 말씀하십니다. 하나님은 그 의인을 결코 내버려 두지 않으신다는 교훈을 우리 신앙인들에게 알려 주십니다.

당대의 의인이었던 욥에 대한 소개와 그가 고난에 직면하게 된 배경 및 사탄의 1차 시험이 언급됩니다. 사탄은 하나님께 허락을 필한 후 욥에게 달려들어 재물과 자녀들을 멸하지만, 욥은 하나님을 결코 원망하지 않는 온전한 믿음으로, 모든 것이 주의 것임을 고백하였던 것입니다.

욥의 순전한 신앙이 입증되자, 사탄은 2차 시험을 하게 됩니다. 온몸에 악창이 났고, 그가 사랑하는 아내조차 그를 떠나고 말았습니다. 하지만 그 순간에도 욥은 하나님을 원망하지 않았습니다.

그런 상황에서 욥의 소문을 듣고 절친했던 세 친구들이 찾아옵니다. 그 친구들은 욥에게 내린 재앙이 극심함을 보고, 그의 처지를 함께 슬퍼했습니다. 7일 밤낮을 욥과 함께 재에 앉아 함께 비통하게 슬퍼했을 것입니다. 욥은 고통 앞에서 자신의 출생을 한탄하고 저주합니다. 여기서 우리는 자신의 믿음이 흔들리지 않게 하기 위해 극심한 고투를 벌이는 한 의인의 모습을 보게 됩니다.

그렇다 해서 욥이 하나님을 직접적으로 욕하거나 원망한 것은 아니고, 고난을 허락하신 하나님께 달려들거나 항변하지도 않았습니다. 묵묵히 하나님의 신뢰를 믿고, 믿음으로 그 어려운 시기를 잘 극복했습니다.

그 결과 욥은 더 큰 축복으로 하나님 앞에 나아갈 수 있었습니다. 그리고 세 친구들과 멸시천대했던 많은 사람들 앞에서 당당히 하나님의 신뢰를 나타내 줍니다.

우리 신앙인들은 교회 욥에 대한 이야기들을 무수히 전하면서도, 실제로는 욥의 신앙과 전혀 다른 길로 가고 있어 실로 안타깝기 그지 없습니다. 욥의 신앙을 늘 부러워하고 칭송하면서도, 실제 욥의 믿음을 본받으려 하지 않는 신앙인들이 많습니다. 조금만 참아도 될 것을 화를 내며, 자신의 서운함을 금방 드러내기도 합니다.

주신 분도 하나님이요 거두어 가시는 분도 하나님이시라고 욥은 말했습니다. 당시 부를 누렸던 욥은 그 많던 재산을 다 잃으며, 건강마저 빼앗겼지만, 하나님에 대한 믿음과 사랑은 결코 버리지 아니했던 결과 더 많은 것으로 축복을 받았습니다. 뿐만 아니라 인류 역사상 지금까지 그의 순전한 믿음이 전해 내려오고 있는 것입니다.

특히 가정교육에 있어서도 빼놓을 수 없는 사실이 공개됩니다. 그의 아들들이 자기 생일에 각각 자기의 집에서 잔치를 베풀고 그의 누이 세 명도 청하여 함께 먹고 마셨는데, 그 후 그들이 차례대로 잔치가 끝나면 욥은 자녀들을 불러다가 성결하게 했습니다. 아침에 일어나 그들의 명수대로 번제를 드려, 혹시 자녀들이 죄를 범하여 마음으로 하나님을 욕되게 하지나 안했을까 노심초사하며 하나님께 제사를 지냈던 그의 자녀교육과 믿음은 본받아야 하지 않을까요?

우리 신앙인들은 욥의 그 믿음과 정직성을 배워, 오늘 교회 안에서는 물론이거니와 세상에 나가 살 동안 비 신앙인들로부터, 과연 예수를 믿는 사람들은 진실하고 정직하며 이웃을 돌아보는 아름다운 사람들이라는 소문이 넘쳐날 수 있도록 최선을 다해 하겠습니다.

_51

"형부, 이제 교회에 나가시지요"

"우리 친척들 중, 장애인이 없다는 것은, 참으로 감사한 일이다. 하지만 영적 장애인이 있다는 것은 참으로 슬픈 일이다."

올해 초 필자의 처가 식구들인, 동서들 모임에서 있었던 일입니다. 지혜와 명철이 이룬 복음의 기쁜 소식을 알리고 싶어 전하고자 합니다.

필자가 예전 항공회사에 취업하여 부산에서 근무를 할 때입니다. 저는 4대 독자이며 식구라고는 고향에 계신 어머님밖에 없었습니다. 무척 어려운 환경 속에서 필자를 위해 고단한 삶을 사시면서 남들 못지않게 바르게 길러주셨던 아름다운 믿음의 어머니였습니다.

그러다 결혼 적령기가 되어 선을 한창 보던 시절, 지금의 아내와 선을 보기도 하였습니다. 하지만 그 무렵 진주에 사시던 어머니께서 중풍으로 쓰러지셔서, 병원에 모셔야 했습니다. 식구라고는 저 혼자 밖에 없어 참으로 난감했습니다.

병원에서 간호를 하며 아침 일찍 고속버스를 타고 부산에 있는 회사로 출근하고, 근무를 마치는 저녁 무렵 시외버스를 타고 어머님이 계시는 진주 병원으로 돌아가 밤새 간호를 해야 했습니다. 고단한 만큼 바쁜 하루 하루를 보내야 했습니다.

필자의 딱한 사정을 알고 다니던 교회 성도님의 중매에 의해 선을 봤습니다. 그 날 마침 두 명의 아가씨와 연달아 선을 보기로 했지만, 한 아가 씨의 갑작스런 출장으로 인해 지금의 제 아내와만 만났습니다. 마침 전에 선을 한 번 봤던 인연이 있었습니다.

처음 선을 봤을 때는 그녀의 회사 근처에서 만났다가 다음 주에 만나 기로 약속을 했지만, 갑작스런 예비군 훈련으로 연락을 미처 하지 못하여 끝나고 말았는데, 오늘 그 아가씨가 병원에 꽃을 한 아름 들고 찾아왔습 니다.

필자는 교회에서 문병을 온 학생들에게 잠시 간호를 맡기고 아가씨와 데이트를 하면서, 결혼을 하면 좋은 일이 있을 것이라고 이야기했습니다. 다음 날 아침 일찍 아가씨 집으로 가서, 부모님을 만나뵙겠다는 약속을 한 뒤 데이트를 마치고 헤어졌습니다.

아침이 되어, 아가씨 집을 찾아갔습니다. 장인 되실 어르신에게 큰 절 을 올리며, "장로님! 이번 달 24일에 아가씨와 '결혼'하겠습니다"라고 담 대히 말씀을 드렸습니다.

그런데 놀랍게도 어르신께서는 "결혼하게" 하시며 흔쾌히 승낙하셨습 니다. 필자는 그 때 너무 놀란 나머지, '건너 마을에 최진사 댁에 딸이 셋 있는데~' 하는 노래가 떠올랐습니다.

장인께서는 재산이나 직업이나 능력 따위는 보시지 않고, 오로지 교회 에 다닌다는 한 가지 조건만으로 승낙을 하신 것이었습니다. 그 놀라운 믿음에 필자는 감동했습니다. 어느 누가 감히 현재 시어머니가 중풍에 쓰 러졌음에도, 차후 고단한 삶으로 살아가야 하는 딸을 시집보낼 수 있겠습니까?

장인 어르신의 승낙으로 필자는 무사히 결혼을 했습니다. 아내는 위로 언니 세 분 있고, 아래로 처남이 있었습니다. 1남 4녀 중 딸로는 막내였던 것입니다. 장인께서는 교회 장로, 장모님은 권사이시며, 제일 큰 형님도 장로이십니다. 셋째 형님 역시 저와 나이가 같은 위 동서였습니다.

나중에 안 사실이지만, 처가 집안에는 장로만 약 28명인 아름다운 크리스천 집안이었습니다. 단지 제 둘째 동서 형님 가족만 교회를 나가지 않아, 장인 어르신을 비롯한 동서 가족들이 늘 마음 속으로 안타깝게 생각하며 예수님을 믿을 수 있도록 기도하며 늘 권면했습니다.

이제 본론으로 들어갑니다. 장인과 장모께서 돌아가시고 동서들만 남게 된 후, 자녀들의 결혼식 등이 있을 때 한 번씩 만나게 됩니다. 장로이신 큰 동서 형님은 공직에 계시다 일찍 퇴임하신 뒤, 사진작가가 되어 활동 중이십니다. 둘째 형님은 수협에 근무하다 은퇴하셔서 농사를 짓고 계시고, 셋째 동서는 사업을 하다가 나이로 인해 귀농하여 지내고 있습니다.

손아래 처남은 약 20년간 초등학교 교사를 하다 퇴직한 후, 장인 어르신께서 바라고 원하셨던 목회자가 되어, 지금은 교회를 맡아 열심히 목회를 하고 있습니다.

그래서 처남의 누나들 4명의 의논 후 처남이 목회하는 교회로 모두 방문해 축하해주기로 했습니다. 약속한 날을 잡아, 방문지인 남해 당항교회로 찾아갔습니다.

동서들과 옛 이야기로 꽃을 피우며 만남의 즐거움과 기쁨을 만끽하고 있을 때, 제일 큰 동서인 형님께서 입을 여셨습니다. 필자는 그 말씀에 크게 감동을 받아, 글로써 선한 복음의 지혜를 널리 전하고자 합니다.

큰 형님께서는 성품이 강직하시면서, 온화함과 유머 감각이 풍부하시고 정이 많으신 분입니다. 둘째 동서 형님께서 홀로 신앙생활을 하지 않음을 늘 안타까이 여기며 말씀하셨습니다.

"우리 식구 모두들 잘 들어봐! 우리가 너무 감사한 것이 있다. 우리 식구들을 비롯하여 일가친척들 중에 장애인이 한 사람도 없지 않은가! 너무너무 감사한 일이다"라며 빙그레 웃으시면서 다음의 말을 하셨습니다.

"하지만 영적 장애인이 있다는 것은 참으로 슬픈 일이다." 이 말씀을 듣고, 우리 모두는 서로 쳐다보면서 "맞네, 정말 맞네" 했고, 옆에 있던 집사람의 언니가 "형부, 이제 교회에 나가시지요!" 하며 용기 내어 말했습니다.

둘째 형님이 빙긋 웃으시며 긍정적인 눈으로 살며시 미소를 지으셨습니다. 복음의 씨가 마음 밭에 뿌려져 마음 속 깊이 교회당 종소리가 숨소리처럼 느껴지는 울림이 전해져, 마치 집안 분위기가 천국의 찬송소리가 울려퍼지는 것 같았습니다.

둘째 형님은 대가족의 장남으로, 부모님께서 예수를 믿지 않아 제사가 많았던 터라 교회를 나갈 수 없었던 처지였습니다.

마침 얼마 전 큰 아들이 결혼했는데, 아주 믿음이 좋은 아가씨를 며느리로 맞아, 복음의 가정으로 변화됐습니다. 놀라운 소망의 열매가 주렁주렁 열리는, 이미 크리스천으로서의 선택된 하나님의 가정임을 알 수 있습니다.

큰 형님의 깊은 신앙에서 우러나오는 말씀 가운데, 유일하게 교회를 나가지 않는 동서를 위해 애가 마르게 기다리며 교회를 나갈 수 있도록 복음을 전하며, 장차 임할 예수님의 재림과 앞으로 천국을 향한 소망을 권면하는 그 모습은, 참으로 선하고 아름답다 할 수 있습니다.

둘째 형님은 교회를 나가지 않으실 뿐, 예수 믿는 사람들보다 더 아름답게 살아가는, 요즘 시대에 참으로 귀하신 분입니다.

그리고 형제들을 위해 전심을 다해 정을 쏟으시며, 화목과 화평을 위해 많은 조언으로 위로하시는 그 모습은 참으로 크리스천들이 누리고 살아야 하는 것이 아닐까 싶습니다.

'처갓집 촌수는 촌수도 아니다'는 옛말도 있지만 동서들과의 관계에서도 참된 신앙인으로서 모범을 보이셨습니다. 큰 형님의 성숙한 질서와 믿음을 보며, 외롭게 자라면서 신앙생활을 해온 저로서는 훌륭한 선배이자 교사이며, 존경하는 분입니다.

이런 좋은 집안으로 장가를 보내신 것도 하나님의 깊으신 뜻과 사랑이 있지 않을까요? 특히 장인 어르신의 모범적인 신앙생활과 기도의 응답이 이루어지는 것이라 생각됩니다.

장인 어르신께서 하늘나라로 가셨을 때, 많은 사람들이 장례식에 참석했습니다. 그 때 장인 어르신께서 생전에 절대 알리지 말라고 당부하셨던 선한 일과 수고들이, 돌아가신 후 어려운 이웃들을 통해 속속 드러나면서 많은 사람들에게 감동을 선물하셨습니다.

"우리 친척들 모두가 장애인이 한 사람도 없어 정말로 감사하지만. 영적 장애인이 있다는 것은 참으로 슬픈 일"이라고 말씀하신 큰 형님의 말씀이, 남해 바닷가에서 집으로 향하던 차 안에서 내내 귓전을 울립니다.

둘째 형님을 구원하기 위한 큰 형님의 깊은 사랑을 다시 한 번 느끼면서, 반드시 기도의 응답이 이루어질 것을 확신합니다. 둘째 형님의 가정에 천국의 문이 활짝 열릴 것을 믿습니다.

"너희의 하나님이 이르시되 너희는 사랑하라 내 백성을 사랑하라!"

이사야는 하나님의 계시에 의하여, 앞으로 있을 포로생활이 명백한 사실임을 알고 믿었습니다. 그래서 포로 생활에 대한 괴로움과 멍에를 짊어져야 할 백성들에게 소망과 위로의 메시지를 준비해 두었습니다.

_52

공동체의 위로와 영적 쇄신

여호와께서는 절망적인 상황이 닥치더라도, 강한자로 임하셔서 능력으로 다스리시며 목자처럼 자기 백성을 돌보신다는 것을 우리 신앙인들은 믿고 따라야 할 것입니다.

특히 이사야는 여러 가지 시적 비유들을 사용하여 하나님의 절대 주권과 능력을 선포하였습니다. 하나님의 능력과 주권은, 그의 백성들에게 하신 위로의 약속이 반드시 성취되리라는 믿음의 근거가 되는 것입니다.

이사야 선지자는 "사랑하여라, 사랑 하여라, 나의 백성을"이라고 외치며 하나님의 말씀을 대신 들려줍니다. 하나님께서는 우리 백성들을 따뜻하게 사랑하여 주시는 분입니다.

더구나 현 시대에는 많은 위로와 사랑이 요구되며. 자녀들은 부모의 사랑이 필요하고, 제자는 스승의 위로가 필요하고, 조직의 상하 관계에서도 사랑이 필요하며, 선후배 간에는 말할 것도 없습니다.

그러나 정말로 참된 사랑이 되기 위해서는 주님께서 우리와 같은 처지로 오셔서 우리와 함께 위로를 베풀어 주신 것처럼, 같은 처지가 되어 함께 머물러줄 수 있어야 할 것입니다.

　그렇다고 무작정 같은 처지가 되는 것이 위로는 아닙니다. 주님은 우리와 동행하셔서 우리를 하늘나라로 함께 인도하시는 분이십니다. 다시 말해, 소망을 주지 않는 사랑은 사랑이 아님을 알아야 합니다.

　참된 위로는 함께하며 우리를 위해 동행자로 오신 예수님처럼, 우리 또한 세상 사람들의 이웃이 되고 위로 자가 될 수 있어야 하는 것입니다. 우리는 요한처럼 겸손한 삶을 본받아야 합니다. 그 분은 내 뒤에 오시지만, 나보다 더 위대한 분이라는 말은 겸손의 덕이 없이는 할 수 없는 말입니다.

　우리 모두는 인생의 무대에서 주인공이 되고 싶어합니다. 그러나 조연이 없거나 엑스트라가 없는 연극이나 영화는 재미가 없으며 감동을 주지 못합니다. 선배이지만 후배에게 자리를 내어주고 후배를 칭찬하는 모습들은 참으로 아름답고 훌륭한 일입니다. 오늘날 교회 안에서도 이런 아름답고 훌륭한 모습들을 보여주어야 합니다.

　우리 모두는 인생 무대에서 주인공이 되려 하지만, 요한은 기꺼이 조연의 역할에 충실하였습니다. 모든 사람들이 하나님의 구원을 볼 수 있도록 가장 가까운 이웃에게 다가가 위로하고 공감하고 소통한다면, 추운 겨울이 얼마나 따뜻해질까 생각해 봅니다.

　잘못했어도, 실수했어도, "괜찮아 그럴 수 있어, 다시 한 번 해 보자"며 응원해 주고 위로해 주는 따뜻한 사람들이 교회 안에 넘쳐났으면 좋겠습니다.

　그리고 믿음과 소망과 사랑은 신앙인들의 삶 속에 함께해야 합니다. 덕은 '마음으로부터 우러나오는 자연적 행위'라는 어원적 의미를 살펴보면, 덕이란 결코 '덕성스러운 척' 하는 인위적인 모습이 아니라는 것을 알 수 있습니다.

이처럼 덕은 개인의 성숙뿐 아니라 공동체의 정체성 확립을 위한 필수 덕목입니다. 믿음과 소망과 사랑의 덕은 하나님께서 우리의 마음에 가득 부어주신 은총이고 은혜입니다. 하나님을 닮아가는 사람으로 살기 위해서는 성숙한 삶을 꾸리고자 하는 반드시 필요한 것임을 알아야 합니다.

교회가 그저 세례받은 사람들의 모임으로만 전락되지 않기 위해, 새로운 영적 공동체로서의 거듭남이 요구되는 것입니다. 사실 요즘 같은 시대에 신앙의 사막화가 확산되고 있는 현실에 공동체가 그러한 영적 공동체의 모습을 보여주는 것이 그리 쉽지만은 않습니다.

하지만, 이 어려운 현실의 삶의 근본 의미를 되새기고, 믿음의 보화가 주는 소중한 가치를 재발견할 수 있는 기회를 만들어 가야 합니다.

교회의 영적 쇄신을 위해서는 먼저 덕을 세우며, 교인 한 사람 한 사람과 공동체가 덕을 갖추어 살아갈 때, 비로소 교회가 세상을 향한 소금의 역할과 빛의 사명을 충실히 감당할 수 있는 여건이 조성될 것입니다. 영적 쇄신은 우리 삶에 중심에 있어 하나님을 내 안에 모시는 일에서 시작이 되어야 하며, 공동체의 시선이 그리스도에게 고정될 때만이 가능하게 되는 것임을 알아야 하겠습니다.

그러므로 한 공동체가 지닌 하나님에 대한 그릇된 생각은 영혼을 병들게 하고 서로를 분열시키며 전례를 경직되게 하는 것입니다. 이런 토대에서 교회는 올바르게 자랄 수 없으며, 교회의 믿음은 바로 나 개인의 삶을 통해서 고백되는 것임을 깊이 새겨, 물질을 앞세우는 세상, 인간이 단지 능력으로 평가받는 세상의 이론을 허물어내야 합니다.

무술년 새해가 우리 곁으로 찾아온지 벌써 넉 달째, 이제 부활절도 지나고 따뜻한 봄날이 찾아왔습니다. 우리의 신앙은 단순히 개인주의적인 개념이나 사적인 견해가 아니라 교회로부터 전승된 공동체적인 신앙이기에, 교회의 여정에 적극적으로 참여함으로서 믿음을 더욱 업그레이드 시켜 나가야 할 것입니다.

교회는 공동체 안에 믿음을 키우며 한데 어울려 성장하는 생명체임을 깨달아야 합니다. 주님께서 교회에 주시고자 하는 말씀에는 건강한 믿음의 신앙의 사적 행위를 넘어, 주님과 더불어 살겠다는 약속과 그분과 모든 것을 함께 하겠다는 삶의 고백으로 만 되는 것입니다.

그리스도에 대한 올바른 믿음을 바탕으로 소망의 공동체를 일궈 나가도록 해야 하며, 교회 안의 지도자들은 성경 말씀에 전적으로 감동하는 삶 속에, 성경이 요구하는 하나님의 말씀을 토대로 오로지 나를 내려놓는 덕목이 필요합니다.

뿐만 아니라 자리를 비워 둘 때를 정확히 진단하며, 후배들에게 과감히 물려줄 수 있는 덕목도 함께 세워 나가야 합니다. 나를 위한 물욕과 명예 그리고 권력에 재미를 누려, 물러설 때를 구별치 못한다면, 하나님의 사람들이 모인 공동체는 서서히 무너져 내릴 수 있습니다.

설교자는 설교자대로 주님의 말씀을 진실되게 전하고, 장로는 장로대로 말씀 안에서 하나님의 교회를 위해 신실한 헌신을 해야 합니다. 각자가 맡은 사명을 성실히 이행할 때, 믿음의 공동체는 더욱 빛을 발하며, 그 속에 있는 백성들은 늘 기쁨과 행복의 삶이 될 것입니다.

자신을 늘 뒤돌아볼 수 있는 성찰과, 다가오는 새로운 하루를 위해 최선을 다하는 신앙인들이 됩시다. 즐거운 소통의 자리에서 저마다 소망의 닻을 올리고 저 천국을 향해 날마다 가까이 다가갑시다. 기쁨의 삶으로 늘 찬송하며, 이웃을 향한 시선으로 온 세상에 다가갑시다.

이것이 곧 공동체의 위로와 영적 쇄신의 열매가 아닐까요?

_53
오죽 했으면 자살을? 예수님께서 원하고 바라실까요

'진보의 영원한 등대', '노동운동의 큰 별'로 불리며, 높은 인지도와 대중성으로 국민들로부터 좋은 평판을 듣는 정치인이었던 노회찬 의원. 하지만, 2016년 총선을 앞두고 경제적 공진화 모임에게 불법정치 자금을 수수한 의혹이 드루킹 특검을 통해 제기되면서, 그에게 인생 최대의 위기가 찾아왔습니다.

그러나 원내대표 방미 등 모든 일정을 소화하고 귀국한지 몇 시간도 채되지 않아 극단적인 선택을 하여, 결국 7월 23일 노모가 계신 아파트에서 "돈은 받았지만, 어떤 청탁도 없었고 대가를 약속한 바도 없었다", "참으로 어리석은 선택이었으며, 부끄러운 판단이었다"는 유서를 남기고 스스로 투신하여 생을 마감하고 말았습니다.

조금 지난 이야기지만, 많은 약자들과 노동자들은 그를 좋아했습니다. 그런 가운데 자살이라는 극단적인 선택만이 옳은 처사였을까요? 자살 대신 떳떳하게 잘못을 시인하고, 앞으로 나라를 위해 더 많은 일을 했더라면 좋은 선택이 아니었을까 하고 생각해 봅니다.

이러다 대한민국은 'OECD 자살 1위국'이라는 불명예에서 벗어나기 힘들 것 같습니다. 더구나 자살한 사람을 영웅시하는 것은 참으로 위험한 일입니다. 혹 사춘기 어린 학생들과 젊은이들이 본받을까 심히 걱정이 되기도 합니다.

자살을 통해 모든 것들을 해결하려 하거나, 모든 것을 자신이 안고 가겠다거나 덮고자 한다는 것은, 분명 옳은 선택이 아닙니다. 후손들에게도 부끄러운 일입니다. 자살보다 더 나은 방법을 모색했더라면 어땠을까 하는 생각에 무척 아쉬움이 남습니다.

예수님의 12제자 중 금전을 맡아 책임졌던 가룟 유다 역시 자살이란 극단적 선택으로 인해, 지금까지 불명예 제자로 이름이 전해지고 있습니다. 금전을 맡은 사명자라면 꽤 두터운 신임을 얻었던 인물일 것입니다. 가룟 유다 역시 처음에는 예수님의 가르침대로 맡은 임무를 성실히 정직하게 했으리라 생각이 됩니다.

하지만 재정을 오래도록 맡아 담당하면서, 초심은 어디론가 사라지고 사탄의 방해 공작으로 인해 유다는 예수님의 제자로서의 본질을 망각하게 됐습니다. 결국 우려대로 세상 사람들이 피하여 도망치듯 자살을 선택하는 비극적 마무리를 맞았습니다.

지금 교회 안에서 재정을 담당하는 분들의 애로사항이야 필자 역시 말하지 않아도 그 심정을 잘 헤아리고 있습니다. 신앙생활 중 재정을 맡아 담당하는 분들의 이야기를 가만히 들어보면, 시험에 드는 일이 허다하다고 합니다. 무슨 내용인지는, 말을 하지 않아도 재정 업무를 담당해 보신 분들이라면 다 아실 것입니다.

오늘날 담임목사나 교회를 좌지우지하는 힘 있는 장로의 정직하지 못한 재정 관리로 인해 어려움을 겪는 교회를 흔히 볼 수 있습니다. 재정을 투명하게 관리하기란 참으로 힘에 부친 일일 것입니다. 하지만 재정을 투명하게 관리하지 못할 때는 분명 어려움을 겪게 됩니다.

예수님께서 친히 선발하셔서 하루 24시간을 거의 함께 생활했던 열두 제자 가운데서도 이러한 비리가 발생했는데, 하물며 예수님이 눈에 보이지 않는 교회 안에서는 얼마나 많은 비리들이 있을까요?

저울도 공평한 저울을 사용하라고 하셨습니다. 그리고 모든 업무는 공명정대하게 공과 사를 구분하라고 하셨습니다.

특히 교회 안에서 주님을 바라보지 않고 내가 주인이 되어 모든 일을 하려고 하는 모순 때문에 늘 분쟁이 도사리며, 성도 간에 서로가 신뢰하지 못하고 믿지 못해 시기하며, 심지어 모함까지 일삼는 등, 성도로서 감히 할 수 없는 나쁜 일들이 전개되고 있습니다. 참으로 안타까운 일이고, 주님께 더욱 실망을 시켜드리는 결과를 초래하는 것입니다.

하지만 기회는 있습니다. 스승을 은 30냥을 받고 팔아먹은 가룟 유다는, 스승께서 십자가형을 당하는 것을 보고 가슴 깊이 죄책감에 사로잡혔습니다. 그러나 그는 자살을 선택을 하였습니다.

어찌 보면 가룟 유다는 '양심 있는' 세상 사람일 수도 있습니다. 세상에서도 자살을 하는 분들을 가만히 보면, 계산이 빠릅니다. 계산이 너무 빠르다 보니, 극단적인 선택을 서슴없이 자행합니다.

자살을 마음먹었다 해도, 그 전에 잠시 숨을 고르며 나의 잘못과 앞으로의 희망적인 계획을 잠시나마 생각해 봤더라면, 그리 급하게 자살을 선택하지 않았을 것입니다.

가룟 유다보다 주님으로부터 많은 총애를 받았던 베드로는, 오히려 가룟 유다보다 더 못된 사람이라고 볼 수도 있었지 않습니까.

베드로 역시 '닭 울기 전 세 번이나 나를 부인하리라' 하셨던 주님의 말씀이 떠올랐습니다. 그러나 그는 가슴 깊은 후회와 더불어 깊은 회개를 함으로써 극단적인 행동을 하지 않았고, 훗날 주님께서 귀히 사용하는 성 베드로로 거듭날 수 있었습니다.

베드로도 급한 성격을 지닌 한 사람이었지만, 결정적인 순간에 선택을 잘 한 덕분에 오히려 주님의 귀한 제자로 쓰임을 받았던 인물이 되었습니다.

가롯 유다 역시 베드로처럼 다시 한 번 심사숙고했더라면, 비록 주님을 팔았던 인물이지만 훗날 주님께서 귀히 쓰시는 제자로 명성을 얻을 수 있었을텐데…. 참으로 아쉬움이 많이 남기도 합니다.

노회찬 의원 역시 노모도 살아계시는데다, 그를 좋아하는 많은 약자들의 마음을 조금이라도 헤아렸더라면 자살이란 극단적 선택은 피하지 않았을까 하는 아쉬움이 더 마음을 괴롭힙니다.

내가 추구하고 원하는 목적을 달성하지 못했다 해서, 그리고 나의 명예가 훼손됐다 해서 자살이란 극단적인 선택을 한다면, 그 추구하고 목적했던 일은 누가 달성하겠습니까? 잠시 사람들에게 실망을 안겼더라도, 그것은 순간입니다. 내가 저질렀던 일에 대해, 잘못이 있으면 시인하고 용서를 구하면서 다시금 새로운 삶을 살아간다면, 반드시 명예회복은 물론, 내가 원하고 바라던 선한 일까지 반드시 이루어진다는 것을 의심해서는 안 될 것입니다.

하지만 생각해 봅시다. 나 한 사람으로 인해 국가와 백성의 기밀이 누출되거나, 나라를 위해 일하다가 적에게 붙잡혀 조직원들에게 누를 끼친다거나 조직의 와해를 막기 위해, 그리고 견딜 수 없는 심한 고문을 이기지 못해 배신하는 일을 막기 위해, 자살을 선택하지 않으면 도저히 감당할 수 없는 지경에 이른다면, 신뢰와 믿음을 지키기 위해 자살을 한 번쯤

고려해 볼 수 있지 않을까요?

하지만 이 땅에서 주님의 복음을 위해, 흉악한 이들의 고문을 감내하며 믿음을 지키기 위해 자살을 선택하지 않고, 오직 주님의 이름으로 순교를 감당한 많은 순교자들의 거룩한 자세는 신앙인들이 늘 가슴에 담고 본받아 실천하는 삶을 살아야 하겠습니다.

특히 정치가나 사업가들 중에는 믿는 사람들이 많이 있지만, 무슨 사고가 터지면 자살이라는 극단적인 선택을 하는 분들이 있어 실로 안타깝게 생각을 합니다. '오죽 했으면 자살을 선택했을까' 하는 일말의 생각도 있지만, 주님께서는 아마 자살하는 것을 원치 않으실 것입니다.

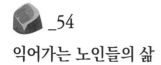

_54
익어가는 노인들의 삶

　일제강점기를 거친 후 6·25 동란을 경험하고, 보릿고개와 사라호 태풍 그리고 최근의 IMF까지, 급성장으로 인한 변화와 문화 차이로 노인들의 한숨이 깊어지고 있습니다. 청춘을 반납한 채 얼룩진 땀방울로, 고단하고 암울했지만 오로지 자식들을 위해 허기진 배를 움켜잡으며 반평생 살아왔던 노인들은 지금 불확실한 미래에 대한 염려로 노심초사하고 있습니다. 실로 안타까운 일입니다.

　지난 10월 2일은 노인의 날이었습니다. 그 분들은 때로 유행가 가사처럼 "내 나이가 어때서?" 라고 항변하기도, 좋았던 옛날을 회상하기도 합니다.

　노인은 늙어가는 것이 아니라 '서서히 익어가는 것'이라고 합니다. 특히 고령화 시대에 접어들면서 노인들의 불안은 점점 깊어갑니다. 자신의 미래는 아랑곳하지 않고, 오직 자녀들의 미래를 위해, 그들을 잘 먹이고 입혀 좋은 대학에 보내 행복하게 결혼하기까지 책임지셨던 어르신들의 숭고한 희생에 우리는 얼마나 예우를 갖추고 있나요. 그 분들은 지금 허탈

감과 긴 한숨으로 살아가고 있습니다.

이는 노인들을 바라보는 이 시대의 선입견 탓이라 말하고 싶습니다. 이른바 나이가 들면 뜨거운 감정도 없고, 샘솟는 아이디어도 없이 그저 시간만 축내며 지낸다는 편견 말입니다.

노인이라 해서 정신마저 늙어버린 것은 아님을 알아야 합니다. 더구나 우리 기독교인들은 '영혼'이 나이 구분 없이 지속적으로 성장할 수 있다고 말하지 않습니까? 시간이 더할수록, 더 윤택한 영혼으로 향상될 수 있습니다.

노인으로 정의내릴 수 있는 나이는 정확하게 정할 수 없지만, 법률적으로는 대개 만 65세 이상이라고 합니다. 65년간 살면서 많은 풍파를 짊어지고 지내오신 분들이기에, 이 분들에게는 저마다 색깔 다른 상처가 있습니다.

성경에서는 "늙은이를 꾸짖지 말고 권하되 아비에게 하듯 하며 젊은이를 형제에게 하듯 하고, 늙은 여자를 어미에게 하듯 하며 젊은 여자를 일절 깨끗함으로 자매에게 하듯 하라(딤전 5:1-2)"고 했습니다. 바울 사도는 사역자가 모든 늙은이들과 젊은이들을 그리스도 안에서 진정한 영적 가족으로 대하고 섬겨야 한다고 말씀하십니다.

요즘 사춘기 아이들과 젊은이들이 자신들은 절대로 늙지 않을 것처럼 노인들을 학대하는 모습을 볼 수 있습니다. 마치 귀찮은 존재들처럼 여기기도 합니다. 자신들이 존재하는 이유는 그 분들이 있었기 때문임을 모르는 걸까요? 자신들은 땅에서 솟아나고 하늘에서 떨어진 것처럼 착각하고 있습니다. 고령화 시대로 접어들지만 일자리는 한정돼 있으니, 그들에게 노인의 존재는 귀찮을 수 있습니다. 하지만 이런 사고방식을 바꿔야 합니다.

물론 노인들도 젊은이들이 귀찮게 여기지 않도록 사회 발전을 위해 스스로 일을 찾아 나서는 모습을 보여야 할 것입니다. 건강한 고령 사회, 노년기의 가치가 인정되고 노인들의 역할이 살아 있는 사회를 만들어야 합니다.

　노인들이 이러한 생활을 할 수 있도록 적절한 사회적 지원도 필요합니다. 적절한 지원을 통해 노인의 잠재력을 개발하고 그것들을 지역사회 발전을 위해 활용하는 사례가 많아진다면, 젊은이들로부터 인정을 받을 뿐 아니라 노인들이 사회에 필요한 존재임을 인식 시킬 수 있습니다.

　노인들이야말로 아름답게 익은 열매처럼 많은 이들에게 기쁨과 즐거움을 선사하는 모범적인 모습을 보여야 할 것입니다. 요즘 젊은이들 태반은 귀에 이어폰을 낀 채 지하철이나 버스에 앉아 있습니다. 주위를 살필 겨를도 없습니다. 노인들이 앞에 서도 아랑곳하지 않습니다. 자리를 양보하던 미덕은 이제 '먼 나라 이야기'처럼 들립니다. 물론 그렇다 해서 모든 젊은이들이 다 그런 건 아니지요. 일부 젊은이들의 자리 양보하는 모습이 간혹 눈에 띄면 정말 아름다워 보입니다.

　하지만, 노인들에게도 드릴 말씀이 있습니다. 자리를 양보하려는 젊은이에게 한 번쯤은 '괜찮다'는 시늉을 하거나 '고맙다'는 인사를 해야 하는데, 요즘 어르신들은 아무 말 없이 '마치 내 자리인 양' 앉거나 양보한 이들을 냉대합니다. 이렇게 하다 보면, 앞으로 젊은이들이 갈수록 자리를 양보하지 않을 것입니다.

　노인들이 대접 받는 사회가 되려면, 먼저 노인들이 깨어나야 합니다. 힘든 일은 무조건 '젊은이들이 다 하겠지' 하는 마음으로 놀고 먹으려는 마음을 물리쳐야 합니다. 건강이 허락하지 않고 몸이 불편한 분들에게까지 드리는 말씀은 아닙니다. 노인들이라 해서 무조건 힘이 없진 않습니다.

그리고 오랜 세월에서 묻어나온 경험과 연륜을 바탕으로 더 좋은 아이디어와 정신을 펼쳐야 합니다.

노인은 '다 익은 열매'입니다. 그 아름답고 풍성한 열매를, 이제 세상을 위해 내어놓아야 합니다. 젊은이들이 노인들을 부모처럼 존경의 대상으로 여기는 풍토가 가득할 때 노인들은 더욱 행복해질 것입니다.

패기 넘치는 젊음만으로는 결코 향유할 수 없는, 쌓인 세월을 통해서만 얻어지는 연륜의 향기가 있습니다. 이러한 진실을 고스란히 느끼도록 노년의 일상에 활력을 제공해 주는 곳이 있으니, 바로 교회입니다.

교회는 노인들을 위한 다양한 프로그램과 사업을 육성하여, 노인들이 즐거워하고 행복해하는 모습들을 먼저 나눠야 하겠습니다. 뿐만 아니라 세상보다 앞장선 노인 문화를 만들어, 세상을 향해 주님의 아름다운 향기를 뿜어야 하겠습니다.

_55

장수(長壽)하는 삶의 비결

요즘은 100세 시대가 되었다면서, 모두 '무병장수(無病長壽)'의 꿈을 꾸며 그렇게 살기를 희망합니다. '무병장수'는 병 없이 건강하게 오래 산다는 뜻이며, '무병장생(無柄長生)'이라고도 합니다.

이와 반대로 세상 사람들이 말하는 '장수(長壽)'의 4대 재앙도 있습니다. 그 첫째는 지병장수, 둘째는 무전장수, 셋째는 무업장수, 넷째는 독고장수입니다. 인간으로서 슬픈 최악의 장수이자, 나를 비롯하여 주위 많은 사람들에게 덕이 되지 않는 비참한 '삶'이기도 합니다. 누구나 이런 '삶'이 혹 자신에게 닥쳐오지 않을까 내심 두려움을 느끼며 불안해하는 모습들을 볼 수 있습니다.

누구나 오래 살았을 것이라고 믿는 중국의 진시황은 겨우 56년을 살려고 그렇게 몸부림을 쳤고, 전 세계적인 영웅으로 손꼽히는 알렉산더 대왕도 33년간 살다 역사의 뒤안길로 사라지고 말았습니다. 기네스북에 기록돼 있는, 프랑스의 잔 루이 칼멘은 122세로 현 시대에 가장 '장수'한 사람으로 기억되고 있습니다.

창세기 5장에 나오는 아담은 930세를, 아들인 셋은 912세를, 에노스는 905세를, 마할랄렐은 895세를 살았습니다. 그리고 성경에 가장 오랜 '삶'을 영위한 것으로 기록된 므두셀라는 969세를 살았습니다. 이후 야렛은 962세, 노아는 950세를 살았습니다.

이처럼 인간 창조 후 인간의 수명 변화를 보면, 노아 대홍수 전에는 평균 900세였지만 이후 급격하게 떨어져 약 450세, 절반이 됩니다. 그리고 벨렉의 때에는 그 절반인 200세로 줄었으며, 이후에도 수명은 점점 줄어 아브라함은 175세, 이삭은 180세, 야곱은 147세, 요셉은 110세까지 살았습니다. 출애굽 당시 평균수명은 70-80세에 불과했으며, 다윗은 70세를 살았습니다.

물론 무조건 오래 산다고 꼭 좋은 것만은 아닌 것 같습니다. 앞서 말한 것처럼 4대 재앙을 품고 '장수'하는 것은, 실로 고통스럽고 불행한 '삶'입니다. 주님께서는 단 33년의 공생애를 통하여, 하나님께서 부여하신 책임을 다하셨습니다. 언뜻 보기에는 주님께서 짧은 생애를 비극적으로 마치셔서 마치 불행한 '삶'을 사신 것처럼 오해를 불러일으킬 수도 있지만, 인간으로서 표현할 수 없는 최고의 사랑과 기쁨으로 사신 분일 것입니다.

시편에서 "인간의 수명은 칠십 년, 강건하면 팔십 년"이라고 했습니다. 그러므로 먼 미래를 대비한다는 것은 무의미하다고 말할 수 있습니다. 내일 걱정은 잊고 오늘의 '삶'에 충실하면 된다고들 하지만, 종말은 세상의 완성이 아니라 파국적 멸망이라는 세간의 전망은 한 치의 오류도 없이 100% 진실이 될 것입니다. 바로 그런 파국을 미리 방지하고, 건네받은 복음 사역을 후대에도 물려 주어 지속적으로 세상 건설에 동참한다는 것은, 하나님나라 완성에 동참하는 것이기도 함을 우리는 알아야 합니다.

요즘에는 누구나 오래 행복하게 사는 것을 열망하지만, 비록 생을 짧게 마감했더라도 자신을 희생하며 이웃을 위해 목숨을 버린 '삶'이라면, 육신은 비록 '장수'하지는 못하지만 그 이름과 선한 행실은 '장수'하는 것 아닐까요?

이 땅에 많은 순교자들 중에서는, 하나님을 기쁘시게 해 드리기 위해 젊은 나이에도 목숨을 버리셨던 분들이 많습니다. 오히려 그분들이 장수하시는 분들이 아닐까 생각해 봅니다. 인간으로 태어나 아무 목적도 없이 되는 대로 살아가는 분들이 많지 않습니까. 아까운 세월을 무작정 흘려보내고, 신세타령으로 일관하며, 남들과 비교하면서 '삶'을 그냥 망가뜨리는 분들을 보면 안타까울 뿐입니다. 특히 교계에도 이런 분들이 많아 늘 염려가 됩니다.

하나님께서는 모세를 통하여, 십계명의 5번째 말씀인 '장수의 비결'을 명령하셨습니다. '네 부모를 공경하는 것이 장수의 비결'이라고. 하지만 오늘의 시대에는 자기 편리와 이기적인 사고로 인해, 자신들을 위해, 젊음과 한평생을 희생하며 살아 오신 부모에 냉랭하며 심지어 살인까지 일삼는 험악한 세상으로 변해 버렸습니다. 오늘 하루는 또 어떤 험악한 변이 일어날지 가슴이 조마조마할 뿐입니다.

이제 돌아올 수 없는 지금의 이 귀한 시간을 좀 더 소중히 사용하여, 하나님께서 기뻐하시는 행복한 세월로 만들어 갔으면 좋겠습니다. 늘 긍정적인 사고와 이웃을 위한 배려로 사랑을 꽃피우는 모든 성도가 되었으면 하는 바람입니다.

하나님께서 주신 이 귀중한 시간을 아껴야 합니다. 하나님을 위해, 이 세상을 위해, 그리고 나라와 민족을 위해 기도하며 행동으로 옮겨야 할 귀한 이 시간을, 헛된 것에 눈과 마음을 피하여 주님의 참 뜻을 묻어버린 채 살아선 안 될 것입니다.

주님께서 허락하신 이 땅에서의 '삶'을 호흡이 멈추는 그 순간까지 귀하게 사용한다면, 누구나 부러워하는 '무병장수'의 길이자 주님께서 함께 하시는 아름다운 '삶'일 것입니다. 특히 요즘같이 풍요로운 시대를 맞이하여 값비싼 생활의 도구로, 그리고 육신을 위한 고급 음식과 보양식으로 장수하려는 삶의 끝에는 불행이 도사리고 있음을 알아야 할 것입니다.

늘 따스한 마음, 선한 일을 할 수 있다는 긍정적인 사고와 도전정신으로 육신을 부지런하게 움직이는 것이 장수의 조건입니다. 열등감에 사로잡히거나 부정적인 사고방식, 나태함과 무사안일주의, 게으름 등으로 일관한다면 '장수'의 조건에서 거리가 멀다는 사실을 인식하면서, 성도는 옳은 일에는 무조건 부지런해야 합니다.

오늘 하루를 순교의 정신으로 말씀을 묵상하며, 늘 기쁜 찬송과 깊고 고요한 기도를 통해 장수하는 크리스천으로서 값진 '삶'을 살아갑시다.

_56
겨자씨만한 믿음

한국 기독교인들은, 성경에서 심은 겨자나무가 새들도 깃들일 수 있을 만큼 자라는 거목으로 생각하고 있을 것입니다.

겨자씨가 나오는 식물은 '나무'로 설명됐지만, 사실 1.8m 정도나 그리 크지 않은 3m까지 자라며, 노란색의 꽃을 가지고 있는 일년생의 풀에 불과합니다.

겨자씨는 팔레스타인의 모든 씨 중에서 가장 작은 씨앗이라고 합니다. 그리고 겨자 풀은 이스라엘 전역에서 자라지만 특히 갈릴리 지방에서 많이 자라며, 2-3월에 마치 우리나라의 유채꽃과 흡사하게 생긴 노란색의 겨자풀꽃이 온 산과 들판을 노랗게 물들이고 있는 모습들을 볼 수 있습니다.

주님께서는 우리에게 겨자씨만큼의 믿음을 요구하고 계십니다. 하나님의 큰 약속은 가장 작은 믿음에서 시작됩니다. 히브리 글자 중 가장 작은 글자인 '요드'는 겸손을 나타냅니다. 하나님 나라는 마치 자기 밭에 갖다 심은 겨자씨 한 알 같은 겸손한 사람이 함께 들어가는 곳이라고 말씀하십니다.

'하나님 나라는 이와 같다'로 시작되는 이 말씀은 두 가지 '성장'의 비유를 통해 하나님 나라의 신비를 전하고 있습니다. 첫 번째는 '저절로 자라는 씨앗의 비유'로, 어떤 사람이 씨를 뿌려놓으면 땅이 저절로 열매를 맺게 한다는 말씀이 요점입니다.

이 비유의 핵심은 뿌려진 씨가 성장하는 과정을 씨 뿌린 이는 알지 못하지만, 땅의 생명력으로 결실을 맺게 됨을 말하면서 인간이 세상의 모든 것을 다 알고 있는 주인처럼 행사하며 결정하는 교만의 도가 넘었지만, 모든 것을 주관하시는 분은 곧 하나님이심을 깨닫게 합니다.

이 세상을 주관하시고 다스리시는 하나님 나라는, 하나님께서 생명의 주인이신 바로 그 나라입니다. 두 번째는 '겨자씨의 비유'로 세상에서 가장 작은 겨자씨이지만, 땅에 뿌려지면 자라나서 어떤 풀보다 커지고 큰 가지들이 뻗어, 하늘의 새들이 그늘에 깃들일 수 있게 된다고 말씀하십니다.

이 비유의 핵심은 하나님 나라는 작고 미약한 씨앗을 시작으로, 누구도 흉내 낼 수 없는 신비로운 성장 과정을 거쳐 완성을 이룬다는 것입니다.

하나님 앞에 너무나 작고 부족한 우리 모습을 견주어 생각해 본다면, '겨자씨' 같이 작고 보잘 것 없는 것에서, 우리의 상상을 넘어 풍성함으로 채워지는 하나님 나라는 우리에게 큰 위로와 소망으로 우리를 행복하게 해 주시며, 부족한 우리를 통해서도 하나님 나라가 완성될 수 있다고 확신할 수 있는 겨자씨 믿음 때문입니다.

이처럼 예수님께서는 우리의 부족함에도 불구하고 하나님의 선하심으로 완성되는 하나님 나라, 작고 보잘 것 없는 것을 통해서도 성장하는 하나님 나라의 신비를 보여주시기도 합니다. 이제 우리에게 필요한 것은 하나님께 대한 믿음과 신뢰를 두고, 하나님 안에 머무르도록 최선을 다해 노력하는 것입니다.

"이르시되 너희 믿음이 작은 까닭이니라 진실로 너희에게 이르노니 만일 너희에게 믿음이 겨자씨 한 알 만큼만 있어도 이 산을 명하여 여기서 저기로 옮겨지리라 하면 옮겨질 것이요 또 너희가 못할 것이 없느니라(마 17:20)".

이미 예수께로부터 귀신을 쫓아내는 권능을 받았던 제자들이(10:1) 무기력했던 것은 그들의 믿음과 기도가 부족했기 때문입니다(17:17-20, 막 9:29). 반면 예수님은 제자들과 아이 아버지의 불신앙(막 9:20-24)을 책망하십니다.

특히 23절에 "예수께서 이르시되 할 수 있거든이 무슨 말이냐, 믿는 자에게는 능히 하지 못할 일이 없느니라"고 하셨습니다. 예수님의 제자들은 이미 귀신을 제어하는 권세를 부여 받았지만, 제자들이 실패한 것은 하나님께 대한 전적인 신뢰와 믿음과 기도가 부족했기 때문임을 알아야 하는 것입니다.

믿음이 한 겨자씨만큼만 있으면 산을 명하여 옮기리라 하셨는데, 겨자씨의 믿음이란 과연은 어떤 믿음일까요. 작은 믿음을 말하기도 하겠지만, 하나님께로서 난 자는 그 속에 하나님의 씨가 있다고 말씀하셨는데, 진리의 씨, 곧 첫 열매인 십자가에서 흘리신 보혈의 약속의 말씀이 있는 믿음을 말하는 것입니다.

"하나님께로부터 난자마다 죄를 짓지 아니하나니 이는 하나님의 씨가 그의 속에 거함이요 그도 범죄 하지 못하는 것은 하나님께로부터 났음이라(요일 3:9)".

또 다른 희망의 메시지는 예수님께서 그들이 알아들을 수 있을 정도로,

많은 비유로 말씀하신 것입니다. 왜 그토록 많은 비유를 통해 하나님 나라를 알 수 있도록 하셨을까요?

우리가 제대로 알아듣지 못하는 이유도 있지만, 반대로 하나님 나라의 신비를 우리가 잘 알아듣고 하나님 나라의 삶을 선택할 수 있도록 하실 수 있는 모든 방법을 다 동원한 것은 아닐까요? 우리를 너무나 사랑하셨기에 행하신 일로 생각합니다.

특히 '하나님 나라가 겨자씨와 같다'고 하신 비유는 작은 교회가 튼튼하고 건강하게 자라서 그곳에 작은 새들, 가난하고 병든 자, 세상에서 소외되고 하찮게 여겨지는 불쌍한 사람들이 깃들이며 참 평안의 안식을 얻게 된다는 말씀입니다. 하지만 마치 느티나무나 고목나무처럼 크게 자란 수만, 수십만의 교인들을 유치하는 초대형 교회가 되어라는 말은 아니었습니다.

산을 명하여 여기서 저기로 옮긴다는 말씀은 자연적으로 산을 옮긴다는 뜻이 아니라, 영적인 믿음으로 바라본 산을 말씀하시는 것 아닐까요? 율법의 시내산에서 진리의 시온 산으로의 '믿음의 변화' 말입니다. 요즘 같은 시대로 말하자면, '믿음의 혁신'이라 할 수 있습니다.

누룩의 비유도 마찬가지입니다. 누룩은 밀가루에 들어가 그 자신은 그대로 있으면서 밀가루를 부풀어 오르게 합니다. 이것은 하나님 나라와 함께, 그리스도의 부활을 상징하는 비유의 말씀입니다.

고난받는 민중들이 그리스도의 죽음을 통해, 그들 스스로가 작은 그리스도가 되어 세상을 악한 세력으로 구원하기 위해 한 마음 한 뜻으로 일어선 것입니다.

그리스도의 부활, 그것은 민중봉기이며, 하나님 나라를 부르는 민중의 함성입니다. 그러므로 민중을 기만하는 초대형 교회의 출현과 같은 맥락임을 알아야 하겠습니다.

누룩은 빵을 굽기 위해 반죽을 부풀게 하는 효소입니다. 이 작용은 눈에 보이지 않는다고 합니다. 그리고 가루 서 말은, 약 160명 정도를 먹일 수 있는 많은 분량입니다.

오늘의 이 두 가지 비유들은 예수님의 활동으로 시작된 하나님 나라가 사람들이 보기에 미약하게 보일지 모르지만, 앞으로 상당한 영향력을 가지도록 성장하게 된다는 것입니다. 겨자씨 비유는 하나님 나라의 외적 성장을 상징하지만, 누룩의 비유는 내적 성장을 상징한다고 볼 수가 있습니다.

특히 교회 안에서 말씀을 전하시는 분이나 듣는 분들은 겨자씨 믿음에 관해 너무 쉽고 안이하게 전합니다. 진정 겨자씨의 믿음을 주위에서 보기란 쉽지 않겠지만, 그래도 제대로 된 신앙인들이라면 겨자씨 믿음에 대해선 더 성숙하게 솔직해야 합니다. 남들 보기에 큰 믿음을 가진 자처럼 연기하는 것은 겨자씨 믿음에 역행하는 것입니다.

특히 진리의 믿음이란 예수 그리스도를 믿기만 하면 되는 것이 아니라, 예수께서 친히 죽임 당하시고 다시 부활하신 증거의 진리, 곧 십자가 보혈의 공로임을 깨달아 행하는 믿음을 말씀하고 계십니다.

진정한 겨자씨의 믿음은 작은 배려로 시작해 긍휼을 품는 마음과 사랑, 그리고 철저하게 오만방자함과 교만을 부숴버리고, 탐욕에서 오는 고집과 아집을 물리칠 수 있어야 하겠습니다. 그럴 때 삼십 배, 육십 배, 백배의 결실을 수확하며, 평안한 하나님 나라를 차지하리라 확신합니다.

그러므로 주님께서는 바위 만한 믿음을 요구하시는 것이 아닙니다. 대신 작은 믿음이지만 어떠한 고난의 시련이 찾아와도 흔들림이 없는 믿음을 품고 실천해 나가야 합니다. 지금 당장 나의 유익을 위해, 나의 명예와 권력을 위해 쓸데없는 시간을 낭비하여 후회하는 일이 없도록, 지금이라도 깨달아야 할 것입니다.

이 세상에서 잠깐의 시간이라도 전적으로 성도들을 사랑하며, 철저하게 약속을 이행하며 신앙생활을 즐기고 풍성한 신뢰가 있는 겨자씨의 믿음이 되어야 하겠습니다.

그리고 더 넓게 세상을 바라봐야 합니다. 별 관심을 끌지 못하며 소외된 이들과 고아와 과부들의 깊은 한숨 속에 실망과 낙담의 그늘 속에 있는 이들과, 용서받지 못한 이들의 안에 계신 예수님의 음성을 듣고 만날 수 있도록 찾아 나서야 할 때입니다.

자신만의 가치와 욕망에서 벗어나, 예수님처럼 살아가야 할 때입니다. 그리고 전심을 다하여 겨자씨를 뿌릴 때입니다.

제9장　　　　　　**감사하는 신앙인들**

_57

새해에는 더욱 베푸는 삶을

우리 민족은 오래 전부터 인심이 후했고, 이웃과 나누는 삶을 살아왔습니다. 어린 시절에는 산에 호랑이나 산적이 나타난다는 괴소문으로, 해가 지기 전에 빨리 집으로 돌아가려 했습니다.

하지만 시계가 귀하던 터라, 자칫 시간을 놓쳐 낭패를 당하는 경우도 종종 발생하였습니다. 오늘은 어느 집에서 잠을 자고 갈까 하고 이 집 저 집을 기웃거리면, 이를 먼저 목격한 아낙네들이 서로 자신의 집에서 묵고 가라는 통에 나그네는 어쩔 줄 모를 정도였습니다. 저희 집에서도 나그네를 초청하여 함께 저녁식사를 나누며, 밤이 늦도록 이야기꽃을 피우기도 했습니다.

창세기 18장에는 아브라함이 장막 문에 앉았다가, 갑작스러운 방문객을 위해 달려가 영접하며 몸을 땅에 굽혀 절하고 자신의 집에 유하여 쉬기를 간청하는 모습이 나옵니다. 집에서 발을 씻기고 시원한 나무 아래 편히 쉬라고 권하며, 떡과 고기를 준비하여 정성으로 대접하였습니다.

창세기 19장에서는 롯이 소돔 성문에 앉았다가 방문객을 보고 일어나,

그들을 영접하고 땅에 엎드려 절하며 자신의 집으로 와 주기를 간청합니다. 아브라함의 집을 방문했던 나그네들에게처럼 발을 씻기고, 편히 주무신 후 아침 일찍 갈 길을 가시라고 권합니다. 롯은 당시 정직하고 친절한, 소돔의 지도자들 가운데 한 사람이었습니다.

사무엘상 25장에 등장하는 인물 중 나발은 마온 사람으로 갈멜이라는 곳에 거주하였습니다. 그는 소유한 양이 삼천 마리요 염소가 천 마리였던, 당시의 거부였습니다. 아내의 이름은 아비가일이었습니다. 갈멜은 마온과 십 황무지 중간에 위치하고 있었습니다. 이스라엘 북쪽 갈릴리 근방 갈멜산이 아닌, 헤브론 남쪽 11.2km 지점이었습니다.

양을 지키는 사람들이 양털을 깎는 것은, 농민들이 추수하는 것과 같다고 합니다. 이때 번영을 감사하고 기원하는 축제를 베푼다고 합니다.

모름지기 풍부한 재물은 하나님께서 주신 값진 선물이기에 잘 사용해야만 합니다. 그러나 나발이라는 인물은 당시 사울 체제 하의 대표적 인물이었고, 그 이름은 '벨리알의 아들'이라는 뜻이었습니다. '벨리알'은 사악하고 무가치한 존재이며, 구약에서는 배교 세력을 뜻했습니다.

당시 망명객이던 다윗은, 자기를 따르던 백성들을 후히 대접하리라 믿었던 나발의 행동이 심히 불쾌하여 그를 치러 가고 있었습니다. 나발의 재산과 생명을 밤낮으로 보호했던 다윗은 나발에 대한 분노가 머리 끝까지 차올랐습니다. 그러나 도중에 나발의 부인인 아비가일을 만나게 됩니다. 현숙하고 지혜가 충만한 아비가일은 생필품과 음식을 장만하여, 자신의 집으로 달려 오던 다윗을 만나 용서를 구합니다.

아비가일은 최선을 다해 다윗을 영접하고, 모든 지혜를 동원해 분노로 가득 찬 다윗을 마음을 변화시킵니다. 그러나 열흘 후 나발은 하나님께서 보내신 재앙을 만나 죽게 됩니다. 아비가일은 후일 다윗의 둘째 부인이자 왕후가 되는 영광을 차지합니다.

예수님 당시 삭개오는 세상 사람들에게 좋지 못한 대우를 받는 세리였습니다. 주님에 대한 소문을 익히 들어 직접 만나고 싶은 열망이 있었지만, 키가 작아 많은 군중들 틈에서 쉽게 보지 못했습니다. 그래서 뽕나무 위로 올라가 있었습니다. 마침 주님께서 나무 아래로 지나시다가 삭개오를 보고 '속히 내려오라' 명령하십니다.

삭개오는 재빨리 내려와 '네 집에 유하겠다'는 주님의 반가운 음성을 듣고, 주님을 자신의 집으로 안내하여 최선을 다해 모셨습니다. 이후에는 회개하여, 부정직하게 모았던 돈을 가난한 이들에게 나눠 주는 놀라운 사건이 전개됩니다. 그리고 남의 물건을 착취한 것에 대해서는 4배나 갚겠다고 합니다. 이 감동적인 사건은 지금까지 성경에 기록돼 있어, 오늘날 믿는 자들에게 모범적인 삶을 살도록 가르치고 있습니다.

이스라엘과 우리나라 모두에 있는 후한 인심을 보면, 비슷한 민족적 정서와 감정이 있는 것 같습니다. 하지만 어느 때부터인가 우리나라에서는 후한 인심이 사라졌고, 극한 대립과 이기심만 남았습니다. 있어야 할 주님의 뜻은 어디론가 꼬리 내리고, 예수를 믿노라 하면서 갖은 방법을 동원해 세상의 눈을 찌푸리게 하고 있는 것이 현실입니다.

성직자에게 세금을 부과해야 한다는 말이 어제오늘 있었던 이야기가 아니지 않습니까. 예전 같으면 성직자에게 세금을 부과한다는 말 자체가 나오질 않았습니다. 어려웠던 시대였지만, 그만큼 성직자들이 세상의 존경을 받았고, 감히 말조차 할 수 없을 만큼 권위가 있었으며, 소외되고 가난하고 외로운 이들에게 천사와 같은 존재였습니다.

어쩌다 이 지경까지 왔는지요. 얼마나 세상에 미운 털이 박혔으면 이렇게까지 되었을까요. 큰 교회는 큰 교회대로, 작은 교회는 작은 교회대로 성직자들이 사명을 지키지 못한 채 교만과 욕망으로 눈을 흐리게 만들었기 때문입니다. 장로와 안수집사와 권사들 또한 세상에서 모범이 되는 것이 아니라, 오히려 비신자들보다 못하게 사는 이들이 많습니다. 그러니 사회에서 기독교인들을 싫어하고, 가까이 친구로 사귀기도 싫어합니다. 그러다 보니 주님의 명령인 복음화도 자동적으로 실패하는 것입니다.

교회 예산은 사례금을 비롯해 기본 물품과 관리비를 제외한 모든 헌금을, 불우 이웃과 소외되고 가난한 이들, 그리고 복음을 위해 사용해야 합니다.

하지만 오늘날 교회는 자신의 권위를 나타내며, 목사님들은 마치 기업 회장처럼 군림하고 지역의 유지처럼 초청을 받아 식사 대접이나 받으며 때로는 정치인들과 함께할 때도 있습니다. 그러면서도 심지어 교회 안의 어려운 이들에게조차 등을 돌리기도 합니다.

교회 지도자들을 대접하는 데 갖은 수단을 다 사용하면서, 가난하고 소외되고 억울하게 아파하는 성도들에게는 매몰차게 등을 돌리는 교회의 모습은 마치 사랑 없는 무덤 같습니다.

하나님께서 우리에게 베풀어 주신 '후한 인심'을 다시 회복하여, 세상 사람들과 어우러져 더불어 살아가는 분위기를 회복하도록 함께 노력해야 하지 않을까요?

초대교회의 신앙을 본받자고 말만 할 것이 아니라, 실제 초대교회처럼 물건을 서로 나누면서 내 것 네 것을 가리지 않고 통용하면 어떨까요. 정말 초대교회 신앙을 계승하여 베푸는 삶을 나부터 실천하는 자세가 필요하지 않을까요. 그렇다면, 복음은 저절로 전파될 것입니다.

_58

"남겨 두어라!"

"네가 밭에서 곡식을 벨 때에 그 한 뭇을 밭에 잊어버렸거든 다시 가서 가져 오지 말고 나그네와 고아와 과부를 위하여 남겨두라 그리하면 네 하나님 여호와께서 네 손으로 하는 모든 일에 복을 내리시리라(신 24:19)".

밭에서 추수하다 곡식 단 하나를 잊어버리고 돌아올 경우, 그것을 가난한 자들을 위해 남겨두라는 하나님의 뜻입니다. 만약 어떤 사람이 그 곡식을 가져갔을 경우 도둑으로 인정되지 않았으며, 인정 많은 농부는 일부러 곡식 몇 단을 가난한 자들을 위해 남겨 두기도 했습니다. 필자의 어린 시절에도, 보리 이삭과 벼 이삭을 어머니와 함께 그리고 동네 아낙네들과 함께 수다를 떨며 이삭을 줍던 기억이 새삼 피어오릅니다.

성경 룻기는 현숙한 여인이 타락하고 부패하여 죄로 얼룩진, 혼란스런 사사 시대를 살아가면서 겪는 가정적 불행한 삶과 지나친 가난으로 깊은 시름에 잠겨있을 때, 사랑과 헌신으로 위기를 극복하여 마침내 복된 결과를 얻게 되는 놀라운 사건입니다.

두 아들을 잃은 시어머니 나오미는 두 며느리에게 각자 갈 길을 가도록 권유합니다. 며느리 오르바는 자신의 길로 가지만, 이방(모압) 여인인 룻은 홀로 된 시어머니 나오미를 따라, 생활과 문화 그리고 풍습과 환경이 전혀 다른 낯선 이국 땅 베들레헴으로 갑니다. 그곳은 장래를 보장 받을 수 없는 미지의 불안한 타향 땅이었습니다.

인간적 생각으로 보아 참으로 난감한 선택이었을 것입니다. 하지만 룻은 시어머니 나오미에 대한 깊은 신뢰와 하나님에 대한 믿음으로 망설임 없이, 미지의 세계를 선택한 탁월한 안목을 갖고 있었습니다.

눈앞에 보이는 실리를 좇아 신의도, 신앙도, 교회도 곧바로 내팽개치는 현대인들을 향해, 하나님은 룻을 통해 진실한 안식을 차지하는 방법이 무엇인지, 그 결과가 얼마나 훌륭하고 위대한 것인지 일깨워 줍니다.

당시 이삭줍기는 율법대로 한다면, 곡식단을 다 묶은 후에야 비로소 할 수 있었습니다. 하지만 보아스는 사환들을 시켜서 곡식을 더 많이 가져갈 수 있도록 배려합니다. 보아스는 베푸는 삶을 통해 룻이라는 현숙하고 아름다운 여인을 만남으로써, 다윗 왕과 구세주이신 예수님의 계보에 오르는 큰 영광을 안게 됩니다.

필자의 어린 시절, 마루 벽에는 밀레의 '이삭줍는 그림' 액자가 걸려 있었습니다. 그림을 볼 때마다 룻과 보아스를 연상하며, 당시 성서에 나오는 이야기들을 상상으로나마 그려보곤 했습니다.

지금 현 시대에는 갈수록 인정이 매 말라가고, 나누는 삶에서 점점 거리가 멀어져 가고 있음을 실로 안타깝게 생각합니다. 특히 교계에서 베풂과 나눔의 정신이 점점 잊혀지고 있는 것 같습니다. 그 베풂과 나눔은 곧 주님의 사랑임을 알아야 합니다.

그러나 요즘엔 교회 안에서조차 베풂과 나눔의 아름다운 모습이 보이질 않습니다. 이웃의 어려움을 내 어려움처럼 느끼고, 이웃의 불행을 나의 불행처럼 품으며 이웃의 즐거움을 나의 즐거움으로 함께 행복할 줄 알아야 하겠습니다. 이웃이 가지려 하면 내가 양보하는 마음도 있어야 하겠습니다. 5리를 가고자 하면 10리 길도 함께 하라는 주님 말씀을 건성으로 들어서는 결코 안 될 것입니다.

어려움에 처해 있는 두 과부를 측은하고 긍휼히 여기는 마음이 있었기에, 보아스는 두 여인을 위해 자신의 식물을 베풀었습니다. 이를 통해 가장 좋은 것으로 하나님께 선물을 받는 놀라운 사건이 일어났습니다.

냉수 한 그릇도 주의 이름으로 대접하면 그 상을 잊지 않겠다고 약속하신 주님의 음성에는, 결코 공짜가 없다는 사실을 알려 주십니다.

그러므로 성도들은 교회 내 어려운 이웃을 위해 긍휼히 여기는 마음을 갖고, 협력하며 도와주어야 합니다. 그리고 이웃인 세상을 향해 베풀어야 합니다. 이삭을 남겨야 합니다. 주님으로부터 받은 착한 심성을, 세상을 향해 쏟아부어야 합니다. 그리고 정의롭게 살아야 합니다. 거짓 풍설을 퍼뜨려선 안 되며, 자신의 이익을 위해 이웃에게 해를 끼쳐서도 안 됩니다.

그러므로 우리는 보아스처럼 이삭을 남기는 신앙인이 되어야 합니다. 필자의 어린 시절에는 해가 지면 장날에 물건을 팔러 왔던 나그네들이 날이 저물어 난감해 할 때, 잠을 재워주고 음식까지 대접하곤 했습니다. 비록 넉넉하지 못한 살림이지만, 늘 따스한 미소와 충만한 인정으로 넘쳐 서로 행복했던 시절이었습니다.

교회 안에서도 노숙자나 눈에 거슬리는 사람들이 찾아오더라도, 그들에게 늘 따스한 입김을 베풀고 사랑으로 품어야 합니다. 모두 주님의 사람들이기 때문입니다. 그리고 늘 이삭을 남겨놓아야 하겠습니다. 교회 안과 밖, 그리고 나의 깊은 심령에까지 이삭을 남겨놓아야 하겠습니다. "남겨 두어라"는 음성은 바로 주님의 뜻이기도 합니다.

_59

자선과 긍휼

"세례 요한이 요단강 부근 각처에 와서 죄 사함을 받게 하는 회개의 세례를 전파 할 때, 많은 무리들에게 대답하여 이르되 옷 두벌 있는 자는 옷 없는 자에게 나눠줄 것이요, 먹을 것이 있는 자도 그렇게 할 것이니라(눅 3:11)".

어느덧 차가운 계절이 깊어갈 즈음, 해마다 이맘때면 구세군 자선의 종소리가 울러 퍼집니다. 특히 마지막 남은 12월 한 달은 지나온 세월을 회상하며 세월 빠름을 못내 아쉬워하며, 구세군의 종소리에 이웃을 향한 시선으로 다가가기도 합니다.

자선(慈善)이란 남을 불쌍히 여겨 은혜를 베풀고 도와주는 것을 말합니다. 영어로는 ①charity ②pilanthropy ③benefit ④benevolence ⑤ beneficence 등으로 사용합니다.

오늘 복음에서 세례 요한은 자신을 가리켜 빛으로 오시는 주님의 길을 예비하기 위한 선구자임을 밝히고 있습니다. 세례 요한은 임마누엘의 주님을 기다리시며 회개할 것을 촉구합니다. 회개의 열매로는 '옷을 두 벌

가진 사람은 옷을 못 가진 사람에게도 나누어주고 먹을 것까지 그렇게 나누어 줄 것'을 선포하였습니다.

회개의 합당한 열매를 맺은 인물은 삭개오가 아마도 모범답안 아닐까 싶습니다. 삭개오 말씀은 회개에 반드시 진정성이 있어야 함을 잘 말씀해 주고 있습니다. 하지만, 그 진정성에는 '자선'하려는 깊은 감동이 함께해야 합니다.

자선이란 이웃을 불쌍히 여겨 은혜를 베풀고 도와주는 것을 말하기도 합니다. 이는 사랑스럽고 착한 성품을 가진 사람들만이 할 수 있는 신앙인들을 성경은 잘 말씀해주고 있습니다.

'자선'은 한자로 사랑할 자(慈), 착할 선(善)을 쓰는데, 이 글자에는 어머니의 사랑, 도덕적 최고 단위의 가치가 들어있다고 합니다.

하나님께서는 자선을 베풀되 아까워하지 말며, 가진 것이 많으면 많은 대로 적으면 적은 대로 자선을 베풀라고 말씀하십니다. 그러한 자선은 곧 신앙인들에게 확고한 믿음의 행위로 이어지는 기쁨의 삶이며, 지상 낙원이 꿈이 아니라 작은 천국을 누리고 사는데 충분할 것입니다.

자선은 꼭 물질로만 베푸는 것도 아닙니다. 깊은 절망 속에서도 포기하지 않고 하나님을 향한 소망을 품으며 살아갈 수 있도록 믿음을 공유하는 것도 아주 훌륭한 자선임을 알아야 합니다.

요즘 같이 살을 에는 강추위 속에서 삶을 포기하고 하루하루를 겨우 연명하며 힘들게 살아가는 걸인들이나 노숙자들에게 그저 돈 몇 푼 쥐어주는 것보다, 따뜻한 말 한 마디로 그들에게 소망을 심어주는 것이 더 낫지 않을까 싶습니다. 하기야 돈 몇 푼을 던져줘 그들이 컵라면으로 추위를 견디게 하는 것도 물론 좋겠지만, 진정 어린 마음으로 그들에게 다가갈 때 그들은 결코 피하지 않을 것입니다.

그들도 한때 사업을 하면서 '회장님, 사장님' 소리 들어가며 제법 떵떵거리고 살았던 적이 있었을 것입니다. 그리고 대기업에서 이사로, 부장으로, 과장으로 꽤 으스대며, 한때는 즐기고 살았을 것입니다. 하지만 사회가 그렇게 호락호락하지 않는다는 것을 깨달았을 때는 이미 늦어, 파산과 퇴직이라는 아픔이 찾아왔을 것입니다.

사회로부터 버림받아, 일할 의지마저 상실해 버리고, 스스로 정신마저 놓아버린 마음의 병이 얼마나 무서운 것인지요. 그들에게 돈 몇 푼 주는 것보다, 주님이 어떤 분이신가를 소개하면서 그 따뜻한 사랑을 전해준다면, 그들에게 참으로 기쁜 소망을 선물하게 될 것이며, 이 어려운 난관을 오직 주님께 의탁하고 소망을 품으며 참고 견디어 나갔을 것입니다.

그저 돈 몇 푼 쥐어주는 자선도 물론 중요합니다. 하지만 신앙인들이라면 그들에게 하늘나라의 소망을 품고 살아 갈 수 있도록 함께 공유하며 지속적으로 그들 곁에 있어주는 것도 참으로 의미 있는 일이라고 생각이 됩니다.

"긍휼히 여기는 자는 복이 있나니 그들이 긍휼히 여김을 받을 것임이요 (마 5:7)".

긍휼은 히브리어로 '라함'이라고 하는데, '여성의 태'인 자궁이라는 뜻입니다. 자궁은 생명을 안전하게 보호하고 양육하는 기관으로서, 어머니의 희생하시는 모습을 잘 나타내 주는 곳입니다. 따라서 긍휼은 하나님께서 사람들을 불쌍히 여기며, 무조건적으로 사랑하시는 속성을 잘 나타내 주는 말이라고 할 수 있습니다.

바울은 성도들에게 '하나님의 긍휼의 그릇'이라고 표현했으며, 야고보는 긍휼에 대해 '하나님에게로부터 임하는 지혜'라고 하였습니다. 그러므로 긍휼은 하나님에게서 나오는 용서이기도 합니다. 긍휼에는 불쌍히 여기는 마음, 측은하게 생각하는 마음보다 앞서, 자비와 사랑에서부터 나오는 것임을 알아야 하겠습니다.

긍휼히 여긴다는 것은 이유가 없으며, 하나님의 사랑인 아가페의 정신이 내면에 자리해야 할 것입니다. 그저 혀로만 자선을 행하며, 긍휼히 여기는 것이 아니라 주님께서 이 땅에 오셔서 손수 행하셨던 것을 생각하고 마음으로부터 되새기며 실천하는 삶을 살아가는 신앙인들이 되어야 하겠습니다.

긍휼히 여기는 곳에는 시기와 다툼, 혼란이 없으며, 오직 위로부터 내려오는 지혜로 성결하고 화평을 추구하며, 관용하고 양순하며, 긍휼과 선한 열매가 가득하고 편견과 거짓이 없습니다. 그리고 긍휼에는 반드시 화평의 열매가 주렁주렁 달리게 됩니다.

자신의 잇속과 권력, 그리고 명예와 자랑을 위해 헛된 시간을 낭비하지 말고, 오로지 양들을 위해, 최소한의 시간까지 할애하며 주님의 명령을 실천했으면 좋겠습니다, 그리고 주님을 알지 못하는 세상으로 들어가 그들에게 닥쳐진 현실을 함께 공유하며, 그들이 원치 않는 고통 대신 하나님께서 주신 참된 평화와 복음을 전하며, 그들이 원하는 것들을 해결해주는 신앙인들로 거듭나기를 소망합니다.

자선의 달 12월이 무르익어 갑니다. 자선과 긍휼을 실천하는 하나님의 귀한 신앙인들이 되어, 남은 이번 달만이라도 제대로 된 자선과 긍휼을 함께하는 귀한 마지막 달이 되었으면 합니다.

그리고 신앙인들의 믿음의 행위는 자선과 긍휼임을 기억하시고, 혀로만 할 것이 아니라 진정 어린 감동의 마음으로 참예하는 그리스도인들이 되었으면 참 좋겠습니다.

_60
만남과 선택

인간은 누굴 만나고, 누굴 선택하느냐에 따라 성공과 실패를 가늠할
수 있습니다. 오늘의 주인공으로 등장하는 룻은, 옳은 만남과 옳은 선택
에 대하여 우리 신앙인들에게 일러 주는 교훈이 참으로 크다고 할 수 있
습니다.

룻기의 역사적 배경을 살펴봅시다. 기근을 피해 모압 지방으로 이주한
나오미는 남편 엘리멜렉과 두 아들을 잃고, 모압 여인인 두 며느리와 함께
남게 됩니다. 이 때 시어머니 나오미는 자신의 고향인 이스라엘로 돌아가
기로 결심을 합니다.

하지만 곁에 있는 두 며느리가 걸림이 되었습니다. 아들을 잃은 슬픔도
잠시, 이방 여인인 두 며느리에게 자신들의 어머니 곁으로 돌아가기를 강
권하며, 홀로 고향으로 가고자 합니다.

두 며느리는 젊었고 앞날이 창창했기에, 함께 데리고 갈 처지가 되지
못했습니다. 결국 며느리 중 오르바는 나오미 곁을 떠났습니다. 하지만
룻은 시어머니의 나라이자 시어머니의 고향으로 함께 가고 싶어 애원합

니다.

이 때 시어머니 나오미는 룻에게 말합니다. "보라 네 동서는 그의 백성과 그의 신들에게로 돌아가나니 너도 너의 동서를 따라 돌아가라 하니".

룻이 대답합니다. "내게 어머니를 떠나며 어머니를 따르지 말고 돌아가라 강권하지 마옵소서! 어머니께서 가시는 곳에 나도 가고 어머니께서 머무시는 곳에서 나도 머물겠나이다. 어머니의 백성이 나의 백성이 되고 어머니의 하나님이 나의 하나님이 되시리니 어머니께서 죽으시는 곳에서 나도 죽어 거기 묻힐 것이라, 만일 내가 죽는 일 외에 어머니를 떠나면 여호와께서 내게 벌을 내리시고 더 내리시기를 원하나이다(룻 1:15-17)".

시어머니 나오미는 룻이 단단히 결심하여 떼어 놓을 수 없는 처지가 되자, 고향인 베들레헴까지 함께 갑니다. 비록 룻의 남편은 죽었지만, 시어머니와의 만남과 룻의 그 선택은 미래에 크나큰 역사를 창조하는 단초를 제공하게 됩니다.

특히 룻은 "시어머니의 백성이 나의 백성이 되고 시어머니의 하나님이 나의 하나님이 되신다"는 지혜롭고 명철한 대답으로, 시어머니 나오미를 설득하는데 성공합니다. 비록 기근 때문에 이방인 모압 지방에서 살았지만, 시어머니 나오미의 믿음은 돈독했을 것으로 추측해 봅니다.

그리고 룻은 나오미 때문에 이스라엘 백성을 사랑하게 되었고, 그 백성에게는 여호와 하나님이 계시며 그 하나님이 또한 자기를 사랑하신다는 것을 깨닫게 되었을 것입니다. 그래서 이제 룻은 그 백성과 하나님을 사랑하게 됩니다.

비록 나오미는 약속의 땅이 비록 기근으로 인하여 살기 어렵다 할지라도 하나님의 능력을 믿고 그의 사랑과 긍휼을 구했어야 하는데, 그렇지 못한 채 이방 땅으로 이주함으로써 남편과 두 아들을 잃고 말았던 슬픈 사연을 갖고 있었습니다.

반면 룻은 대단한 여인임에 틀림 없습니다. 자신의 어머니가 계신 고향을 등지고 낯선 땅, 그것도 시어머니의 나라인 이스라엘로 함께 동행했다는 사실 앞에, 그는 미래를 바라볼 수 있는 예지 능력도 있지 않았나 추측해 봅니다.

시어머니의 나라인 이스라엘로 이주 해온 룻은, 시어머니와 자신의 식량 문제로 보리 이삭을 주으러 갔다가 보아스와 자연스러운 만남이 이루어졌습니다.

룻의 신앙과 인품은 보아스를 감동시켰고, 시어머니 나오미를 섬기기 위한 이삭줍기에 있어 보아스로부터 크게 편의를 제공받게 됩니다.

다른 곳으로 가지 말고, 자신의 밭에서만 이삭을 줍도록 확실하게 믿음을 주었으며, 곡식 베는 자들 가까이에서 이삭을 주울 수 있도록 배려합니다. 그리고 룻을 해하지 못하도록 안전을 보장해 주며, 그의 일군들이 물을 마실 수 있도록 제공해 주었습니다.

이쯤 되면 룻은 주위로부터 인정을 받는 놀라운 기업의 일들이 시작됩니다. 보아스는 아브라함을 염두에 두고, 룻의 신앙과 인간 됨됨이에 대해 극찬하게 됩니다.

더구나 룻의 장래에 대한 나오미의 염려는 단지 룻이 젊은 과부이기 때문에 재혼을 시켜야겠다는 것이 아니었습니다. 나오미는 이스라엘 율법에 입각한 혈통승계 및 재산 회복 권리 행사에 대한 관심이 남달랐습니다.

그래서 보아스와의 혈연관계를 가르치면서, 그에 대한 권리를 이행하도록 며느리 룻을 독려합니다.

보아스는 침착하고 신중한 사람으로서, 기업 무를 자의 우선순위를 무시하지 않았습니다.

그리고 룻의 평판에 누를 끼칠까봐 날이 밝기 전에 돌려보내는 배려도 했습니다. 그것도 그냥 보내는 것이 아니라, 곡식을 넉넉하게 들려 보냈던 것입니다.

결국 보아스는 룻을 아내로 맞이하게 되어, 아들 오벳을 낳습니다. 오벳의 탄생은 다말이 유다에게 낳아준 베레스와 같은 경우로서, 이 베레스는 보아스의 조상이 되었습니다. 이 족보의 끝은 바로 예수님입니다.

룻은 미모뿐 아니라 지혜와 총명을 겸비한 사람이었음을 성경을 통해 알 수 있습니다. 자신을 떼어 놓으려는 시어머니에게, "시어머니의 백성이 내 백성이 되고 시어머니께서 섬기는 하나님은 나의 하나님이요 시어머니가 묻히는 곳에 나도 묻히겠다"는 확신에 찬 믿음으로 다가간 것입니다. 이 때 나오미는 마음으로 받아들일 수밖에 없었습니다.

그리고 그는 정착하자마자 시어머니의 굶주림을 해결하기 위해 보리 이삭 줍기에 적극적으로 동참해, 보아스의 눈에 띄었음을 알 수 있습니다.

룻의 선택은 참으로 현명한 선택이 아닐 수 없습니다. 동서 오르바는 자신의 어머니가 계시는 곳으로 돌아가므로 하나님을 만나지 못했고, 우상숭배로 인해 그의 역사는 끝이 났습니다.

하지만 룻은 나오미가 섬기는 하나님을 선택함으로써 놀라운 구원을 맛보았으며, 하나님의 아들 예수 그리스도의 조상이 되었습니다.

신앙인이라면 누구나 다 아는 이야기이지만, 룻의 선택은 참으로 누구나 할 수 있는 그런 선택이 아닙니다. 그 아름다운 선택은 자신의 행복을 뒤로 하고, 홀로 계신 시어머니를 끝까지 책임지고 봉양하겠다는 효의 정신과 함께, 신앙이 자라고 있었기 때문일 것입니다.

시어머니인 나오미와 함께 생활하면서, 룻은 아마도 나오미가 훌륭한 시어머니라는 사실을 인정했던 것 같기도 합니다. 나오미의 신앙심과 배려, 그리고 며느리를 사랑하는 그 마음이 룻에게 큰 감동으로 이어졌던 것 아닐까 생각해 봅니다.

룻의 옳은 선택으로 인하여, 보아스라는 당대의 훌륭한 청년을 만납니다. 그의 희생적이고 옳은 선택에는 반드시 하나님의 섭리가 계셨으리라 생각해 봅니다.

그리고 룻은 처음에 시작은 미비하고 보잘 것 없었던 과부 신세였지만, 그의 피나는 노력과 희생정신은 온전히 시어머니의 아름다운 신앙생활에서 얻어진 결과입니다.

'네 나중은 창대하리라'는 성경 말씀을 확신하며 나아갈 때, 보배스런 하나님의 자녀가 되는 놀라운 은혜를 체험하게 되는 것입니다.

우리 신앙인들도 각 공동체 안에서 사람들을 함부로 대하지 말고, 작은 것 하나부터 소홀히 하지 않으며, 온 마음을 다해 양들을 섬기고 세상에 소금과 빛의 역할을 잘 감당하는 귀한 양들이 되기를 소망합니다.

룻의 명철한 지혜와 희생정신, 그리고 믿음을 본받으며 살아가는 제자들이 되어야 하겠습니다.

_61

사랑하는 사람 잃어도, 감사할 수 있을까

평소 "감사(感謝)하다"는 말을 자주 하는 분들도 있고, 그렇지 않은 분들도 있습니다. 감사를 늘 입에 달고 계시는 분들은 대개 낙천적이거나 긍정적인 분들이 많습니다. 하지만 감사에 대한 표현을 잘 하지 않으시는 분들은 대개 내성적이거나 말 수가 적고, 자존심이 강한 분들입니다.

감사할 줄 안다는 것은 만족할 줄 안다는 뜻이며, 곧 행복하다는 것입니다. 요즘 같이 연일 무서운 폭염에도 감사해야 한다는 것은 참으로 고통스럽고, 어려운 일입니다. 그러므로 감사에 대한 진리를 알지 못한다면, 오히려 실망과 불행의 모습일 것입니다.

지나온 불행하고 암울했던 시기를 잘 극복하고, 미래를 향한 열정과 꿈으로 도전할 수 있게 된 것을 감사할 줄 아는 믿음이 있어야 합니다. 더구나 감사에 대한 이해를 얻지 못하면 결코 행복해질 수 없으며, 늘 불안과 초조 속에 불행한 삶을 살게 될 것입니다.

남 탓, 환경 탓으로 돌리기보다, 나 자신에 대한 성찰을 통해 감사의 진리를 깨달아야 하겠습니다.

아무리 노력해도 우리는 결국 모든 것을 알 수 없습니다. 그래서 두려움과 불안을 느낄 수밖에 없지요. 그런 마음을 없애고 달래기 위해 우리 믿는 이들은 주님 앞으로 나와 기도합니다. 그럴 때 주님께서는 가장 좋은 것으로 응답해 주실 것을 믿는 마음이 생기고, 절로 불안했던 마음은 감사로 바뀔 것입니다.

지금 내게 닥친 불행을 역전시키고 행복으로 바꿀 수 있게 하는 것은 곧 감사하는 마음인데, 알면서도 제대로 된 감사의 표현이 나오질 않습니다. 왜 그럴까요? 나 자신에 대한 감사를 할 줄 모르고, 미래에 대한 불안으로 늘 염려하고 믿지 못하는 데서 오는 것이 아닐까요?

하지만 지금 당장을 생각해 보면, '감사하다'는 기준이 무엇인가가 문제일 수 있습니다. 지금 당장 눈앞에 전개될 결과만 두고 본다면, 무엇이 더 감사한 것인지 알 수 없을 것입니다. 하지만 앞으로 10년, 20년, 50년, 100년 후라 해도, 어느 정도에 감사해야 하느냐는 정말 알 수 없습니다.

결국 우리는 하나님께서 우리의 바람대로 이미 감사할 수 있는 모든 것들을 제공해 주실 분이심을 믿어야 하는 것입니다.

하지만 하나님께서 주시는 감사의 제목들을 모두 알 수 없다는 것도 문제이고, 더 크게는 알 수 없는데도 내가 원하는 대로, 내가 계획한 대로 되기를 바라는 마음입니다.

감사란 하나님께서 지금 내가 원하고 생각하는 것을 주실 것이라고 믿는 것이 아닙니다. 그것이 무엇이든, 하나님께서 가장 좋은 것으로 주시리라 확실하게 믿는 것입니다.

성경에 나오는 인물들 중에는 하나님을 찬양하고 늘 감사의 시를 쓰며, 만군의 여호와께서 분명 자신을 도와주실 것을 확실히 믿고 나아간 사람이 있습니다. 바로 다윗입니다. 그는 거구의 골리앗을 물리쳤고, 자신을 여러 차례 죽이려 했던 사울 왕을 해치지 않았습니다.

특히 사울을 피해 여러 나라를 전전하면서도, 다윗은 불평하지 않고 오히려 아름다운 시와 찬양으로 하나님께 영광을 나타냈습니다. 다윗은 감사할 줄 아는 아름다운 삶을 살았던 것입니다. 그러나 요나는 어떻습니까? 하나님에 대한 불평불만 때문에 당신의 명령을 어기고 불순종하므로, 큰 낭패를 당하고 맙니다.

형들에게 미움을 받아 노예로 팔려간 요셉은 또 어떻습니까? 요셉은 하나님께서 보여주신 꿈을 통해, 하나님께서 자신을 돕고 지키실 것을 믿었으며, 어떠한 처지나 환경에서도 늘 찬양과 감사를 통해 큰 영광을 누렸습니다.

감사와 찬양으로 영광을 돌리는 분들에게, 하나님께서는 많은 재능을 주십니다. 그들을 사용하셔야 하기 때문입니다. 지혜를 주시거나, 찬양을 하고, 시를 쓰며, 혹 꿈을 통해 해석하는 지혜와 명철을 허락하십니다. 이밖에 많은 것으로 우리를 들어 사용하시는 하나님이심을 믿고, 그 분을 의지해야 합니다.

교회 안에서는 '아멘', '감사합니다' 등의 말을 습관적으로 하는 분들이 있습니다. 하지만, 감사는 그저 입술로 하는 것이 아니라 마음 깊은 곳에서 솟아나야 합니다. 교회의 직분을 맡았을 때도 묵묵히 사명을 감당하는 것이 좋습니다. 주위 시선을 의식하기보다, 옳은 일이라면 소리 없이 나서서 사명을 감당해야 합니다.

직장인들이나 사업가들도 현재 자신의 위치에서 늘 감사와 찬양이 흘러 나와야 합니다. 입으로는 감사 한다면서도 행동은 남에게 피해를 준다면, 그것은 오히려 하나님의 영광을 가리는 것입니다.

감사하는 삶은 잔꾀나 요행을 바라지 않습니다. 정직과 진실, 그리고 부지런함으로 이웃의 본이 되는 분 들만이 감사가 흘러나오는 것입니다. 감사에는 길고 짧음, 넓고 좁음, 높고 낮음이 없습니다. 감사는 무게나 부피를 측량할 수 없는, 하나님께서 주신 최고의 명약입니다.

깊은 감사가 나올 때는 늘 미소가 가득하며, 질병도 떠나가고, 근심걱정과 두려움, 공포에서 자유롭습니다. 늘 감사하는 사람은 화사한 봄날 같은 얼굴을 갖고 있을 것입니다. 그들을 통해 세상은 아름답게 보이고, 이곳은 작은 천국이 될 것입니다.

집안에 대형 화재가 발생했거나 재산을 날렸더라도, 자신의 생명을 보존했다는 것에 대한 감사가 터져 나올 수 있을까요? 사랑하는 사람들을 잃은 슬픔 속에서도 감사할 수 있을까요? 이러한 삶은 참으로 신비하고 아름다울 것입니다. 그런 재해나 슬픔을 당했을 때라도, 우리는 과연 감사할 수 있을까요?

우리 믿는 성도들은 긍정적 마인드와 하나님께서 주신 믿음을 기초로, 남 탓이나 환경 탓을 하기보다 '내 탓'을 외치며 이웃을 품는 바른 신앙생활을 해야 할 것입니다. 그러면서 하나님께 감사하는 아름다운 마음을 갖는다면, 이웃에게 주님의 사랑이 흘러가고 복음의 물결은 세상으로까지 넘쳐 흐를 것입니다.

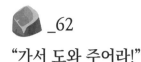

_62

"가서 도와 주어라!"

　IMF 이전부터 실시해 오던 무료급식이 중단 위기에 처해 있습니다. 부산시 부산진구 부전동 시장 부근, 부전역 뒤편 작은 공원에서 무료급식을 시작한 지도 벌써 26년이라는 세월이 흘렀습니다. 비가 오나 눈이 오나 한결같이 매주 목요일 오전 11시만 되면 밥 굶는 이들을 위해 시행해 왔습니다. 이번 메르스 전염병으로 인해 두 차례 하지 못한 것을 제외하고는, 빠짐없이 이 지역에 계신 어려운 분들을 위해서 밥을 드려 왔습니다.

　주님께서 영광스러운 하나님의 자리를 버리시고 죽음과 고통이 있는 이 세상에 인간의 모습으로 오셨습니다. 하늘의 영광을 뒤로한 채, 고통이 기다리고 있는 세상을 선택하시고 내려 오셨습니다. 그곳에는 아픈 사람들, 외로운 사람들, 그리고 힘없는 사람들, 어둠과 좌절 속에 살아가는 이들을 위해 몸소 희망의 빛을 보여 주셨습니다.

　주님께서는 말씀하십니다. 우리가 받은 복과 은총을 고통과 절망 속에 있는 이들을 위해 나누기 위해, "가서 도와 주어라!"고 말입니다.

　그 말씀은 그들을 위로하고 그들의 눈물을 닦아 주는 주님의 손길이 되라는 이야기일 것입니다. 어디로 가야 할지 몰라 방황하며 삶의 현장에서 주저앉아 버린 이웃을 일으켜 세우는 일이 바로 우리가 해야 할 일이 아닐까요? 목마르고 배고픈 이들에게 내가 가진 것을 기쁜 마음으로 나누는 것만큼 아름다운 일이 있을까요? 하나님 아버지께서는 당신의 자녀들이 받은 행복을, 자신들끼리만 나누어 가지기를 원치 않으시리라 생각합니다.

주님께서는 우리가 믿음으로 깨닫고 체험한 주님의 사랑을, 이웃을 위해 증거하고 나누기를 바라십니다. 이제 우리는 오직 믿음으로 행함을 이어갈 차례인 것입니다. 하나님께 받은 복을 필요한 이들과 함께 이 세상에서 나눌 수 있을 때, 그것은 더 큰 복이 되어 우리에게 돌아올 것입니다.

성도들은 주님의 사랑을 내 안에 모신 다음, 교회 문을 박차고 이웃들을 향해 복음을 전하기 위해 세상으로 나와야 합니다. 이제 주님께서 우리에게 허락하신 은총과 복을 세상 사람들과 기쁘게 나눠야 합니다. 세상 속에서, 세상과 함께하신 우리 주님처럼 말입니다.

무료급식을 하시는 구영자 전도사님께서는 76살의 고령임에도 불구하고, 이 지역에 있는 어려운 분들을 위해 외부의 어떤 도움 없이도 지금까지 사명을 감당해 오셨습니다. 전도사님은 기도를 쉬지 않는 분으로, 자신의 시설에 있던 많은 부랑아와 환자들을 손수 보살피시면서 지금까지 무료급식을 해 오셨습니다. 그러나 이제는 연로하신 탓에 힘도 부친 데다, 경제 사정도 매우 어려워지셨습니다. 물론 구 전도사님은 "세상 떠나는 날까지 끝까지 주를 위해, 이웃을 위해 일하시겠다"고 말씀하십니다.

특히 지난 목요일이었던 23일 무료급식을 준비하는 과정에서, 음식을 수송하는 승합차가 갑자기 고장을 일으켰습니다. 그 차는 너무 오래되어 폐차를 하게 되었고, 결국 그날 무료급식을 하지 못하였습니다. 모인 분들에게는 함께 봉사하는 필자의 친구가 급하게 빵을 공수하여 간신히 식사를 마쳤습니다.

헐벗고 배고프며 외로운 지역 사람들을 위해 지금까지 무료급식을 잘 운영해 왔지만, 부득불 중단될 위기에 처해 있어 지면을 통해 호소하는 바입니다. 신문을 보시는 분들은 주님의 명령으로 받아들여 주시길 바랍니다. 감동이 되시는 분들은 후원에 동참해 주시면 좋겠습니다.

지금 당장 급한 것은 차량 구입입니다. 그리고 약 200명의 무료급식에 필요한 경비는 1주에 25만여 원, 한 달이면 약 100만 원 정도라고 합니다. 동참을 원하시는 분들은 아래 주소나 전화로 연락해 주시면 감사하겠습니다.

26년 동안 하루도 빠짐없이 해오던 무료급식을 계속 이어가서, 주님을 알지 못하는 어려운 이들에게 삶의 빛을 나누어 주기를 소망합니다.

건물은 많은데 교회는 보이지 않고, 성도들은 많은데 영성이 없어 보인다는 믿지 않는 분들의 소리가 지금도 귓전을 때립니다. 먼저 믿는 우리들은 주님이 명령하신 말씀을 잊지 않고, 오늘 하루 이웃을 위해 기도하며, 믿음의 본을 보이시는 성도들이 되시기를 간절히 소망합니다. "가서 도와주어라!"

문의: 우정도 목사(010-5792-3020), 구영자 전도사(010-4877-6551)

계좌: 부산은행 040-12-083402-7 예금주 구영자

주소: 경남 양산시 당촌길 22-1 삼성복지 홈(구영자 전도사)

_63
제사장 목사, 레위인 목사, 선한 사마리아인 목사

성경에 나오는 예수님의 많은 비유들 중 가장 유명한 두 가지 비유가 있습니다. 하나는 오늘 말씀드리고 싶은 '선한 사마리아인의 비유'이고, 나머지 하나는 '탕자의 비유'입니다.

'선한 사마리아인의 비유'는 믿지 않는 사람들조차 잘 알고 있는 감동적인 이야기입니다. 억압받고 소외당하며 가난한 이웃을 위해 선행을 베푸는 사람을 '선한 사마리아인 같다'고 할 정도입니다.

인종이나 종교, 지위고하, 빈부귀천을 뛰어넘어, 우리의 도움이 필요한 사람에게 성경 속 '선한 사마리아인'처럼 무조건적인 자비를 베풀어야 한다는 것이 예수님 말씀의 교훈일 것입니다.

필자가 40년 넘게 섬겨왔던 교회에 분쟁이 생겼습니다. 그래서 400-500명의 성도들이 교회를 떠나가게 됐습니다. 무척 가슴 아프고도 있을 수 없는 일이 발생한 것입니다.

이를 바로 세우고자 하는 일부 성도들이 연합했고, 작은 교회를 빌려 예배를 드리게 되었습니다. 교회를 바로 세우고자 하는 성도들이 들어오지 못하게 쇠사슬로 교회 문을 잠궈 버렸기 때문입니다. 덩치 큰 몇몇 집사들은 교회 문 앞에 서서, 반대편 성도들의 출입을 막았습니다.

교회에 들어갈 수 없지만 하나님께 예배는 드려야겠기에, 여러 방안을 고민하다 하는 수 없이 작은 교회를 빌려 우리끼리라도 예배를 드리게 된 것입니다.

하지만 예배 순서에서 가장 중요한 부분은 말씀 선포입니다. 설교를 하실 분이 있어야 했습니다. 교회 담임목사님들은 각자 교회에서 예배를 인도해야 하기에, 은퇴하신 저희 예장 통합 부산남노회 원로목사님들께 예배 설교를 부탁하고자 전화를 드리기로 했습니다.

오늘 언급되는 원로목사님은 세 분이십니다. 물론 실명은 거론하지 않겠습니다. 필자가 전화드렸던 분은 오래 전 장로고시를 치르던 중 면접관으로 수고해 주셨던 분이었습니다. 교회에 대한 내용을 짧게 설명드리면서 주일 설교를 부탁드렸습니다.

그런데 이게 웬말입니까? "문제가 있는 교회는 설교하러 가지 않겠다"고 하시는 것이었습니다. 그 말씀에 한 동안 말문이 막히고 말았습니다.

필자는 설마 이런 말씀까지 하실 줄은 전혀 예상하지 못했고, 정말 황당했습니다. 하지만 계속해서 설교를 부탁드렸더니, 돌아오는 대답은 오로지 "문제 많은 교회에서는 설교하기 싫다"는 것이었습니다.

그래서 다른 원로목사님께 똑같이 부탁을 드렸습니다. 그 분 역시 "이번 노회가 끝나면 할 수 있다"는 대답만 남기셨습니다. 참으로 민망했습니다.

하는 수 없이 세 번째 목사님께 부탁드렸습니다. "형편이 어려워 사례금은 많이 드릴 수 없다"면서 설교를 부탁드렸는데, 의외로 그 목사님은 흔쾌히 수락해 주셨습니다. 그리고 연속으로 두 주간 설교를 해주셨습니다.

놀라운 사실이 하나 더 있었습니다. 이 목사님께서 사례비를 받지 않으시고, 오히려 저희들의 딱한 사정을 아시고 미리 헌금을 준비하셔서 선뜻 내놓으신 것입니다.

교회 바로 세우기를 위해 모인 모든 성도들은 눈시울이 촉촉해졌습니다. '요즘에도 이런 귀한 원로목사님이 계시구나!' 라는 생각 때문이었습니다. 교회를 바로 세우기 위해 고군분투하며 애써온 신음 소리가, 잠시나마 기쁨의 찬송으로 바뀌었습니다.

이 세 분의 원로목사님들 중, 우리의 이웃은 과연 누구이겠습니까? '선한 사마리아인의 비유'에서 제사장과 레위인은 죽어가는 사람을 구하지 않고 외면하며 지나쳤습니다. 마찬가지로 제사장 원로목사님, 레위인 원로목사님은 환경과 여건을 고려한 나머지 할 수 없다고 했습니다.

하지만 선한 사마리아인 같은 한 분의 목사님은 거반 죽어가는 영혼들을 위해 최선을 다해 말씀을 전해 주셨습니다. 아마 설교를 사양하신 목사님들은 주위 환경이나 눈치 때문에 그랬을 것입니다.

거기에다 노회에서 힘 깨나 쓴다는 장로가 앞장서 교회를 장악한 뒤 노회마저 자신의 아성으로 만들어 떡 주무르듯 하고 있으니, 혹시 그의 귀에 들어가면 좋지 않은 영향을 줄까 그랬을 수도 있습니다. 더구나 이후 그 교회에서 행사가 있을 때, 불러주지 않을까봐 노심초사했을 것입니다.

하지만 예수님께서는 어떠하셨습니까? 억압받고 소외된 사람들, 배고프고 가난한 사람들, 몸이 아파도 병원조차 갈 수 없는 사람들을 먼저 찾아가셔서 그들의 호소를 들어주시고 그들이 원하는 행복을 선물하셨습니다.

말씀이 그리워서 설교를 부탁하는데, "문제 많은 교회는 갈 수가 없다"

고 말하는 원로목사가 정녕 주님의 종일까요? 평생 교회와 성도들을 위해 애써 오셨던 그 노고가 한 순간에 날아 가버리는 재앙의 분출 계기가 되진 않았을까요?

예수님 당시 사람들로부터 멸시와 천대를 받았던 삭개오는 "뽕나무 위에서 내려오라"는 예수님의 명령에 즉시 순종해, 감히 예수님을 자신의 집으로 영접하는 큰 영광을 누리지 않았습니까?

그리고 죄를 회개하며 이웃에게 토색했던 일이 있으면 4배나 갚겠다는 놀라운 변화와 회개를 하지 않았습니까? 그 중심에는 바로 주님께서 보여주신 자비가 있었습니다.

길거리에서 거반 죽어가는 사람을 남겨놓은 채 몰래 피해가던 그 때의 제사장들과 레위인들은 오늘날에도 변한 것이 하나도 없습니다.

강단에서는 늘 거룩한 척 "이웃에게 자비를 베풀라"고 앵무새처럼 말씀하시면서 정작 본인들은 그럴 뜻이 전혀 없습니다. 거짓 탈을 쓰고 종의 모양만 행사하는 목사님들이 아닌지, 심판대 앞에서 밝혀질 줄 믿습니다.

분명 이 땅에는 참 목자들이 많이 있습니다. 일부 타락한 목자들 때문에 교회가 비신앙인들에게까지 욕을 먹고 하나님의 영광에 누를 끼치고 있습니다.

예수님께서 다시 물으십니다. "네 생각에는 이 세 사람 중 누가 강도 만난자의 이웃이 되겠느냐(눅 10:36)?"

"그가 이르되 자비를 베푸는 자니이다"라는 대답에, 예수님께서는 "가서 너도 이와 같이 하라(눅 10:37)"고 하셨습니다.

우리 신앙인들에게 '누가 이웃인지' 돌아보는 성찰이 반드시 필요합니다. 교회 분쟁에서 아픔과 고통을 당하는 이들은 누구의 이웃입니까? 교회의 목자와 지도자들입니다. 그리고 함께 하는 모든 성도들입니다.

교회 지도자들은 늘 자신을 돌아보며, 성도들에게 상처를 제공하지 않았을까 노심초사하면서, 그들의 선한 싸움을 수용해야 합니다. 한층 더 성숙된 믿음으로 이웃에게 자비를 드러내는 귀한 종들이 되시길 소망합니다.

상대가 누구든지 베풀 수 있는 따뜻한 가슴이 익숙해지셔서, 선한 사마리아인처럼 선한 행실로 주님의 향기를 사방으로 퍼트렸으면 참 좋겠습니다.

제10장   돌들이 소리지르리라

_64

돌들이 소리지르리라!

"대답하여 가라사대 내가 너희에게 말하노니 만일 이 사람들이 잠잠하면 돌들이 소리 지르리라 하시니라 가까이 오사 성을 보시고 우시며 가라사대 너도 오늘날 평화에 관한 일을 알았다면, 좋을 번하였거니 와 지금 네 눈에 숨기었도다 (누가복음 19장 40-42절)".

예수님께서 십자가를 지시기 위해 어린 나귀를 타시고 예루살렘 성으로 입성하십니다.

수많은 사람들이 겉옷을 벗어 길에 깔며 종려나무 가지를 꺾어 흔들며 주님을 향해 소리치며 찬양합니다.

"하늘에는 평화요 가장 높은 곳에서는 영광이로다"

"호산나"

"다윗의 자손이여 찬송하리로다"

"주의 이름으로 오시는 이여 가장 높은 곳에서 호산나 하더라(마 21:9)"

여기서 '호산나'는 '호시아나(구원하소서)'라는 뜻이고, '다윗의 자손'은 '메시아'를 뜻하는 말입니다.

그래서 바리새인을 중심으로 한 무리들이 주님에게 거칠게 항의합니다. 당신의 제자들이 경거망동한 말로 '호산나'라니, 또 '다윗의 자손'은 무슨 말도 안 되는 소리를 하느냐며, 주님을 부인하는 거친 책망의 항의였습니다.

즉 당신은 우리가 그처럼 고대하고 바라는 구세주가 아니라는 말이기도 합니다. 그러자 주님께서는 말씀하십니다. "만일 이 사람들이 잠잠하면 돌들이 소리 지르리라"고요.

산이나 길가 그리고 바닷가에 돌들이 일제히 소리 지른다고 생각해 보십시오! 과연 세상은 어떻게 되겠습니까?

나름대로 상상해 보면, 아마 주님께서 돌들을 명하여 하시고자 하는 일들을 속히 진행하여, 교만에 찬 저들의 코를 납작하게 만들지 않았겠습니까?

주님께서 나 같은 죄인을 위해 예루살렘으로 입성하시며, 곧 닥칠 고난과 고통, 그리고 인간으로서의 최고 형벌인 십자가에서 보혈을 다 쏟으시며 우리의 죄를 대신 짊어지시려 입성하고 있는 마당에, 침묵으로 일관한다는 것이 믿는 자로서 합당한 일일까요?

지금 대한민국에 크리스천이 1천만 명이라고 하는데, 이 숫자는 우리나라 전체 인구의 5분의 1에 해당하는 어마어마한 숫자입니다.

그럼에도 불구하고, 오늘날 소리 한 번 제대로 내지 못하는 교회 지도자들이나, 나름대로 믿음이 있노라고 자처하면서 교만에 떠드는 신앙인들의 외치는 소리는, 어디로 숨었는지 찾아도 보이질 않습니다.

이 땅에 복음이 들어올 때 얼마나 많은 순교의 피를 흘렸는지, 늘 말씀마다 초대교회 정신을 살리자고 설파하면서 정작 설교자들의 행동에는 말뿐이고, 성도들에게 늘 '목사에게 잘 하면 복 받는다, 주의 종의 말에 불순종하면 망한다'는 식의 설교와 '헌금을 많이 하면 복 받는다'는 설교로 헌금 강요만 하는 일부 목사들 때문에, 주님께서는 십자가를 또 지려 하고 계십니다.

미래지향적인 차원에서, 젊은 세대들을 위한다며 지난 10년간 장로와 목사 정년을 70세에서 65세로 낮춰 잘 지켜온 교회가 있습니다. 그러나 정작 자신들의 정년이 임박하자, 정년을 다시 연장하기 위해 친분이 있는 노회·당회원들과 담합하고, 갖은 수단과 방법을 동원해 자신들의 뜻을 이루는 일부 못된 목사와 장로들이 있어 참으로 안타깝습니다.

심지어 자신들의 하는 짓을 정당화하기 위해 자신들의 의견에 반대하는 몇 사람을 사법기관에 제소하며, 평화적으로 항의 시위를 하던 반대파 성도들을 아예 교회에 발도 붙이지 못하도록 쇠사슬로 출입문을 잠그고 명예훼손이라며 고소하기도 했습니다.

설교 시간에는 심지어 그들을 향해 사탄이라고 이야기하며 악의 세력이라고 말하는, 참으로 구역질이 날 정도로 참혹한 죄를 생산하는 모습에서 '정말 저들이 참 목자일까? 그리고 지도자들일까?' 생각해 봅니다.

한숨이 터지다 못해, 밤새 하염없는 눈물만 주르륵 흘러 내립니다. 봄비마저 함께 슬피 흘러 내립니다.

진심 어린 사과 한 마디라도 했다면 훌훌 털고 용서했을텐데, 사과할 일도 없다고 합니다. 과연 이런 종이 진정한 주님의 종일까요? 아예 처음부터 주의 종이 아니라, 세상에 나가 명예와 욕구를 채우는 것이 더 나은 선택 아니었을까요?

교회에서 쫓겨난 성도들은 양이 아닙니까? 노회장을 비롯한 임원들은 친분을 핑계로 잘못을 저지른 목사와 장로들에게 옳지 않은 방법을 알려 주며, 그들이 원하는 목적을 이루기 위해 최선을 다하고 있습니다.

이러한 노회장을 비롯한 임원들 역시 주님께서 선택한 목자들이 아닐 것입니다. 오래도록 섬겨온 교회에서 쫓겨나 다른 장소에서 예배드리는 양들을 찾아와 위로하며 기도해 주는 행동이야말로, 총회장과 노회장을 비롯한 임원들이 해야 할 일 아닐까요?

잃은 양 한 마리를 찾아 기뻐하시는 주님의 목소리를 청종하지 않고, 수백 명이 교회를 떠나가도 누구 하나 거들떠보지도 않는 지도자들이 참으로 충성된 종이라 말할 수 있을까요? 자신들의 뜻에 동의하지 않는 성도들을 나가라고 하는 목자가 진정 양들을 위해 존재하는 목자일까요?

이 나라도 마찬가지입니다. 갈수록 어려운 난관에 부딪히고 있는데도 여전히 함구하고 있는 교회 지도자들은, 지금 어떤 생각을 하고 있는지요. 세습을 통해 교회 권력을 누리는데 혈안이 되어, 나라가 망하든 어찌 되었든 아예 신경조차 쓰지 않는 지도자들이 참 지도자들일까요?

피로 세워진 자유민주주의에서 점점 사회주의를 향해 흘러가고 있음에도, 이를 수수방관하며 눈치를 보는 모습은, 마치 베드로가 주님을 모른다고 세 번씩 부인하며 슬그머니 꽁무니를 빼는 비겁한 모습과 무슨 차이가 있을까요?

언론과 방송사의 눈치 보기와 무능에는 이제 구역질까지 날 정도입니다. 국민들 모두가 뭐라 해도, 구부리지 않고 자신이 맡은 사명을 꼿꼿하게 감당해야 하지만, 한쪽 편에 서서 일하는 모습은 이제 지겨울 정도입니다. 수많은 기독교 방송사들과 신문들은 왜 함구하고 있는 걸까요?

노동자들의 최고 기관인 민주노총과 한국노총, 그리고 전교조와 공무원노조 모두가 목적에 반대되는 일만 일삼고 있으니, 이 나라의 미래는 불보듯 뻔해 보입니다.

이 모두가 이웃을 보듬으려는 노력 없이 자신들의 이익에만 급급한 나머지, 나라와 민족을 위한 배려의 정신과 충효사상, 그리고 예절문화와 사회 전반에 걸친 질서의 문화가 사라져 가며 폭력과 성추행, 그리고 방화와 살인이 난무한 현 시대를 바라보면 애가 마를 지경입니다.

주님께서 예루살렘 성을 보시며 우신 것처럼, 지금 이 땅을 향해 또 눈물 흘리고 계심을 알아야 하겠습니다.

그 이유는 교회가 교회로서 사명을 다 하지 못했기 때문입니다. 오늘날 사회는 그 때문에 점점 망가지고 있는 것입니다.

북에서 미사일을 쏘아대도 말 한 마디 못하고, 중국이 각종 악영향을 주어도 꼼짝 하지 않은 채 두려워하면서 제대로 소리 한 번 내지 못하니, 이 나라가 어쩌다 이 지경까지 왔나 싶어, 나라를 위해 피 흘렸던 선열들에게 송구한 마음뿐입니다.

우리 믿는 성도들이 처음으로 주님께 부름 받은 그 날을 기억하며, 선한 목자이신 주님을 따르는 삶을 살아야 하겠습니다. 다시 한 번 주님 사랑과 보살핌을 되새겨 봅니다.

사랑받고 있는 사람이 사랑을 내어줄 수 있는 것처럼, 우리와 함께 신앙생활을 하는 이들에게 한결같은 마음으로 사랑을 베풀며 주님의 가신 그 길을 이어가는 믿음의 권속들이 되어야 하지 않겠습니까?

만약 계속해서 무사안일과 세상 편리 속에 안주한다면, 주님께서 돌들에게 소리 지르라고 명령하실 것입니다. 그 많은 돌들이 소리 지른다면, 과연 세상은 어떻게 될까요?

지금이라도 늦지 않았으니, 자신의 잘못을 시인하고 회개하며 다시 한 번 초대교회 정신으로 돌아가 주님의 영광을 위해, 그리고 주님께서 기뻐하시는 사명을 잘 감당하는 이 땅에 크리스천들이 되었으면 좋겠습니다. 돌들이 소리 지르기 전에!

_65

세상이 아파하고 있습니다

"믿음은 바라는 것들의 실상이요 보이지 않는 것들의 증거니(히 11:1)".

히브리서 11장을 '믿음장'이라고 합니다. 믿음은 하나님에 대한 약속을 신뢰하고 믿음과 인내로 지낼 것을 말씀하고 계십니다. 여기서 '믿음'은 본질을 말하는 것이며, '실상'이란 확신하는 것을 뜻하며, 그리고 '증거'란 확실히 아는 것을 말합니다.

우리는 평소 하나님께 기도할 때, '하나님! 저희에게 믿음을 더하여 주십시오'라고 기도합니다. 하지만, 주님께서 주시는 대답은 이해하기가 매우 힘듭니다. "너희가 겨자씨 한 알 만한 믿음이 있었더라면, 이 뽕나무더러 뿌리가 뽑혀 바다에 심기어라 하였을 것이요, 그것이 너희에게 순종하였으리라(눅 17:6)".

사도들의 '믿음을 더하여 달라'는 간절한 부탁에 "겨자씨 한 알"로 대답하시면서, 예수님께서는 믿음이라는 것이 너희가 생각하듯 더할 수 있다거나 크기와 부피, 그리고 무게로 달아 측정할 수 있는 것이 아니라고 말씀하시는 것 같습니다. 그러므로 믿음이라는 것이 있다면, 하나님께서 하실 수 있는 일을 할 수 있게 된다는 말씀으로 들려집니다.

그렇다면 믿음으로 사는 종은, 자신이 해야 할 사명을 잘 알고 있을 것입니다. 그리고 믿음으로 사는 종은 늘 "저희는 쓸모없는 종입니다. 마땅히 해야 할 일을 감당하였을 뿐입니다"라고 겸손히 대답합니다. 종은 주인이 되고 싶은 욕심을 내지 않습니다.

하지만 오늘날 교회는 언제부터인가 주님의 뜻과 무관하게 변질되고 있어, 안타깝게 여길 뿐입니다. 은은히 들려오는 교회당 종소리는 사라지고, 그렇게 아름답게 들려지던 차임벨 찬송소리조차 소음으로 전락되어, 세상 사람들로부터 외면당하기 시작했습니다. 그 순간부터 교회는 위기를 자초하였음을 누구나 공감하고 있을 것입니다.

교회 안에서 성도들은 사람들의 복장과 사회적 신분, 경제적 능력 등 외모에 근거하여 그를 판단하거나 편애, 차별대우가 만연한 가운데 교회로서의 사명을 상실하고 있습니다.

오늘날 모두가 교회의 위기라고 말합니다. 그 위기의 원인은 명예와 물질만능주의, 쾌락주의, 성공지상주의, 교회가 본질과 그 사명에서 벗어나 정체성을 잃고 세상 사람들로부터 지탄을 받고 있는, 그 결과로 교회의 성장은 중단됐으며, 내리막길로 치닫고 있는 실정입니다.

주님의 몸된 제단인 교회의 위상을 추락시키고 복음의 문이 닫혀져 가는데, 한국교회와 이 땅에 모범이 되어야 할 일부 대형교회 목사들의 성추문, 성폭행 등 여자 문제, 금전 문제, 그리고 자신을 알리기 위한 신문과 TV에 자주 등장함으로 주님의 영광을 가리고 있는 분들이 있습니다.

대형교회 지도자들은 개척교회나 작은교회를 마치 자신의 하위 기관처럼 대하고 있습니다. 그리고 대형교회 목사는 교역자들을 마치 부하직원 대하듯 하고 있습니다. 자신들도 그러한 시절을 보냈음에도, 개구리가 올챙이 시절을 모르는 것 같습니다. 오히려 교역자들을 더 사랑하고 품어야 할 분인데 말입니다.

총회 때마다 당선되시는 분들은 변해야 한다고 저마다 외치지만, 한 해가 지나고 또 다시 총회가 열리면 늘 반복되는 메아리가 될 뿐입니다. 교회 주일학교가 점점 사라지기 시작합니다. 아이를 많이 낳아야 한다고 교회 안에서는 입으로 떠들지만, 노총각·노처녀들을 구제할 생각조차 하지 않습니다. 참신한 아이디어를 통해 믿음 안에 있는 젊은이들에게 인연을 맺어주면 얼마나 좋을까요?

장로가 되면 열심히 주님을, 그리고 성도들을 섬기겠다고 해서 기름 부어 세웠지만, 막상 지도자가 되면 오히려 군림하려 하거나 교회 발전에 걸림돌 역할만 하고 있습니다. 마치 명예를 얻거나 목적을 달성한 것처럼, 주님과 교회와 성도들을 위하거나 세상에 복음을 전하는 데는 전혀 관심이 없습니다.

총회장을 비롯해 노회 임원에 이르기까지 사명을 맡았으면 그 사명에 대한 열정적인 기도와 행함이 있어야 하는데, 투표를 하기 전까지는 표를 의식해 열심히 하겠노라 하지만 막상 당선이 되고 나면 예전으로 돌아가 버립니다.

지금 세상은 아픔에 젖어 의원을 요구하는데 교회는 아직도 정신을 차리지 못하고 있으니, 실로 주님 뵙기가 부끄러울 뿐입니다. 한편에서는 지진이 나고 태풍 후유증으로 괴로워하는데, 주님의 제자들은 안일하게 태평 세월을 보내고 있으니 답답하기도 합니다.

자연재해로 고통스러워하는 이웃을 보면서도 긍휼히 여기지 않고 자신의 돈벌이에만 열중하고 있습니다. 교회 안에 형제들이 어려운 일을 만나고 있음에도 방관하고 있습니다. 자신의 목적을 채우기 위해, 그리고 자신들의 노후 준비에 혈안이 되고 있습니다. 그러나 자신들의 권력이나 명예를 위해서는 요란합니다.

총회는 마치 큰 교회와 부를 가진 자들의 잔치인 것 같기도 합니다. 성도들이 하나님께 바친 헌금을 총회와 노회는 물 쓰듯 합니다. 총회는 분명 하나님의 복음을 위해, 그리고 작은교회든 대형교회든 교회를 위해 사용돼야 합니다.

특히 성도들이 기쁘고 즐겁게 신앙생활을 할 수 있도록 걸림돌이 된 법들을 개정하고, 주님처럼 세상의 소금과 빛이 되어 소외되고 가난한 이들과 과부와 고아, 병든 자들을 긍휼히 여기며 친구가 되어야 할 것입니다. 그러나 마치 큰 기관이 된 듯 군림하다 보니 교인은 점점 줄어가고 있는데, 수수방관만 하고 있습니다.

자! 이제라도 가던 길을 멈추시고, 하나님 앞에 고요히 무릎을 꿇읍시다. 이제부터는 작은 일이라도 믿음 안에서, 도움이 필요한 사람들을 위해 나눔과 배려의 삶을 살아야 하겠습니다. 세상은 그리스도를 기다리고 있는데, 오히려 교인들은 외면을 당하며 만나기를 싫어합니다.

깊어가는 가을입니다. 주님 주신 이 아름다운 세상을 위해, 아파하는 세상을 위해 주님의 십자가 사랑의 향기를 뿜어야 하겠습니다. 기도의 도움이 필요한 사람을 위해, 무거운 짐진 자들을 위해, 기꺼이 주를 위해 나를 사용해야 할 것입니다. 그리고 아파하고 신음하는 그들의 곁으로 다가가야 할 것입니다.

_66
사랑으로써 행동하는 믿음

"그리스도 예수 안에서는 할례나 무 할례나 효력이 없으되 사랑으로써 역사하는 믿음뿐이니라(갈 5:6)".

믿음이란 단순한 지적 동의가 아니라, 사랑의 행위로 나타나는 하나님의 은혜를 신뢰하고 살아가는 삶을 의미합니다.

"너희의 믿음의 역사와 사랑의 수고와 우리 주 예수 그리스도에 대한 소망의 인내를 우리 하나님 아버지 앞에서 끊임없이 기억함이니(살전 1:3)".

바울은 2차 전도여행 때 세웠지만 오래 머무르지 못한 데살로니가교회가, 믿음과 사랑과 소망이 조화된 교회로 성장한다는 소문을 듣고 그들을 격려하고 재림을 대망하는 삶에 더욱 정진하도록 하기 위해 데살로니가전서를 썼다고 합니다.

밤 사경에 주님께서 바다 위로 걸어오심을 보고 놀라 유령이라 하며 무서워했던 제자들이 소리쳤을 때, 주님께서는 "안심하라 내니 두려워하지 말라"고 하셨습니다. 그 때 베드로가대답하기를 "주여 만일 주님이시거든 나를 명하사 물 위로 오라 하소서"라고 했습니다.

주님께서는 "오라" 하셨습니다. 베드로는 주님의 말씀에 당장 물 위를 걷는 기적을 경험하며 예수님께로 갔습니다. 하지만 그는 바람을 보며 무서워하다 결국 물에 빠져가게 됐습니다. 베드로는 심한 불안감과 무서움에 젖어, 주님께 구원해 달라고 애원을 합니다.

그때 주님께서는 즉시 손을 내밀어 베드로를 붙잡으시면서 "믿음이 작은 자여 왜 의심하였느냐"고 하십니다. 그리고 베드로의 손을 잡고 배에 함께 올랐을 때, 바람이 그치고 평안이 찾아왔습니다.

오늘 우리에게 주시는 이 말씀에서, 베드로의 예수님을 향한 사랑을 보게 됩니다. 그 중심에 베드로의 행동이 무척 인상적입니다.

주님이시라는 말을 듣자 그래도 예를 갖추려고 겉옷을 두르고는 물 위로 뛰어들어 주님께 가려는 그 모습, 예수님을 향한 사랑이 얼마나 순수하고 충만한지, 그 장면을 상상해 보면 의아하기도 하지만 절로 웃음이 터져 나올 것 같습니다.

사실 성경 몇몇 구절을 읽다 보면, 베드로는 일반적으로 생각하는 지도자의 자질과는 약간 거리가 있음을 확인할 수 있습니다. 한 마디로 인간적인 여러 감성이 충만한 베드로는 2% 부족하고 나약하게 보이기도 하지만, 예수님께서는 베드로가 품고 있는 충만한 사랑을 보셨기에 양들을 맡기셨습니다.

이런 관점에서 그리스도인은 사랑으로 행동하는 믿음이 가장 중요한 것입니다. 앞서 갈라디아서 5장 6절에 나와 있는 말씀처럼, 하나님께 받은 사랑을 각자의 삶으로 녹여내야 합니다.

하지만 우리 신앙인들은 예수님처럼 완전한 사랑을 할 수 없기에, '사랑으로써 행동하는 믿음'으로 살고자 하는 결심을 세웠음에도 한계를 경험할 때가 있습니다.

그래서 오늘 주시는 말씀에서, 주님이시라는 말을 듣고 곧바로 물에 뛰어드는 베드로의 순수하고 열정적인 사랑에 미치지 못하는 나의 사랑을 발견하고 돌아보게 됩니다.

그러나 우리에게는 그 사랑을 키워갈 수 있는 내일이 있기에, 하나님께서도 우리를 그리스도인이라고 불러 주시고, 모두에게 사랑의 씨앗을 심어 주셨습니다.

우리는 그 씨앗을 묻어만 두지 말고, 저마다의 방법으로 하나님께 베푸신 은혜로 그 씨앗에 싹을 돋우고 자라게 해야 하겠습니다.

주님께서 우리에게 맡기신 일을 행할 수 있는 힘도 '사랑'이지만, 주님께서 우리를 위해 행하신 모든 것들도 '사랑'이심을 믿어야 합니다. 그 사랑의 가장 큰 열매가 바로 '부활' 신앙입니다.

주님께서 부활을 통해 좌절에서 희망으로, 죽음에서 생명으로 건너가는 사랑을 주셨으니, 이제 우리도 힘을 내야 할 때입니다. 주님께서 우리에게 밝히신 사랑의 빛으로, 발길이 닿는 곳곳을 밝히는 그리스도인이 되어야 하겠습니다.

이 땅에 복음이 들어올 때, 많은 믿음의 선배들이 거듭되는 거친 핍박과 탄압, 그리고 순교 속에서도 이에 굴하지 않고 전심전력을 다해 하나님의 사랑을 전하며 복음의 씨를 뿌렸던 것처럼, 믿음의 선배들의 그 숭고한 정신과 사랑을 기억하며 행동으로 나서야 할 때입니다.

하나님의 사랑을 많이 받았으니 주님을 위해 모든 것을 바치겠노라고 강단에서 소리치는 목회자들을 향해, 순교자들은 지금도 애타게 기도하고 있습니다. "사랑은 실천하는 것이다." 입으로만 외치는 것이 사랑이 아니라, 행동으로 보여주어야 한다고 말입니다.

지금 이 나라는 물론 전 세계에서 마귀 사탄들의 놀음이 충만해 있습니다. 동성애와 낙태, 그리고 마약과 강도, 성폭력과 살인, 테러 등이 춤을 추고 있는 현실입니다. 참으로 눈 뜨고 볼 수 없을 만큼 타락한 땅으로 변해버려, 어디 한 군데 정상을 찾아 볼 수가 없을 지경입니다.

입법, 사법, 행정, 교육, 문화, 체육에 이르기까지, 진정한 사랑으로 국민들을 위하여 봉사를 해야 할 공공기관들마저 믿을 수 없는 나라가 되었는데도, 침묵으로 일관하며 정부의 눈치 보기에 급급한 교회 지도자들과 그리스도인 정치인들을 봅니다. 그들에게는 이 땅 순교자들의 함성이 들리지 않는 것입니까?

5월은 푸르고 푸른, 아름다운 계절입니다. 하지만 지금 어린 학생들과 청소년들을 위해 우리는 무엇을 하고 있나요. 무상 급식을 비롯하여 무상 여행, 무상 교복까지…, 그저 무상으로 일관할 뿐입니다.

정작 그들을 사랑으로 키워갈 어떤 프로그램이나 제도는 없습니다. 그저 퍼주기식 교육으로, 이 나라 미래를 망칠 셈인지….

불의를 보고 칼을 빼든 베드로처럼, 우리 신앙인들은 이럴 때 정의를 위해 나서야 합니다. 소리를 낼 때는 '한 목소리'를 내야 합니다. 일제의 신사참배 강요에 목숨을 걸고 반대했던 많은 순교자들의 외침을 기억해야 합니다. 그리고 이제는 행동으로 나서야 하겠습니다.

불의와 타협해서는 안 될 것입니다. 특히 공산당과의 타협은 있을 수 없는 일입니다. 결코 그들의 속임수에 넘어가서는 절대로 안 될 것임을 명심, 또 명심해야 하겠습니다.

오늘 말씀처럼 주님을 믿고 신뢰해야 합니다. 폭풍이 이는 물결 위를 걸어오라고 말씀하시는 주님을 믿고 행동할 때, 어떠한 험한 일을 만나도 헤쳐 나갈 수 있는 사랑과 믿음이 생길 것입니다.

_67

승천과 성령강림: 어찌하여 서서 하늘만 쳐다보느냐

"이르시되 갈릴리 사람들아 어찌하여 서서 하늘을 쳐다보느냐 너희 가운데서 하늘로 올라 가신 이 예수는 하늘로 가심을 본 그대로 오리라 하셨느니라(사도행전 1장 11절)".

오순절이라고도 불리는 성령강림절입니다. 성령을 보내시기 전, 성경은 주님께서 하늘로 올라가셨다고 증거하고 있습니다.

필자는 "갈릴리 사람들아 어찌하여 서서 하늘을 쳐다보느냐"라는 말씀을 읽으며, 오늘날 그리스도인들에게 "교회에 다니는 성도들아, 어찌하여 하늘만 바라보고 세상을 바라볼 생각이 없느냐"라고 하시는 것 같았습니다.

사도행전의 저자인 누가는 주님의 승천과 다시 오실 사이의 시기를 '교회의 시기'라고 말하고 있습니다. 주님께서 승천하심으로 주님이 우리 곁에 계시지 않는다는 두려움과 공포, 그리고 당혹감 때문에 찾아오는 불안은 예수님 당시나 지금 똑같습니다.

"또 만물을 그의 발 아래에 복종하게 하시고 그를 만물 위에 교회의 머리로 삼으셨느니라 교회는 그의 몸이니 만물 안에서 만물을 충만하게 하시는 이의 충만함이니라(에베소서 1장 22-23절)".

교회의 머리이자 교회를 충만케 하시는 이는 그리스도라고 노래하지만, 출발하는 교회의 시기는 주님의 승천 후에 나타나는 주님이 부재라는 것입니다.

눈에 보이지 않는 주님을 신뢰하고 사랑하기란 참으로 어려운 것입니다. 그리고 주님의 부재라는 당혹감은 그 옛날 제자들만 있었던 것이 아닙니다. 오늘날 우리 그리스도인들이 겪는 어려움 역시 어떤 면에서는 그때보다 더 힘들다고도 할 수 있습니다.

우리는 주님을 사랑하고 믿습니다. 하지만 우리 믿음이 약해지거나 공동체에서 믿음의 결속이 해이해질 때, 마치 주님이 안 계신 것 같은 당혹감을 삶 속에서 느끼게 됩니다.

이 당혹감을 메우고자 성도들과 교역자 간의 서로 친교에 많은 시간을 할애하지만, '지혜와 계시의 영'이 아니라면, 그렇게 우리가 지니게 된 희망이 아니라면, 그리스도의 부재라는 당혹감은 좀처럼 사라지지 않을 것입니다.

믿음은 주님의 부재를 주님의 현존으로 바꾸어줍니다. 그래서 우리는 수많은 당혹감 앞에서도 이렇게 질문해야 합니다. 주님 말씀에 귀를 기울이고 주님의 뜻에 순종하여 행할 때, 교회가 지닌 당혹감은 주님 현존으로 바뀌는 것입니다.

특히 교회 안에서만 주님의 이름으로 친교할 것이 아니라 세상으로 나아가 주님을 알지 못하는 이들과도 함께 어울려 친교해야 합니다. 그들의 삶 속에서 함께 어우러짐으로, 사랑이 무르익는 것입니다.

늘 교회 안에서 입버릇처럼 하는 말이 바로 '사랑'입니다. 사랑은 눈빛으로 시작하여 가슴과 진한 감동으로 이어집니다.

그리고 표현과 실천이 없는 사랑은 허구임을 알아야 하겠습니다. 죄를 짓는 일은 갈수록 어렵지만, 사랑은 하면 할수록 쉬워지는 것임을 깨달아야 하겠습니다.

거짓말을 한 번 하게 되면, 그 거짓말은 또 다른 거짓말을 낳습니다. 그러다 보면 만성이 되어 더 큰 거짓말을 하게 됩니다. 결국 파국으로 치달으며 돌아올 수 없는 강을 건너게 되는 이유는, 입술만으로 사랑을 외치는 자들 때문이며, 그 중심에는 주님이 부재중인 것입니다.

이처럼 사랑은 처음에는 어려운 것 같지만, 나를 내려놓고 마음을 열면 누구나 가능한 것입니다. 남녀노소 빈부 차이를 극복한 사랑은 불꽃처럼 타오르며, 쉽게 할 수도 있습니다. 그런 사랑은 아름다운 질서를 유지하며, 함께 어우러져 기쁨을 충만케 하는 것임을 깨달아야 하겠습니다.

"또 네 이웃을 사랑하고 네 원수를 미워하라 하였다는 것을 너희가 들었으나 나는 너희에게 이르노니 너희 원수를 사랑하며 너희를 박해하는 자를 위하여 기도하라(마 5:43-44)".

대개 미움은 나의 이익에 부합되지 않고 나의 의견에 동조하지 않는다는 이유로 생깁니다. 교회에서도 마찬가지입니다. 장로와 권사 등 항존직 선출 과정에서 자신에게 투표하지 않았다는 이유로, 그를 미워하여 거들떠보지도 않으려는 사례들이 흔히들 발생하지 않습니까.

법정 투쟁이나 개인적 원한 때문에 좋지 않은 감정을 가진 사람을 보통 원수라고 부릅니다. 그 원수의 소유물인 길 잃은 나귀나 소를 보았을 때 어떻게 처리하는 것이 옳겠습니까. 생각 같아서는 그 소나 나귀를 멀리 쫓아버리거나 죽이고 싶은 충동을 누구나 갖고 있겠지만, 신명기 22장 1-4절을 보면 하나님께서는 그것들을 원래 주인인 원수에게 돌려주라고 명령하십니다.

만일 구약 시대 이스라엘 사람이 자기 원수와 짐승들이 길 잃은 것을 보았다면 그것을 주인에게 돌려주어야 합니다. 만일 그 짐승이 과중한 짐으로 엎드러진 것을 봤을 때도, 다시 그 짐승을 도와주라고 말씀하십니다.

뿐만 아니라 나를 미워하는 자의 나귀나 짐을 싣고 가다가 그것이 엎드러진 것을 봤을 때도, 못본 체 하지 말라고 합니다. 그를 도와서 짐을 부리라는 것입니다.

형제의 잃어버린 것을 발견했을 때는 그것을 돌려주라고 명령하십니다. 나아가 그것이 설령 원수의 것이라도, 이 규례와 명령을 적용해야 한다는 것을 말씀하십니다(신 22:1-4). 성경에는 그 좋은 예가 있습니다. 다윗 왕과 선지자 나단의 이야기를 참조하시면 좋겠습니다.

"그러므로 너는 거짓된 풍설을 퍼뜨리지 말며 악인과 연합하여 위증하는 증인이 되지 말며 다수를 따라 악을 행하지 말며 송사에 다수를 따라 부당한 증언을 하지 말며 가난한 자의 송사라고 해서 편벽되이 두둔하지 말지니라(출 23:1-3)".

이 말씀은 사회 정의와 사회 복지에 대한 법규입니다. 사회 정의를 추구하는 일은 개개인의 올바른 도덕성과 공정한 처신으로, 좌로나 우로나 치우쳐서는 안 되는 것을 기초로 하는 말씀임을 알아야 하겠습니다.

주님의 공생애 기간에 직접 눈으로 주님의 말씀과 행적을 3년간이나 보고 들었으면서도 주님을 신뢰하지 못하고 의심했던 도마처럼, 믿음이 없는 자가 되지 말고 보지 않아도 믿는 자가 되어 라는 주님의 거룩한 당부를 우리 성도들은 결코 외면해서는 안 될 것입니다.

_68
세례 요한과 예수님, 조연과 주연

"내가 진실로 너희에게 말하노니 여자가 낳은 자 중에 세례 요한보다 큰 이가 일어남이 없도다 그러나 천국에서는 극히 작은 자라도 그보다 크니라(마 11:11)".

다소 일찍 프로야구가 개막했습니다. 야구의 꽃이라면 물론 홈런입니다. 그 홈런을 치지 못하도록 투구하는 투수도 야구에서는 주연이라고 할 수 있습니다. 하지만 투수를 잘 보좌하고 리드해 주는 포수와 내·외야수들의 안전한 수비의 조화 없이는 시합을 이길 수 없습니다.

축구 역시 공격수에게 골을 넣을 수 있도록 연결해 주는 어시스트맨이 없으면 결코 골을 넣을 수 없습니다. 수비수 역시 골을 내주지 않기 위해 몸을 내던지는 철벽수비로 조연의 사명을 다해야 합니다. 혹 주전 선수가 부상이라도 입게 되었을 때, '엑스트라'였던 후보 선수에게 기다렸던 기회가 주어지는 것입니다.

이 모두 조연과 엑스트라들의 숨은 노력의 하모니가 이루어지지 않으면 불가능한 것입니다. 운동 시합은 물론이고, 우리 가정과 직장, 그리고 모든 생업들도 마찬가지입니다. 주연들만 존재해서는 원하는 목적을 이룰 수 없습니다. 마땅히 조연과 엑스트라, 그리고 많은 관중들이 있어야 주인공의 역할도 돋보일 수 있습니다.

세례 요한의 이름 '요한'이란 '여호와는 은혜로우시다'는 뜻입니다. 제사장인 아버지 사가랴와 어머니 엘리사벳 사이에서 태어난 세례 요한은 어릴 적 기록은 찾아볼 수 없으나, 나실인으로서의 생활은 기록되어 있음을 볼 수 있습니다.

메시아의 오심을 예언했고, "회개하라"고 외치면서 복음을 전파했으며, 예수님에게 물로 세례를 베푼 사람이기도 합니다. 유대교를 이끌던 제사장 아버지 사갸라의 길을 걷지 않고, 새로운 시대의 떠오르는 인물이자 예수 그리스도의 길을 예비하기 위해 사명자의 길을 선택한 자였습니다. 처음에는 목자로서의 사명을 감당했지만, 나중에는 당시 분봉왕이던 헤롯의 정치적 행사에 관여하므로 비참하게 최후를 마감하는 안타까운 조연자의 인물이기도 합니다.

그러나 세례 요한을 더욱 돋보이게 하는 것이 있습니다. 자신이 감당해야 할 짐과 사명을 분명히 알았고, 자신의 현 위치와 역할에 대한 것들을 어느 누구보다도 잘 파악하여, 이를 행동으로 옮겼다는 것입니다.

세례 요한은 분명 메시야는 아니었습니다. 그 분에 앞서 그분의 길을 예비하고 미리 준비하는 사람이었습니다. 그는 예수님이 자기에게 다가오는 것을 보고 "보라, 하나님의 어린 양이시라" 하면서 예수님을 메시아라고 주저 없이 제자들에게 일러줍니다. 그리고 자신을 따르던 제자들에게 자신을 잊고, 새로운 이 시대의 구원자인 예수님을 선택하여 그 분을 따라가라고 권면합니다.

우리는 흔히 영화나 연극, TV 드라마에서 주인공이 아닌 조연과 엑스트라들을 볼 수 있습니다. 엑스트라가 없는 연극과 영화와 드라마, 그리고 우리 인생의 삶에는 흥미가 없습니다. 그러므로 이 지구상에는 어느 것 하나 귀하지 않는 것이 없습니다.

비록 에덴의 낙원이라 할지라도 거기에는 아담과 이브가 있어야 하고, 많은 동식물들과 자연이 함께 조화를 이루어야만 창조주 하나님의 신비가 조화를 이루는 아름다운 동산이 됩니다.

우리 신앙생활에서도 마찬가지입니다. 창조주 하나님만이 우주 만물의 주인공이십니다. 세상에서 살고 있는 우리는 조연들이자 엑스트라들임을 알아야 합니다.

주인공이신 예수님을 위해, 교회 안에서의 모든 직분은 조연과 엑스트라인 것입니다. 더구나 주님을 위하는 모든 직분에는 크고 작음이 없습니다. 우리 인간들이 생각하는 크고 작은 것이 아니라, 하나님께서 보시기에 합당한 직분자만이 옳은 사명자임을 알아야 합니다.

'겉 희고 속 검은 이는 이뿐인가 하노라'는 옛 시인의 글에서도 보듯, 겉으로는 화려하고 보기 좋은 떡 같지만 실속이 없는, 주님이 없는 모든 직분과 사업은 주인공이 슬퍼할 따름입니다. 비록 엑스트라일지라도, 남몰래 그 역할을 충실히 감당하는 신앙인이라면 분명 천국의 아름다운 잔치에 참여하여 주인공이신 주님을 만나고, 큰 상급으로 화답받을 것입니다.

젊은 시절에 주님을 영접하며, 평생 주님과 함께 살리라 서약하고 맹세했던 목자들이라면, 초심을 잃지 않고 은퇴하시는 그 날까지 최선을 다하며 신앙생활을 해야 합니다. 그러나 대부분 교단들마다 내로라는 분들의 마지막에 결국 불행한 사건들이 일어나면서 많은 성도들이 가슴 아파하며 실망합니다. 어쩌다 말년에 그렇게 변할 수 있을까 하는 마음에 혀를 차기도 합니다.

끝까지 순교의 정신으로 변함이 없어야 하는데, 성경 속 많은 실패자들처럼 본인 역시 설교를 하면서도 정작 이를 지켜야 할 본인은 사탄의 유혹에 넘어지는 모습이 참으로 안타깝기도 합니다. 이 모두는 늘 주인공만 하려는 탐심에서 나오는 현상이 아닌가 생각됩니다.

조연과 엑스트라 역할을 담당하는 사람들을 조금이라도 생각하며 그들에게 다가갔더라면, 하나님께서 싫어하시는 실수를 범하지 않았을텐데 말입니다.

돈 문제, 세습 문제, 권력과 명예, 성추행 문제로 끊임없이 신문과 방송에 도배되는 목회자들을 보면, 주님을 모르는 지도자들 같기도 합니다. 특히 말과 행동이 전혀 다른 분들이다 보니, 처음부터 아예 세상 사업의 길로 가셨더라면 좋았을 걸 하는 생각도 해 봅니다.

지금 교회들마다 성도들이 갈수록 줄어들고, 복음을 전하기도 극히 어려운 상황입니다. 더구나 교단들마다 존경했던 분들이 사고를 치고 있으니, 복음 전파는 갈수록 점점 어려워집니다. 주님의 재림이 임박했음을 암시하는 것 아닐까 싶기도 합니다.

우리의 신앙생활은 마가의 다락방에서 기도하던 제자 120명처럼 순결하고 정직한 삶으로, 하나님의 복음을 전해야 하겠습니다. 그것만이 세상의 빛을 비추며, 주님을 위한 우리의 조연과 엑스트라 역할이 아닐까 생각해 봅니다.

_69
부활의 참 증인, 제자들 아닌 막달라 마리아와 여인들

"나는 부활이요 생명이니 나를 믿는 자는 죽어도 살겠고 무릇 살아서 나를 믿는 자는 영원히 죽지 아니하리니(요 11:25-26)".

예수 그리스도는 죽음의 권세를 이기시고 부활하셨습니다. 예수 그리스도는 영생을 주시는 참 생명이시기에, 믿는 자는 비록 육체적인 죽음을 겪는다 할지라도, 살아서 영생을 누리게 될 것입니다.

"영원히 죽지 아니하리니"라는 말씀은 육체적인 죽음을 맞지 않는다는 것이 아니라 영적인 죽음, 곧 하나님의 사랑으로부터 영원히 끊어지는 죽음에 이르지 않는다는 것을 의미합니다.

'부활(復活)'의 사전적 의미는 쇠퇴한 것이나 없어진 것이 다시 성하게 일어나는 것입니다. 우리 기독교에서는 십자가에 못 박혀 죽은 예수 그리스도께서 죽은 뒤 사흘 만에 다시 살아나신 일을 말합니다. 그러므로 부활은 곧 '다시 산다'는 뜻입니다. 다시 살아야 하는 이유는, 죽었기 때문입니다.

부활절은 우리 교계에서 성탄절과 함께 양대 절기입니다. 주후 니케아 공의회에서 현재와 같이 춘분 후 만월(보름달) 다음 오는 첫 번째 주일로 정하여 시행하고 있습니다.

이는 예수님의 탄생과 공생애, 그리고 죽으심과 부활의 승리를 통해 하나님의 크고 놀라우신 사명을 다 이루시며, 승천을 통해 이 땅에서 이루실 구원 역사를 마무리하셨습니다. 승천하실 때, 후에 다시 오겠다는 약속을 하셨습니다.

예수님의 부활은 4복음서에 모두 기록되어 있습니다. 성경 기록을 보자면, 예수님의 부활을 맨 처음 본 사람은 오늘 제목처럼 막달라 마리아와 다른 여인들입니다.

특히 막달라 마리아는 부활하신 예수님의 첫 증인으로 부각되고 있습니다. 그를 통해 부활의 증인이 되는 영광과 부활의 의미에 대해 깊이 생각해 보고자 합니다.

성경에서는 막달라 마리아는 예수를 따르는 다른 여인과 함께 갈릴리를 시작으로 예루살렘에까지 올라왔고, 예수께서 십자가를 지신 골고다 언덕까지 따라와 예수님께서 고통당하시는 모습을 줄곧 지켜보면서, 내내 눈물을 흘리며 가슴을 쥐어짜는 고통스러운 마음으로 애를 태웠던 여인이었습니다.

예수님은 정치범으로서 '유대인의 왕'이라는 누명을 쓰고 처형을 당하셨는데, 당시는 처형장 근처에 얼씬거리는 것만으로도 정치범에 동조한다는 뜻으로 체포되는 시대였습니다.

그럼에도 막달라 마리아를 비롯한 여인들은 예수님과의 가장 근접한 위치에서 예수님의 처형 장면을 끝까지 지켜봤는데, 이는 목숨을 건 아주 위험한 행동이었습니다.

이렇게 예수님께서 고난받는 자리에 함께한 사람들은 부활의 목격자가 될 수 있었고 증인이 될 수 있음을 성경은 우리 신앙인들에게 말해주고 있습니다.

　하지만 "주는 그리스도시요 살아 계신 하나님의 아들"이라고 고백했던 베드로는 어땠습니까. 예수님께서 잡히시던 때부터 줄곧 어슬렁거리며 눈치를 보다, 사람들의 추궁을 견디지 못하고 주님을 모른다고 세 번씩이나 부인하며 배신했습니다. 결국 그는 주님이 십자가에서 돌아가신 후 고향으로 돌아가 본업을 시작했던 것 같습니다.

　나머지 열한 제자 역시 모두 베드로처럼 주님 곁을 떠나갔지만, 끝까지 주님 곁을 떠나지 않았던 막달라 마리아와 함께한 여인들은 예수님의 십자가를 쓰라린 가슴으로 지켜보며 눈물을 흘렸습니다. 그들은 결국 예수님의 부활의 영광을 맛보게 됐고, 부활의 증인으로 세상에 알려지게 됐습니다.

　"다른 사람들은 주님을 버릴지라도 나는 결코 주님을 버리지 않을 것"이라고 당당하게 큰 소리로 약속한 제자들보다, 아무 말 없이 주님을 믿고 따랐던 막달라 마리아와 그 여인들은 쉽게 주님을 버리거나 포기하지 않았습니다.

　어찌 보면 남자들의 체면이 말이 아니기도 합니다. 여인들의 깊은 믿음이 오히려 주님의 부활에 있어 더 큰 영광의 호산나가 아니었을까요!

　예수님의 삶과 죽음, 그리고 부활은 죄인을 위한 하나님의 무한하신 사랑의 선물입니다. 특히 예수님께서는 인간으로 오셔서 십자가의 고통 속에 죽으심으로써 우리 같은 죄인들의 죄를 짊어지시고, 또 죽으시고, 무덤에 까지 내려가시어 저 같은 죄인들을 구원하시는 하나님이십니다.

　바울 사도는 "날마다 죽노라"고 했습니다. 철저히 자신을 내려놓고 죽는 것을 말합니다. 죽음이 끝이 아니라 새로운 출발임을 믿기에, 바울은 죽음을 두려워하지 않고 새로운 하나님 나라를 확신하면서 "날마다 죽노라"고 고백할 수 있었습니다.

지금 한국교회는 바울 사도의 말처럼 "날마다 죽노라" 고백할 수 있는 지도자들과 신앙인들을 찾기가 매우 힘듭니다. 막달라 마리아와 함께한 여인들처럼, 목숨을 두려워하지 않고 끝까지 주님 곁을 지키는 믿음이 필요한 때입니다.

예수님의 부활을 목격하며 이를 알렸던 막달라 마리아와 함께 했던 여인들은 곁에서 주님을 지켜낸 인물들이며, 주님의 부활을 직접 목격했던 영광의 증인이 되어 지금까지 성경을 통해 우리에게 전해지고 있습니다.

해마다 겪는 고난주간과 부활주일은 주님의 뜻과 달리, 저만치 먼 곳에서 하나의 행사처럼 치러지고 있어 안쓰럽기도 합니다.

교회 안에서는 신앙인들 같은 내음만 풍기다, 막상 교회 밖에 나오면 종교인으로 변해버리는 모습들을 보면서, 양과 염소를 가리는 그 날이 점차 다가오고 있음을 느끼지 못하는 어리석은 쭉정이처럼 느껴집니다.

마침 봄비가 내려 대지를 촉촉히 적시고, 한층 포근한 느낌이 들며 날씨도 풀려 나뭇가지에는 움이 트고, 철쭉나무에는 꽃망울이 맺히기 시작했습니다.

어느새 봄이 왔구나, 우리가 모르는 사이에 이렇게 봄은 익어가고 나무들은 그런 기운들을 먼저 알아차리며, 빗방울이 적셔주고 햇살이 따스하게 비치면, 죽은 것 같았던 나무들이 금 새 움을 틔우고 꽃망울이 맺힙니다. 이것을 보노라면, 주님의 놀라운 창조에 무한한 사랑과 감사와 찬송이 세상에 울려 퍼지는 것 같습니다.

이것은 인간의 힘과 의지만으로는 되지 않습니다. 자연의 변화 안에서 죽음으로부터 생명으로 자리를 옮긴 부활을 보며 느낄 수 있습니다.

예수님의 비참한 죽음을 목격하고 모든 것이 죽어버린 듯한 날을 보내던 제자들이 다시 살아나신 주님을 만난 것이 바로 부활 체험이었습니다. 그 체험을 맛볼 수 있도록 연결해 주었던 사람이 바로 막달라 마리아와 그와 함께했던 여인들입니다.

특히 제자들은 자신들이 이제껏 살아왔던 삶의 의미와 가치가 송두리째 달라짐을 깨달았습니다. 부활하신 예수님께서 더 이상 죽음과 죄가 삶의 굴레를 지배하는 것이 아니라, 이를 넘어서는 길로 나아갈 수 있다는 '소망'을 주신 것입니다.

어두운 다락방에서 두려움에 떨고 움츠리던 삶에서 벗어나, 이제 당당하게 뛰쳐나와 주님의 부활을 선포할 수 있는 용기를 얻은 것입니다. 부활의 삶이 큰 소망으로 이루어진 제자들의 삶 속에서, 부활의 승리가 곧 복음의 원천이 되었습니다.

제자들이 주님의 부활을 확신하며 세상으로 뛰쳐나와 외쳤던 것처럼, 우리도 그렇게 복음을 전하는 삶을 살아야 합니다. 하지만 헤롯의 잘못을 지적하여 순교를 당했던 이 시대의 세례 요한은 어디로 갔을까요.

다윗 왕에게 목숨을 담보로 충고했던 이 시대의 나단 선지자는 어디에 있을까요. 나라의 잘못에 항거했던 천주교 정의구현사제단은 어디로 숨었을까요.

도대체 양들을 이끄는 목자들은 왜 침묵하고 있나요? 지금 동성애, 낙태, 살인, 방화를 비롯하여 참 교육과 역사가 왜곡되고, 거짓과 위선, 정직이 결여된 지금의 꼴을 보고도, 어찌하여 침묵만 하고 있나요. 주님의 부활을 믿지 못하고 의심하고 있는 것인가요?

예수님 당시 비록 이 세상에서 가장 고달프고 천한 사람으로 낙인찍혀 소망 없는 삶을 살았던 막달라 마리아와 함께한 여인들은, 예수님을 만난 후 새로운 희망을 보게 되었습니다. 그리고 천국을 향한 영광의 부활을 목격하였습니다.

이 시대 부활의 참 의미를 깨닫지 못하고 참혹한 비극을 초래하는 신앙인들에게 막달라 마리아와 그와 함께 한 여인들은 외칩니다. 부활이 주는 희망의 선물로, 회개하고 돌아오라고. 그들은 지금도 예수님의 무덤 앞에서 외치고 있습니다.

_70

소외된 자들에게 복음을

누가복음 15장에는 모두 세 개의 비유가 나란히 등장을 합니다. '잃은 양을 찾는 비유(4-7절)', '잃어버린 동전을 되찾은 비유(8-10절)', '잃어버린 아들(탕자)의 비유(11-32절)' 모두 잃어버린 것을 되찾는 기쁨을 강조하는 비유입니다. 오늘 이 비유의 핵심을 '회개와 은혜'라는 두 축으로 새롭게 조명해보고자 합니다.

누가복음을 일컬어 소외된 자들의 복음이라고 합니다. 그래서 누가복음 곳곳에는 가난한 이들과 불쌍한 이들, 나약한 여자들, 죄인들과 그들의 회개 부분이 자주 등장합니다. 특히 누가복음 15장 말씀에는 하나님의 끝없는 사랑과 함께, 회개하는 죄인에 대한 하나님의 무한하신 사랑과 자비가 그 어떤 복음서보다 잘 나타나 있습니다.

이 비유의 핵심은 방탕한 아들에게 있는 것도, 방탕한 생활에서 되돌아왔다는 것도 아닙니다. 이 비유의 중심은 바로 하나님 '아버지'입니다. 본문의 핵심은 지금 우리가 작은 아들의 입장에 있는지, 아니면 큰 아들의 입장에 있는지 확인하고자 하는 것이 아닙니다.

대신 작은 아들을 끝까지 버리지 않고 참고 기다리며, 돌아온 아들을 온 정성을 다해 기쁘게 맞이하고, 큰 잔치를 열어 주시는 아버지의 마음을 잘 나타내 줍니다. 곧 하나님의 놀라우신 사랑의 마음이라는 것입니다.

아버지의 잔치에 참여할 수 있는 조건은 다른 것이 아닙니다. 회개하면서 자신의 모든 권리를 포기하고 오로지 자신을 내려놓는 것, 은혜의 보좌 앞에 온전히 자신을 내어맡기는 것이라 할 수 있습니다.

모든 것을 용서하시고 안아주시는 하나님이 아닌 어떤 잣대를 가지고 벌을 주시는 하나님이라면, 어디 무서워서 회개할 수 있겠습니까? 세상에서는 죄를 고백하면 그 무게에 따라 벌을 받지만, 하나님께서는 우리 죄의 정도를 따지지 않으십니다. 오직 진정 어린 회개만을 원하시며, 회개하는 자들을 기쁘게 받아주십니다.

그런 하나님의 신뢰를 통해 우리 자신의 잘못들을 하나씩 짚어보는 것이 곧 풍성하고 귀한 은혜의 잔치가 아닐까 생각해 봅니다.

그러므로 회개는 자신의 모든 권리를 포기하고 오로지 자신을 내려놓는 것이며, 은혜의 보좌 앞에 온전히 자신을 내어맡기는 것이라 할 수 있겠습니다.

우리가 믿는 하나님은 그럼에도 불구하고 모든 것을 용서하시고 안아주시는 분이십니다. 그래서 우리는 이 귀한 시간 하나님께 모든 죄를 고백하고 기뻐하며 감사하는 것입니다.

우리 믿는 하나님은 사랑과 자비와 은혜를 베푸시는 분임을 기억하며, 더욱 마음을 새롭게 하는데 최선을 다해야겠습니다.

자녀들이 유치원을 졸업하고 초등학교를 통해 중·고등학교를 가며, 대학교를 입학하거나 혹 졸업을 해서 사회에 진출할 때까지는 부모의 도움을 절실하게 받기도 합니다. 하지만 사회로 진출한 뒤에도 부모에게 손을 벌린다면, 불효막심하다고 모두 비웃을 것입니다.

우리 신앙인들도 처음으로 예수님을 믿으면 걸음마 믿음부터 시작합니다. 하지만 시간이 지나면서 독립적인 믿음의 신앙생활을 해야 하는데, 아직도 걸음마에서 벗어나지 못하고 매일 매일 미지근한 신앙생활을 하고 있는 분들도 있습니다. 참으로 답답하고 안타깝습니다.

늘 입으로는 '믿습니다. 하나님의 뜻대로 살겠습니다', 그리고 '아멘' 소리가 끊어지지 않는데, 믿음의 결과로는 변화가 전혀 보이지 않으니, 참으로 딱하고 한심하기도 합니다.

젖먹이가 젖을 뗀 후에는 기어다녀야 합니다. 한 단계 발전을 한 것이지요! 다음에는 어린이집에 갈 수 있습니다. 그리고 유치원을 통과해 초등학교에 입학합니다. 이를 시작으로 중학교와 고등학교로 진학하고, 대학 또는 사회로 나아갑니다. 대학 졸업 후에는 생활 전선에 뛰어듭니다.

세상도 이런 순서로 나아가는데, 신앙인들은 왜 한 계단씩, 두 계단씩 걸어 올라가려 하지 않는 것입니까?

믿음 생활이 오래될수록, '믿음의 노후 생활'도 필요합니다. 믿음에는 정년이 없다지만, 한계선은 그어 놓아야 합니다. 예를 들어 나이가 50살이 되었다면, 오래 믿고 의지했던 하나님께 많은 것을 받았으면, 이제는 내가 하나님께 드려야 할 시기가 아닐까요.

그렇다 해서 하나님이 빚진 것을 받으려는 분은 아닙니다. 이미 빚진 모든 것들을 탕감해 주셨으니, 그럴 필요는 없습니다.

하지만 우리는 탕감받고 나서 그냥 잠잠히 있어서는 안 될 것입니다. 가난하고 소외된 이들을 찾아가서, 하나님의 복음을 전해야 하겠습니다. 그것이 바로 하나님께 탕감받은 은혜의 보답입니다.

한국교회의 앞날을 생각해 봅니다. 대형교회가 춤을 추는 시절은 지나갈 것입니다. 요즘 같이 무조건 대형교회만 찾는 신앙인들이 많았던 적이 없었습니다.

큰 교회에 가면 부담도 덜고, 남 보기에 '큰 교회 다닌다'는 명성도 얻고, 자신의 사업에도 이익이 될 뿐 아니라 금전 부담이 적습니다. 직분을 맡지 않아도 성도 수가 많으니 '나 하나쯤이야' 하는 안일한 신앙 태도를 갖습니다. 이것이 곧 대형교회와 그곳 성도들이 저지르는 큰 실수입니다.

그리고 목사를 따라, 사람들을 따라 움직이는 신앙인들 때문에 오늘날 교회가 사회로부터 지탄의 대상이 되어 버렸습니다. 교회로서의 자질과 사명을 잃고, 하나님의 이름을 망령되게 만드는데 일조하고 있는 것 같아 아쉽습니다.

교회는 첫째로 무엇을 해야 할까요? 하나님의 영광을 어떻게 하면 나타낼 수 있을지 늘 고심해야 할 것입니다. 그리고 선교면 선교, 구제면 구제, 장학사업이면 장학사업 등으로 확실하게 선을 긋고 교회의 색깔을 확실하게 나타낼 필요도 있습니다. 성도들에게 우리 교회 신앙의 목적을 알리고, 그 목적이 하나님께 영광이 됨을 가르쳐야 하는 것입니다.

앞으로는 대형교회보다, 150명 정도의 성도들이 모이는 교회들이 더 주목을 받을 것이라고 예단해 봅니다. 우리 교회는 무엇을 해야 할까요? 뜻 있는 공동체로서의 역할을 해야 합니다.

우리는 누가복음에 기록된 예수님의 수많은 역사들을 되새겨야 합니다. 예수님은 가난하고 천대받고 소외된 이웃을 스스로 찾아가셔서, 그들의 아픔을 위로하시고 그들의 문제를 해결해 주셨습니다.

교회가 커지다 보면 엉뚱한 곳에 정신이 팔리기 쉽습니다. 헌금이 많아지면, 때로 무언가 상상을 하기도 합니다.

하나님의 복음 사업과 구제보다 교회 건물에 드는 비용이 더 많을 수도 있습니다. 이는 하나님의 방법이 아니요, 세상 사업가들의 방법이자 낭비임을 알아야 하겠습니다.

하나님의 교회가 되는가 여부는 규모의 크고 작음에 있지 않습니다. 주님께서 우리 교회에 함께하시는 것만이 중요합니다.

오늘 '탕자의 비유'를 통해 우리 신앙인들은, 하나님께서 무엇을 우리에게 기대하시는지 깨달아야 할 것입니다.

정직하지 못한 목사 장로들은 오늘 누가복음 말씀에 귀를 기울여야 하겠습니다. 사람들을 따라다니며 자신의 이익에 이끌려 증언해서는 안 됩니다.

거짓 선지자들의 억압에 눌리거나 그들의 향응을 제공받아, 그들의 편에 서서 증언하는 목자는 참된 목자가 아닙니다.

지금이라도 하나님의 방법으로 살아가야 합니다. 소외되고 가난한 자, 그리고 억눌린 자들의 곁으로 다가가는 지도자들과 성도들이 되기를 소망해 봅니다.

제11장 　　　　　선택받은 신앙인들

_71

이 땅에 오신 예수님과 그 분을 맞이한 동방박사들

　동방박사(東方博士)는 예수님께서 베들레헴에서 탄생하셨을 때, 동쪽으로부터 별을 보고 찾아와 아기 예수께 경배하고, 황금과 유황과 몰약을 예물로 드렸던 점성술가(占星術家)들입니다.

　일설에 따르면 그 이름은 멜키오르, 발타사르, 카스하르이며, 멜키오르는 '황금'을, 발타사르는 '유황'을, 카스하르는 '몰약'을 선물하였다고 합니다.

　성경에서 말하는 동방은 이스라엘 기준에서 동쪽이므로, 메소포타미아 곧 현대의 이라크와 이란 방향입니다. 고대 페르시아는 이란 땅의 중심지였고, 동방박사들은 페르시아 사제 계층으로 추정되며 왕실에서 임금을 섬긴 사람들이라고 합니다.

　특히 동방박사들은 주변국 임금들의 즉위나 몰락에 관심이 많았던 것으로 추정됩니다. 예수님 탄생 당시 헤롯왕은 심상치 않은 별의 움직임도 문제이지만, 동방박사들이 찾아왔다는 뜻밖의 소식에 긴장할 수밖에 없었습니다. 특히 헤롯은 당시 유다인의 피가 섞이지 않은 이방인으로서, 로

마의 힘을 얻어 왕위에 오른 자이므로, 바짝 긴장할 수 밖에 없었던 것입니다.

성경에는 점성술가들이 과히 긍정적으로 생각되는 사람들이 아니지만, 하나님께서는 당신의 뜻을 이루시기 위해 때로는 이방 임금들을 도구로 사용하시고, 때로는 이방의 점성술가들도 사용하여 뜻을 이루시는 분이심을 알게 됩니다.

특히 우리 신앙인들은 다가오는 메시아의 탄생을 위한, 대림절을 맞이합니다. 특히 내 안에서, 그리고 나와 다른 사람들과의 관계 안에서 채워야 할 골짜기가 있다면 채우고, 높은 산과 언덕은 눕히고, 굽은 길은 곧게하고, 거친 길은 평탄하게 고르면서, 우리에게 오시는 아기 예수님을 즐겁고 기쁜 맘으로 행복하게 맞이해야 할 것입니다.

성탄절을 그저 즐거운 공휴일로 생각하는 경향도 있고, 장사꾼들은 성탄절을 통해 한몫 챙기려 할 것입니다. 그렇지만 우리 신앙인들은 예수님께서 이 땅에 오신 것과 이 땅에 오신 메시아를 경배하기 위해 머나먼 이국 땅에서 하나님의 뜻을 이루기 위해 별을 따라 찾아왔던 동방박사들을 기억해야 할 것입니다.

동방박사가 아기 예수님께 경배한 사건은, 이 땅의 모든 사람들이 하나님을 찬양하며 오직 그 분에게 경배해야 할 것을 현대 그리스도인들에게 말해주는 깊은 의미가 있습니다. 특히 예수님을 경배하는 것은 인종 구분 없이 모든 사람이 하나님을 높이고 그 분께 영광을 돌려드리는 일입니다.

동방박사들은 아기 예수께 엎드려 경배했습니다(마 2:11). 예수님 당시 고대근동 지역에는 무릎을 꿇거나 고개를 숙이는 등 다양한 경배 방법이 있었는데, 그 중 가장 큰 경배 자세는 부복(扶伏), 즉 바닥에 엎드리는 것입니다. 경배의 대상을 최고로 존중한다는 것을 그 모습으로 보여주는 것입니다.

그러므로 유대인들은 오직 하나님만을 부복하여 경배했습니다. 우리 신앙인들이 어떤 자세로 하나님을 경배하더라도, 그 마음에 그 분을 향한 의존과 신뢰가 없다면 그것은 참된 예배가 될 수 없음을 알아야 합니다. 특히 우리는 이번 성탄을 맞이하여 예수님을 향한 의존과 신뢰를 품은 순종의 참된 예배로 경배해야 할 것입니다.

우리는 흔히 동방박사를 세 사람으로 알고 있지만, 사실 성경에는 그들이 몇 명인지 기록하지 않고 있습니다. 하지만 아기 예수님께 드린 선물이 황금과 유향과 몰약 세 가지이므로, 동방박사를 세 사람으로 추정하고 있는 것입니다.

이들이 바친 '몰약'은 예수님의 '죽음'을, 제사에서 사용되는 '유향'에서 예수님의 '신성'을, '황금'은 '왕권'을 각각 상징한다고 합니다. 특히 아기 예수님을 찾아온 동방박사들은 솔로몬의 명성을 듣고 찾아온 스바 여왕에 대해서도 증명해 주고 있습니다.

동방박사들의 행보는 우리 신앙인들에게 큰 울림을 선물하고 있습니다. 세속적인 권력을 쥔 헤롯 왕에게 경의를 표하는 것이 더 이익이겠지만, 그들은 겸손자의 혜안으로 진리를 분별했기에, 헤롯 왕의 요구를 무시하고 하나님께서 지시하는 곳으로 돌아감으로써 유대인들에 앞서, 메시아를 만나는 큰 행운과 기쁨을 누렸음을 우리 신앙인들은 알아야 하겠습니다.

헤롯 왕처럼, 우리 교계 안에도 거룩한 종교의 탈을 쓴 대제사장, 곧 삯군 목자들이 있습니다. 우리는 이들을 경계해야 합니다. 매일 시간 날 때, 성경 말씀을 묵상하며, 늘 찬송하고 기도하며, 이웃을 긍휼히 여기는 행함을 실천할 수 있어야 합니다. 그 삶이 깨어있는 삶이며, 그리스도를 향한 믿음의 본이 되는 것입니다.

예수님의 탄생과 십자가상에서 죽임을 당할 때의 상황처럼, 메시아가 오는 것을 달갑게 생각지 않았던 당시에는 대제사장과 서기관, 바리새인, 그리고 그들의 등에 업고 함께 즐기는 많은 민중들이 그들의 꾐에 빠져 예수님의 탄생과 죽음을 무참히 외면하고 말았습니다.

그들은 더 부러울 것 없는 세상 향락과 연락에 젖어 있었기 때문에 메시아의 등장이 달갑지 않았고, 또한 메시아를 인정하지 않기 위한 수단으로 갖은 흉계를 엮어 메시아를 결국 십자가 나무 형틀에 매달았던 것입니다.

만약 내일 예수께서 이 땅에 재림하신다면, 하나님께서 내 생명을 취하신다면, 그래도 그들은 반갑게 맞이할 수 있을까요? 그렇지 않다면 우리 신앙인들은 우리의 믿음을 점검해 보아야 합니다.

매일 같이 새벽기도를 하루도 빠짐 없이 참석하고 1년에 성경을 몇 독하고, 성경 필사를 몇 번 해도, 또 주중에 성경공부나 집회를 참석해도, 예수님의 탄생과 재림이 달갑지 않고 알면서도 행하지 못한다면, 예수님이 어디에 태어나시는지 알면서도 애써 외면하는 대제사장과 서기관과 바리새인들이 바로 나, 아니면 우리가 아닌지 한 번 되짚어보아야 하지 않을까요?

_72

개혁과 쇄신, 내가 먼저

개혁(改革)이란 "제도나 기구 따위를 새롭게 뜯어고침"을 말합니다. 반면 쇄신(刷新)은 "묵은 것이나 폐단을 없애고 새롭게 함"이라고 어학사전에서 말해주고 있습니다.

개혁은 급진적이거나 본질적인 변화가 아닌, 사회의 특정한 면의 점층적인 변화를 이끌어내고 고쳐나가는 과정을 말해주고 있습니다. 실제로 말은 앞세우지만 실천과 행동 때문에 공감하지 못하는 것이 현실입니다.

어느 단체나 기구, 그리고 종교계에서는 개혁에 대해 '어떤 개혁이냐? 개혁하려는 과제나 대상이 무엇이냐? 개혁의 과정이나 개혁 방식이 얼마나 진실한가 혹은 순수한가, 그리고 합리적인가?' 등의 문제를 갖고 씨름합니다.

특히 기존의 사람들은 기존의 것밖에 모르므로, 변하는 것을 싫어하여 늘 쇄신을 하겠다고 하면서도 오랫동안 지녀온 습관과 관행 따위에서 벗어나지 못하는 모습들이 적지 않습니다.

그래서 시대의 변화에 적응을 하지 못하고 늘 뒤처진 사고방식을 갖고 안주하다가 낭패를 보게 되는 일들이 비일비재합니다.

노벨평화상을 받았던 테레사 수녀는 이렇게 말했습니다. "쇄신이란 청빈과 초라한 생활을 함으로써 거룩함을 추구하는 정신이요, 진지하고 인내심 있는 사람의 실천이고 자발적인 희생이며, 정결과 솔직 안에서 표현되는 것을 발견하는 관대한 마음입니다. 우리 각자의 안에는 선한 것을 충분히 갖고 있는 것처럼 악한 것도 충분히 가지고 있습니다."

지금 나라 안 일부에서는 "검찰 개혁을 해야 한다"고 난리들입니다, 국가의 최고 지도자인 대통령으로부터 국무총리, 그리고 각 부 장관을 비롯한 여당 국회의원들과 그들을 추종하는 세력들은 '검찰 개혁'에 혈안이 되어 이를 날마다 외쳐대고 있습니다.

그러나 나라의 법은 힘없는 백성들을 위해 존재하는 것입니다. 정해놓은 법을 지키려 하지 않고 권력자들의 힘에 의해 법과 판결이 좌우되는 오늘날 대한민국의 현실을 보노라면, 참으로 부끄럽고 한심하기 짝이 없습니다.

자신들이 야당이었을 때와 달리, 여당이 되었을 때에는 잘 분별하여 온전히 이 나라를 위해서, 그리고 백성들을 위해서 어떻게 하면 안전하고 행복한 삶을 영위할 수 있을까에 초점을 맞춰야 합니다.

그리고 국민들 모두를 아우르는 합당한 법을 만들어 서로가 지키도록 힘을 모아야 하는데, 오직 권력을 더 누리기 위해 자신들의 사고와 방식대로 법을 이용하려 한다면, 이 어찌 자유민주주의라고 말할 수 있단 말입니까?

법 앞에는 만민이 평등하고 했는데, 한 나라의 대통령은 오로지 '검찰 개혁'에만 전심전력을 쏟고 있습니다. 반면 국가의 안보나 경제, 그리고 외교는 어디로 실종이 되었는지, 참으로 국민의 한 사람으로써 이를 뭐라 말해야 좋을지 참으로 답답하기 그지 없습니다.

개혁은 최고 권력자 본인 스스로 먼저 실천해야 합니다. 그래야 하부 조직에서도 당연히 그 본을 보면서 개혁의 의지를 다지고 성공을 이룰 수 있습니다.

그 조직의 최고 오너는 변하지 않는데, 어떻게 하부 조직에만 변화를 기대할 수 있겠습니까. 그런 '갑질'은 잠시잠깐 성공할 수 있으나, 미래에는 결국 성공할 수 없는 것임을 깨달아야 하겠습니다.

그리고 때마다 철도노조가 파업을 하여 갈 길 바쁜 서민들의 발을 묶어 고통을 안겨주고 있습니다. 연례행사처럼 행해지는 철도노조, 지하철노조, 버스노조, 화물차노조, 택시노조 등의 파업으로 인해, 서민만 죽을 맛입니다.

왜 그들은 서민들을 볼모로 그들의 목적을 달성하려고 하는지, 국토부와 코레일, 그리고 버스, 화물차, 택시 회사 사측과 노조는 과연 이러한 서민들의 고통을 알고 있는 것인지요.

파업도 때와 시기를 잘 선택해야 합니다. 그러지 않을 경우 국민들에게 공감을 얻지 못합니다. 오로지 자신들의 이익에만 급급한 나머지 투쟁의 깃발을 들고, 머리에는 붉은 띠를 두르며 총력으로 투쟁하는 모습은 별로 좋아 보이지 않습니다.

검찰에만 개혁을 요구할 것이 아니라, 본인들이 먼저 개혁의 대상임을 알아야 하겠습니다. 개혁이란 참으로 좋은 것입니다. 긍정적인 마인드로 서로가 이마를 맞대고 따뜻한 가슴으로 소통한다면, 좋은 결과를 만들어 낼 것입니다. 국민들 역시 크게 환영할 것이라 생각됩니다.

아침 저녁으로 삶의 현장을 넘나드는 서민들의 발을 더 이상 묶어놓는 고통은 이제 역사 속으로 사라져야 할 것입니다.

앞으로 정부와 사측, 그리고 노조는 서민들에게 더 이상 피해를 주지 않는 아름다운 문화를 형성하여 참 민주주의 꽃을 피우며, 서민들의 행복을 먼저 챙기는 문화를 만들어가는 세계 속에 대한민국이 모범된 나라로 우뚝 섰으면 참으로 좋겠습니다.

앞서 언급했던 테레사 수녀가 말씀했던 쇄신은 사회나 교회 안에서 모두 필요한 말입니다. 오래 전부터 지적돼 온 세습 문제는 사과만으로 끝낼 것이 아니라, 원천무효화하여 다시 제자리로 회복케 하는 것이 옳은 처사요 하나님의 방법일 것입니다.

우리는 교회 권력 앞에 결코 느슨해지거나 설득당해서는 안 될 것입니다. 만약 하나님 앞에 무릎 꿇고 신실한 회개를 한다면, 법에 명시되어 있는대로 세습은 절대 허용해서는 안 될 것입니다. 원래 모습대로 회복해야 하는 것이 성경적이요 하나님의 방법이 아닐까 싶습니다.

구약 성서에는 다니엘의 이야기가 나옵니다. 다니엘은 또 다른 신앙의 시험에 직면을 합니다. 다리오 왕만을 섬기라는 금령은, 다니엘에게 유일한 신 하나님을 버리라는 사형선고나 다름이 없었습니다.

그럼에도 다니엘은 자기 신앙을 굳건히 지켰고, 그 결과 사자굴에 던져지고 말았습니다.

하지만 다니엘은 하나님의 보호를 받았으며, 그 결과 놀라운 기적을 체험하게 됩니다. 우리는 이러한 의인의 신앙을 의심해서는 안 될 것입니다.

느부갓네살 왕은 다니엘의 신실한 모습을 기억치 못했는지, 또 다시 자신의 신상을 세워 절하라고 명하였습니다. 그럼에도 다니엘의 세 친구는 생명을 걸고 우상숭배를 거절하면서 뜨거운 풀무에 던져졌으나, 결국 하나님의 놀라우신 은혜로 구원을 받았습니다.

죽음을 각오한 에스더는 또 어떻습니까. 민족을 구하기 위해 규례를 어기고 "죽으면 죽으리이다(에 4:16)" 하는 믿음으로 왕 앞에 나아간 에스더는 죽음의 고비를 넘겼을 뿐 아니라 오히려 자신의 삼촌 모르드개와 함께 왕의 총애를 받았습니다.

특히 자기 민족을 죽이려고 했던 하만은 하나님께서 제거해 주셨습니다. 삼촌과 민족까지 살렸던 에스더의 놀라운 지혜와 믿음과 용기는 우리 신앙인들이 본받고 배워야 할 모습입니다.

부산 어느 교회가 복지센터를 만들었습니다. 그 복지센터는 지역 주민들을 위해 하나님께서 원하시는 방법대로 순수하고 진실되게 운영돼야 할 것입니다.

그러나 자신의 은퇴가 다가오자 약 10년간 잘 지켜오던 법을 마음대로 수정하여 교회를 만신창이로 만들어 버렸습니다. 많은 성도들이 시험에 들었고, 수백 명이 떠나가는 불상사를 초래하고 말았던 것입니다. 그럼에도 회개의 가슴은 전혀 없습니다. 오로지 자신의 영욕만을 위해 하나님을 이용하는 '갑질'이 더 이상 교회 안에 존재해서는 안 될 것입니다.

사회에 감동을 선물해야 할 오늘 날에 교회가, 온갖 나쁜 뉴스로 매스컴에 도배를 당하고 있는 현실입니다. 참으로 복음 전파에 많은 걸림돌이 되고 있음을 안타깝게 생각합니다. 다시 찾아올지 모르는 소돔과 고모라의 참상을 생각해 봅니다.

이제 대한민국에 속해 있는 모든 사람들은 내가 먼저 개혁과 쇄신을 하지 않으면, 장차 이 나라는 소망이 없다고 생각해야 할 것입니다.

대통령을 비롯한 이 땅의 공무원과 사회 지도층, 그리고 종교계와 특히 교회 지도자들의 개혁과 쇄신이 간절하게 요구되는 현실을 직시합시다. 지금 이 순간부터 나를 내려놓고, 겸손한 자세로 고요한 개혁을 추구해 나가야 할 것입니다.

_73

에바다

"예수께서 그 사람을 따로 데리고 무리를 떠나사 손가락을 그의 양 귀에 넣고 침을 뱉어 그의 혀에 손을 대시며 하늘을 우러러 탄식하시며 그에게 이르시되 '에바다' 하시니 이는 열리라는 뜻이라 그의 귀가 열리고 혀가 맺힌 것이 곧 풀려 말이 분명하여 졌더라(막 7:33-36)"

'에바다'는 아람어로 '열리라'는 뜻입니다. 현대에 신앙생활을 하고 있는 우리의 상태는 갈릴리 지방의 귀 먹고 어눌한 사람처럼 말씀을 하여도 듣지 못하는 귀머거리가 된 것입니다. 그래서 현대인들에게 주님의 말씀 중 '에바다'가 요구되는 것입니다.

오늘 마가복음 7장은 예수님께서 귀먹은 벙어리를 치유하시는 기적으로, 당신이 메시아이심을 드러내시는 장면입니다. 이 말씀에 대해 교회는 전통적으로 신체적 치유의 관점만이 아니라, 영적인 '에바다'의 관점에서도 이해해 왔습니다. 세상의 소리를 듣고자 염원하는 이의 귀를 열어주시 듯, 영적으로 미숙한 신앙인들에게 하나님의 말씀을 알아듣게 마음의 귀를 열어 주시는 분이 예수님이시라고 가르쳐 주고 있는 것입니다.

오늘날 귀를 가진 자의 비정상적인 모습은, 들어야 할 말씀을 귀담아 듣지 않고, 들어서 필요없는 말, 오히려 들으면 손해되는 말에 귀를 기울이고 있다는 것입니다.

예수님께서는 두로 지방에서 나오셔서 시돈을 지나고 데가볼리 지방을 통과하여, 갈릴리 호수에 이르셨습니다. 그 때 사람들이 귀 먹고, 말 더듬는 자를 예수님 앞으로 데리고 와서, 안수하여 주시기를 간구하였습니다.

예수님께서는 하늘을 우러러 탄식하십니다. 육신의 고통만 문제 삼아 매달려 해결해 달라고 요구하는 그 당시의 시대나 현대의 시대가, 어찌 그렇게 변하지 않고 같을 수 있을까요?

우리 신앙인들은 대개 세례를 받은 분들이 대부분입니다. 그러므로 이미 영적인 귀가 열린 사람들임을 명심해야 합니다.

우리에게 주어진 듣는 능력으로 주님 말씀에 귀를 '쫑긋' 세우고 귀담아 들어서 믿음으로 나아가고 믿는 대로 말하게 되면, 은혜를 베풀어 주신 주님께 기쁨을 드리고 행복을 드리는 일이 되는 것입니다. 그것은 바로 우리에게 큰 유익이 되며 삶에 기쁨으로 충만하게 되는 일이기도 합니다.

하지만, 우리는 또한 대부분 이방인인 세상에서 살아가는 사람들입니다. 확률적으로 사회의 각종 관계 안에서 하나님 말씀, 신앙의 언어로 듣고 말할 기회가 턱없이 부족함을 알 수가 있습니다. 고의적으로 신앙인과의 교류를 늘리지 않는다면 그럴 수밖에 없습니다.

또한 일주일에 한두 시간의 예배와 신앙생활 참여로는 하나님 말씀과 친숙해지기란 참으로 어렵습니다. 매일 약간의 노력이 뒤따라야만 가능한 일입니다. 하나님 말씀과 배치되는 가치를 지닌 언어들이 넘쳐나는 세속 사회에 파묻혀 살아가야 하는 어려움도 매우 큰 것입니다.

이러한 현실 때문에 신앙인들은 그리스도인이면서도 그리스도를 나타내지 않는 신앙인들이 되어가는 분들이 적지 않습니다. 언어는 숱한 반복으로 친숙해져서 말로 표현되는 것입니다. 게다가 말씀 혹은 신앙의 언어를 선호하는 마음이 들어 있어야, 말하고 싶어집니다. 그리고 자신의 가치관과 잘 맞아야 자주 사용하게 되는 것입니다.

'언어가 인간을 규정한다'는 말이 있듯이, 신앙의 언어로 즐겨 말하는 사람은 그 존재가 그리스도의 향기를 품게 되고 천사와 같은 이가 되게 하는 것입니다. 그러니 우리는 더 자주 예배에 참여해서 말씀을 듣는 기회를 늘리고, 성경 읽기와 묵상의 시간을 더 늘려야 하며, 신앙에 관한 서적을 가능한 많이 읽어야 할 것입니다.

우리가 사는 세상에서 하루 하루를 살아간다는 것은 참으로 기적이기도 합니다. 하나님께서는 매 순간마다 세상의 아름다움을 감상할 수 있는 눈과 귀를 주셨기 때문입니다. 그리고 온 감각으로 하나님의 존재를 발견할 수 있는 은혜도 주신 것입니다.

인간이 제 아무리 마음이 넓어도 그 은혜가 없으면 하지 못할 일, 이겨내지 못할 겁, 용서하지 못할 죄가 너무나 클 것입니다. 진정한 사랑이 없으면 자신과 다른 타인을 이해하며 공감하고 도와 줄 수 없으며 한 걸음 더 가까이 다가갈 용기도 생기지 않습니다.

특히 교회 안에서는 자유분방한 소통의 자리가 되어야 합니다. 들을 수 있는 말은 듣고, 하지 말아야 할 말은 하지 않아야 하는 것입니다.

교회의 지도자나 평신도들은 늘 열린 믿음의 마음으로 서로를 아껴주고 감싸주어야 하며, 쓸데없는 이야기에 귀를 기울이지 말고 신앙적이고, 미래 지향적인 열린 사고로 모든 일에 충실해야 할 것입니다.

나아가 그 사람이 없을 때 칭찬하고, 그 사람이 있을 때 존경하는 신앙인들이 되어야 할 것입니다. 육신의 괴로움만을 위로받으려 추구하지 말고, 영적으로 손상 입은 나의 신앙을 한 번 되돌아보며 점검해야 할 것입니다. 그것은 오로지 이 세상에서 삶을 이기는 최고의 방법임을 잊지 말아야 하겠습니다.

오늘 주님의 '에바다' 선언에서는, 우리가 더 적극적으로 주님의 말씀에 귀 기울이라는 당부를 전해줍니다. 이를 우리는 물리치지 말고 절대적인 순종으로 모든 것을 내려놓으며, 열린 사고와 열린 가슴으로 세상을 향해 나아가야 하겠습니다.

그리고 이 땅의 모든 신앙인들은 보고, 듣고, 말하는 표현을 오직 믿음의 눈으로 보고 듣고 말하는 아름다운 신앙인들이 되기를 소망합니다.

_74
주님께서 보여주시는 유도등과 방향등

필자는 이른 아침 등교하는 학생들과 학교에 종사하는 분들과 지역에 거주하고 있는 지역민들의 안전을 위해 매일같이 교통안전을 위해 봉사를 하고 있습니다.

제가 봉사하는 곳은 두 곳의 남녀 중학교와 한 개의 고등학교가 있는 지역으로, 학교 진입로는 삼거리여서 입구가 매우 협소하여, 차 두 대가 겨우 빠져나갈 수 있는 도로입니다. 이곳에서 학생들까지 등하교를 하고 있어 거리는 온통 교통지옥으로 자주 변하고, 자칫 사고로부터 안전할 수 없는 곳입니다.

아침 등교 시간에는 수많은 자동차가 드나들어 아이들에게는 늘 위험 요소가 잠재해 있어, 한눈을 파는 사이 어떠한 사고가 발생할지, 잠시도 눈길을 피할 틈이 없는 중요한 골든타임 이므로 매우 긴박하게 돌아가는 시간입니다.

하지만, 잠시 잠깐 지나는 사람들과 일일이 인사를 나누는 정겨움도 있습니다. 요즘 같이 날씨가 더우면 시원한 음료를 주시는 분, 이른 아침이라 아침을 굶고 봉사를 할까 싶어 학교 입구에서 파는 김밥과 햄버거를 주시는 분들도 있어, 참으로 행복하기도 합니다.

봉사를 하는 과정에서 제일 안타까움이 있습니다, 바로 방향등, 즉 자동차의 깜박이등을 켜지 않고, 대시하는 차들 때문에 적잖은 애로를 겪고 있는 것입니다, 자동차 운전면허를 취득할 때는 분명히 깜박이 방향등을 켰을텐데, 도무지 깜박이 등을 켤 생각조차 하지 않고, 한 손에는 스마트폰, 한 손에는 담배를 피우는 분들로 정말 난감할 때가 한 두 번이 아닙니다.

사전에 깜박이등을 켜 주면, 자신의 자동차가 가야 할 방향을 미리 인지하여 다른 차들을 멈추게 하고 자신의 차를 보낼 줄 터인데, 앞에서 교통정리를 위해 신호하는 사람의 지시는 따르지 않고 자신의 뜻대로 가려고만 합니다. 그리고 이로 인해 금세 교통은 마비됩니다.

사람의 육신도 마비가 오면 꼼짝할 수 없는 것처럼, 거리는 온통 아수라장으로 변해 버립니다. 깜박이등 하나를 켜지 않아 마비되는 거리는 걷잡을 수 없는 혼잡으로 인해, 거리를 다시 평화로운 거리로 만드는 데 시간이 꽤 오래 걸리기도 합니다.

이처럼 자신의 의지대로, 고집과 아집으로 일관하다 보면, 많은 이웃들에게 상처를 줄 수 있습니다, 앞에서 자신의 생명을 담보로 다른 차들을 세워놓은 채, 자신의 차를 보내주려 하면 꼼짝도 하지 않고 마냥 다른 차들을 예의주시합니다. 가라고 고함까지 지르고 나면 그때서야 빠져 나갑니다. 앞에서 수신호를 하는 사람을 믿지 못하는 불신 때문에 세상의 거리는 마비로 변해 버립니다.

운전자는 앞에서 수신호하는 사람의 지시에 따라야 합니다. 그래야만 무사히 목적지로 갈 수 있고, 이웃에게도 피해를 주지 않으며, 모두 원하는 목적지까지 무사히 갈 수 있는 것입니다.

저는 좌회전 우회전 하는 차들이 가끔은 서로 양보하며 서로 가라고 양보 하는 모습들을 볼 때, 고맙기도 해서 정중하게 인사로 답례하기도 합니다. 명랑하고 상쾌한 아침을 선물하기 위해서 미소도 함께 드립니다.

그러나 때로는 자신의 차를 먼저 보내주지 않는다고 욕설을 마구 쏟아내는 분들도 있습니다. 잠시 설명을 해 드려도 마구잡이로 욕설을 퍼붓고는 도망가듯 달려갑니다.

운전을 하는 습관들을 보노라면, 때로는 화도 치밀어 오릅니다. 함께 고함을 치며 싸울 때도 있습니다. 하지만 잠시 후에는 또 후회를 합니다. 그냥 웃고 넘어가면 되는데, '또 화를 내며 싸웠구나!' 하는 마음에 당장이라도 교통안전에 대한 봉사를 접을까 하는 생각도 많이 했습니다.

저는 최근 스트레스를 많이 받아 위암 수술까지 한 터라, 주위에 사람들이 그만두라고 말씀까지 하시는 분들도 있습니다. 특히 운전자들과 다툴 때는 이 일이 하기 싫어지며, 왜 이 일을 시작했을까 하는 후회도 많이 하기도 했습니다.

그럴 때마다 저는 '주님께서는 이럴 때는 어떻게 하셨을까' 하고, 생각해 봅니다. '화를 내기 전 네 이웃의 아픔을 먼저 생각하라! 그리고 믿음이 없느냐, 네 믿음이 연약하므로 운전하는 사람들도 너를 믿지 못하는 것이다' 하는 주님의 속삭임이 들려옵니다. 후회했던 마음이 가라앉으며, 새로운 마음이 솟구쳐 오릅니다. 이렇게 또 다시 다짐을 하며, 즐거운 교통안전을 위해 빨간 유도등을 열심히 좌우로 휘저어갑니다.

특히 우리 신앙인들은 주님의 빨간 유도등을 바라보며 나아가야 합니다. 주님의 방향등을 바라보며, 그 지시하시는 말씀대로 따라야 합니다. 그 유도등은 주님께서 가라고 하시는 명령의 말씀입니다. 그 지시에 따르지 않는다면, 참혹한 세계로 빠져 들어가고 말 것입니다.

모세의 출애굽 당시에 하나님께서 보여주시는 구름기둥, 불기둥 그것이 바로 유도등입니다. 그것만 바라보고 순종하며 따라갔다면, 40년이라는 긴 여정의 피곤을 피했을 것입니다. 진행하는 동안 불평과 고집과 아집으로 하나님께서 약속하신 것을 믿지 못하고 스스로의 방향등을 켜고 나아감으로서 많은 시행착오를 겪으며, 무수한 인명피해가 속출했던 것을 우리 모두는 알 것입니다.

그러므로 우리는 주님께서 보여주시고 가르치는 유도등을 바라보며, 방향등을 번쩍 신나게 켜야 할 것입니다. 그 도로에는 형통과 자유와 행복과 소망이 기다리고 있기 때문입니다.

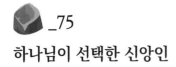

_75

하나님이 선택한 신앙인

　선택(選擇)이란, '여럿 가운데서 골라 뽑는다'는 뜻입니다. "너희가 나를 택한 것이 아니요 내가 너희를 택하여 세웠나니 이는 너희로 가서 열매를 맺게 하고 또 너희 열매가 항상 있게 하여 내 이름으로 아버지께 무엇을 구하든지 다 받게 하려 함이라(마 15:16)".

　구약에서도 '선택'이라는 말씀이 많이 나옵니다. "너는 여호와 네 하나님의 성민이라 네 하나님 여호와께서 지상 만민 중에서 너를 자기 기업의 백성으로 택하셨나니 여호와께서 너희를 기뻐하시고 너희를 택하심은 너희가 다른 민족보다 수효가 많기 때문이 아니니라 너희는 오히려 모든 민족 중에 가장 적으니라(신 7:6-7)". 사람의 숫자가 많고 적음, 사람이 잘나고 못나고, 지식이 많고 적음, 많이 가지고 적게 가지는 것에 따라 '선택'하는 것이 아니라는 것입니다.

　하나님께서는 이스라엘의 수많은 나병 환자들이 아니라, 수리아 땅 나아만 군대장관을 '선택'하셔서 하나님의 뜻을 이루셨습니다. 하나님은 이스라엘 제2대 왕으로 세우실 때 이새의 집 형제들 중 7명의 큰 형들이 아니라, 막내인 다윗을 '선택'하셨습니다. 그리고 애굽으로 팔려갔던 요셉을 통해 야곱의 가족을 구하고 민족을 구하셨습니다. 이러한 하나님의 예정하신 '선택'을 우리는 성경을 통해 알 수 있습니다.

그리고 갈릴리를 지나가시다 그물 깁는 베드로, 안드레, 야고보, 요한을 선택해 부르셨습니다. 그리고 세관 앞에 앉아 있는 마태 역시 '선택'하셨습니다. 이 밖에도 많은 사람들을 필요에 따라 '선택'하셔서, 하나님의 뜻을 이루셨음을 성경을 통해 알 수 있습니다.

하나님께서는 우리를 부르실 때 조건을 달아서 '선택'하는 것이 아니라, 무조건적인 사랑으로 먼저 죄인들을 '선택'하셔서 백성으로 삼으셨습니다. 하나님은 우리가 하나님을 멀리하지 않는 한, 끝까지 지켜주시고 보호해주시는 분임을 믿어야 합니다.

하지만 하나님은 자기를 사랑하는 성도들의 신실함을 통해 구원 계획을 세우시고 성취하시는 분이십니다. 마태복음 15장 25절에는 "이제부터는 너희를 '종'이라 부르지 아니하신다"는 말씀이 나옵니다. 곧 그 전까지 우리는 '종'의 신분이었다는 말씀이 됩니다.

우리의 본질은 원래부터 '종'입니다. 하지만 예수님께서 이 땅에 오신 후부터는 종이 아니라, 친구로 삼아주셔서 동등하게 불러 주십니다.

예수님께서는 '종'들과 친구들의 차이를 설명해 주셨습니다. '종'은 자신이 어떤 일을 하든 그 일의 의미와 목적을 알지 못하더라도, 시키는 대로 해야 하는 지위입니다. 그러나 주님께서는 우리 인간 세상의 종들의 기준과 달리, 앞으로 다가올 모든 일들을 낱낱이 설명해 주셨습니다.

다만 마지막 날에 주님께서 재림하시는 날에 대해서만 자신도 모른다고 하셨습니다. "그 날과 시간에 관해서는 아무도 모르나니 정녕 하늘에 있는 천사들도 모르고 아들도 모르며 오직 아버지만 아시느니라(막

13:32)".

그러나 우리 신앙인들은 간혹 착각하는 경우가 많습니다. 그것은 바로 우리가 예수님을 믿어 구원을 받는다는 착각입니다. 신앙인들은 예수님을 믿도록 이미 명령을 받은 것입니다. 하나님께서는 그것을 지키지 않는 자를 바로 처벌하지 않으시고, 그 불순종에 대해 세상 끝날에 함께 모아 심판하시는 것뿐입니다.

'타작 마당의 비유'처럼 알곡은 곡간에 들이고, 쭉정이는 태워 버린다는 것입니다. 우리가 예수님을 '선택'하는 것이 아니라, 예수님께서 우리를 '선택'하셨음을 믿어야 합니다. 그래서 우리는 당당한 신앙인으로서 살아가야 한다는 것입니다.

이 땅에서 아무리 선한 일을 많이 하더라도, 진실이 없는 믿음은 하나님께서 선으로 인정하시지 않으십니다. 지금 이 순간 우리의 심령 속에 예수님의 생명이 있어야 하는 것입니다. 예수님의 생명이 있는 자가 알곡이요, 그 생명이 없는 자는 쭉정이며 가짜 신앙인이라는 것입니다.

우리 성도들은 주님이 언제 재림하실지 모릅니다. 그러므로 아까운 이 시간을 헛되이 낭비하지 마시고, 나 자신의 신앙을 점검해야 합니다. 생명이 있는가 아니면 생명이 없는가? 생명이 있는 자가 알곡이요, 생명이 없는 자가 쭉정이입니다. 내가 알곡인지 쭉정이인지를 다시 한 번 점검해서, 예수님께서 나를 '선택'하셨다는 믿음의 확신을 가지고 주님이 주시는 알곡의 선한 믿음으로 돌아와야 하겠습니다.

알곡은 고개를 숙입니다. 쭉정이는 고개를 치켜듭니다. 이는 바로 교만입니다. 하나님께서는 교만한 자를 대적하시고 겸손한 자에게 은혜를 베풀어 주신다고 말씀하십니다. 교만은 멸망의 선봉입니다. 그러나 겸손은 존귀함의 선봉이요 미덕인 것입니다.

그러기에 우리는 철저히 자신의 신앙을 관리해야 합니다. 그 첫째는 겸손입니다. 둘째도 겸손입니다. 겸손 안에 모든 것이 들어 있는 것입니다. 하나님께서는 겸손한 사람들을 즐겨 찾고 좋아하시며, 교만한 자는 내치는 분이심을 알아야 합니다.

겸손한 신앙인들은 욕심과 명예, 불의가 없습니다. 오직 주님께서 요구하시는 겸손은, 선한 사마리아인의 삶을 살아가는 것임을 명심해야 하겠습니다.

교회의 지위를 통해, 하나님의 뜻과는 전혀 무관하게 자신의 목적과 욕심을 채우기에 혈안이 되어서는 안 될 것임을 명심 또 명심합시다. 하나님의 심판대 앞에 섰을 때 당당하게 잘했다 칭찬 듣는 모든 신앙인들이 되었으면 좋겠습니다.

그리고 선택은 자유이지만 부디 좁은 길을 선택하셔서, 하나님이 원하시는 모습으로 하나님의 편에서 선택하는 신앙인들이 되시길 소망합니다.

_76

먼동에서 석양까지… 우리네 인생과 하루의 삶

먼동이란 날이 새어 밝아 올 무렵의 동녘 하늘을 말하며, 석양은 해가 질 무렵의 해를 말합니다. 우리가 자주 부르는 복음송 중에는 '해 뜨는 데 부터 해 지는데 까지', 찬송가에는 '아침 해가 돋을 때(552)', '시온의 영광이 빛나는 아침(550)', '어둔 밤 쉬 되리니(330)' 등 아침과 저녁을 말하는 곡들이 꽤 있습니다.

우리는 평소 자주 보는 해에는 무관심하다, 한 해가 지나고 새해를 맞이할 때는 이른 새벽부터 새해 첫날 떠오르는 해를 보려 부산을 떱니다. 심지어 어떤 분들은 전날 밤부터 좋은 위치를 차지하려고 밤샘까지 하는 분들도 있습니다.

간혹 믿는 분들도 새벽 미명 동녘 하늘에 떠오르는 해를 보려고 바닷가나 높은 산, 그리고 강가로 가기도 합니다. 그러나 신앙인들은 오히려 섬기는 교회에서 새벽기도회에 참석하여 하나님과 더 가까이하는 예배를 드리는 것이 오히려 신앙인으로서 해야 할 도리가 아닐까 싶습니다.

이른 미명에 솟아오르는 해를 보면서, 불신자들은 한결같이 자신과 자신의 가족만을 위해 두 손 모아 합장을 하거나 두 손바닥을 비비고, 꾸벅꾸벅 절을 하고 입술로 중얼거리면서 소원을 빕니다. 그 내용은 주로 자신의 건강과 가족의 건강, 그리고 자식들의 출세와 부귀영화에 대한 소원들을 말합니다. 이웃과 나라와 민족에 대한 소망은 별로 없고, 모두 자신의 가족을 위한 행복만 추구하는 이기적인 소원들이 아닌가 합니다.

먼동은 주로 희망과 소망을 나타냅니다. 반면 석양은 인생에 있어 얼마 남지 않은 세월을 뜻하므로 모두가 싫어하는 말이며, 패색이 짙어가는 인생의 황혼을 말하기도 합니다. 하지만 성경 속 "하루를 천 년 같이, 천 년을 하루 같이"라는 말씀처럼, 하루는 인생의 긴 세월을 잘 말해 주는 축소판이기도 합니다. 그러므로 내가 현재 서 있는 위치가 하루 중 1시에 와 있는지, 3시쯤 와 있는지, 혹은 5시, 아니면 이제 곧 종착역을 향해 가는 6시에 와 있는지를 점검하며 확인할 필요가 있습니다.

해는 동녘 하늘에서 떠서, 중천 하늘을 지나 차츰차츰 석양을 향해 치닫는 것입니다. 뜨고 지는 해는 그 하루를 결코 쉽게 살아서는 안 될 것임을 경고해 줍니다. 특히 신앙인들의 하루하루 삶에서 떠오르며 용솟음치는 기개를 품고, 주님과 이웃을 위해 최선을 다해 하루를 살아가야 합니다. 저녁에는 지친 심신을 달래고, 평안한 쉼을 통해 가족과 소통하면서 함께 찬양하고 기도하며, 평안히 잠을 이루는 신앙이 되어, 또 다시 떠오르는 해와 함께 삶의 여정을 시작해야 할 것입니다.

나이가 차츰차츰 무르익어 가다 보면, '아 내가 벌써 50이 되었구나!', '60이구나', '아~ 곧 70, 80을 바라보는 이제 쓸모없는 사람으로 전락되었구나!' 하며 하염없이 울기도 하고, 때로는 인생이 허무하고 무상하며 슬퍼하기도 합니다. 우리 성도들은 그러한 생각으로 아까운 시간을 허비해서는 절대로 안 될 것입니다.

성경에는 수많은 연로하신 분들의 훌륭한 생애의 작품들이 많이 나옵니다. 물론 앞으로 살아갈 날 수가 점점 적어지고 육신이 따라주지 못해 아쉬운 이유도 있지만, 장례식장을 찾아가 보면 더욱 우울하고 무상해지며 허탈감도 생겨나기도 합니다. "이생의 죽음은 끝이 아니고, 욕망과 지친 삶 없이 영원한 안식을 누리는 영혼의 삶의 시작"이라는 성경말씀은 우리에게 산 소망을 안겨주는 기쁜 소식입니다.

신앙인의 삶에는, 장례식장에서 바라보는 죽음에 대한 공포와 불안, 초조를 초월하고, 신앙인답게 고인의 명복을 빌어줄 수 있는 은혜가 필요합니다. 어느 호스피스에서 봉사하는 어느 비신앙인은, 임종을 맞은 신앙인과 비 신앙인이 죽음을 받아들이는 자세가 완연히 다르다는 것을 경험했다고 합니다.

모두 다 그렇다고 할 수는 없지만, 대개 신앙인은 죽음 직전 주님의 품으로 가기 위해 기도와 회개로 숙연하게 지내고, 밝고 평화스런 죽음을 맞이하며 받아들입니다. 하지만 비신앙인은 내가 무슨 죄가 있어 죽어야 하느냐, 아직 나이도 있는데, 여태 고생하다 이제 좀 살만하니까, 하며 죽음을 받아들이지 못하고 억울해 하면서 숨을 거둔다고 합니다.

특히 이 호스피스는 신앙인은 숨을 거두기 직전, 유족들과 인사를 나눈 뒤, 나지막한 소리로 "주님을 부르고, 주님께 온전히 맡기며, 생을 마감하는 신앙인의 장엄하고 위대한 순간을 볼 때, 눈물과 감동 없이는 볼 수 없는 천국이었다"고 고백합니다. 결국 그 호스피스 분도 주님을 영접하고 신앙인이 되어, 열정적으로 신앙생활을 하고 있다는 후문을 들었습니다.

그러므로 인생은 창조의 질서대로 동녘에서 떴다가 서녘 석양으로 사라지는 존재입니다. 그 불변의 진리를 깨닫지 못하고 인간 스스로 하나님의 창조 질서를 망가뜨린 채, 인간의 편의를 위해 만들어놓은 도구는 곧

함정이 되어 파멸의 길로 점점 다가오는 것입니다. 고속철도가 들어오고 초음속 여객기가 등장하며 사람 대신 로봇 시대가 열리면서, 인생의 여정은 서쪽 하늘을 향해 놀라운 속도로 질주하며 기울어 가고 있습니다.

그러므로 누구에게나 동녘과 석양은 찾아옵니다. 많은 것을 가진 사람이나, 권력을 가진 사람이나, 가난한 사람 모두에게 석양은 공평하게 찾아옵니다. 하나님은 절대 공평한 분이시기에, 우리는 결코 절망하거나 실망해서는 안 될 것입니다. 우리는 이 땅에서 사는 동안, 어떻게 주님을 위해 예배를 드리고 선한 일을 했는지가 중요합니다. 그러므로 주님께서 우리에게 명령하신 "이웃을 나 자신처럼 사랑하라"는 말씀을 실천하며 살아갑시다.

그리고 동녘 하늘에 떠오르는 태양의 기개를 힘입어, 세상을 향해 믿음으로 나아가는 신앙이 됩시다. 석양에 대한 허무와 허탈을 볼 것이 아니라, 아름다운 자연의 석양을 바라보면서 주님께서 만드신 창작품에 감동하고 만끽하는 신앙인들이 되면 좋겠습니다.

제12장

손자 손녀를
만나러 가는 길

_77
양심적 병역거부라니!

지난 1일 대법원 전원합의체는 종교적 양심의 자유를 앞세워 군 입대를 거부하는 것을 '정당한 사유'라고 판결했습니다. 그러면 현재 국방의 의무를 다하기 위해 근무하는 청년들과 이미 제대한 분들은 양심도 없는 사람들이란 말인가요?

어떤 나라 사람들은 외국에 나가 공부를 하거나 하다 못해 출장을 가더라도, 나라가 위기에 처하면 모든 것을 내려놓고 본국으로 돌아가 나라를 위해 전쟁에 참가하고 있다고 합니다.

나라가 위기에 처했을 때, 학도병으로, 군인으로 자원입대하여 희생했던 분들 역시 양심도 없는 분들인가요? 참으로 이상한 논리입니다. 14년 전 판결과 지금의 판결이 왜 다른가요? 그 때 판결했던 법관들은 양심이 없었고, 지금의 법관들은 양심이 충만한 사람들인가요? 여러 가지를 묻지 않을 수가 없습니다.

'여호와의 증인' 사람들도 다윗을 알 것입니다. 이스라엘 역사상 가장 존경받고 추앙 받는, 바로 다윗 왕 말입니다.

다윗은 이새의 여덟째 아들이며, 막내로서 주로 목동 일을 했습니다. 당시 늘 이스라엘을 괴롭혔던 블레셋이라는 나라는 이스라엘이 가나안에 들어오기 전부터 이스라엘 동쪽 서해안 지역에 살고 있었던 강력한 나라였습니다. 블레셋은 현재의 팔레스타인 지역에 해당하고, 지금도 그 민족은 이스라엘과 공존과 다툼을 함께하며 살아가고 있습니다.

이스라엘은 역사상 언제나 블레셋 과의 전쟁에서 늘 패하고 있었습니다. 엘리 제사장도 블레셋과의 전쟁에서 자녀를 잃었고, 이스라엘의 초대 왕이었던 사울 왕도 아들들과 함께 블레셋과의 전투에 나갔지만, 패하고 참혹하게 전사했습니다.

블레셋은 지금의 에베스담밈 골짜기에 진을 치고, 이스라엘은 엘라 골짜기에 진을 쳤습니다. 양 골짜기를 사이에 두고 이스라엘 군은 40일간 블레셋과 대치하고 있었습니다. 그러나 적군인 골리앗 장수와 싸울 위인이 없어 쩔쩔 매고 있었습니다.

그러던 차에, 아버지의 심부름으로 아군의 진지를 찾아왔던 어린 다윗이 만군의 여호와를 욕하고 조롱하는 모습을 목격했습니다. 다윗은 "자신이 나아가서 적의 장수인 골리앗을 물리치겠다"고 사울 왕에게 건의했습니다. 이에 모두가 어린 다윗을 걱정한 나머지, 조용히 돌아가기를 권유했습니다.

그러나 하나님을 계속해서 욕하고 능멸하는 저 할례 받지 못한 골리앗의 조롱에, 이스라엘 진영에서는 누구하나 나서는 자가 없습니다. 그 와중에 소년 다윗은 막대기 하나와 물맷돌 다섯 개로 적장을 향해 달려가, 그를 쓰러뜨렸습니다. '만군의 여호와의 이름으로' 나아가는 다윗의 용기와 용맹에, 적장도 속수무책으로 당하고 맙니다. 이런 역사에 대해, 여호와의 증인들은 뭐라고 말할 수 있을까요?

'만군의 여호와의 이름으로' 나아가는데, 그 무엇이 두렵고 걱정이 될까요? 군대를 가지 않는다 해서 양심을 지키는 사람들일까요? 정말로 신실한 하나님의 아들들일까요?

하나님의 이름을 망령되이 부르는 사탄의 괴수 앞에 두려워 쩔쩔매는 어른들을 목격한 다윗의 마음이 어땠을까요? 나라가 위태로운데 그저 쳐다보기만 하면서 두려워는 어른들을 뒤로 한 채, 다윗은 여호와의 이름으로 나아갔습니다.

'여호와의 증인' 사람들은 무엇이 두려워 군대에 가지 않으려 하는지요! 병역의 의무도 제대로 하지 않으면서, '여호와의 증인'으로서 사명을 제대로 감당할 수 있을까요?

다윗의 형들 같은 사람들이 '여호와의 증인'들이 아닐까 싶기도 합니다. 다윗의 형들은 자신들은 나서지도 못하면서, 오히려 다윗에게 '전쟁을 구경하러 왔느냐'고 나무랐습니다. 참으로 부끄러운 일이 아니겠습니까?

1412-1431년 살았던 프랑스 잔 다르크를 이야기하지 않을 수 없습니다. 잔 다르크는 하나님으로부터 명령을 부여받고 영국과의 전쟁에서 위기를 맞은 프랑스를 구해낸 인물입니다. 16세의 어린 소녀임에도 불구하고, 하나님의 뜻을 받들어 나라를 위해 전쟁터로 나아가 승리합니다.

그러나 사람들은 전쟁을 승리로 이끌고 나라를 위기에서 구해낸 잔 다르크를 모함하여 화형에 처하고 맙니다. 종교 권력층 사람들은 당시 기독교 질서뿐 아니라, 사회의 평화와 안정에 걸림돌이 되고 위협을 주는 인물로 낙인을 찍어버리고, 그를 화형에 처합니다. 가난하고 배경 없는 잔 다르크를, 자신들이 추구하는 이익을 위해 이단으로 내몰아 죽인 것입니다.

병역을 '양심에 의해' 거부한다는 여호와의 증인들은 이러한 일에 대해 과연 뭐라고 핑계를 대겠습니까? 군대에 굳이 가지 않아도 됐던 어린 소년 다윗과 소녀 잔 다르크가 죽음을 무릅쓰고 나아가 싸운 것에 대해, 무슨 변명을 하시겠습니까? 예수님께서도 이러한 모습 때문에 예루살렘 성을 보고 우시지 않았을까요?

군인은 나라를 지키는 매우 중요한 사람들입니다. 그래서 국가는 국방의 의무를 법으로 정해 놓은 것입니다. 이러한 가운데 소수 종교인들에게 양심적 병역거부를 승인한다면, 1천만명의 기독교들은 과연 양심이 없는 사람들인가요? 타 종교인들도 양심이 없는 사람들입니까?

모든 국민은 지켜야 할 의무가 있습니다. 납세의 의무, 교육의 의무, 근로의 의무, 그리고 국방의 의무가 있는 것입니다. 나라의 모든 국민들은 법이 정해 놓은 4대 의무를 공명정대하게 지켜져야 하는 것입니다.

종교도 중요하지만, 나라는 더욱 중요한 것입니다. 나라 없는 신앙생활은 상상조차 하기 힘든 것임을 일제 강점기를 통하여 이미 깨달았고, 6·25 전쟁 때 겪은 공산당의 참혹한 핍박을 통해 알 수 있었습니다.

국가의 최고의 사법 기관인 대법원에서 이러한 판결을 한다는 자체가 참으로 유감입니다. 그들은 어느 나라 사법기관인지 의심하지 않을 수 없습니다. 우리 개신교에서도 이를 수수방관만 할 것이 아니라, 이제는 나서서 나라를 위해 외칠 때가 된 것 같습니다.

나라를 지키는 일에는 여야가 없고 남녀노소가 없으며, 전 국민들이 함께 해야 합니다. 그리고 국방의 의무를 수행하지 못하는 경우는 극히 제한적이어야 합니다. 장애인이나 기타 나라에서 정하는 피치 못하는 사유가 있을 때만 가능한 것입니다.

병역을 필할 수 있는 제도가 엄연히 있음에도 굳이 군에 가지 않으려는 소수의 종교인들 때문에, 국가의 최고 사법기관의 정의와 신뢰도가 함께 무너져서야 되겠습니까?

　동성애자와 무슬림의 등장, 간통죄 폐지와 학생인권조례까지…, 이러한 교육과 제도 속에서 지금의 어린 학생들은 어디로 가야 하는 것일까요? 참으로 안타깝기 그지 없습니다.

　법은 만인 앞에 평등해야 하는데, 갈수록 자유민주주의는 퇴색되어 가는 것 같아 참으로 답답합니다. 국가기관에서 사람들이 바뀔 때마다 법이 바뀌면, 이 나라의 미래는 발전하지 못할 것입니다.

　또 미래가 아닌 과거에만 매달리다 보면 결국 망하는 날이 머지 않을 수 있고, 국가 경쟁력에도 크게 손실이 될 것입니다. 그러므로 나라를 지키는 일에 있어 누구나 예외 없이 철저히 행하는 백성들이 돼야 할 것입니다.

_78

담임목사 청빙, 기업 임원을 뽑는 것인가?

오늘날 교회는, 담임목사 청빙 문제로 몸살을 앓는 교회가 수없이 많습니다. 성경에서 말씀하시는 방법이 아닌, 사람의 힘으로 청빙함으로서 많은 시행착오를 겪고 있습니다.

청빙 문제 때문에 성도들 간에 깊은 앙금이 쌓여 마치 원수 대하듯 서로 간에 불신하고, 삿대질은 물론 입에 담지 못할 심한 욕설과 몸싸움으로 경찰이 출동하기도 합니다. 이 문제는 결국 사회법정으로까지 이어져 교회라고도 볼 수 없고 성도라고 부를 수 없는 진흙탕 싸움이 벌어집니다. 이렇듯 참으로 안타까운 현실 앞에, 목놓아 하늘만 바라볼 수 밖에 없습니다. 그저 하나님의 마음을 헤아려볼 뿐입니다.

여기에는 분명 이유가 있을 것입니다. 기독 언론에 실리는 청빙광고에서 1차 이유를 볼 수 있습니다. 그 내용을 보노라면, 마치 대기업 임원을 모시는 것 같은 느낌을 주기 때문입니다.

그러므로 청빙하는 교회에서는 1차로 지원자들의 지원서와 이력서만 받고, 지원서 내용과 이력서만으로 우선 심사하고 있습니다. 그러나 교회에서 '두 분에서 여섯 분'까지 최종 심사를 통과한 분에 한해, 청빙 광고에 나오는 서류를 요구하는 것이 어떨까요?

청빙시 수십 통에서 수백 통에 달하는 서류를 일일이 검토하기란 참으로 어려운 일입니다. 그 많은 서류를 하나하나 검사하며 확인하기가 여간 쉽지 않기 때문에, 그저 형식적으로 서류를 검토하는 경우도 허다합니다. 심지어 어떤 서류는 보지도 않고 폐기 처분을 하는 경우도 종종 볼 수 있습니다.

하지만 서류를 준비하시는 목사님들은 대개 여러 교회 부목회자들인데, 교인들의 눈치를 보기도 하고, 혹 당회 장로님들에게 들키지 않을까 노심초사하며, 없는 시간을 쪼개 서류를 준비하느라 많은 시간과 물질을 낭비하면서까지 애를 태우며 준비합니다.

심지어 교회에서 시무하지 못하고 있는 목사님들은 더더욱 난처합니다. 교회에서 요구하는 '영상 설교'를 준비하려면 친분이 있는 교회를 찾아가서 애로사항을 말씀드린 후 촬영을 하기도 하며, 어떤 분들은 추천서나 추천 자체를 받지 못해 발을 동동 구르시는 분들도 간혹 목격합니다.

그러므로 위에서 말씀드린 것처럼 1차 청빙에서는 간단한 서류만으로 심사하고, 검증을 실시한 다음 최종 선발돼 설교하게 되실 몇 분들에게만 지교회에서 요구되는 서류를 내도록 하는 것이 좋지 않겠습니까?

제 아무리 서류가 완벽하더라도, 주님께서 원하시지 않는 담임목사를 선출한다면 교회 분쟁만 생길 뿐입니다. 외형에 치중하다 보면, 참신하고 능력 있는 주의 종을 잃을 수도 있는 것입니다.

특히 유명 목사의 소개를 받는다든지 추천을 받아 내정해 놓고 청빙 지원을 받는 행위는 참으로 위험한 일입니다.

서류에 신학박사로 돼 있으면 뭐합니까? 정직하지 않고 따뜻한 가슴이 없다면, 목자로서 자격이 없는 것입니다. 더구나 신학박사 중에는 남의 논문을 베껴 박사학위를 이수한 목자들이 수없이 많다고 하니, 참으로 안타까울 뿐입니다.

또 정규 신학교 과정을 거치지도 않았으면서, 마치 다 이수한 것처럼 허위로 이력서에 기재하는 목자도 있기에, 그가 과연 하나님의 종으로서 충성스럽고 정직하고 신실하게 사명을 감당할 수 있을지 의문스럽습니다.

필자의 어린 시절에는 모두들 학벌이 변변찮았기에, 초등학교만 나온 분들도 교회학교 교사를 많이 했습니다. 하지만 그들은 하나님의 말씀을 정확하게 전했고, 순수하고 정직하며 열정적으로 가르쳤습니다. 그 결과 이 땅에 수많은 목자들이 배출되었고, 오늘날 기독교 부흥을 위해 최선을 다해 열정적으로 사명을 감당하고 있습니다.

그들은 교만하지 않았고 정직했으며, 아이들을 진심으로 사랑했습니다. 그들이 마치 예수님처럼 아이들을 사랑한 결과, 이 땅에 수많은 인재들이 사회가 필요로 하는 곳곳에서 맡은 사명들을 잘 감당하고 있습니다.

하지만 지금의 시대는 물질이 풍족하고 목회하는 환경이 너무 좋다 보니, 영적 신앙이 퇴색되어가며, 세상이 주는 황홀감에 안주하여 마치 목사는 기업 회장 같기도 하여 참으로 안타까움을 금할 수 없습니다.

심지어 부목사를 자신의 몸종으로 생각하는 담임목사도 있습니다. 자신도 부목사 시절을 겪었을텐데, 자신의 맘에 들지 않으면 무 자르듯 잘라 버리는 경우도 있으니 심히 안타깝기도 합니다.

부목사들도 마찬가지겠지만, 담임목사는 해당 지역에서 존경을 받아야만 합니다. 교회 안에서는 영적 지도자로서 성도들을 늘 긍휼히 여기는 심성을 가져야 하며, 지역 주민들에게는 옆집 아저씨나 삼촌처럼, 때로는 형님, 동생, 아버지, 할아버지와 같은 친구처럼 그들을 사랑하며 더불어 살아가야 할 것입니다.

그러므로 담임목사를 청빙하기 위해서는 정말 심사숙고하면서 기도로 철저히 준비해야 합니다. 특히 제출되는 서류는 철저히 검증해야 합니다. 어떤 교회는 이미 유명 목사에게 특정인을 추천을 받아 이미 내정해 놓고서, 형식적으로 최종 명단 중 한 사람으로 넣어놓고 성도들을 현혹시키기도 했습니다. 그 결과 파행으로 치닫는 교회들도 수없이 많이 있습니다.

담임목사 청빙은 투명하게 해야 합니다. 특히 담임목사는 공공성이 요구되는 분으로, 최소 현 담임목사님의 은퇴 3년 전부터 청빙 작업이 시작되어야 합니다. 은퇴를 앞둔 담임목사님들도 이 점을 염두에 두셨으면 좋겠습니다. 자신이 시무한 교회를 끝까지 지켜내기 위해, 은퇴 3년 전부터 당회에 알려 그 작업을 시작해야 한다고 필자는 생각합니다.

그렇게 하는 교회들도 일부 있지만, 대개는 6개월 정도 남겨놓고 급박하게 청빙 절차를 시작합니다. 시일이 급하다 보니 제대로 된 검증을 하지 못한 채 누군가의 추천을 받은 이들로 성도들의 마음을 유도하는 경우가 생깁니다. 그 속에서는 분명 마귀의 흉계인 비리가 발생하기도 합니다.

옛날부터 전해 내려오는 우리 속담에 '집안에 며느리가 잘 들어오면 집안이 흥하고, 잘못 들어오면 집안이 망한다'고 했습니다, 어느 단체나 회사도 마찬가지입니다. 한 사람의 정성 어린 희생으로 단체나 기업이 부흥되는 것입니다.

결국 일을 하는 것은 사람이므로, 사람들을 과소평가하거나 편견으로 대해서는 안 될 것이며, 사람을 진정으로 사랑할 수 있는 그 사람이 바로 충성스러운 일꾼임을 알아야 합니다.

교회도 마찬가지입니다. 담임목사를 잘못 선택하면 엄청난 화를 당합니다. 하지만 신실한 하나님의 종을 청빙할 수 있다면, 그 교회는 아름답게 부흥을 이룰 수 있을 것입니다.

그리고 담임목사를 청빙할 때는 큰 교회 출신, 작은 교회 출신 등을 구별해서는 안 될 것입니다. 주님께서 사람을 외모로 취하지 아니하듯, 청빙 역시 외형에 치중하는 것은 절대 금물입니다.

그러므로 담임목사 청빙에 그리 많은 서류는 필요치 않다고 생각합니다. 1차 서류는 간단히 하여 청빙에 지원하는 부목사들의 애로사항을 들어주어야 합니다. 그리고 최종 몇 명 내로 뽑힌 분들에 한해서만 교회에서 요구하는 서류를 제출하도록 하는 방법이 좋지 않을까요?

담임목사라면 자신을 낮추고 탐심이 없는 영적 지도자로서, 성도들을 긍휼히 여길 수 있는 가슴이 따뜻한 분이어야 할 것입니다. 그 분이 바로 진정한 주님의 종 아닐까요?

_79

교단에서 시위금지법을 신설하려 하다니!

2018년 6월 2일 모 기독교 신문을 읽다가, 너무나 황당한 소식에 펜을 들었습니다. 오는 9월 제103회 예장 통합 총회를 앞두고, 총회는 주제인 '영적 부흥으로 민족의 동반자 되게 하소서(히 13:12-16)'를 주제성구를 설명하면서 "한국교회의 건강한 성장 및 민족과 화해하는 교회로서의 역할을 감당하기 위해 교단 내적으로 영적 부흥과 목회지원에 초점을 맞추어 외적으로는 민족의 동반자로서 하나님 나라를 확장시키는 선교 적 교회의 사명을 감당하기 위함"이라고 취지를 밝혔습니다.

히브리서 13장 12-16절 말씀은 다음과 같습니다. "그러므로 예수도 자기 피로써 백성을 거룩하게 하려고 성문 밖에서 고난을 받으셨느니라 그런즉 우리도 그의 치욕을 짊어지고 영문 밖으로 그에게 나아가자. 우리가 여기에는 영구한 도성이 없으므로 장차 올 것을 찾나니 그러므로 우리는 예수로 말미암아 항상 찬송의 제사를 하나님께 드리자 이는 그 이름을 증언하는 입술의 열매니라 오직 선을 행함과 서로 나누어 주기를 잊지 말라 하나님은 이같은 제사를 기뻐하시느니라".

본문 속 '거룩하게 하려고'는 '거룩하게 하다'이며, 동사는 헬라어로 '하기아조'입니다. 그 뜻은 '죄책을 제거하고 하나님을 섬길 수 있는 위치에 이르도록 하다'는 것입니다. 그러나 바울 서신에서 '거룩하게 하다'는 말은 윤리에 초점을 맞추고 있습니다. 이런 뜻으로 히브리서 저자가 이 말을 사용한 곳은 히브리서에서 12장 14절뿐입니다.

'하나님은 이 같은 제사를 기뻐하시느니라!'는 말씀도 있습니다. '이 같은 제사'란 찬송의 제사(15절)'와 '친절과 사랑의 제사'를 가리킵니다. '찬송의 제사'는 그리스도의 속죄에 감사하여 자신의 모든 삶을 하나님께 드리겠다는 정신을 가지고 이를 음악적으로 표현하는 것입니다.

'친절과 사랑의 제사' 란 구체적인 삶 속에서 하나님의 사랑을 행동으로 나타내 보이는 삶의 제사를 말합니다. 이런 삶의 제사는 야고보(약 1:27), 베드로(벧전 2:5), 바울(롬 12:1)에게도 나타나 있습니다.

야고보서 1장 27절 말씀에는 참된 경건이란 바른 인격에서 나오는 절제된 언행, 소외된 이웃들에 대한 보살핌, 세속에 물들지 않는 삶임을 강조합니다. 로마서 12장 1절 말씀의 주 내용은 성도의 실생활에 관련된 것입니다. 바울은 구원 얻는 자는 성도의 영적 예배, 즉 우리의 영혼과 전 인격을 포함한 예배를 뜻하는 '삶의 제사'를 드리며 살아가라고 말하는 것입니다.

구약에서 자신의 온몸을 제물로 바쳤듯, 성도는 생활의 전 부분에서 예배하는 자세로 살아가야 함을 깨우치는 것입니다.

또 베드로전서 2장 5절 말씀은 성도가 주의 말씀에 의지하여 주의 장성한 분량에 이르기까지 자라가야 한다는 것입니다. 여기서 성도는 자신이 하나님의 성전인 것과 거룩한 제사장임을 염두에 두어야 한다고 합니다.

총회 주제와 함께, '교회, 노회, 총회에서 시위를 금지하는 헌법 조항의 신설'도 검토하고 있다고 합니다. 총회 임원회는 총회 화해조정위원회가 "최근 총회 재판국 판결 및 총회 지시에 대해 불법 항의집회와 시위가 빈발하여 교회 갈등을 더욱 야기시키고 총회(교회, 노회)의 질서를 혼란케 하고 있으며, 이는 각 치리회의 권위와 위상을 실추시키는 불법적인 행위로 반드시 근절돼야 한다"며 제출한 '교회, 노회, 총회 내외 장소에서의 불법적인 항의집회 및 시위 등을 금지하고 이를 위반할 시 엄벌에 처하는 조항'을 총회 헌법에 신설해 달라'는 청원 건을 헌법위원회에 이첩했다고 합니다. 필자는 이 소식에 큰 충격을 받았습니다.

대한민국 헌법에도 시위 및 집회 결사의 자유가 보장돼 있는데, 하물며 교회 안이나 노회나 총회에서 시위를 할 수 없다니, 시대를 거꾸로 가게 하는 비민주적 법안이라 할 수 있습니다. 정말 현장을 몰라도 너무 모르시는 분들 같아 참으로 마음이 아픕니다.

오늘날 교회 안에서 이뤄지는 모든 문제들은 '목사와 장로', 바로 교회 지도자들의 잘못된 고집과 아집, 그리고 탐욕으로 인해 발생하고 있는데도, 이에 대해서는 함구한 채 성도들의 목소리에 대해 아예 귀를 닫아 버리겠다는 것입니다. 이러한 현실과 참상에 총회 임원 여러분들에게도 책임이 없다고 할 수 있을까요?

해마다 부총회장과 총회장, 그리고 임원에 오르는 일에만 몰두하면서, 참으로 교회와 총회가 나아가야 할 방향과, 진실한 하나님의 말씀을 양식으로 먹고, 주님을 십자가에 못 박은 사람들을 위한 구원의 능력은 찾을 길이 없습니다. 대신 오로지 자신의 권력과 탐욕에만 눈이 멀어, 밑바닥에서 고초를 당하며 갖은 수모를 감내하며 기도하는 성도들의 울부짖음에는 귀를 닫고 있으니, 이 어찌 교회 지도자들이라고 할 수 있을까요?

교회 내 당회가 당회원 전원이 담합해서 일을 그르치고 있음에도, 노회는 눈치 보기에만 급급합니다. 당회원 전원이 합심하여 일을 그르치면, 교회 성도들은 어찌 해야 합니까? 시위라도 해야 하지 않을까요?

시위를 하면 시위하는 사람들을 노회와 총회는 물론, 사법부에까지 고소·고발하고 있는 것이 현실입니다. 그것도 자신들이 일을 저질러 놓고선, 막무가내로 고소·고발을 서슴지 않고 자행하고 있는 모습이 실로 가관입니다.

그리고 자신들의 편에 서 있지 않은 성도들을 목사가 직접 재판국장이 돼 면직·출교를 시키질 않나, 오래된 성도들을 시무정지시키고 현재 맡고 있는 교회 직분들을 박탈하지 않나, 심지어 쇠사슬로 교회 문을 걸어 잠 귀놓고, 예배 후 자기들끼리 윷놀이를 하며 즐기지를 않나, 심지어 경찰과 법원에 자신들의 목적을 위해 고소·고발을 하지를 않나, 건장한 집사들을 문 앞에 세워놓고, 성도들을 분리해 입장을 시키질 않나….

이게 교회입니까? 신문지상에 이러한 문제를 지적하는 기사가 실려도 노회와 총회라는 곳은 불구경 하듯 손을 놓고 있는 실정입니다. 과연 노회와 총회라는 곳이 필요한지조차 의문스럽습니다.

말씀에서는 거창하게 사랑한다면서 양의 탈을 쓴 늑대처럼 세상 사람들 보다 못한 악한 방법으로 흉계를 꾸미고, 자신들의 목적을 이루기 위해 수단과 방법을 가리지 않고 있습니다.

노회와 총회는 지 교회들을 사랑해야 합니다. 자신들의 교회만 사랑할 것이 아니라, 이웃 교회나 같은 노회 소속의 교회에도 관심을 갖고, 옳고 그름을 따지는 일에 동참하여 교회를 바로 세워 나가야 할 것입니다.

총대에 나가기 위해 큰 교회 장로나 목사들의 눈치를 보는 현장도 참으로 안타까울 뿐입니다. 노회장과 부총회장, 총회장을 하기 위해 갖은 수법을 동원하여 뜻을 이루려 하지만, 정작 손대야 할 교회의 산적한 현

안들은 아랑곳하지 않고, 오롯이 자신의 명예와 권력만을 추구하고 있으니, 예수님 재림하시면 그 분들이 어디로 숨을 것인지 심히 궁금합니다.

분쟁이 없는 한국교회를 꼽으라고 하면, 구세군 교회 정도가 있습니다. 구세군은 지교회에 문제가 발생하면, 본부에서 내려와 즉시 문제를 해결 해 줍니다. 그리고 장로교회처럼 문제가 오래 지속되도록 하질 않습니다. 장로교회의 법은 참으로 어렵고 이상합니다. 법이란 약하고 어려운 성도들을 위해 존재해야 하는데, 오히려 힘 있는 장로와 목사들을 위해 있는 것 같습니다.

모든 문제는 목사와 장로들에 의해 발생합니다. 시위를 못하게 할 것이 아니라, 오히려 장로와 목사 그리고 노회와 총회에 있는 잘못된 법들을 고쳐 나가는 것이 더 빠른 방법 아닐까요?

위임목사 제도도 마찬가지입니다. 이 제도에는 늘 분쟁의 갈등이 도사리고 있습니다. 위임목사 제도가 과연 필요한 것일까요? 한 번 위임되면 70세까지 평생 그 교회의 주인으로, 교회를 자기의 것으로 착각한 채 마음대로 하려는 사고방식 때문에 많은 실수를 저지르는 것입니다.

당회에서 잘못한 일이 있다면, 성도들이 이를 노회에 곧바로 문제를 제기할 수 있는 제도도 만들어야 합니다. 모든 것이 당회를 거쳐야 하는 악법 때문에 문제가 해결되지 않습니다. 당회를 거치라는 일면 옳은 법안 같지만, 당회원과 위임목사가 담합해 잘못을 저질렀을 때 하소연할 곳이 없는 결과를 초래합니다.

원로장로와 원로목사 제도도 철폐해야 합니다. 원로가 무슨 큰 상급입니까? 천국 가는 인증서라도 되는 것입니까? 오래도록 주님을 위해 교회에서 수고했다는 위로의 뜻으로 만들어놓은 제도를 악용하여, 원로가 되면 누릴 갖은 혜택 때문에 기를 쓰고 원로목사가 되려 하는 것입니다.

작은 교회에서 평생 주님 위해 교회에 헌신한 목사님들 중에는 아예 퇴직금도 못 받아 생활고를 겪는 경우가 허다한 실정인데, 이런 분들을 위해 위로해주는 제도는 아예 생각조차 하지 않은 채 오로지 자신들의 영욕에만 눈을 크게 뜨고 있습니다. 이웃 교회 목회자들의 애로사항에는 전혀 관심이 없습니다.

시위를 못하게 하는 법을 제정하기보다, 오히려 그들의 상처를 어떻게 하면 싸매이줄지, 그리고 기독교의 미래를 위해, 어떻게 하면 부흥성장하고 불신자들의 곁으로 한 걸음 더 다가가 그들에게 하나님의 복음을 위해 무엇을 해야 할지 진심어린 지혜를 모아 세상으로 한 걸음 더 다가가 자비와 긍휼을 베풀어야 하지 않을까요,

매년 바뀌는 총회장이 무슨 일을 하겠습니까? 최소한 임기가 2년은 되어야 하지 않을까요? 노회장도 마찬가지입니다. 1년간은 각 지교회를 순회하면서, 애로사항과 함께 기독교가 앞으로 나아가기 위해 어떻게 해야 할지 성도들에게 직접 물어보면서 지혜를 구해야 합니다.

그리고 남은 1년은 여론을 수렴해서 얻어진 지혜를 임원들과 함께 머리를 맞대고 논의하며 실천하기 위해 전심을 다해 목표를 이루는 사명자들이 되어야 하지 않을까요,

지금 기독교는 암흑의 시대입니다. 순종이라는 명목 아래 입도 뻥끗 못하게 하며 귀를 닫고 있기 때문입니다. 오늘날 교회 안에는 그저 주일이면 안식일을 지켜야 하는 의무감 때문에 어쩔 수 없이 교회를 나오는 분들이 많습니다.

노회나 총회에서 제대로 일을 하지 못해서 시위를 하는데, 그것마저 막으면 공산주의와 다를 것이 무엇인가요? 상급기관에 알릴 유일한 방법이 이뿐인데, 이마저 못하게 한다면, 세상으로 나가는 수밖에 없지 않습니

까?

그런 사태가 벌어지기 전에 교회 지도자들은 잘못을 시인하고 고쳐 나가는 것이 최선의 방법인 것입니다. 그런데도 자신들의 자존심, 권력과 명예와 고집 때문에 일을 그르치는 경우가 허다함을 왜 모르시는지요?

총회보다 더 가까이에서 지켜보고 해결할 수 있는 곳이 노회입니다. 그래서 노회 재판국은 공명정대하게 성도들을 사랑하는 마음으로 그들에게 다가가 '솔로몬의 지혜'를 발휘해, 하나님 보시기에 한 점 부끄럼 없이 주어진 사명을 감당해야 합니다. 그럼에도 힘 있는 자들, 자신들과 친한 자들, 도움을 받을 수 있는 자 등의 편에 서서 하나님의 뜻과 무관하게 판결을 하고 있습니다. 저들이 정말 목사, 장로로서 자격이 있는지 의심하지 않을 수 없습니다.

노회 지도자들도 옳고 그름을 판단해 성도들에게 상처를 주지 않고 좋은 방향으로 해결될 수 있도록 행정을 비롯해서 모든 사명들을 감당해야 합니다. 그런데 슬그머니 꽁무니를 빼고 굳게 함구하고 있는 모습이 참으로 안타깝기만 합니다.

무엇이 두려워서 그러시는지요. 혹시 총회 총대로 참석하기 위해 필요한 표 때문은 아닌지요. 주님 주시는 양심의 신앙을 올바르게 사용하시기를 바랍니다. 노회만 공정하게 일을 처리해도, 성도들이 굳이 힘들게 시위나 집회를 진행할 이유가 없을 것입니다.

총회에 참석할 총대를 뽑는 현재의 방법도 개선해야 합니다. 서로 담합해서 총대로 뽑혀 나가는 모습도 보기에 썩 좋지 않습니다. 그 결과 늘 가던 사람만 총대로 참석합니다. 말수가 적거나 작은교회의 목사와 장로들은 총대로 뽑히기가 참 어렵습니다. 이 제도 또한 바꿀 필요가 있지 않을까요?

앵무새같이 강단에서 입으로만 사랑을 전할 것이 아니라, 강단 아래로 내려와 성도들을 진심으로 사랑해야 합니다. 그러기 위해서는 자존심과 고집과 명예를 버릴 수 있어야 합니다. 특히 금전에서 자유롭지 못하면 큰 낭패를 당하며 화를 자초할 것입니다.

이 땅에는 훌륭하고 존경하고픈 목사님, 장로님들이 많습니다. 그들의 행함을 본보기로 신앙생활을 하려 노력하는 분들이 많아져야 합니다. 당회는 물론 노회와 총회는 더 성숙된 모습으로, 주님께서 당부하신 '서로 사랑하라'는 말씀을 늘 묵상하며, 성도들의 편에서 성도들이 기쁘고 즐겁게 신앙생활을 할 수 있도록 지혜를 모아 주셨으면 좋겠습니다.

시위를 못하게만 할 것이 아니라 마음과 귀를 열어 그들의 가슴에서 나오는 진정한 소리를 경청한다면, 기독교의 앞날은 더욱 밝아질 것이고 주님께서도 기뻐하실 것입니다.

한 마디만 더 하겠습니다. 시위는 사회법에서도 허용합니다. 정해진 룰대로만 하면 얼마든지 인정해 줍니다. 만약 예장 통합 총회에서 시위금지법을 수용한다면, 아마 다른 교단으로 이탈하는 성도들이 늘어갈 것임을 염두하셔야 할 것입니다.

더구나 시위를 하게 되는 근본 원인제공은 모두가 목사와 장로들이 하고 있습니다. 그리고 시위는 연약한 사람들의 자기 표현입니다. 그 표현마저 막으려 한다면, 기독교의 정신과는 전혀 어울리지 않습니다.

현재 지도자들에게 있는 많은 병폐와 갑질, 권력과 기득권, 고집과 아집, 그리고 안주하는 모든 모습들을 내려놓을 때, 그들의 권위와 위상은 더욱 빛나고 존경의 대상으로 아름다운 대우를 누릴 것입니다.

그러므로 지금 이 순간부터 새롭게 거듭나는 주의 종들이 되시기를 간절히 소망하며 축복합니다.

_80
복음의 고향 갈릴리

성경에서 '갈릴리 지역'의 경계는 뚜렷하게 나타나 있지 않습니다. 크게 분류하여 세 지역으로 나뉜 팔레스타인의 북쪽 지방이라 할 수 있는데, 일반적으로 갈릴리 호수 주변과 그 남쪽 지역을 가리킵니다. 북쪽으로는 페니키아, 동쪽으로는 시리아를 경계로 하며, 이 지역은 주민들은 남쪽에 위치한 사마리아와 유대 지방과 비교해, 당시 로마 제국의 수탈 때문에 빈곤하게 살았습니다.

로마 제국의 수탈과 세리, 대리청정인 헤로디아 정권, 사제 계급의 세금 징수를 통해 주민들의 삶은 참으로 고단한 삶을 살았습니다. 이에 항의하거나 저항하면 공개 처형인 십자가형으로 학살하는 등, 주민들을 심하게 탄압하였습니다. B.C. 734년 앗수르 왕 티을라드 필세르 3세가 이스라엘 왕국을 점령한 후 갈릴리에 살고 있는 유대인 다수를 강제 추방하기도 했습니다. 그 뒤 갈릴리는 예수님이 어린 시절을 보낸 고향으로 널리 알려지게 되었습니다.

로마제국의 탄압과 헤로디아 정권의 탄압, 교회 사제 계급의 세금징수

등으로 희망 없는 고단한 삶을 영위하는 동안, 세례자 요한까지 잡혀가면서 절망의 세월을 보내고 있을 때, 산 소망의 구주이신 메시아가 등장하여 소망의 복음을 전파합니다.

예수님께서는 이곳 갈릴리에서 33가지 기적 중 25개의 기적을 행하셨고, 성경에 기록된 32가지 중 19개의 비유를 이곳 갈릴리에서 말씀하셨습니다. '산상수훈'인 팔복을 비롯한 행복한 삶을 사는 법도 이곳 갈릴리에서 선포하셨으며(마 5:3-12), 부활하시어 제자들을 만나신 곳도 이곳 갈릴리였습니다(마 26:32).

그리고 제자들도 대부분 갈릴리 출신들이었으며, 모든 민족들에게 복음을 전하라고 하신 마지막 선포의 사명을 주신 곳도 갈릴리의 산이었습니다(마 28:16-20). 아마 예수님께서는 '복음의 일자리'를 이곳 갈릴리 출신들에게 주시면서 사명을 맡긴 것 같습니다.

갈릴리는 성경을 통해 우리 신앙인들에게 친숙한 지역으로 기억되며, 우리 삶의 현장과 무척 닮은 곳이기도 합니다. 우리 현장의 일터이고, 우리가 상처를 받고 병들어 아파하는 장소이면서, 또한 치유를 받는 장소이기도 합니다.

매 주일마다 교회에서 말씀으로 가르침을 받는 곳이고, 부활하신 예수님을 만나는 곳이며, 마귀를 쫓아내시는 곳 역시 우리 삶의 현장인 교회입니다.

오늘날 우리 삶의 현주소는 갈릴리입니다. 그곳 갈릴리에 주님은 오셨고, 오신 주님은 우리에게 참 평안을 제공해 주셨습니다. 주님께서는 우리 '삶'의 현장에 들어오셔서 주님의 일을 시작하시는 그 자체를 두고, '하나님 나라가 가까이 왔다'고 말씀하십니다.

그러므로 오늘날 우리 신앙인들에게 필요한 것은 지금 이 순간에 회개하며, 복음을 받아들이고 믿는 것입니다. 주님께서는 당신과 함께할 복음의 일꾼들을 부르고 계십니다. 우리 삶의 현장에, 예수님께서 연약한 우리들을 불러 사용하려 하십니다. 바로 이곳이 갈릴리이고 우리 삶의 현장입니다.

예수님의 부르심에 우리가 응답할 때, 비로소 하나님 나라가 가까이 왔다는 말씀이 우리에게 정말 복음이 되는 것임을 알아야 합니다. 그러므로 우리 삶의 현장은 거룩하신 예수님과 만나는 곳입니다. 그곳이 바로 삶의 현장이요 교회입니다. 그리고 예수님께서 전하신 복음, 기쁜 소식을 믿고 받아들이는 장소, 갈릴리이기도 합니다.

갈릴리의 기쁜 소식은 바로 내가 복음을 믿고 회개하는 것입니다. 회개에는 기쁜 소식을 받아들이면서 시작되며, 회개의 힘은 기쁨으로 충만하게 솟아나는 것입니다.

그러므로 우리 삶의 현장은 벗어나야 하는 곳이 아니라 예수님으로 말미암아 복된 곳이 되었습니다. 그러므로 우리 삶의 현장인 갈릴리를 소중하고 정의롭게, 욕심으로 파괴되지 않도록 지켜내야 할 것입니다.

그런 노력을 아낌없이 할 때, 이곳 갈릴리와 우리 삶의 현장과 교회를 주님께서 복되다 칭찬하실 것입니다. 하지만 우리의 삶이 각자의 뜻과 마음대로 모든 것들이 펼쳐지고 이루어진다면, 그것만큼 불행한 삶도 없을 것입니다. 고난과 역경 속에 주어지는 삶의 현장과 주님의 뜻을 헤아리는 것이 지혜로운 신앙생활이라 여겨집니다.

우리의 삶에 지금 어두운 비가 내리고 있다면, 분명 밝은 햇빛이 내리쬐는 희망을 기억해야 할 것입니다. 비가 오든, 사나운 폭풍이 불든, 그리고 많은 눈이 오든, 자신의 십자가를 짊어지는 신앙생활만이 소망을 이룬다는 것을, 자신의 삶에서 체험할 수 있어야 하겠습니다.

예수님께서 나타나셔서 복음을 처음 전하신 곳, 아파하고 괴로워하는 우리 삶의 현장에 직접 찾아오셔서 행복을 안겨주시고, 절망에서 소망으로 바꿔주신 주님의 한량 없는 그 크신 사랑이 시작된 곳, 갈릴리를 우리 신앙인들은 기억해야 할 것입니다.

그 복음의 갈릴리는 사랑으로 충만해야 합니다, 교만과 고집, 내 뜻과 나를 내려놓지 않는 갈릴리의 복음은 무의미한 것입니다. '회개하라 천국이 가까웠다'는 주님의 음성을 들으시는 신앙인이라면, 곧 닥쳐올 주님의 재림을 하루 속히 받아들여야 합니다. 탐심과 명예와 권력을 위해 아까운 시간을 소모하지 말고, 참되게 살아가는 주님의 명령에 순종하며 실천하는 삶의 현장 갈릴리가 되었으면 좋겠습니다. 그 갈릴리는 우리 삶의 현장이요, 곧 교회이기 때문입니다.

그러므로 교회 안에서는 화평해야 합니다. 서로를 존중하고 사랑해야 합니다. 고단한 삶 가운데 아파하고 신음하는 우리에게 친히 찾아오신 주님의 자비와 사랑을 체험했다면, 우리 역시 이웃을 향해 따뜻한 복음을 펼쳐야 할 의무가 있으며, 교회는 그러한 갈릴리의 향기를 전해야 하겠습니다.

복음이 시작된 곳 갈릴리의 사명을 깨닫는, 이 땅에 세워진 교회와 모든 신앙인들이 되었으면 좋겠습니다.

_81

다윗을 깨운 나단 선지자가 정치를 한 것입니까?

비행기를 타고 목적지를 향해 하늘로 이륙한 항공기에서 곧바로 눈을 옮기면, 창에서는 하얀 새털구름들이 모여 날개 사이로 비껴갑니다. 하얀 새털구름을 보노라면, 뛰어내리고 싶도록 포근한 솜털이 양팔로 오라고 눈웃음으로 부르는 것 같습니다.

창문 밖을 보는 많은 사람들이 가지는 공통된 생각이 있을 것입니다. '이 조그만 곳에서 아웅다웅 살아가는 우리는 정말 한 줌의 먼지만도 못한 삶으로 살아가는 인생들이구나!' 하는 생각으로 모두 철학자가 되어가는 것 같기도 합니다.

어느 과학자가 연구한 바에 따르면, 1990년 2월 14일, 지구와 61억km 거리에서 보이저 1호가 촬영한 지구는 그 크기가 0.12화소에 불과한 아주 작은 '창백한 푸른 점'이었다고 합니다. 그 한 점이 우리가 사랑하는 모든 이들, 우리가 알고 있는 모든 사람들이 살아가는 보금자리인 것입니다.

우리가 살아가는 지구가 이럴진대, 우리 사람들은 '점' 중에서도 가장 작은 점으로 보일 것입니다. 하지만 하나님께서는 우리를 크게 사랑하셔서, 믿음이 있는 자는 더 크게 들어 사용하신다는 것입니다.

많은 인간들 중에서 하나님께서는 소돔과 고모라를 멸망시키려 하실 때, 아브라함은 몇 번씩이나 끈질기게 부탁을 합니다. 의인 열 명만 있어도 벌하지 않겠다는 다짐까지 성공을 이루어 냅니다. 하나님께서는 끈질긴 아브라함의 믿음과 간절한 소원에 응답해 주십니다.

하나님께서는 끈질기게 부르짖는 사람에게 반드시 응답하시므로, 소망이 있음을 교훈해 주는 대목입니다.

한밤중에 친구를 찾아가 빵을 청하는 이는 끈질긴 사람입니다. 아브라함이 끈질기게 의인의 숫자를 줄여가듯, 끈질기게 졸라대는 친구의 청을 차마 거절할 수 없어 청을 들어 줍니다.

물론 청하는 이도 친구가 화날 것을 알고 있습니다. 아브라함 역시 10명까지 의인 수를 줄여갈 때, 하나님께 노여워하지 마시라고 간청합니다.

믿음의 선배들의 이런 끈질김과 동시에, 하나님께서는 그 청을 받아주시는 분이심을 우리 신앙인들은 확고히 믿어야 합니다.

우리는 높은 하늘과 우주에서 바라보는 먼지와 바람에 날리는 재에 지나지 않음을 아는 아브라함이 계속해서 청하는 것은, 의인과 악인이 뒤섞여 살아가는 소돔 땅의 생명입니다. 어떻게 해서든 용서를 받을 수 있도록 하나님의 사랑을 청하고 있는 것임을 깨달아야 할 것입니다.

한밤중에 무례함을 무릅쓰고 남의 집을 찾아가 청했던 그 사람도, 자신에게 찾아온 친구를 대접하기 위한 빵 세 개입니다.

악해도 자녀에게 좋은 것을 주시는, 생명과 이웃을 위해 청하는 이에게 하나님 아버지께서는 성령을 얼마나 더 잘 주시지 않겠어요! 그러므로 먼저 우리 신앙인들은 하나님의 자비하심을 정확히 믿고 끈질기게 청해야 한다는 것입니다.

창백한 푸른 점, 그 조그만 곳에 사는 지금도 우리 자신이 사는 보금자리의 평화를 위해 일하고 기도하는 수많은 아브라함이 있습니다. 그리고 없는 살림에 친구를 대접하기 위해 체면을 팽개치고 청하는 수많은 이들이 있습니다.

이토록 먼지에 불과한 우리들이지만, 하나님께서는 하나 하나 머리털보다 더 많은 것들까지 다 세시며 보고 계시는 분이기에, 일일이 우리들의 청원을 응답해 주시는 분이심을 신뢰하며 믿어야 합니다. 그만큼 하나님은 자비로운 분이심을 의심해서는 안 될 것입니다.

우주에서 본 지구 속의 대한민국은 정말 말할 수 없는 크기의 미세먼지와 같은 나라입니다.

지금 나라 안에서 좌파와 우파 간의 싸움이 치열합니다. 마치 소돔과 고모라에서 의인과 악인이 뒤섞여 있는 것 같이, 그 속에 의인을 구출하기 위해 의인의 숫자를 최대한으로 줄여가는 것까지 성공을 한듯 보였습니다. 하지만 결국 하나님의 무한하신 자비를 잊고 세상의 연락에 심취해 결국 소돔과 고모라는 멸망하고 말았음을 잘 보여준 교훈적인 말씀입니다.

지금 기독교에서 운영하고 있는 자사고들을 없애는 정책, 특히 이슬람 할랄 정책은 우리 국민의 세금으로 이슬람을 확산시켜 기독교를 말살 하려는 정책이 아닙니까? 사정이 그러한데도 큰 교회 지도자들은 한 마디 언급도 없이 '평화 놀음'만 하고 있으니, 참으로 애가 탑니다.

예수님께서 공생애를 시작하셨을 때, 세례 요한은 헤롯 왕의 옳지 못함을 진언했다가 참수를 당합니다.

걸핏 하면 종교는 정치에 간섭을 해서는 안 된다고 합니다. 누가 정치를 하라고 했습니까? 나라의 지도자가 옳지 못한 말이나 행동을 했을 때 나서서 바르게 진언해야 하는데, 눈치 보느라 묵묵부답으로 평화 타령만 합니다.

다윗이 옳지 못한 일을 했을 때, 갓과 나단 선지자는 죽음을 무릅쓰고 왕에게 나아가 옳은 말로 진언합니다. 갓과 나단이 정치를 했습니까, 세례요한이 정치에 관여했습니까?

성경에서 예언자들이 정치를 했다는 얘기는 어느 구절에도 나오지 않습니다. 오로지 하나님을 믿는 신앙인으로서 옳은 말을 했을 뿐입니다.

나라가 부도나거나 공산정권으로 넘어가게 되는 날에는 기독교의 최후의 날이 되어, 이 땅에 다시 왕성한 하나님 나라를 재건하려면 엄청난 희생과 시간이 필요합니다. 그것을 왜 모르십니까?

공산국가가 들어서면, 아마 이 땅의 기독교인들 중 살아남을 사람이 별로 없을 것입니다. 이런 사실들을 정말 알지 못하는 것인지 참으로 안타깝습니다.

늘 강단에서는 부르짖고 기도에 힘쓰라고 하면서, 하나님 나라가 점점 쇠약해지고 있는데도 왜 누구 하나 거들떠 보는 지도자가 없습니까? 이 땅의 지도자들이 심판날 어떻게 하나님 앞에 서 있을지 안타까울 뿐입니다.

특히 한국교회가 선교 역사가 짧음에도 세계 교회사에서 유례를 찾기 힘들 정도로 큰 부흥을 이룬 사실에 대해서는 의심할 여지가 없습니다.

하지만 교회 덩치가 커지고 교회가 사회를 향한 예언자적 사명은 점점 흐릿해지고, 사회적 신뢰도 역시 무한 추락하고 있는 시점에, 성추행 및 공금횡령, 그리고 교회 내부의 분쟁 등으로 인한 비상식적인 꼴불견들로 사회로부터 따가운 눈총을 받고 있으니, 참으로 안타까워 목 놓아 눈물만 흘릴 뿐입니다.

한국교회를 향한 냉소의 목소리가 온 사방에서 들리는데 교회는 고요합니다. 오히려 나라를 위해 나서서 일하려는 사람들을 모함하며 그들을 쫓아내려 하고 있으니, 심히 통탄스러울 뿐입니다.

나라를 위해 하루 세 번씩 기도하던 다니엘처럼, 눈물로 기도하던 느헤미야의 기도를 들으셨던 하나님께서는 그를 유대 총독으로 임명하셔서 나라를 재건하도록 도우십니다.

그는 탁상공론의 정치가 아닌, 현장을 꼼꼼히 살피면서 4km의 성벽을 42구역, 10개문, 4개 망대를 세울 치밀한 계획을 세우며, 더 이상 '수치를 당하지 말자'고 외치면서 동기를 부여하며, 이스라엘 정체성을 회복하며 나라를 다시 세우는데 크게 이바지했습니다.

나라 없는 기독교가 있을 수 있을까요. 국민이 없는 기독교가 있을 수 있을까요. 그러므로 우리는 나라를 위해 한 목소리를 내야 합니다.

정치를 하라는 것이 아닙니다. 잘못된 정책을 펼치거나 국가가 위기에 처해 있을 때, 갓과 나단 선지자처럼 나라를 위해 진언을 해야 한다는 것입니다.

그러기 위해서는 아브라함과 같은 믿음이 필요합니다. 구원하기 위해 열 명의 숫자로까지 줄여가는 끈질긴 믿음의 투쟁이 필요한 것입니다. 주일마다 입으로만 외칠 것이 아니라, 실제로 행동하는 믿음의 본을 보여야 합니다.

하늘에서 본 미세먼지보다 작은, 우리들의 머리털까지 세신 바 되신, 하나님의 무한하신 자비를 끈질기게 부르짖으며 행동하는 모든 크리스천들이 되었으면 좋겠습니다.

_82
손자 손녀를 만나러 가는 길

　방학이 시작되자, 서울에 사는 딸로부터 연락이 왔습니다. "아빠가 근무하는 학교에서 방학이 시작됐으니, 올라와서 3일만 자녀들을 좀 봐 달라"고 부탁하였습니다. 그러면서 미안해하는 모습이 너무 안쓰러웠습니다.

　전에도 올라가서 애들을 봐준 일이 있었고, 특히 요즘 젊은 부부들은 직장 때문에 학교나 어린이집에서 방학을 하게 되면 애로를 겪는 모습들이 안타깝기도 하고 딱해 보이기도 합니다.

　서울을 향해 올라가면서, 예수님께서 공생애를 마무리 할 시점에 예루살렘으로 올라가시는 길을 생각하게 되었습니다.

　"길이라는 것은 어떤 곳에서 다른 곳으로 이동할 수 있도록 땅 위에 낸 밀접한 너비의 공간"이라고 어학사전에서 말해주고 있습니다.

　예수님께서는 제자들에게 "나는 이제 대제사장에게 잡혀 갈 것이다"라고 말씀해 주십니다. 또 "그들은 나를 비웃고 채찍질하고 십자가에 매달려 죽일 것"이라고 십자가에서의 죽음도 말씀해 주십니다. 하지만 "죽은 후 삼일 만에 나는 다시 살아날 것"이라고 말씀하시며 예루살렘을 향한 길을 가십니다.

예루살렘으로 가는 도중, '여리고'라는 동네를 지나셨습니다. 세리이며 부자이지만 욕심이 많아 사람들이 싫어하는 삭개오는, 예수님이 지나가신다는 소문을 듣고 만나보기 위해 한 걸음에 달려갔습니다.

그는 키가 작아 결국 뽕나무 위로 올라가 예수님을 바라봤습니다. 그런데 잠시 후, 예수님께서 삭개오에게 다가가 말씀하십니다.

"삭개오야! 속히 내려오라! 오늘 너희 집에 함께 가도 되겠느냐?"고 물어보셨습니다. 삭개오는 너무 기쁜 나머지 예수님을 영접하며 감사로 화답했습니다. 그리고 예수님의 말씀대로 새롭게 거듭난 삶을 살겠다고 약속합니다.

예수님께서는 그 이후 나귀를 빌려 타시고 예루살렘을 향해 길을 가십니다. 가는 길에는 많은 사람들이 "호산나, 호산나" 하며 종려나무 가지로 환호했습니다. 예수님도 역시 함께 찬양합니다. 예수님의 찬양이 온 예루살렘으로 퍼져 나갑니다. 현대를 사는 모든 신앙인들 역시, 예수님께서 친히 가신 예루살렘으로 향하는 길을 모두 선택하며 나아가야 하겠습니다.

갈수록 심해지는 지구 온난화로 인해, 여름은 해마다 살인적인 폭염이 지속되고 있습니다. 잠시나마 무서운 더위를 피하고자, 여름 휴가를 이용해 많은 이들이 길을 떠납니다. 그 떠나며 가는 길이 예루살렘으로 향하는 길이라 생각하며, 오늘도 더위를 피해 시원함을 만끽하기 위해, 필요한 몇 가지 물건들을 챙깁니다.

그 챙기는 물건 중 꼭 필요한 것이 있는데. 바로 '선글라스'입니다. 젊었을 때는 멋과 폼으로 착용을 했지만, 이제는 나이가 들어 폼보다는 실제로 시원함을 얻기 위해 착용하게 됩니다. 특히 약해지는 시력 때문에, 선글라스를 쓰지 않으면 따가운 햇살에 눈을 계속 찡그려야 하는 불편이 있습니다. 그리고 햇빛을 가리는 선글라스를 통해, 보지 말아야 할 것은 보지 않았으면 하는 마음이 들 때가 있습니다. 따지고 보면 파헤치기보다, 이해하는 마음으로 세상을 바라보고 싶기도 합니다.

그래서인지 욕망으로 화려해진 세상의 눈부심을 가려주고 남의 허물을 따지기보다, 하나님께서 내어주신 세상을 편안한 마음으로 바라볼 수 있는 '영적 선글라스' 같은 것이 있으면 얼마나 좋을까 하는 생각도 해봅니다.

오래 전부터 필자는 아들이나 딸, 며느리가 운전하는 차를 한 번 타봤으면 하는 마음이 있었습니다. 이웃들 집에서 아들, 딸, 며느리가 찾아와 부모님을 모시고 레스토랑을 간다든지, 함께 어디 가는 것을 목격하면 부럽기도 했기 때문입니다.

그런 추억들이 떠올랐는데, 이번 서울 여행에서 아들과 딸, 그리고 사위가 운전하는 승용차를 타게 돼 너무나 기뻤습니다. 승용차를 타니, 심한 잔소리를 듣게 됐습니다. 바로 '내비게이션' 입니다. 부모님이나 시어머니 잔소리를 듣기는 싫겠지만, '내비게이션'에서 나오는 잔소리는 순종하는 것을 보면, 예수님께서 우리에게 주시는 생명의 길을 안내하는 '내비게이션'에 대해서는 어찌 함구하고 있을까요.

특히 '내비게이션'은 길눈이 어두운 사람들에겐 반가운 문명의 혜택입니다. 잘못된 길로 들어서면, 이내 경로를 바로잡아 줍니다.

인생을 살면서도 바른 길을 알려주는 '내비게이션' 같은 것이 있으면 얼마나 좋을까 생각해 봅니다. 사실 우린 이미 세상의 모든 길을 안내하시는, 하나님께서 주신 '내비게이션'을 우리 마음에 장착하고 있는지도 모릅니다.

다만 세상의 소음에 묻혀, 하나님의 안내 방송을 알아듣지 못할 때가 너무 많은 것이 문제 아닐까요?

또 한 가지 이야기를 해 보겠습니다. 예전부터 숙박업소에서는 열쇠가 아닌, 디지털 잠금장치의 '비밀번호'를 눌러 출입하는 경우가 많습니다. 손님에게 정해진 방의 비밀번호를 알려주는 시스템입니다.

시대가 변한 만큼, 우리 가정에서도 비밀번호가 달린 잠금장치를 사용하고 있습니다. 심지어 천국의 열쇠도 비밀번호로 바뀐 것 아닐까 재미있는 상상을 해봅니다. 물론 하나님 나라의 비밀번호는 오로지 주님을 사랑하는 믿음의 번호(0191, 영원구원)가 아닐까요?

휴가를 떠날 때 없어서는 안 될 가장 중요한 것을 뽑으라면 이런 저런 물건들이 아니라, 잠시나마 나를 내려놓을 수 있는 안식의 마음일 것입니다. 예루살렘으로 가는 길에서는 세상의 욕심을 내려놓고, 하나님의 음성을 듣고 그 길을 안내하는 '내비게이션'이 가르치는 대로 따라가려는 마음부터 준비하는 것이 우선이 아닐까 싶습니다.

사랑하는 손자와 손녀를 돌봐주고 만나기 위해 가는 길, 그 길 역시 예루살렘으로 향하는 길일 것입니다. "할아버지!" 하고 안겨오는 손자 손녀의 모습에서는, 예수님께서 늘 지켜주시는 안전한 포구 '내비게이션'이 장착돼 있을 것입니다.

뿐만 아니라 손자 손녀와의 아름다운 만남 속에서, 이 할아버지는 그들의 귀여운 재롱들로 인해 평안과 안식을 누립니다.

세상을 분별하는 선글라스를 쓰고, 천국의 비밀번호인 믿음을 획득하여, 사랑하는 아들딸과 모든 사랑하는 사람들과 더불어, 예루살렘의 길을 안내하는 '내비게이션'의 지시를 따라, 이 무더운 여름을 믿음으로 슬기롭게 나아가는 신앙인들이 되었으면 좋겠습니다.

_83
그때 그 시절, 빨간 성경책

드높은 파아란 하늘을 머리에 이고 따사로운 아침 햇살을 받으며, 사뿐사뿐 교회를 향해 대문을 나섭니다. 대문 소리가 요란하게 열리면서 "교회 갔다올께" 하는 소리가 온 집안을 점령합니다.

봄 아지랑이 사이로 치마가 날리며, 흘러 나오는 교회당 종소리에 복음은 더 멀리 퍼져가고, 옆구리 사이에 낀 빨간 성경책은 찬양의 콧노래와 함께 가벼운 미소를 머금고 교회를 향해 발걸음을 재촉합니다.

지나는 길마다 이웃들이 즐겁게 웃으며 배웅합니다. "잘 다녀오라"고 저마다 손을 저으며 미소 가득한 아름다운 주일은, 이웃들과 함께 행복에 겹습니다. 논두렁 밭두렁에서 저마다 생업을 위해 구슬땀을 흘리는 모습을 보며, 더욱 복음을 전해야 하겠다는 다짐도 함께 하곤 합니다.

주일 전날인 토요일에는 주일을 위한 준비로 사뭇 바쁩니다. 미리 이발을 하거나 목욕탕에도 갔다 오고, 빨래는 미루지 않고 다 해버립니다. 교회에 입고 갈 옷들을 정리하고 다리미질을 하며, 연보로 낼 돈은 깨끗하게 다리미로 펴서 성경책에 꽂아둡니다.

어린 시절 '빨간 성경책'을 들고 다정하게 교회로 향하시는 어르신들의 모습을 보면, 사랑으로 충만했습니다. 당시 크리스천들은 이웃들이 참으로 좋아했습니다. 성실하고 정직하며 이웃을 위해 베푸는 모습에서, 이웃들이 교인들을 신뢰하며 듬직한 믿음으로 서로 소통하며 정을 나누기도 했습니다.

특히 '빨간 성경책'을 세상 사람들이 다 볼 수 있도록 오른손에 들거나 때로는 옆구리에 끼고 다녔습니다. 세상 사람들의 눈에 '빨간 성경책'이 눈에 확 들어왔을 것입니다.

하지만 어느 때부터인가 빨간 성경책은 사라지고, 은빛과 금빛으로 바뀌기 시작했습니다. 특히 지퍼가 달린 성경책이 나오면서부터 성경책은 거리에서 보이지 않게 되었습니다.

당시는 가방이 흔한 시대가 아니라 주로 손에 들고 다녔고, 시대가 점점 변하여 가방 문화로 접어들면서, 서서히 '빨간 성경책' 구경하기가 힘들어진 것입니다. 성경책은 가방 한 구석 어둠에 갇혀, 외로운 신세로 전락하고 말았습니다.

지금은 아예 성경책을 가방에 넣고 다닙니다. 교회에 가서야 남의 이목 때문에 잠시 내놓지만, 집으로 돌아오면 방 한 구석에 성경을 팽개치기 일쑤입니다. 때로는 성경책을 어디 두었는지조차 기억나지 않아, 교회 갈 때 성경을 찾는 해프닝도 간혹 일어납니다.

믿음의 선배들은 잠을 잘 때 머리맡에 성경책을 두고 잠을 청하기도 했습니다. 성경을 머리맡에 놓으면 깊은 잠을 잘 수 있다는 믿음으로, 성경책을 늘 품고 살았었습니다.

그리고 화장대 앞에 성경책을 보관했습니다. 화장대가 아니라도 집에서 제일 잘 보이는 곳에 늘 성경책을 놔두곤 했으며, 먼지를 털어 깨끗하게 늘 청결을 유지했습니다.

하지만 지금은 집에서도 성경책을 찾기가 매우 힘들어졌습니다. 세상에서 필요한 것들은 중요한 위치에 보관하거나 문 앞에 놓기도 하는데, 유독 성경책만은 어두운 곳에서 제 구실을 하지 못하고 있으니 참으로 안타깝기도 합니다.

하나님의 감동으로 이뤄진 66권의 이 책에는 나를 사랑하고 이웃을 사랑하고, 심지어 원수까지 사랑하라고 외치신 주님의 거룩한 말씀이 들어 있습니다. 그런데도 세상의 만화책 보다 못한 대접을 한다는 것은 아마 성도의 자격이 없는 사람들이 아닐까 싶기도 합니다.

성경책은 내 삶의 방향과 지표입니다. 그리고 하나님의 영광을 위해 어떻게 살아야 하고, 복음은 어떻게 전해야 하며, 특히 선한 사마리아인으로서 살기 위해서는 어떤 삶을 살아야 하는지, 나라와 이웃들을 위해 어떤 정신으로 임해야 하는지를 잘 말씀해주고 있습니다.

그러나 이러한 성경책을 푸대접하는 일부 성도들 때문에, 하나님의 음성을 듣지 못하는 안타까운 시대로 접어들고 말았습니다. 더구나 많은 유혹들에 휘말리면서 성경책을 외면하는 안타까운 시대가 되고 말았습니다. 참으로 애석합니다.

특히 부모와 자식 간의 소통과 사랑, 그리고 하지 말아야 할 것과 꼭 해야 할 것들을 우리에게 잘 알려주고 있는 말씀을 읽다 보면, 빨간 성경책이 더욱 그리워집니다.

어린 시절 대문을 열고 주일학교를 가기 위해 길을 나서면서, 옆집 아이들과 앞뒷집 아이들까지 불러 무리를 지어 교회로 가기도 했습니다. 타종교 부모님들도 아이들이 교회 나가는 것을 좋아하셨고, "빨리 교회가라"며 아침식사도 속히 챙겨 주시면서까지 교회를 싫어하지 않았습니다.

물론 당시는 배고픈 시절이라, 교회에 가면 과자도 주고 떡이나 먹을 것을 주기 때문이기도 했습니다. 특히 당시 교회에서 가르치는 훈계에는 모두 동의했습니다. 그리고 그 훈계는 진실한 사람을 만들었습니다. 요즘처럼 성도들이 거짓말을 식은 죽 먹듯 하지도 않았습니다.

하지만 요즘 청소년들을 보면, 정말 가관입니다. 교회 다니는 아이들도 마찬가지입니다. 욕을 아예 표준어처럼 쓰고 거짓말도 너무 자연스럽게 하다 보니, 어디까지가 진실인지 분간하기조차 힘든 세상으로 변해 버렸습니다.

'빨간 성경책'을 들고 교회를 가고 오는, 참으로 행복했던 시절이 있었습니다. 세상 사람들이 인정하고 좋아했으며, 서로 부담 없이 소통하며, 협력하여 함께 더불어 살아가는데 아무 문제가 없었던 시절입니다.

하지만 오늘날 '빨간 성경책'은 사라지고 세상 사람들이 넣기 좋아하는 가방 안으로 성경책이 들어가면서, 크리스천들은 당당히 세상과 맞서 더불어 함께 해야 할 것들을 뒤로 한 채, 오히려 부적절한 행동으로 세상에 따가운 눈총을 받고 있어 참으로 안타깝습니다.

시대가 더욱 편리해지고 세상 유혹이 커져감에 따라, 기독인들은 본연의 자세를 망각한 채, 더 큰 죄를 넘나들면서 주님의 마음을 더욱 아프게 하고 있습니다.

매일 같이 저녁이 되면 가족과 함께 시간을 할애하여, 자녀들과 이웃들과 함께 찬송하며 성경책을 읽고, 하나님께서 주신 당부의 말씀을 묵상하며 함께 기뻐하고 즐거워하는 성도들이 되어야 하겠습니다.

지금의 성경책은 과거와 달리 질도 좋고 단단하며 예쁩니다. 하지만 장롱 속이나 서랍에 처박아 두는 성경책은 아무 유익이 없음을 알아야 합니다. 매일 같이 읽고 묵상하며, 하나님을 만나는 믿음의 기초가 성경 읽기부터 시작되어야 함을 잊지 말아야 하겠습니다.

특히 '빨간 성경책'을 거리에 들고 다닐 수 있는 믿음과 행복은 거저 얻어지는 것이 아닙니다. 우리 안에서 부단히 퍼올린 사랑이 비록 미비하고 보잘 것 없어도, 절망의 늪에서 허우적거리는 이웃에게 예수님처럼 서슴없이 빛을 손을 내밀어주고 주님처럼 구원의 디딤돌이 되어줄 때, 우리는 행복의 얼굴을 조우할 것이고 마침내 우리가 꿈꾸는 영원한 몸을 믿음의 옷으로 갈아입을 수 있을 것입니다.

그러기 위해 믿음의 선배들이 늘 가슴에 품고 들고 다녔던 '빨간 성경책'을 다시 품을 수 있기를 간절히 소망해 봅니다.

_84

재림을 기다리는 성도

　주님께서는 "사랑하는 자들아! 주께는 하루가 천 년 같고 천 년이 하루 같은 이 한 가지를 잊지 말라(벧후 3:8)"고 말씀하셨습니다.

　하나님께서는 우주 만물을 창조하시고, 그 계획하심에 따라 지금까지 질서 있게 이루고 계십니다. 우리 인간은 하나님께서 이루고자 하시는 그 뜻을 모르는 채, 영원히 부귀영화를 누리고 살 것처럼 수단과 방법을 가리지 않고 죄의식조차 무감각해져 버린 채, 이루 형언할 수 없는 죄를 생산하며 발악의 삶을 영위하고 있습니다.

　성경에는 하나님나라에 관한 비유가 있습니다. 농부가 씨를 뿌리면 땅이 저절로 열매를 맺게 한다는 말씀입니다. 이 비유의 핵심은 씨앗과 땅의 생명력으로 결실을 맺게 된다는 것입니다. 인간의 노력은 그 생명력에 협조하는 것 뿐입니다. 주님께서는 하나님나라도 이와 같다고 하십니다. 사실 기고만장한 역사 속에서 인간이 모든 것을 다 지배하고 결정하는 것처럼 보이지만, 모든 것을 주관하시는 분은 오직 주님이심을 비유로 설명을 하십니다.

인간들은 삶의 목적을 위해 아침 일찍 일어나 일터로 향하며, 정해진 룰에 따라 움직입니다. 회사를 다니는 사람은 회사의 규정대로 나아갑니다. 배를 움직이는 선장, 항공기를 움직이는 조종사, 그리고 많은 탑승객들은 목적을 위해 하루하루를 정해진 프로그램을 따라 움직입니다. 아침에 해가 뜨면 저녁엔 해가 서산으로 넘어가듯, 하나님께서 지으신 창조의 매뉴얼에 의해 움직이고 있습니다. 그 모든 것이 움직이는 끝은 어디일까요? 그것이 바로 인생의 종착역 아닐까요.

그 종착역에 도달하기까지, 인간은 누구도 피해갈 수 없습니다. 종착역에 가는 도중에는 잠을 자는 사람도 있을 것이고, 일을 하지 않고 게으르게 살아가는 사람들도 있을 것입니다. 술을 마시고 방탕하며 향락에 젖어 살아가는 사람들도 있습니다. 이 모두가 종착역을 향해 가고 있다는 사실을 모른 채 살아가고 있는 것이 가장 슬픈 일입니다. 그 종착역에 가는 도중, 착하게 살든 악하게 살든, 믿음이 있든 없든, 하나님의 구원 계획에 협조하든 않든, 하나님 나라는 주님 뜻에 따라 정확하게 완성될 것입니다.

바로 여기서 우리는 희망을 바라볼 수 있습니다. 우리의 선행 때문에 또는 우리의 잘못으로 하나님의 계획하심이 좌지우지되는 것이 아님을 명심해야 합니다. 특히 하나님은 죄가 없으신 분이시기에, 하나님나라는 하나님의 계획대로 완성되고 있음을 알아야 합니다.

그러므로, 이제 우리가 해야 할 일은 세상 종말을 향해 가는 '세월 열차'를 타는 일입니다. 이는 주님께 대한 믿음을 간직한다는 뜻입니다. 아무리 우리가 공로가 많더라도 또는 우리가 부족하더라도, 주님께 향한 믿음을 간직하고 끊임없이 주님과 사랑의 관계를 맺는 것만이 중요한 것입니다.

주님께 의탁하고 형제를 사랑하는 것이 중요합니다. 이 믿음과 희망과 사랑으로, 우리는 세상 종말 때 완성되는 하나님나라 건설에 지금부터 동참하는 길입니다. 사실 주님은 우리의 노력과 동참 없이도 당신의 뜻을 이루시지만, 자비롭게 당신 나라 건설에 동참하는 우리에게 "참 잘하였다. 착하고 충성된 종아! 와서 네 주인의 잔치에 기쁨을 나누어라"고 말씀하실 것입니다. 이것이 희망이요 주님의 사랑이십니다.

그러므로 세상 살 동안 지치고 힘들고 곤한 삶들이지만, 그 고난 속에는 주님의 참 평안이 있음을 깨달아야 합니다. 천군 나팔 소리와 함께 구름을 타고 오시는 재림의 예수님을 반기며, "호산나!" 찬송으로 화답하며, 주를 찬미하는 그 재림의 날을 속히 기다려봅니다.

이 세상의 모든 원망과 불평, 슬픔을 버리고, 재림하시는 주님의 참 평안 속으로 다가갑시다.

제13장

너는 무엇을
남기겠느냐?

_85

너는 무엇을 남기겠느냐? 순교자 토마스 선교사

한 해를 시작하던 새해가 엊그제 같았는데, 벌써 반년의 세월이 지나고 따가운 햇살과 무더운 장마가 우리를 맞이합니다.

불모지 같았던 낯선 타국에서 복음의 씨앗을 뿌리기 위해, 이 땅에서 순교했던 토마스 목사에 대해 알아보도록 하겠습니다. 이름은 로버트 저메인 토마스(Robert Jermain Thomas, 1840-1866)이고, 한국에서는 토마스 목사라고 부르기도 합니다. 웨일스의 개신교 선교사였던 그는 27세의 꽃다운 젊은 나이에 대동강 쑥섬에서 한국 개신교 역사상 최초의 순교를 했습니다.

토마스 목사는 아버지 토머스, 어머니 메리 사이에 출생해 런던대학을 졸업하고 아내와 같이 런던선교회 목사로 상해에 왔습니다. 그는 상해에서 부인과 사별하고, 런던에서 상해까지 같이 배를 타고 같이 지냈던 상해 지부 있는 스코트랜드 장로교 선교사 윌리암스를 찾아가, 여기에 온 가톨릭 신자인 조선인 2명과 친해져 한국어를 익혔다고 합니다.

조선에 복음을 전하기 위해, 1865년 4개월 동안 약 2천마일 되는 거리를 지나 연안을 예비 순방했습니다. 그는 김자평 우문태의 안내로 9월 13일 한국에 있는 소래 해변에 도착했다가, 배가 파선되어 다시 중국 북경으로 돌아갔습니다. 북경에서 조선 사신들을 만나 성경책을 나누어줬고, 1866년 병인양요 당시, 로즈 함대를 타고 한국으로 오려다 영국인 선원 호가스의 알선으로 제너럴 셔먼호에 승선하여 대동강까지 왔습니다.

대원군 집권 3년차였던 1866년 병인년은, 우리나라 교회 역사상 가장 다사다난했던 한 해였습니다. 새해 벽두부터 나라 안에 천주교 신자들을 무차별적으로 학살한 병인박해가 일어났고, 곧 이어 병인양요까지 치르면서, 외세에 대한 조선의 쇄국정책은 극에 치달았습니다.

같은 해 8월 평양 대동강에 미국의 무장상선 제너럴 셔먼호가 나타났는데, 이 배에는 스코틀랜드 성서공회의 후원을 받은 토마스라는 선교사가 통역관으로 동승하고 있었습니다. 그가 바로 한국 개신교 사상 첫 순교의 피를 흘린 주인공입니다.

당시 흥선대원군의 쇄국정책이 그야말로 굉장했다는 것은 학교 교과서에서 역사를 공부하면서 알고 있었지만, 그 당시 토마스 선교사님이 함께했다니, 얼마나 처절한 피비린내의 참상 속에서 고통이 심했을까요? 이를 생각하니 마음 한 구석이 무겁기만 합니다.

누가 이 나라에 복음의 씨앗을 어떻게 뿌리셨는지, 누구의 순교로 오늘날 이렇게 많은 열매를 맺게 되고, 나아가 오지의 나라에 선교의 씨앗까지 열매를 맺게 됐는지, 토머스 선교사님의 순교를 생각하면 내가 믿고 사랑하는 하나님에게 '나도 토머스 목사와 같은 선교사를 꿈꾸는 신앙인이 되어야겠다'는 각오와 더불어, 다시 한 번 나를 되돌아보며 믿음을 점검해 보는 귀한 시간을 보내게 됩니다.

일찍이 부인과 사별하고 홀로 언어도 통하지 않는 오지의 나라에서 그는 얼마나 외롭고 고통스러웠을까요? 문화적·교육적으로, 삶의 질이 훨씬 좋은 자신의 나라를 뒤로 한 채, 복음을 전하기에 도저히 감당할 수 없을 만큼 힘든 오지의 나라에까지 와서 복음을 위해 희생을 아끼지 않으신 순수한 선교사님에게 다시 한 번 깊은 사랑을 드리고 싶습니다.

그러므로 한국 기독교는 첫 마음을 잃어선 안 되는데, 그 초심은 점점 옅어져 갑니다. 더불어 서서히 타락해 가는 모습이 정말 안타깝기 그지 없습니다. 교회마다 성도들이 하나둘 모이면 기도와 찬양이 이어져야 하는데, 그렇지 못하고 끼리끼리 모이는 계모임 같아 심히 마음이 아픕니다.

심지어 어떤 교회는 자신들의 부귀영화를 위해 지켜야 할 약속은 지키질 않고, 그 약속을 깨면서까지 죄를 생산하고 있는 모습들을 보노라면, 정말 교회가 아니라 '빌딩'으로 변했구나 하는 생각에 마음이 착잡합니다.

자신들의 뜻에 부합하지 않는다 해서 교회 안에 재판국을 열어놓고 당사자인 담임목사가 재판국장이 되어 재판하는 어이없는 현실을 보면서, 순교자의 끓는 피가 용암처럼 솟아오르는 것 같기도 합니다. 자신들 뜻에 맞지 않는 성도들의 출입을 막기 위해 교회 문을 쇠사슬로 묶어놓질 않나, 심지어 1층 화장실까지 쇠사슬로 문을 잠근 채 교회 출입구에 건장한 집사들을 문지기로 세워 신자들을 선별 출입시키는 모습들을 보노라면. 밤무대에 캬바레 앞을 지키는 조폭들의 모습 같기도 합니다.

그들은 각서를 쓰면 들여 보내준다고 합니다. 핵심 주동자는 각서를 써도 안 들여보내준다고 합니다. 참으로 황당하고 기가 막힌 현실입니다. 교회를 마치 개인 소유물처럼 또는 자신의 재산처럼 행사하고 있는 모습은, 정말 저들이 주님의 종인지 아니면 사탄의 종인지 상상할 수 없게 합니다. 이러한 도를 넘은 잣대를 보면, 여기가 곧 지옥이라 말할 수밖에 없습니다.

토마스 목사를 비롯해 이 땅에는 수많은 순교자들이 있습니다. 그 분들의 희생 없이는 지금 우리가 믿고 알고 있는 하나님을 만나기가 그리 쉽지 않았을 것입니다. 그 분들의 아낌 없는 사랑의 희생 때문에 오늘날 우리가 이렇게 평온하게 교회를 다니며, 하나님을 믿고 아름답게 친교하며 신앙생활을 하고 있습니다.

그런데 그들은 도대체 무슨 속셈과 무슨 마음으로 이러한 기독교 정신과 예수님의 사랑의 방법과 동떨어진, 희한한 방법으로 성도들의 마음을 흐리게 하는지 알 수 없습니다.

교회는 개인이 좌지우지 하는 곳이 아닙니다. 하나님의 사랑으로 뭉친 공동체입니다. 서로 사랑하고, 믿음으로 친교하며, 소외되고 가난한 이웃을 위해 헌신하고 봉사하는 교회가 되어야 합니다. 그것이 바로 하나님에게 진실하게 드리는 예배입니다.

어떤 지도자들은 교회 안에서 권력을 오래 맛보다 보니, 하나님의 뜻은 온데간데없이 자신이 마치 하나님의 자리를 꿰차 모든 행사를 하고 있으니, 교회가 매일같이 분쟁 속에서 헤어날 줄 모릅니다. 교회로서의 가치와 사명을 잃어버린 채 사탄의 소굴로 만들고 있으니 정말 낭패가 아닐 수 없습니다.

교회 개혁을 늘 외치면서 실천이 없는 신앙의 지도자들을 볼 때, 그들 역시 하나님의 이름을 빌려 잇속을 챙기는 분들이 아닐까 싶어 답답하기도 합니다.

우리는 이 세상에서 뭘 남기시렵니까? 토마스 목사가 남긴 한 권의 성경책이, 멸망으로 갈 수 밖에 없는 이 땅에 백성들에게 복음을 전하지 않았습니까?

잠시 머물다 가는 세상을 위해 헛된 수고를 하지 말고, 하나님을 위해,

이웃을 위해 내가 무엇을 남기고 갈까라는 생각을 잠시만이라도 해보시기를 간구합니다.

'나는 과연 무엇을 남길 것인가?' 하고 고뇌하며 깊은 가슴으로 생각을 나눌 때, 가슴이 뜨거워짐을 느낄 것입니다. 단 5분만이라도 진솔한 생각을 해보기를 권면합니다.

우리는 늘 명예와 돈궤, 그리고 권력을 추구하며, 그들이 나에게 주는 조금의 이익을 위해 믿음의 본질을 상실하고, 주님께서 남기셨던 참 사랑을 잊어버린 채 오늘도 신앙인이라 자처하며, 주님의 마음을 아프게 하는 데 혈안이 되지 말고, 주님 주시는 참 평안을 누리고, 나도 이 세상을 살면서 뭔가 남겨야 되겠다는 믿음으로 돌아오시기를 당부 드립니다.

그리할 때 나의 교만과 자랑이 사라지며, 내가 누리려 했던 권력과 좋아했던 명예를 서서히 내려지고, 그 후에 하나님의 말씀이 가슴을 감동시킬 것입니다. 다음에는 가난한 이웃이 보이기 시작합니다. 그 후에는 순교의 마음이 용솟음칠 것입니다.

그리고 그 다음에는 과연 이 세상에 살 동안 하나님을 위해, 이웃을 위해 무엇을 남기고 갈까 하는 뜨거운 가슴이 기다리고 있을 것입니다.

나 같은 죄인을 위해 아가페의 사랑을 실천하셨던 그 주님을 우리가 십자가에 매달았으니, 참으로 안타까운 일입니다. 하지만 주님께서는 배신한 우리들을 용서하시며 참 평안을 주셨습니다. 그것도 모자라 피와 눈물과 땀방울을 아낌 없이 다 쏟으시기까지, 완전한 사랑을 선물로 주신 그 주님께서 물으십니다.

"너는 이 세상에서 무엇을 남기겠느냐?" 이 주님의 고요한 음성을 듣고, 주님께서 바라고 원하시는 것을 남기려 애쓰며, 잠시 있다가 사라질 것들을 과감하게 버리는 신앙인들이 되었으면 좋겠습니다.

_86

양심을 팽개친 신앙인들

'양심(良心)'이란 선악을 판단하고 선을 명령하며 악을 물리치는 도덕 의식입니다. "한 점 양심의 가책이나 부끄러움이 없다"고 말하듯, 자기가 행하거나 행하게 되는 일, 특히 나쁜 행위를 비판하고 반성하는 의식을 말합니다.

양심은 헬라어로 '쉬네이데시스'라고 하며, '쉬'라는 말은 '함께', '네이데 시스'는 '본다'는 뜻입니다. 그러므로 쉬네이데시스는 '함께 같이 본다'는 뜻입니다.

오늘날 이 땅에 사는 모든 인류는 함께 같이 보았습니다. 무엇을 함께 보았느냐, 하나님의 형상을 보았습니다. 때문에 일말의 양심을 통해 옳고 그른 것을 스스로 판단할 수 있으며, 하나님께서 주신 양심을 제대로 사용하고 있는지 우선 나부터 돌아볼 필요가 있습니다.

사전을 찾아보면, 양심이란 '어떤 행위에 대하여 옳고 그름. 선과 악을 구별하는 도덕적 의식이나 마음'이며, 크게 3가지로 분류됩니다. 먼저 '두 개의 서로 다른 마음', 둘째 '겉 다르고 속 다른 마음', 셋째 '심성을 수양함'

입니다.

우리가 흔히 사용하는 속담 중 '귀 막고 아웅, 눈 감고 아웅한다'는 것도 있고, '그 사람은 양심도 없는 사람이야!'라는 말도 합니다. 어떤 일에 대한 옳고 그름, 선과 악을 판단할 도덕적 의식이 없는 사람이라는 뜻입니다.

기독교에서, 양심은 마음에 새긴 율법이라고도 합니다. 그러므로 태초에 하나님의 형상대로 사람을 지었다고 할 때, 그 심상에 하나님의 선하고 온전하신 것이 무엇인지를 알 수 있도록 그 율법을 이미 마음에 새긴 것입니다. 최초 하나님께서 인간을 창조하신 아담과 하와는 간교한 사탄의 유혹으로 그만 하나님께서 주신 양심을 멀리하고, 욕망의 늪에 빠져 후손들에게 씻지 못할 상처를 제공했습니다.

다윗은 나단으로부터 질책을 받은 후 양심의 가책을 느껴 신실하게 회개했고, 그 결과 하나님으로부터 용서함을 받아 더 큰 축복으로 열매를 맺었습니다. 이 이야기는 후손들에게 참 아름다운 기업으로 지금까지 전해오고 있습니다. 반면 아나니아와 삽비라가 베드로의 질문을 받았을 때 하나님이 주신 양심을 잘 활용했다면, 그러한 참변을 당하지 않았을텐데 하고 생각해 봅니다.

아브람과 이삭은 부인으로 인해 자칫 화를 당할 것을 두려워한 나머지, 부인을 '누이'라고 속이는 양심 없는 행동을 합니다. 아마도 부전자전인 것 같기도 합니다. 은 30냥을 받고 자신의 스승이자 구세주이신 예수님을 팔아넘긴 가룟 유다는 결국 양심의 가책을 느껴 괴로움으로 자살을 선택하고 말았습니다. 이 슬픈 역사는 주님께서 재림하시는 그 날까지 후손들에게 경종을 울려주는 교훈이기도 합니다.

가룟 유다는 은 30냥을 도로 갖다주면서 인간적인 양심으로 자살을 선택하기까지 그 마음이 참으로 고단했을 것입니다. 진실로 주님을 향한 회개를 선택했더라면 얼마나 좋았을까 하는 마음도 간절합니다.

하지만 작금의 한국교회 안에 가룟 유다보다 못한 신앙인들이 많다는 사실에, 참으로 서글퍼지기도 합니다.

양들을 보호하려고 애쓰며 양들의 억울함과 양들의 고통을 함께하고 위로해야 할 지도자들이 오히려 양들을 내쫓는 교회가 있으니, 참으로 어처구니 없고 놀랍기도 하며 슬프기까지 합니다.

도대체 왜 이런 현상이 일어나는지, 지금은 박해를 받는 로마 시대도 아니고 오직 은혜를 누리며 행복을 누려야 할 때인데, 오히려 신앙인들이 로마 시대보다 못한 신앙생활을 하고 있습니다. 실로 어처구니없는 오류를 범하고 살고 있는 것이 정말 놀라울 뿐입니다.

목사는 재판장이 되어 양들을 재판하고 출교시키려 온갖 만행을 저지르며, 자신과 코드가 맞지 않는 사람은 다른 교회로 가라고 공공연하게 말합니다. 자신과 코드가 안 맞는 신자들에게 "다른 교회로 가라"며 양을 내몰고 있는 주의 종이 있다니, 어쩌다 이 지경까지 왔는지, 올해가 종교개혁 500주년이 맞는지 구별조차 무색하게 만듭니다.

강단에서도 자신과 코드가 맞지 않은 사람들은 사탄이나 불순한 사람들이라고 몰아세웁니다. 이런 목사를 따르지 않는 성도들이 문서를 통해 이를 알리려 하니, 그 문서를 괴문서라고 하며 신천지에서 하는 수법이라고 강단에서 소리칩니다. 어제 했던 말과 오늘 하는 말이 전연 다르며, "나는 그런 말을 한 사실이 없다"고 양심 없이 오리발을 내 밉니다.

장로와 목사 정년은 총회법상(예장 통합)으로 70세입니다. 그러나 당회원들의 합의로 후배들을 위해 65세에 조기 은퇴를 하기로 하여, 이미 8년 동안 많은 분들이 조기 은퇴를 감행했음에도 불구하고, 약속을 어긴 채 양심 없는 태도로 돌변하여 꼼수를 앞세워 다시 70세로 정년을 올림으로써 교회 안에 어려움을 당한 곳이 있어 참으로 안타깝기도 합니다.

이런 양심 없는 지도자들 때문에, 많은 양떼들은 흩어지기 시작합니다. 교회를 바로 세우기 위해 불철주야 아낌없이 봉사하시는 분들에게, 시무 정지와 출교를 단행하려 하고 있습니다. 교회가 마치 법원이나 검찰 같기도 합니다.

누가 누구를 정죄한단 말입니까? 주님께서는 간음하다 현장에서 잡혀온 여자에게도 정죄하지 않는다고 하셨습니다. 하물며 자신들이 양심을 저버리고 빚어진 사태를 포장하면서 이리나 늑대로 둔갑하여 성도들을 내몰고 있으니, 이를 어떡합니까?

그를 추종하는 목사와 장로들은 사건의 주범들 말만 듣고 오히려 그들의 편에서 함께합니다. 당회원들 모두에 의해 생긴 사건의 경우 당회를 거치지 않고 상급기관에 곧바로 고소할 수 있는 제도를 만들어야 함에도 불구하고, 총회는 이를 무시하고 반드시 당회를 거쳐야 하는 악법을 폐기하거나 수정 보완할 의사가 전혀 없어 보입니다.

뿐만 아니라 정년과 은퇴 문제로 교회에 빚어지고 있는 사태에 대해, 노회나 총회에서는 불구경하듯 자신들의 안위만을 추구하며 함구하고 있습니다.

법이란 약자를 보호하는데 의의가 있지만, 교회법은 그렇지 못한 것 같습니다, 사회법은 약자를 위해 법을 수정 보완하려는 노력이라도 하지만, 기독교는 이러한 변화에 전혀 관심이 없어 보입니다.

해마다 선거 때만 대면 변화와 개혁을 외치지만, 노회나 총회가 끝나고 나면 언제나 그랬듯 양심 없는 태도로 돌변합니다. 목사님들이 내려놓을 것은 내려놓아야 하는데, 오직 자신들의 잇속만 차리려다 보니 법은 개정되질 않습니다. 장로들 역시 마찬가지입니다.

모세의 장인인 이드로는 모세가 힘겨운 업무를 처리하는 모습을 보고 획기적인 아이디어를 냈습니다. 십부장, 오십부장, 백부장, 천부장 제도를 만들어 업무를 효율적으로 할 것을 제안해 이를 실시하므로 모세의 과다한 업무가 해소됐으며, 오늘날 조직과 인사제도에 획기적인 영향을 끼쳤음을 왜 모르시는지요,

지금 사회는 너무나 빠르게 변화하고 있는데, 오늘날 교회는 구시대적 발상에서 탈피하지 못하면서 타종교보다 뒤떨어져 가는 현상이 두드러지게 나타나고 있습니다. 안정적인 부흥을 원한다면, 먼저 자신을 내려놓아야 합니다. 사도 바울처럼 나는 '날마다 죽노라'는 신앙과 함께, 자신의 많은 학문과 자랑거리는 모두 배설물처럼 여기는 정신을 가져야 합니다. 강단에서 설교만 이렇게 외칠 것이 아니라, 지도자들 모두가 함께 배우고 실천해야 할 것입니다.

양심은 하나님께서 인간들이 죄를 짓기 전, 필터의 역할을 하는 아주 중요한 기능으로 주신 것입니다. 그런데 신앙인들은 그 양심이라는 필터를 거치지 않고, 곧바로 죄를 생산하며, 거침없이 자연스럽게 도모합니다. 우리에게는 양심의 가책이 있어야 합니다. 가책 없는 양심은, 죄 짓는 일에 감정 없이 무감각한 상태로 돌변하게 하여 많은 사람들에게 깊은 상처를 주기도 합니다.

신앙인들이라면 더더욱 신앙양심을 갖고 살아야 할 것입니다. 나보다 못한 이들을 위해 나를 내려놓고, 이웃 간에 필요 없는 고집과 아집을 버리며, 하나님께서 인간들에게 주신 양심을 통해, 교회 안에서부터 세상 끝까지 주님의 아름다운 신앙양심을 이웃과 세상을 위해 내뿜어야 하겠습니다. 그러기 위해서는 내가 먼저 양심으로부터 구속되어, 나 자신부터 하나님과 성도들의 신실한 종임을 잊지 말아야 하겠습니다.

_87
진정한 섬김과 봉사는

교회 안과 밖에서 많은 분들의 섬김과 봉사를 하고 있습니다. 그 섬김에는 여러 종류가 있습니다.

성경을 보면 여호수아의 강력한 도전 앞에, 이스라엘 백성들은 오직 하나님만을 섬기고 다른 신들을 섬기지 않겠다고 대답합니다. 그 이유는 그들이 경험한 하나님의 신실함과 능력 때문입니다. 그들은 애굽이 섬기는 신들도, 가나안 족속들이 섬기는 신들도, 여호와 하나님 앞에서는 허깨비에 불과하다는 것을 경험했습니다. 그들은 지극히 구체적인 체험에 입각하여, 하나님을 섬기는 것이 그들이 살 길이라는 것을 깨달았습니다.

그러므로 섬김은 서로가 주님의 몸된 지체로서 서로 사랑으로 교제하라는 뜻으로 받으면 좋을 것 같습니다. "내가 너희를 사랑한 것 같이 너희도 서로 사랑하라!" 이 말씀이 곧 다른 말로는 섬김이라고 할 수 있습니다.

"봉사는 자기 영광을 위한 것이 아니라 남의 영광을 위한 것이다." 봉사의 본 뜻은 사랑에 있습니다. 남을 사랑하기에 열심히 남을 위해 헌신하며, 남의 편리를 위해 일하는 것이 참된 봉사일 것입니다. 그래서 봉사는 취미로 하는 것이 아닙니다. 내 건강을 위하거나 나의 시간을 쪼개서 하는 것이 아니라, 하나님의 사랑이 묻어나는 전달이 있어야 합니다. "내가 너를 사랑하고 있다"가 아니라, "하나님께서 당신을 사랑하신다"고 전하는 행동이어야 합니다.

그러므로 섬김을 위해선 먼저 하나님의 사랑이 무엇인지 배우고, 느껴야 합니다. 그것이 바로 말씀 듣는 시간, 기도 시간입니다. 기도가 배제된 봉사는 핵심과 목적이 빠진 시간 낭비에 불과하므로, 봉사의 참 뜻은 사랑이 우선돼야 합니다.

특히 권력은 탐욕이 아닌 섬김과 봉사의 도구가 되어야 합니다. 지도자의 힘과 권력은 공동체를 섬기고 약자를 보호하라고 주신 하나님의 귀한 선물임을 교회 지도자들이 깨달아야 합니다.

교회 안의 봉사는 주어진 역할을 묵묵히 수행하는 작은 순교이자 십자가를 지는 일입니다. 공동체 안에는 제각기 다른 직분이 있습니다. 이는 머리이신 예수님 안에서 몸과 지체가 역할을 나누어 맡는 것입니다. 때로는 다른 사람의 역할이 더 빛나 보여 섭섭한 시선으로 변해갑니다. 상대의 티끌은 찾지만 스스로의 들보는 보지 못할 때가 많습니다.

그러나 봉사의 모습은 다양합니다. 몸으로 하는 수고와 활동, 시간을 쪼개 주님의 일에 함께하는 것, 그들을 위해 조용히 기도하여 좋은 말로 긍정의 힘을 불어넣는 것, 측은한 마음으로 지지해 주며 금전과 물질로 정성껏 내어놓는 것 등입니다. 여기에 주님의 마음과 시선, 섬김과 위로가 있으면 서로가 큰 힘이 솟구칩니다. 하지만 중심을 잃은 듯 아쉬울 때도 있습니다. 활동을 드러내고 싶어하며, 나서지 않은 채 숨어서 조롱하고, 숨겨진 것을 들추어 분열을 일으키며, 불만을 토로하기도 합니다.

무엇보다, 교회 안에서 섬김과 봉사는 지도자들의 자리임을 명심해야 합니다. 봉사활동을 하는 분들을 보면서, 이런 생각을 해 봅니다. '무엇을 원하느냐? 왜 봉사를 하느냐? 누구를 위해 봉사를 하고 있느냐?' 라고 묻고 싶습니다. 일이나 사람과의 관계가 중심이 된 건 아닌지 돌아 봅니다.

또 종교인으로서 종교생활만 하는지, 신앙생활은 어떤지, '신심생활'로 이어지는지, '영성생활'로 나아가는지 스스로 묻게 됩니다. 신앙인이라면, '주님은 누구를 어떤 마음으로, 무슨 일을 어떤 시선으로 보고 계실까?' 하고 고요한 묵상을 통해 돌아 보아야 합니다. 교회 안에서의 섬김과 봉사는 과연 주님께서 원하는 것인지 다시 한 번 되돌아 봐야 합니다.

이제는 교계가 세상을 향해, 주님의 참 뜻을 진실하게 전해야 할 때입니다. 형식과 억지로 하는 섬김과 봉사는 이제는 그만해야 합니다. 주님이 재림하시는 날, "참 잘했다" 칭찬 듣는 아름다운 성도들이 될 수 있어야 하겠습니다.

지금의 세상은 보통 감동이 아닌 신실한 사랑을 요구하고 있음을 깨닫고, "이웃 사랑하기를 네 몸과 같이 하라"는 주님의 고요한 음성을 세상 향해 행동으로 전해야 하겠습니다.

_88
팔복, 청결한 삶

'산상수훈'이란 마태복음 5-7장에 기록된 말씀입니다. 필자는 산상수훈의 말씀을 좋아하지만, 그 중에서도 5장 8절 말씀인 "마음이 청결한 자는 복이 있나니 그들이 하나님을 볼 것임이요"라는 구절을 어릴 적부터 마음으로 읽고 외웠으며, 지금까지 좋아하는 말씀입니다.

산상수훈 중에 '팔복'이 나오는데, 외우기가 그리 쉽지 않았습니다. 필자는 꾀를 내어 '심애온의 궁마화의'라고 외워서 지금까지 암기하고 있습니다.

마태복음 5-7장 말씀은 보통 '산상수훈' 또는 '산상설교'라고 부르기도 하는데, 이 말씀들은 단순히 사람들에게 높은 도덕적 표준을 제시하는 것이 아니라 하나님 나라 백성들이 실제 삶에서 지켜야 할 윤리의 대강령을 제시하고 있는 것입니다.

이로부터 시작된 '산상수훈'은 7장까지 이어집니다. 팔복(1-16절)은 산상수훈을 요약해 주는 말씀입니다. 본 장에서 주님은 천국 시민의 요건과 그에 대한 상급을 약속하시며, 이어 모세의 율법에 대한 새로운 해석과 명령을 제시하십니다.

"마음이 청결한 자는 복이 있나니 그들이 하나님을 볼 것임이요". 참으로 아름다운 말씀입니다. 그러나 '과연 인간으로서 마음이 청결할 수가 있을까?' 라는 의구심이 마음을 괴롭히기도 합니다.

우리는 길을 가다 길거리에 쓰레기라도 쌓여 있으면, 불쾌감으로 왠지 마음 한 구석이 찜찜함을 느끼며 그 길을 피해 가려 할 것입니다. 거기에 집안 곳곳에 지저분한 쓰레기가 쌓여 있다면, 아마 집에 들어가기가 싫어지고 짜증이 날 것입니다.

뿐만 아니라 내가 근무하는 사무실이 지저분하다면, 아마 마음이 편치 않을 것입니다. 승용차나 대중교통을 이용할 때도 주위가 산만하고 청결하지 못하면 몹시 기분이 상할 것입니다. 쓰레기가 있는 곳에는 늘 쓰레기가 찾아듭니다. 그리고 지저분한 것과 관련된 모든 것들이 몰려들기 마련입니다.

그러나 집안 어디서나 깨끗하게 청결이 유지 된다면, 아마 쓰레기나 지저분한 물건들을 함부로 버리지 못할 것입니다. 청결한 곳을 만나면, 왠지 마음도 깨끗해짐을 느낍니다.

깨끗한 곳에는 함부로 쓰레기를 버리지 않습니다, 검은 비닐봉지나 어떤 물건들이 버려져 있으면, 금세 쓰레기들이 모여 쓰레기장으로 변해 버린다는 것입니다.

인간의 미움도 마찬가지입니다. 불순한 생각과 옳지 않은 마음을 갖는다면, 그 마음이 쓰레기장으로 가득 채워지게 될 것입니다. 그 쓰레기 속에는 교만의 쓰레기, 탐욕의 쓰레기, 고집과 아집의 쓰레기, 이생의 자랑과 명예의 쓰레기들이 넘쳐날 것입니다.

인간인지라 하나님을 볼 수 있는 청결한 마음이 되기란 참으로 불가능에 가깝습니다. 하지만 하나님의 형상대로, 하나님의 마음을 읽는대로 살아가려고 애쓰고 노력하는 그 마음이 곧 청결한 마음이 아닐까 싶기도 합니다.

'산상수훈'의 본질적인 공통점은 '행위'에 초점을 맞추고 있다는 것입니다. 그래서 사람들은 '산상수훈'이라는 이름을 참으로 보배롭고 주옥같은 최고의 가르침이고 말씀이라고 합니다. '산상수훈'은 예수님이 이 땅에 오셔서 선포하신 하나님 나라의 법과 가치관을 우리에게 소개하여 주신 것입니다.

그러므로 '산상수훈'이 하나님 나라의 법과 가치관이라면, 그 나라에 대해 먼저 알 수 있어야 이해를 도울 수 있을 것입니다. '하나님 나라'란 인간들이 찾는 '파라다이스'가 아닙니다. 하나님이 다스리는 나라, 그 주권이 하나님께 있는 나라라는 뜻입니다.

나라가 구성되려면 먼저 주권, 영토, 국민이 있어야 하는데, 구약에서 하나님 나라의 구성은 하나님이 왕이신 나라여야 했고, 백성은 아브라함의 후손(12지파)이라야 했고, 영토는 약속의 땅 가나안이었습니다.

구약 성경의 내용을 상세히 보면, 그 나라를 만들어 가는 과정을 기록하고 있습니다. 특히 타락 사건은 하나님의 주권을 거부하고 배신한 크나큰 사건입니다.

이후 하나님은 아브라함을 불러 약속하셨습니다. 후손과 땅을, 그리고 그 후손으로 말미암아 천하 만민이 복을 받도록 하시겠다는 약속을 하셨습니다.

창세기는 민족을 이루는 시작이고, 출애굽기부터 신명기까지는 민족이 형성되고 나라가 되어가는 과정입니다. 그리고 여호수아는 땅에 대한 약속을 이루는 과정이고, 그 이후에는 불행하게도 그 백성들이 실패하는 모습을 보여주고 있습니다.

이처럼 주권은 하나님께, 영토는 이 땅에, 그 백성은 예수 그리스도를 믿고 따르는 자들로 구성된 나라가 하나님 나라입니다. 어떤 나라이든 그 나라를 추구하는 가치나 정신이나 질서가 있는 것입니다. 하나님 나라의 이상과 가치와 질서는 바로 율법이었습니다.

거기에 '산상수훈'은 예수님이 선포하신 새 나라의 이상과 가치와 질서를 담고 있으며, 예수님은 그것을 공포하신 것입니다. 그 증거는 마태의 기록 의도를 보면 알 수 있습니다. 마태는 출애굽 과정을 염두에 두고 그의 복음서를 기록하고 있으며, 모세의 탄생과 영아 학살, 광야, 율법 선포 등의 구도를 그의 복음서에 오버랩시키고 있음을 알 수 있습니다.

그리고 세례 요한이 등장합니다. 그는 모세가 이스라엘을 광야로 이끌었던 것처럼, 가나안에 살던 이스라엘을 다시 광야로 불러냅니다. 그리고 요단강에서 세례를 베풉니다. 구약의 이스라엘이 애굽에서 나와 광야를 거쳐 홍해를 건너고 요단강을 건넌 것처럼, 그 강에서 사람들을 물 속으로 집어넣습니다.

이후 마태는 광야에서 예수님이 사탄에게 시험을 당하시는 장면을 소개합니다. 예수님이 당한 세 가지 시험은 구약, 이스라엘이 광야에서 겪었던 시험이었습니다. 먹는 문제와 하나님을 불신하고 시험하는 일은 세상의 부귀영화(애굽)를 부러워하는 모습들이었습니다.

그 후 예수님께서는 "회개하라 천국이 가까왔느니라"고 선포하시고, 제자들을 부르시고, 많은 사람들의 병을 고치시는 이적을 행하시고, 그들을 불러 모으신 후 산에 올라가 앉으십니다. 그리고 선포하신 내용이 바로 '산상수훈'의 말씀입니다.

당시로서 이 땅에 아무런 소망이 없는 그들에게 하나님 나라의 임함을 선포하고, 그 나라는 어떤 나라이며 그 나라 백성은 어떠해야 하는가를 말씀하고 계십니다.

이처럼 산상수훈이란 바로 하나님 나라의 대헌장이었다는 점을 알아야 하겠습니다. 그리고 산상수훈은 가난한 자의 복음입니다. 예수님께서 선포하신 하나님 나라의 율법입니다. 팔복의 완성 역시, 하나님의 무한하신 사랑입니다.

산상수훈의 전체 말씀은 큰 그림을 가지고 보아야 하며, 하나님 나라 백성의 모습을 그리고 있습니다. 하나님 나라에 사는 백성들은 이런 특징을 가지고 있으며, 그 하나님 나라에 사는 백성들은 이런 모습이라는 것입니다.

그리고 그들이 추구하는 복은 뭔가 다르다는 것입니다. 세상에서 말하는 복과는 사뭇 다르다는 것입니다. 세상에서는 많이 가진 것이 복이고, 웃을 수 있는 것이 복이고, 오래 장수하는 것이 복이고, 권력이나 명예를 얻는 것이 복이고, 항상 배부른 것이 복이고, 남들보다 더 높임과 추앙을 받는 것이 최고의 복이라고 생각합니다. 하지만, 하나님 나라는 결코 그렇지 않다는 것입니다.

가난한 것이 복이 되고, 애통하는 것이 복이고, 온유한 것이 복이고, 서로 화평하게 하는 것이 복임을 알려 주십니다. 환난이나 어려움을 당하지 않는 것이 아니라, 하나님 나라를 위해 갖은 고초와 핍박을 받는 것이 복이라고 하십니다. 그러므로 주님께서 선포하신 그 '팔복'이 진정한 복이라고 우리에게 말씀하시는 것입니다.

그 나라 백성은 세상의 빛과 소금으로 살며, 서기관과 바리새인들이 계명으로 정해놓고 지키는 정도가 아니라 그 이상의 삶을 추구하며 살아간다는 것입니다. 마음 속에 더러운 것이 가득 있으면서 겉으로는 거룩하고 선한 척 하는 그들과는 질적으로 다르다는 것입니다. 겉모습뿐 아니라, 그 사람의 중심 안에서 행하는 그 자체를 거룩하다는 것입니다.

하나님의 온전하심과 같이 온전한 모습, 티나 흠이 없는 정결한 그리스도의 신부된 모습, 그것이 하나님 나라 백성의 모습입니다. 우리를 구원하신 목적, 하나님 나라의 백성으로 삼으신 목적이 바로 이것입니다.

예수님께서 세우실 하나님 나라는 바로 이런 나라라고, '산상수훈'이 알려 주고 있습니다. 예수님이 바로 그 나라의 왕이요, 우리는 그 나라의 백성임을 말씀하고 계십니다.

지금 바로 그렇게 살고, 그렇게 할 수 있어야 한다는 것이 아니라, 그것이 달려가야 할 목표라는 것입니다. 그것이 바로 하나님 나라의 그림이라는 것입니다. 그 그림을 보고 그 목표를 향하여 열심히 살아가라는 것입니다.

그리고 '산상수훈'이 가르치고 있는 것은 하나님 나라의 백성이 된 자신의 정체성을 인식하고, 그 삶을 지금부터 시작하라고 일러주시는 당부의 말씀입니다. 그렇게 사는 자가 결국 마지막 심판에서 '완전한 의인'으로 선포될 것이라는 약속의 말씀입니다.

"마음이 청결한 자는 복이 있나니 그들이 하나님을 볼 것이요". 이 말씀을 늘 묵상합시다. 비록 지킬 수 없는 말씀이지만, 지금 당장 청결하게 살아가라는 것이 아니라, 지금부터라도 신앙인으로서 그리고 하나님의 백성으로서 청결할 수 있도록 늘 내 안을 비우고, 오직 주님만을 높이고 위하는 신앙생활을 할 수 있도록 노력을 게을리해서는 안 된다는 것입니다.

분명 마음이 청결한 자는 하나님을 볼 수 있다고 하셨습니다. 비록 이 땅에서는 뵐 수 없지만, 청결하게 살아가려고 노력하면 훗날 하나님 나라로 입성하여 하나님을 뵈올 수 있는 날이 오지 않을까요?

청결한 삶을 산다는 것은 매우 어려운 일이지만, 지금부터라도 나의 모든 것을 내려놓는다면 가능할 수 있습니다. 세상의 부귀영화는 잠시 동안입니다. 명예와 권력, 그리고 자신에게서 만들어지는 가장 나쁜 것은 고집과 아집입니다. 그리고 탐욕입니다. 이 문제가 해결되지 않으면, 세상 사는 동안 늘 분쟁과 아픔이 계속될 것입니다. 분쟁과 아픔의 최후는 곧 아간의 최후가 되지 않을까요?

한국교회의 문제도 바로 이것입니다. 지도자들은 마음이 청결하도록 노력해야 하는데 그렇지 못하고 옛 구습에서 허우적거리며, 새로운 주님의 나라를 보지 못한 채 육적 욕망의 세계에서 영혼 없는 삶을 누리며 살려는 것 때문에 하나님을 볼 수 없고, 만날 수도 없는 것입니다.

삯군 목사와 거짓 장로들의 불의로 신음하는 한국교회의 앞날을 위해, 하루 속히 쓰레기들을 정리하고 새롭게 변화하라는 주님의 음성을 듣고, 지금이라도 가던 걸음을 멈추고 처음 신앙생활 할 때, 약속했던 그 약속을 지켜 나가는 지도자들이 되었으면 좋겠습니다.

_89

예수님이 흘리신 눈물, '호국보훈의 달' 6월의 눈물

엊그제 같았던 세월이, 벌써 한 해의 절반을 맞이합니다. 특히 6월은 '호국보훈의 달'이어서, 나라를 위해 혼신을 다해 희생했던 분들과 장렬히 전사하거나 순교하신 분들의 많은 노고와 숭고했던 정신을 기리고 그들이 이루어 냈던 일들을 기억하여, 후손들에게 다시는 이런 비극이 일어나지 않도록 거듭 당부하며 철저하게 나라 사랑에 대한 교육을 게을리 해서는 안 될 것입니다.

'호국보훈'이란 외적으로부터 나라를 지키고 보호한다는 의미의 '호국(護國)'과 공훈에 보답한다는 '보훈(報勳)'이 합쳐진 말로, 나라에 감사하고 보답한다는 뜻입니다. '호국보훈의 달'은 나라를 위해 목숨을 바친 순국선열과 호국영령의 숭고한 희생정신을 기리며, 국민의 호국과 보훈의식 및 애국정신을 함양하기 위한 달입니다.

호국보훈의 달은 현충일, 6·25 한국전쟁, 6·29 제2연평해전이 모두 일어난 6월을 기념하기 위해 국가보훈처에서 지정하여 기념하고 있습니다.

'국기에 대한 맹세'에는 국민으로서 해야 할 도리와 책임을 다한다는 의식이 담겨져 있습니다. 예로부터 우리 조상들은 외적의 침입으로 나라가 위기에 처했을 때, 자발적으로 군대를 조직하여 나라와 백성을 지켜내고자 하였습니다. 몽고의 침략에 대항한 오랜 항전, 조선시대 두 번의 왜란 때의 의병활동, 한말의 의병운동, 항일 독립운동 등 수많은 뼈아픈 역사적인 사례가 있습니다.

오늘날 대한민국은 이처럼 나라와 민족을 위해 희생한 사람들이 있었기에 현존하고 있는 것입니다. 그래서 우리는 나라와 민족을 위해 봉사하고 헌신한 사람들을 국가유공자, 순국선열, 호국영령 등으로 칭송하고, 이들에 대해 존경심과 감사의 마음을 전하고 있습니다.

눈물이란, 사람이나 짐승의 눈알 위쪽에 있는 누선(淚腺)에서 나와 눈알을 적시거나 흘러나오는 특별한 액체 상태의 물질로, 늘 조금씩 나와서 먼지나 이물질을 없애거나 각막에 영양을 공급해 줍니다. 어떤 자극 따위를 받으면 더 많이 분비된다고 합니다. 특히 사람의 경우 슬프거나 매우 기쁠 때 흘러나온다고 합니다. 눈물을 세는 단위는 방울, 줄기입니다.

이처럼 눈물은 우리의 눈을 보호하는 필수 요소입니다. 우리가 흘리는 눈물은 크게 3가지로 구분하는데, 첫 번째는 '기초 눈물'로 눈을 깜짝일 때 자연스럽게 흘리는 눈물입니다. 이는 안구 건조를 막고 산소와 영양분을 공급하기 위해 1분당 1.2ul(100만분의 1L), 하루에 1.7ml의 눈물이 나온다고 합니다.

두 번째는 외부 자극에 의해 반사적으로 흐르는 '반사 눈물'입니다. 세 번째는 감정적인 변화에 의한 '심리적 눈물'입니다. 기쁘거나 슬플 때, 또는 화가 나거나 감동했을 때, 인간은 눈물을 흘립니다.

감정에 의해 눈물을 흘리는 것은 오직 인간뿐입니다. 눈물은 98% 이상이 수분입니다. 염화나트륨(소금) 성분이 함유돼 약간 짠맛이 나기도 합니다. 특히 분(憤)해서 흘리는 눈물이 가장 짜다고 합니다. 다음은 슬플 때, 기쁠 때 우는 눈물의 순서로 짜다고 합니다. 분노의 눈물이 양파 탓에 나오는 눈물보다 짠 것은 염화나트륨 함량이 높기 때문으로, 분을 내어 울지 말기를 바랍니다.

'생리적 눈물'은 자신도 모르게 나옵니다. 흰자위 60여개의 눈물샘에서 1분에 1.2ul씩 나와 눈알 표면의 눈물을 흘리다 코로 빠집니다. 우리는 대개 2-3초 마다 한 번씩 눈을 깜박거려 생리적 눈물을 배출시키기도 합니다.

생리적 눈물의 두 번째 기능은 청결입니다. 미세먼지, 꽃가루, 세균 같은 외부 이물질을 몸 밖으로 씻어내기도 합니다. 생리적 눈물엔 라이소자임, 락토베린, 세균등 다양한 면역물이 함유돼 있습니다. 몸속으로 침투하는 세균 증식을 억제하고 밖으로 내 보내고 있습니다.

특히 눈물을 많이 흘리는 두 나라가 있는데, 이스라엘과 대한민국 사람들이라고 합니다. 그러나 그 눈물의 성격에는 차이가 있습니다. 이스라엘 민족의 눈물은 예수님께서 예루살렘 성을 보며 우시고 죽은 나사로를 보고 우신 것처럼, 자신을 위한 눈물이 아니고 이웃을 위한 그리고 나라를 위한 눈물입니다.

특히 이스라엘에는 전문적으로 우는 '울음꾼'이 있습니다. 아모스 5장 16절을 보면 "그러므로 주 만군의 하나님 여호와께서 이와 같이 말씀하시기를 사람이 모든 광장에서 울겠고 모든 거리에서 슬프도다 슬프도다 하겠으며 농부를 불러다가 애곡하게 하며 울음꾼을 불러다가 울게 할 것이며"라는 말이 나옵니다. 이처럼 죽은 사람을 위하여 곡하는 기술을 익힌 자의 직업도 있고, 곡하는 문화 역시 한국과 비슷한 점이 있습니다.

하지만, 한국인들이 흘리는 눈물은 주로 자신을 위한 것입니다. 자신의 처지를 비관해 운다든지, 서러워서 눈물을 흘린다든지, 남으로부터 부당한 대접을 받아 속이 상해 눈물을 흘리며, 자신의 목적이 이루어지지 않았을 때도 주로 슬퍼서 운다고 합니다. 한 많은 시집살이의 고달픔과 고부갈등에서 나오는 눈물 역시 이기적인 눈물이라 할 수 있습니다.

성경에서 예수님이 제자들과 함께 예루살렘 성에 가까이 왔을 때, 제자들은 예루살렘 성전을 보고 자랑하려 했습니다. 그러나 예수님은 그리 기뻐하는 모습이 아니었고, 오히려 슬퍼하며 눈물을 흘리셨습니다. 예수님이 웅장하고 아름다운 성과 성전을 보시고 왜 우셨는지, 제자들은 알 수 없었습니다. 예수님은 40년 후 예루살렘 성과 그 안에 있는 성전, 또 성전 안에 있는 자들이 앞으로 적군들에게 포위당하여 그들의 자녀가 죽고, 성을 불사를 것을 미리 아시고 우셨던 것입니다.

"가까이 오사 성을 보시고 우시며 이르시되 너도 오늘 평화에 관한 일을 알았더라면 좋을 뻔 하였거니와 지금 네 눈에 숨겨졌도다(눅 19:41-42)".

돌 위에 돌 하나도 남기지 않고 다 무너지리라고 말씀하셨습니다. 그럼에도 이를 알지 못하고 그 성 안에서 즐기고 있는 우매한 자들을 보고 우신 것입니다. 이는 지금 바로 한국교회 안에서 일어나고 있는 참상 그대로입니다. 지금 주님께서 한국교회를 바라보며 울고 계십니다. 우리가 예수님 당시 사람들처럼 겉으로는 화려하지만 속으로는 하나님의 심판을 쌓고 있을 때, 앞으로 그들에게 임할 하나님의 심판을 안타깝게 여기시면서 예수님은 또 눈물을 흘리십니다.

유대인들은 보통 7일간 애곡합니다. 그때 대부분 애곡하는 여인과 둘 이상의 악사(피리 부는 사람)를 고용합니다. 친족이나 친구들은 옷을 찢고 허리에 띠를 띠며 신발이나 머리 수건을 벗어버리고 수염이나 얼굴을 가린다고 합니다. 때로는 재에 구르기도 하고 눕기도 하며, 일종의 조사(弔詞)인 애가를 지어 부르기도 합니다.

나사로가 무덤에 있은지 이미 나흘이 됐을 때, 예수님께서는 마르다와 마리아가 있는 베다니로 가셨습니다. 마리아도 마르다 같이 "주님이 여기 계셨더라면 오라버니가 죽지 않게 해주실 수 있었을 것"이라면서, 주님이 그곳에 계시지 않았음을 못내 아쉬워했습니다.

마리아도 마르다처럼, 예수님이 부활이요 생명이심을 믿지 못한 것입니다. 마리아와 조문객들의 울음을 보시고, 예수님은 눈물을 흘리셨습니다. 예수님의 눈물을 나사로를 향한 사랑으로 본 사람도 있었지만, 속히 와서 살려 주지 않은 것을 거론하면서 그 사랑을 의심하는 사람들도 있었습니다.

이는 내가 원하는 때에 어떤 일이 이루어지면 사랑이고, 그것이 성취되지 않으면 사랑이 아니라고 생각하는 어리석음입니다. 내가 원하는 것을 원하는 때에 해주는 것만이 사랑은 아닙니다. 내 고통에 함께 아파하시면서 더 큰 기쁨의 자리로 우리를 인도하시는 것만이 사랑인 것입니다.

주님은 이미 죽은 나흘이 지나 냄새가 나는 나사로의 이름을 부르시면서 나사로를 죽음 밖, 무덤 밖 세상으로 끌어내십니다. "죽은 자들이 하나님의 음성을 듣고 살아나리라(요 5:25)" 하신 말씀, "믿으면 하나님의 영광을 보리라(요 11:40)" 하신 말씀을 성취하신 것입니다.

그러므로 우리의 상황이 나사로의 죽음과 같이 절박한 상황은 아니라도, 내가 내 상황을 너무 쉽게 결정하려고 하는 건 아닌지요. 하나님께 내 삶을 아뢰고 전적으로 주님의 뜻이 이뤄지기까지 기다려야 하지만, 우리는 금세 인내심이 드러나 기다리지 못하는 어리석은 모습들을 종종 발견합니다.

기다림을 통한 성장으로 나를 한 단계 더 성숙하게 발전시켜 나가야 하겠습니다. 하나님을 주인으로 모시는 것이 아니라, 단순히 동전(믿음)을 넣으면 금세 결과가 나오길 바라는 자판기처럼 여기는 것은 아닌지, 다시 한 번 점검해야 할 것입니다.

고통스러운 환경 속에 있다면, 성숙의 단계로 발돋움하며 주님을 믿고 나아가는 것이 더 중요하다고 생각합니다. 또 믿음의 역사에 도달하려면 내 안에 버려야 할 믿지 못하는 부정적 장애물들은 없는지, 또 난관을 극복하고 믿음의 성장을 이루기 위해 어떻게 해야 하는지도 생각해야 합니다.

오늘 흘리는 예수님의 눈물을 나의 가슴에 묻으며, 구원의 날이 지나가기 전에 어서 속히 주님 앞에 나아와 회개하여 죄를 용서받아야 할 것입니다. 기회는 날마다 주어지는 것이 아닙니다. 주님께서 재림하시기 전 속히 마음 문을 열고, 깊은 회개를 통해 주님의 사랑을 느껴 보시기 바랍니다.

느껴진 그 사랑을 깊은 곳까지 전하며, 주님과 늘 사귀는 삶을 지속하는 믿음으로 나가야 하겠습니다. 특히 그 은혜의 때가 지나가기 전에 주님의 말씀을 늘 묵상하며 찬양하고 기도하면서, 주님께서 흘리시는 눈물을 사랑으로 닦아 주시기를 축복합니다.

우리 믿는 신앙인들은 주님께서 흘리시는 눈물의 의미를 깊이 깨닫고, 성도들을 사랑하며 이웃을 긍휼히 여기며, 나라와 백성들을 위해 소금과 빛의 사명을 잘 감당하는 아름다운 신앙인들이 되기를 간절히 소망합니다.

_90

나라 위해 기도할 그리스도인 '아홉 명'은 어디에?

"예수께서 대답하여 이르시되 열 사람이 다 깨끗함을 받지 아니하였느냐 그 아홉은 어디 있느냐, 이 이 방인 외에는 하나님께 영광을 돌리러 돌아온 자가 없느냐 하시고 그에게 이르시되 일어나 가라 네 믿음이 구원하였느니라 하시니라 (눅 17:17-19)".

예수님께서 예루살렘으로 가시는 도중 사마리아와 갈릴리 사이로 지나가십니다. 예루살렘 접경 지역인 한 마을로 들어가시는데, 그 마을은 유대인과 사마리아인들이 섞여 사는 곳이었습니다.

예수님께서 지나가실 때, 나병 환자 열 명이 멀리 서서 예수님을 향해 큰 소리로 "우리를 불쌍히 여기소서!" 하고 외쳐댑니다

이 이야기의 내용은, 열 명의 나병환자들이 깨끗함을 얻겠다는 최종 목적을 가지고 전심전력을 다해 예수님을 부른 것입니다. 하지만 이 사건의 핵심은 예수님의 치유 능력을 알리는 것이라기보다는, 병을 치료받은 사람들 간의 태도를 비교함으로써 '은혜에 대한 감사의 정신'을 강조함에 있습니다.

나병은 어떤 질환일까요? 요즘은 한센병이라고 하는데, 과거에는 나병이라고 불렀으며, 나병균에 의해 감염되어 발생한다고 합니다. 우리나라에서도 제3군 법정 질환으로 지정되었지만, 격리가 필요한 질환이 아니며 성적 접촉이나 임신을 통해서도 감염되지 않습니다. 나병균이 피부나 말초신경계 상기도 점막을 침범하여 조직을 변형시키게 된다고 합니다.

우리나라에서는 대표적인 곳이 소록도, 손양원 목사님께서 계셨던 애향원 등 전국적으로 나병환자들이 모여 사는 곳들이 더러 있습니다.

구약성경 레위기에 보면, 나병에 대한 규례가 나옵니다. 나병에 해당하는 원어 '치라이트'를 번역하면 '심한 피부병'으로, 그 증상은 건물이나 옷에도 나타난다고 합니다. 이 병이 성경에서는 심각하게 다루어진 이유는, 죄의 무서운 속성을 상징적으로 보여 주기 때문입니다.

구약 시대에는 피부병의 일반적 증세인 종기, 부스럼, 색점, 피부 함몰, 체모 탈색 등이 나타나면 일단 제사장에게 진단을 받아야 했습니다. 특히 나병은 동서양을 막론하고 인간의 최소의 기본권조차 박탈당하는 아주 무서운 병이었습니다.

이 병에 걸리면 당시는 하늘이 주시는 벌이라고 믿으며, 환자를 하나님과의 관계에서 소외시키고, 또 그 전염병으로 말미암아 이웃과의 관계에서도 소외시켜 버리기 때문에 아주 무섭고 끔찍한 질환이었습니다.

이스라엘의 역사에서 나병은 정말 무서운 병이며 부정함을 뜻했습니다. 즉 하나님으로부터 벌을 받아 죄인 취급을 당하며 그리고 더러운 상태에 놓여 있다는 것입니다(레 13:44-46).

따라서 율법은 부정한 이들과 신체적 접촉을 금했습니다. 접촉을 한 사람도 부정한 사람, 곧 죄인으로 취급을 당하기 때문입니다.

오늘 본문에서는 이런 나병 환자 열 사람이 예수님께 치유를 받고 몸이 깨끗해졌습니다. 그들은 분명 죽었다가 다시 살아난 것처럼, 엄청난 기쁨의 환호성을 질렀을 것입니다.

하지만 그들 가운데 이방인이었던 사마리아 사람, 한 사람만이 큰 소리로 하나님을 찬양하며 돌아와 예수님의 발 앞에 엎드려 무한 감사를 드렸습니다.

그러자 예수님께서는 한탄하시며 말씀하십니다. "열 사람이 깨끗해지지 않았느냐? 그런데 아홉은 어디에 있느냐? 이 이방인 말고는 아무도 하나님께 영광을 드리러 돌아오지 않았단 말이냐?"

그 아홉에 대한 예수님의 물음은, 오늘날 우리 신앙인들을 향한 질문이 아니겠습니까?

예수님께서는 우리의 모든 사정을 다 알고 계시면서도, 우리의 모든 죄를 용서하여 주시고 지금도 사랑해 주시고 계시는 분임을 철저하게 믿어야 합니다.

우리 신앙인들은 하나님께서 우리에게 주어지 모든 삶을 얼마나 감사하는 마음으로 살고 있는지요? 우리는 하나님을 찬양하며 감사를 드리러 돌아온 한 사람인지, 아니면 돌아오지 않은 아홉 명 중에 한 사람인지, 자신을 성찰해 볼 필요가 있습니다.

특히 어느 조직이나 기업 그리고 나라의 살림은 대개 그들 중 십분의 일만이 움직여서 먹여 살린다고 합니다.

오늘 예수님께서 찾으시는 그 아홉은 자신들이 원하는 소기의 목적을 달성하면 그뿐인 사람들이며, 자신의 병 고침을 감사하는 한 사람은 바로 십분의 일인 십일조의 사람이 아닐까 하고, 필자는 생각해 봅니다.

특히 나라가 위중할 때, 우리 신앙인들은 결단코 잠잠해서는 안 될 것입니다. 하나님께서 선물로 주신 삼천리 금수강산을 적그리스도들에게 넘겨주어서는 결코 안 될 것임을 명심 또 명심해야 합니다.

그리고 지금은 주의 종들과 지도자들이 나서서 외칠 때이며, 모두가 이 거룩한 뜻을 공감하며 함께 역사를 이뤄내야 할 것입니다.

형제의 눈 속에 있는 티는 보면서 제 눈 속에 들어있는 들보는 깨닫지 못하는 경우가, 현재 일어나고 있는 그 아홉의 신앙인들임을 목격합니다.

나서서 외치는 사람들을 서서 구경하며 빈정대는 신앙인은 없어야 할 것입니다. 일제 시대 우리 믿음의 선배들은 방관하지 않고 목숨을 바쳐 순교로 이 땅을 지켜내었습니다. 아홉은 도망갔을지라도 한 사람의 참된 종이 있었기에, 이 나라는 일제 침략과 공산국가로부터 빼앗기지 않을 수 있었음을 알아야 할 것입니다.

그러므로 이 땅에 거주하는 모든 신앙인들은 예수님의 참된 진리의 모습을 발견하고, 그 분께서 원하시는 것이 무엇인지 귀를 기울이며 함께 공감해야 합니다.

불행에 빠진 사람, 가난하고 소외된 사람, 병마에 시달리는 사람, 죄를 지어 고통당하는 사람들과 함께 공감을 이뤄내며 이 나라와 백성을 반드시 지켜내야 할 것입니다.

"아홉은 어디 갔느냐?" 하시며 애타게 찾는 주님의 고요한 음성을 들으십시오. 현재 어려움을 겪고 있는 이 땅에서, 주님께서는 나라를 위해 일할 아홉을 찾고 계십니다.

지금 나서서 주님께서 원하시는 사명을 감당하기를 당부드립니다. 의인 열 명과 나병 환자들 아홉 명을 찾고 계시는 주님의 눈물겨운 음성을 하루 속히 들으시고, 지금 즉시 나라를 위해 나서 주시기를 바랍니다.

_91
너희가 먹을 것을 주라… 나누는 삶

"예수께서 이르시되 너희가 먹을 것을 주라 하시니(눅 9:13)".

'주 예수님께서 잡히시던 날 밤', 다음 날이면 죽음을 앞두었음에도 불구하고, 모든 것이 사랑 때문이었기에 마지막까지 이를 실천하려 하셨습니다.

빵과 포도주를 당신의 몸과 피로 변화시키신 것도 사랑 그 자체였고, '이를 기억하고 기념하며 행하라'고 유월절 저녁 만찬에서 당부하신 것도 마찬가지였습니다.

성찬식에서는 먹고 마시는 행위 자체에만 의미가 있는 것이 아닙니다. 그 사랑을 기억하고 실천해야 사랑이 완성되는 것임을 성찬을 통해 몸소 일러주신 것입니다.

그래서 오늘, 예수님께서는 제자들에게 "너희가 먹을 것을 주라"고 말씀하십니다.

성찬을 받은 우리 성도들이 주님께로부터 받은 사랑을 나누지 아니하면, 우리가 행하고 있는 성찬 예식은 무용지물이요 이곳은 곧 황량한 사막과 같은 곳이 됩니다.

정녕 우리가 누리며 예배드리는 교회 공동체마저 황량한 곳이 되어서야 되겠습니까? 꼭 양식을 사 와야만 영적 배고픔이 해결되는 것입니까?

교회 공동체를 황량한 곳으로, 인간적인 계산이 우선 되도록 만든 것은 바로 성찬 예식에서 하나가 되어야 할 나 자신을 나누지 않았기 때문이었음을 회개해야 합니다.

어떤 시인은 '나눔의 신비'라는 시에서 이렇게 말합니다. "빛은 나누어 줄수록 더 밝아지고, 꽃은 꿀을 내 줄수록 결실을 맺어가고, 미소는 번질수록 더 아름답다. 자신의 것을 잃지 않으면 누구에게도 나누어 줄 수 없고, 자신을 나누지 않는 사람은 시간과 함께 어둠 속으로 사라진다."

주님께서 나누어 주셨듯, 우리 신앙인들 또한 나누는 삶을 살아가야 합니다.

성경 속 나눔의 대명사라면, 많은 성도들이 '오병이어의 기적'을 떠올릴 것입니다. '오병이어의 기적'은 한 어린아이의 나눔과 배려의 덕분에 일어났습니다.

주님께서는 그 아이가 내놓은 보리떡 다섯 개와 물고기 두 마리로 5천 명을 먹이시고 열두 바구니를 남기셨습니다. 이 사건은 오직 하나님의 크신 영광을 드러내기 위함이 아니겠습니까?

오병이어의 기적을 낳은 장소에 대해 마태복음은 마을, 마가복음은 두루 촌과 마을, 누가복음도 두루 마을과 촌이라고 기록합니다. 제자들에게 그곳으로 가서 먹을 것을 구하도록 하신 것입니다. 그곳은 잔디가 있는 들판이며, 마을과는 떨어진 곳이라고 성경은 기록하고 있습니다.

당시 예수님 말씀에 얼마나 큰 권세가 있었기에, 온종일 시간 가는 줄 모르고 주님의 말씀에 귀를 쫑긋 하며 기울였을까요? 가히 짐작이 갑니다.

그러다 모두들 배가 고팠습니다. 그때 한 어린아이가 도시락에 넣어온 보리떡 다섯 개와 물고기 두 마리를 선뜻 주님께 내어놓았습니다. 아이의 이 나눔 정신은 성경을 통해 지금까지 전해 내려오고 있습니다.

혼자 그 적은 음식을 다 먹어도 모자랄 것 같은데, 이 많은 군중들 앞에 내어놓은 것입니다. 자신도 먹지 못할 수 있지만 의심 없이 선뜻 주님께로 내어놓은 그 나눔의 정신을 본받아, 우리 신앙인들도 나눔을 실천하는 복음의 군병들이 되어야 할 것입니다.

"믿는 무리가 한마음과 한 뜻이 되어 모든 물건을 서로 통용하고 자기 재물을 조금이라도 자기 것이라 하는 이가 하나도 없더라(행 4:32)".

당시 초대교회에는 가난한 사람들이 많았습니다. 그러나 당시 믿는 이들은 서로 가진 것을 팔아 가난한 사람들을 구제하면서, 새로운 공동체를 통한 평등한 삶을 누릴 수 있었습니다.

인간의 현실적인 고통들 중 하나인 가난의 문제를 그리스도에 대한 믿음 안에서 해결한 것으로, 오늘날에도 귀감이 되는 말씀입니다.

하나님께서는 가난한 자들을 특별히 아끼십니다. 특히 초대교회인 예루살렘 교회의 특징은 '교제'였습니다. 교인들의 사귐이 매우 아름다웠다는 것입니다.

본문에 나타난 것은 물질의 공유입니다. 밭이나 집이 있는 사람은 팔아 그 값을 사도들의 발 앞에 뒀고, 사도들은 그들의 필요에 따라 나누어 주었습니다. 그럼에도 제 물건을 제 것이라 하는 자가 없었다고 합니다. 이처럼 초대교회의 정신은 바로 나눔의 정신이 아닐까 싶습니다.

그러므로 교회 공동체는 나눔의 실천을 항상 함께 해야 합니다. 교회 안에서조차 나눔의 배려가 없다면, 그 교회는 주님의 교회라고 할 수 없을 것입니다. 사람을 키우지 않는 교회 역시 복음과는 무관한 교회일 것입니다.

예수님께서 이 땅에 오셔서 하셨던 일들을 추억해 보면서, 주님께서 걸어가셨던 그 행함을 우리 신앙인들도 배우고, 친구를 위해 목숨까지도 내어줄 수 있는 아름다운 나눔의 신앙인들이 되어야 하겠습니다.

늘 따뜻한 이웃이 되어야 주님의 마음을 읽을 수 있을 것입니다. 그래서 우리는 늘 주변을 살피며 스스로 약한 자들을 찾아가 돕고 복음을 전하는 아름다운 천사의 날개가 될 수 있기를 소망해 봅니다.

_92

나라와 백성을 분열케 하는 자들

"내 백성은 잃어버린 양 떼로다 그 목자들이 그들을 곁길로 가게 하여 산으로 돌이키게 하였으므로 그들이 산에서 언덕으로 돌아다니며 쉴 곳을 잊었도다(렘 50:6)".

이 말씀을 요약해 보면, 유다가 징벌을 당한 것은 그들의 지도자인 왕, 선지자, 제사장 등이 그들을 잘못 인도했기 때문이었으며, 그 징벌의 도구가 바벨론이라는 것입니다. 하지만 도구로 사용된 바벨론은 하나님에게 부여받은 도구라는 사명을 망각하고, 스스로 자신들이 하나님이 된 것처럼 교만하게 유대를 학대하였습니다.

그래서 하나님께서는 바벨론의 멸망을 선포하신 것입니다(사 47:1-15). 바벨론은 권력과 부를 누리고 동방을 제패하였지만, 가장 보잘 것 없는 나라로 전락하게 되었습니다. 예레미야의 이 예언대로, 바사로부터 멸망한 바벨론은 다시 일어나지 못하고 영원히 사라져 버린바 되었음을, 신앙인들은 물론 이 나라 백성들도 알아야 할 것입니다.

다윗의 뒤를 이어 왕이 된 솔로몬은 아버지 다윗이 성실과 공의와 정직한 마음으로 하나님을 섬김으로, 하나님께 큰 은혜를 받았음을 고백하였습니다.

특히 솔로몬은 자신이 아직 미숙한 아이라고 인정하며, 이렇게 큰 민족을 다스릴 수 있는 능력이 부족함을 시인하고, 민심을 듣는 마음과 나라를 정의롭게 이끌어갈 지혜를 달라고 하나님께 간구했습니다.

이에 어여삐 보신 하나님께서 "솔로몬아! 내가 너에게 무엇을 주기를 원하느냐?" 물으셨을 때, 솔로몬은 자신을 위해 힘 있는 장수를 구하지 않았고, 자신을 위협하는 원수를 멸해 달라고 구하지도 않았으며, 오직 하나님의 백성을 다스릴 수 있는 지혜만을 구했습니다.

하나님께서는 솔로몬의 요구사항에 흡족해 하셨습니다. 그러면서 "내가 네 말대로 지혜롭고 총명함을 주겠다"고 약속하시고, "너처럼 지혜로운 왕은 두 번 다시 없을 것"이라며 많은 부까지 허락하셨습니다.

그러나 솔로몬은 처음 신앙을 잊어버리고 말았습니다. 치세 말기에는 많은 이방 여인들과 정약결혼을 하면서 그들이 가져온 이방신들을 숭배하고, 연로자들의 말에 귀를 기울이지 않고 젊은 사람들의 목소리만 청종하여 이스라엘 나라가 분열되는 단초를 제공하고 말았습니다. 이러한 비운의 역사는 우리 신앙인들 중 모르는 분들이 아마 없을 것입니다.

지금 우리 대한민국의 현 시국은 두쪽으로 분열되어 점점 쇠약해져 감은 물론, 마치 삼국시대가 되살아나는 듯한 기운이 감돌고 있는 듯 합니다.

한 나라의 대통령은 전 국민의 안위와 행복을 위해 존재하는 것이지, 자신과 그 정파, 지지자들의 이익만을 위해 존재해서는 안 됩니다. 그럼에도 백성들의 소리에는 전혀 귀를 기울이지 않고 오로지 자신이 꿈꾸는 세계를 만들기 위해 잘못된 길을 가고 있으니, 다가오는 나라의 위기를 걱정하지 않을 수 없습니다.

심지어 대통령을 보필하는 비서진, 그리고 대통령이 뽑은 총리를 비롯해 국무위원들, 여당에 속해 있는 국회의원들조차 "예", "아니요"로 바른 소리를 내는 자가 거의 없습니다.

백성들의 목소리에는 아예 귀를 닫고 야당 탓으로만 돌리는 그 모습들은 참으로 한탄스럽습니다. 마치 이조 시대 적이 쳐들어오는데도 당파 싸움으로 얼룩져 나라와 백성들을 곤경에 빠뜨리는 그 시대와 무엇이 다르겠습니까?

바른 소리를 내면 다음 선거 때 공천을 못 받을까봐, 좋은 자리에서 물러나게 될까봐 자신의 몸을 사리면서 입을 닫아걸고, 그저 고개만 끄덕이며, 우선 "곶감이 달다"고 빈대처럼 붙어사는 간신배들을 보노라면, 울화가 치밀기도 합니다.

서로 의견이 다를 수 있습니다. 의견은 달라도, 백성은 하나입니다. 서로 소통하는 가운데 합의점을 이루어내, 원만히 해결을 할 수 있어야 합니다.

한 나라의 대통령은 어느 누구의 대통령이 아닙니다. 이 나라 전 국민의 대통령입니다. 어느 한편에만 귀를 기울어서는 절대로 안 될 것입니다.

올해 3.1운동과 대한민국 임시정부 수립 100주년을 맞이하여, 한국교회가 발표한 담화문 3.1운동 정신의 완성인 '참 평화'에 깊이 공감합니다. 담화문에서는 일제 강점기 때, 한국교회가 시대의 징표를 제대로 읽지 못하고 민족의 고통과 아픔을 외면했던 지난 잘못에 대하여 깊이 통감하였습니다.

그리고 말마다 '개혁, 개혁' 하는데, 개혁은 한 나라의 최고 통수권자부터 스스로 해야 하는 것입니다. 본인은 개혁하지 않은 채 하부 조직에만 개혁을 강요한다면, 세월이 많이 흘러도 개혁이 이뤄질 수가 없습니다.

개혁이란 제도나 기구 따위를 새롭게 뜯어고치는 것을 말합니다. 하지만 개혁의 참 뜻은 자신의 정신과 행동, 철학이 먼저 개선되어야 합니다. 자기관리와 과욕과 교만을 이겨내지 않는다면 결단코 개혁을 이뤄낼 수 없습니다.

특히 우리 신앙인들은 날마다 자신을 성찰하며 뜨거운 믿음 속에서 회개의 눈물이 마르지 않는 깊은 찬송이 필요한 것입니다.

"나는 천국에 가서도 마땅히 조국의 독립을 위해 힘쓸 것이오, 대한 독립의 함성이 천국까지 들려오면 나는 기꺼이 춤을 추면서 만세를 부를 것이오." 안중근 의사께서 순국 전 남기신 이 외침을 들어 보십시오.

독립운동가이자 참 신앙인으로 살다 고결한 죽음을 당하신, 안중근 의사의 나라 위한 그 마음을 우리 국민들이 뜨겁게 반성하며 깨달아야 할 것입니다.

16세기 터키 이슬람 교도들은 당시 그리스도교의 중심인 로마를 정복하기 위해 전쟁을 일으켰습니다. 당시 모든 기독교 국가들의 제왕들과 함께 공동 방어를 다짐하고 연합군을 편성했지만, 현실적으로 약세인 것을 인정하고 특히 모든 그리스도인들에게 간절한 기도를 부탁했습니다.

결국 1571년 10월 7일 모든 그리스도인들이 함께 하나님께 간절히 기도한 결과, 그리스도교 연합군은 대승리를 거두는 쾌거를 이룩하였습니다.

나라가 위기를 맞이했을 때 모든 그리스도인들이 합심하여 간절히 기도한 결과가 아니겠습니까? 비록 수적으로 나 화력으로나 상대방보다 열세에 놓여 있을지라도, 하나님께서 간섭하시면 대승을 거둔다는 사실을 우리는 성경과 역사를 통해 알 수 있습니다.

지금 대한민국에는 최대 위기의 순간이 닥쳐왔습니다. 대통령으로부터 시작하여 공직자들이 자신들의 잘못에 무감각함이 참으로 안타깝습니다.

자신들의 잘못에 대해서는 고집과 아집으로 일관하고, 상대방에 대해서는 소통과 포용을 허락하지 않는, 참으로 희한한 정치 논리로 나라를 이끌어가는 모습을 목격하노라면 '이건 아니다' 싶기도 합니다.

자신들의 이념에 사로잡혀 나라와 백성을 망가뜨리는 행위는 있을 수 없는 일입니다. 우리 기독교인들은 이를 무심코 넘겨서는 안 될 것입니다.

얼마 전 광화문에서 기독교 신앙인들이 연합으로 하나님께 울부짖으며 기도하는 모습이 참으로 보기가 좋았습니다. 우리는 자유 대한민국을 지켜내야 할 책임과 의무가 있습니다.

이 땅은 반만 년 동안 지내오면서 숱한 외적의 침입과 모진 굴욕을 겪음은 물론, 엄청난 백성들의 고통과 희생을 겪으면서 굳건히 나라를 지켜왔습니다.

더구나 복음이 이 땅에 들어오면서 많은 믿음의 조상들과 선배들의 피로 물들인 순교의 고귀한 나라이기에, 결코 하나님께서는 이 땅이 사회주의로 가는 것을 절대 원치 않으실 것입니다.

모세가 이스라엘 백성을 출애굽할 당시 하나님께서 바로를 강퍅케 하셔서 10가지 재앙을 다 쏟으신 후에야 모세로 하여금 백성을 인도한 것처럼, 이 백성이 처음 복음이 들어와 하나님을 사모하며 사랑할 때의 믿음은 다 어디로 가버린 것일까요?

환경과 시대에 노예가 되어 하나님을 잊고 자신들의 편리대로 믿음이 변질되어 타락해 가는 모습들을 보시며 한탄하시는 하나님께서, '대통령부터 시작해 위정자들의 마음을 강퍅케 하시어 수난을 겪게 하시는 것이 아닐까' 하는 생각도 해봅니다.

나라를 분열케 만드는 사람들의 최후는 결코 아름답지 않을 것입니다. 의인 열 명이 없어 멸망당하는 소돔과 고모라의 사건을 그저 옛 이야기로 듣지 말고, 정의와 공의가 살아 숨 쉬며 정직한 질서가 춤을 추는 아름다운 나라를 만들어 가는 이 땅 크리스천들이 되면 좋겠습니다.

제14장   소통하는 신앙인들

_93
이 시대 그리스도인들의 삶

"어떤 사람이 여짜오되 주여 구원을 받는 자가 적으니이까 그들에게 이르시되 좁은 문으로 들어가기를 힘쓰라 내가 너희에게 이르노니 들어가기를 구하여도 못하는 자가 많으리라 보라 나중 된 자로서 먼저 될 자도 있고 먼저 된 자로서 나중 될 자도 있느니라 하시더라(눅 13:23-24, 30)".

당시 유대인만이 구원을 얻으며, 다른 민족은 버림받는다는 유대인들의 고정관념을 타파하는 말씀입니다. 구원이란 외적인 사실에 있지 않고 내적인 회개와 믿음에 있다는 것을 말씀해주고 있습니다(13:26-27).

성도가 교회에 출석하여 세례 받고 성찬에 참여한다 해도 공의와 사랑을 실천하지 않고 죄악을 일삼는다면, 그리스도인들의 삶이 아니라는 것입니다.

본문은 예수님 말씀을 듣고 회개하지 않았던 유대인들이 종말에 당할 운명에 대해 기록되어 있는 말씀입니다. 악을 행하며 예수님을 배척했던 유대인들은 쫓겨나는 반면, 하나님 앞에 회개하고 돌아온 이방인들은 하나님 나라에 들어가 될 것임을 교훈해 주는 말씀입니다(13:28-30).

　오늘 우리에게 주시는 복음적 메시지는, 이 시대를 살아가는 그리스도인들의 삶과 구원을 말해주는 것입니다. 구원이라 함은 하나님께서 죄인들을 위해 주시는 최고의 선물이요 은총이라 할 수 있습니다.

　구원의 문은 모든 이들에게 열려 있습니다. 하나님의 뜻을 따르고 행동하는 자들에게 언제나 약속되어 있는, 하나님만이 주시는 유일한 최고의 선물인 것입니다.

　성도들 중에는 그리스도인들을 영적으로 지도하는 목사님이나 장로님들이 구원을 이끌어 가시는 줄 착각하여, 일반 성도들보다 구원에 더 가까이 다가가 있다고 생각할 수도 있을 것입니다.

　하지만 하나님께서 원하시는 구원은 어떤 겉모습의 형식이나 인간적인 생각에 매여 있는 것이 아닙니다. 오늘 누가복음을 통해 강조되는 말씀은 바로 이것입니다.

　구원은 하나님께서 우리 각자에게 내려 주시고자 하는 구원의 은총, 즉 인간에 대한 하나님의 무한하시고 조건 없는 사랑에서 나오는 것입니다. 때문에 그것을 닮아가려는 자세와 남을 위해서 배려하는 마음, 곧 사랑의 마음과 사랑을 실천하는 그리스도인의 삶 속에서 완성되어가는 것입니다.

　그래서 구원의 문을 '좁은 문'이라고 합니다. 구원에 이르는 좁은 문이란, 수월하고 편안하게 안주하며 그저 세례를 통한 형식적인 예배와 신앙만으로 구원이 보장된다고 생각하는 것,

　신앙적으로 특권을 가졌다고 생각하는 교회 지도자들에게 주어지는 것이 아닙니다.

　각자 힘들고 괴로운 십자가의 길 가운데서도 하나님을 향한 믿음을 지

키는 것만이 참된 기쁨과 희망을 보장한다는 확신을 가져야 합니다. 험난하고 비좁은 길을 택하는 이 시대 그리스도인의 삶에게만 주어지는 문이요 길임을 잊지 말아야 합니다.

필자가 직장을 다니던 시절, 크리스천이었던 부하 직원의 고민을 나눈 적이 있습니다. 그 고민의 이유는 가족 간의 불화였습니다. 불화의 주 원인은 지혜롭게 대처 하지 못한 제사 문제였습니다.

하나님을 신뢰하고 사랑한다면, 명절 때나 돌아가신 분의 기일이 찾아왔을 때 믿지 않는 식구들보다 먼저 찾아가서 함께 제사 준비를 해야 할 것입니다. 그런 후 제사를 지낼 때 "저는 예수님을 사랑하기 때문에 절은 할 수 없습니다"라고 당당하게 양해를 구한다면, 모두 싫어하지 않을 것이라고 봅니다.

예수님을 믿는다며 절을 하면 안 된다는 사고방식 때문에 부모 형제들이 기다리는 집으로 아예 가지 않는다면, 모든 식구들은 명절에 일하기 싫어서 오지 않는다는 오해를 불러 일으키게 될 것입니다. 그리고 예수 믿는 사람들을 증오하기 시작할 것입니다. 이것은 하나님의 영광을 나타내는 일이 아닙니다.

모처럼 가족들이 함께 하는 자리에서 굳이 손가락질을 받을 필요가 있겠습니까? 내가 조금 더 수고를 한다면, 우리가 사랑하는 하나님께는 영광이요, 믿지 않는 식구들에게도 오히려 전도할 수 있는 좋은 기회가 되리라 확신합니다.

제사를 거부하지 말고 일단 참석을 하면서, 식구들이 하기 싫어하는 설거지도 솔선해서 한다면 제사에 절하지 않는 것을 탓하지 않을 것이며, 이후 제사에 대한 부담도 없을 것이며, 예수님을 소개하는데 큰 무리가 없을 것입니다.

현재 필자가 근무하는 학교에는 '성년반'이 있습니다. 과거에 중학교와 고등학교를 다닐 수 없었던 분들이 많으신데, 이 분들에게 중학교와 고등학교를 졸업할 수 있는 기회를 부여하는 것입니다. 이를 통해 대학교까지 진학을 하시는 분들도 있습니다. 나이는 주로 20대에서 80대에 이르는 분들인데, 마침 여자 스님이 입학을 하였습니다.

매일 아침마다 그 비구니 스님을 만나는데, 키가 커서 눈에 잘 띄는 분이십니다. 한동안 제 앞으로 지나 다니시지만, 별 말 없이 무뚝뚝한 모습이었습니다. 그 분은 아마 제가 기독교인이라는 것을 알고 있는 터라 별 말씀이 없는 듯 합니다. 매일 등하교 시 제 앞을 지나가시는데, 어색한 표정으로 눈만 마주쳤습니다. 그래서 저는 용기를 내어 3개월 동안 인사를 했습니다.

별 말씀 없던 분이셨는데, 언젠가부터 제게 눈웃음으로 화답하시는 게 아닙니까? 그 후 일주일이 지날 때, 그 여승께서는 살며시 과자를 제 손에 쥐어 주는 것 아니겠습니까? 이제는 수시로 대화를 하며 농담도 합니다.

엊그제는 제게 책 두 권을 주시면서, '책 읽기를 좋아하느냐'고 하셔서 '그렇다'고 했더니, 선뜻 주시는 게 아닙니까? 책 제목은 <사는 게 뭐라고>, <죽는 게 뭐라고>였습니다. 너무 고마워서 잘 보겠다고, 그리고 주말 잘 보내시라고 인사를 했습니다.

어떤 신앙인들은 불교인들을 만나면 특히 승려를 만나면 얼굴도 마주치지 않으려 합니다. 하지만 그것은 잘못된 방식임을 알아야 하겠습니다.

누구나 하나님의 자녀가 될 수 있기 때문입니다. 단지 그들에게 하나님의 복음이 먼저 들어갔더라면, 불교를 선택하지 않았을 것입니다.

모든 판단은 하나님의 권한입니다. 우리 신앙인들은 누구를 막론하고 사랑해야 하고, 차별된 모습들을 보여서는 결코 안 될 것이며 배척을 해서도 안 될 것입니다.

하나님 나라는 하나님을 신뢰하고 사랑하는 사람만이 차지할 수 있는 것입니다. 어떤 힘 있는 권력자나 교회 안의 목사, 장로 등 특정인들만이 차지하는 나라가 아니라, 자신을 낮추는 사람과 겸손한 사람, 그리고 날마다 주님을 신뢰하고 사랑하며 이웃과 함께 더불어 배려하는 삶을 살아가는 사람만이 하나님의 나라를 차지할 수 있습니다.

그것이 좁은 문으로 들어가는 것이요, 이 시대 그리스도인들의 삶과 구원을 위해 애쓰는 참 신앙인들입니다. 그리고 옛 구습에서 하루 속히 탈피하여, 과거로부터 안주했던 나의 고집과 아집 내 뜻과 내 방식을 하루 속히 회개하며, 이 시대가 요구하는 참 그리스도인으로서의 삶을 누리는 주님의 군병들이 되어야 하겠습니다.

_94

십자가는 하나님의 뜻 이루는 새 에너지

"또 무리에게 이르시되 아무든지 나를 따라오려거든 자기를 부인하고 날마다 제 십자가를 지고 나를 따를 것이니라(눅 9:23)".

비신앙인들도 어떤 단체나 조직에서 책임을 맡으면, 한결같은 책임을 통감하며 무거운 십자가를 진다고 말합니다.

주님을 따르는 신앙인들 역시 고통이라고 생각하며, 주님 지신 십자가를 너무 쉽게 자신들의 편리대로 생각하고 말하고 있음이 실로 안타깝기도 합니다.

특히 우리는 주님께서 지신 십자가에 대해 오해하는 부분들이 많다는 것이 실로 안타깝습니다. 주님께서 지신 십자가는 단순히 우리가 생각하는 육적 고통과 고문으로 쉽게 오해하지만, 그런 십자가는 일제강점기 시대 우리 애국지사들도 나라를 위해 감당한 것입니다.

주님께서 지신 십자가는 인간으로서는 도저히 감당할 수 없는 힘든 고통과 처절한 몸부림이지만, 그 힘한 고통에는 '하나님의 뜻을 이루려는 새 에너지'가 있음을 신앙인들은 깨달아야 하겠습니다.

그리고 하나님께서는 우리 신앙인들에게 견딜 수 없는 고통은 주지 않는다는 사실도 알아야 하겠습니다. 하지만 주님께서는 인간들을 사랑하시어, 인간들이 지은 죄를 대속하기 위해 그 잔이 비껴가기를 간절히 원하시면서도, 하나님의 뜻을 이루기 위해 악몽 같은 아픔을 참아내시며 그 무거운 십자가를 짊어지고 가셨습니다.

그러므로 십자가는 "영혼을 살리는 다리요, 하나님의 뜻을 이루려는 새 에너지"임을 깊은 마음으로 감동하며 받아들여야 하겠습니다.

예수님께서는 자신이 선택하고 부르신 제자들 역시, 주님 곁에서 말씀을 듣고 주님께서 친히 하시는 일들을 보며, 이 땅에서 행하시며 보여주셨던 것들이 주님과 같아지기를 바라고 원하셨습니다.

예수님께서는 "누구든지 내 뒤를 따라오려면, 먼저 자신을 버리고 날마다 제 십자가를 지고 나를 따라야 한다"고 오늘 누가복음에서 말씀해주십니다.

특히 십자가를 말할 때 많은 사람은 고통이라는 생각을 먼저 떠올리지만, 예수님께서 말씀하시는 십자가의 핵심은 겉으로 드러나는 고통보다는 '아버지의 뜻'에 있습니다.

예수님의 모든 말씀, 행동, 삶을 이끈 것은 바로 아버지 하나님의 뜻이었고, 예수님이 고난과 죽음, 곧 십자가는 모든 사람을 구원하시려는 아버지 하나님의 뜻의 완성인 것입니다.

스승께서 지신 십자가의 길을 따른 제자들처럼, 목숨을 바쳐 그리스도를 증언하는 것을 우리는 '순교'라는 말로 표현해 봅니다. 누가복음에는 당신을 따르려는 사람은 제 십자가를 지고 따라야 한다는 예수님의 당부 말씀에, '날마다'라는 단어가 첨가되어 있습니다.

겉으로 드러나는 인간의 순교는 일회성이지만, 예수님께서 짊어지고 가신 십자가는 날마다 진행되어야 한다는 것이며, 이 진행이야말로 참된 순교의 정신이 않을까 싶기도 합니다.

요즘 많은 사람들이 험난하고 고통스럽고 미래가 보이지 않은 듯, 불안 속에 날마다 살아가고 있습니다. 몸이 불편한 사람, 경제적 고통, 사람들과의 인간관계, 직장 문제와 교육, 그리고 사업과 가정 문제로 괴로움을 당하면서, 이를 십자가 지는 것으로 비유하기도 합니다.

'나의 십자가는 왜 이렇게 고통스러울까? 왜 하필 나에게 이런 괴로움이 있는가?' 하고 불만을 토로하기도 합니다.

바울 사도는 이 세상에 어떠한 환난이나 역경이라도, 박해나 굶주림이나 헐벗음도, 심지어 죽음까지도 예수님을 믿는 제자들을 그 분에게서 떼어놓을 수 없다는 확신을 표명하셨습니다.

그 이유는 예수그리스도의 사랑이 우리의 인간적 연약함보다 더 크고 강력한 힘이 있기 때문입니다.

우리 신앙인들 생활에서 겪는 갖가지 형태의 내적·외적 곤경도, 부정적인 시대적·사회적 상황도, 우리가 그리스도를 통해 드러난 하나님의 사랑에 대한 믿음을 굳게 보존하기만 한다면, 마지막 승리는 우리 신앙인의 차지가 될 것으로 확신합니다.

우리의 순교자 선배들은 그리스도의 요구를 그대로 실천한 분들이십니다. 온갖 형태의 곤경과 부정 속에 살고 있는 오늘날의 우리에게 희망과 용기를 주는 참된 신앙의 모범입니다.

그러므로 오늘의 말씀처럼 자기 십자가를 지고 따르는 순교자들의 운명을 우리에게 교훈으로 잘 나타내 주는 말씀이 아닐까 싶습니다.

어리석은 자들의 눈에는 의인들이 죽은 것처럼 보이고, 그들의 말로는 고난으로 생각되며 우리에게서 떠나는 것이 파멸로 여겨집니다. 그들이 생각하는 크리스천들은 오롯이 하나님께서 주시는 참된 평화를 누리며, 아름다운 찬송 속에 소망의 기쁨을 누리고 살고 있습니다.

하지만 자기를 부인하고 자기 십자가를 지고 간다는 것은 결코 쉽지 않습니다. 우리 신앙인들의 세상 속 삶은 기쁨과 행복보다, 고통과 시련의 십자가와 마주칠 때가 더 자주 있음을 느끼기도 합니다.

하지만 성도들은, 믿음의 선배들의 고귀한 피로 지켜낸 소중한 우리 신앙의 역사를 기억하면서, 예수님의 사랑과 자비의 진정한 협력자임을 인지하며 삶의 현장에서 체험으로 녹아내는 시간들이 되기를 소망합니다.

단순히 '십자가는 고통'이라는 고정관념에서 벗어나, "하나님의 뜻을 이루려는 새로운 에너지"임을 가슴으로 담아내고 실천해 나가는 이 땅 크리스천들이 되시면 좋겠습니다.

_95

듣는 귀로, 열린 마음으로

교회 안에서 소리를 제일 많이 내는 기관은 아마도 찬양대와 차량부, 식당봉사부가 아닐까 싶습니다.

하나님께 올려드릴 예배를 위해 분주하게 많은 수고를 합니다. 하지만 목소리를 내기 전에 먼저 나의 소리를 들을 수 있는 귀가 열려야 합니다.

내 목소리만 앞세우지 말고, 타인의 소리도 들을 수 있는 귀가 필요합니다. 찬양은 목으로 하는 것이 아니라 듣는 귀로, 마음으로, 겸손으로 하는 것 아닐까요. 귀와 마음으로 제대로 듣고 열린 마음으로 다가가야 한다는 것을, 찬양하는 모든 분들에게 말해주고 있는 것입니다.

예수님께서는 공생애를 시작하시면서, 말씀을 통해 어떤 삶을 살아야 할 것인지에 대해 밝히십니다. "오늘 성경 말씀이 너희가 듣는 가운데에서 이루어진다"고 말씀하셨습니다(눅 4:20).

공동체 안에서 봉사부나 차량부 등 많은 직분들을 통해 섬기고 있지만, 안타깝게도 고집과 아집으로 마음의 문을 열지 못하고 걸어 잠그는 모습들을 봅니다. 그런 이들의 봉사는 그저 메아리로만 여겨질 뿐입니다.

특히 사람들은 예수님의 가르침을 깨닫지 못하고, 그분께서 일으키시는 놀라운 이적과 기사를 직접 눈으로 보면서도 믿지 못하며, 심지어 가르침까지도 깨닫지 못하고, 의심의 안개로 더 이상 예수님의 말씀을 귀로 듣지 못하고 결국 하나님의 뜻을 거부하며, 예수님까지 십자가 형틀에 못 박는 인류 역사에 가장 슬픈 비극을 초래합니다.

그 사건을 통해 더 성장하지 못하고, 하나님의 사랑 안에서 더욱 멀어지는 안타까운 모습들이 지금도 계속 이어지고 있음은 참으로 안타까운 일입니다. 선입견과 편견, 그리고 고집으로 귀를 닫고 마음의 문까지 닫아버린 우리 삶의 모습을 발견하게 됩니다.

혹시 하나님 말씀 앞에서도 내가 듣고 싶은 것만 듣거나 마음을 닫아버린 채, 자신의 생각에 갇혀 살아가고 있지는 않은지, 한 번쯤은 점검해 보아야 할 것입니다.

마음의 문을 닫은 그들이 주님의 말씀을 청종하지 않으려 했던 것처럼, 시기와 질투로 하나님과 이웃의 목소리를 제대로 듣지 못하고 있는 것은 아닐까요. 내가 쌓아 올린 편견과 불신의 벽이 하나님의 사랑을 가로막고 있지는 않을까요.

우리에게는 참으로 열린 귀와 열린 마음이 필요합니다. 예수님께서 말씀하신 사렙다의 한 과부와 아람 사람 나아만 장군처럼, 우리는 하나님의 말씀을 열린 마음으로 잘 새겨들어야 할 것입니다.

그들이 예언자의 말을 듣고 따랐을 때 축복과 치유를 체험했던 것처럼, 우리도 하나님의 말씀에 귀 기울일 때 하나님의 영역 안에서 머무를 수 있을 것입니다.

특히 찬양대에서 찬양을 할 때는, 자신의 목소리를 들을 줄 알아야 합니다. 나로 인해 찬양대의 하모니에 누를 끼친다면, 과감하게 찬양대에서 빠져나오는 결단도 필요합니다. 그렇게 자신에게 맡는 직분이 무엇일지 찾아 나서는 것이 참으로 현명한 선택일 것입니다.

그 선택이야말로 열린 귀를 가진 자일 것이며, 열린 마음의 소유자인 것입니다. 옆에서 듣는 대원들은 조금 불편하더라도 그가 자발적으로 다른 직분을 선택해 나갈 수 있도록 지혜를 보태, 평화롭게 봉사부서를 옮길 수 있도록 함께 도와야 할 것입니다.

교회 안에서 듣는 귀와 열린 마음이 고갈돼 교회 발전을 가로막는 지도자들과, 그들을 무조건 따르는 무리들 때문에, 교회가 교회로서의 사명을 감당치 못하고 있습니다. 대신 개인의 친목단체나 사조직으로 변질돼, 예수님의 영광을 가리는 모습은 실로 안타깝기 그지없습니다.

이웃의 이야기나 충고에 귀를 기울이지 않고, 자신들의 고집과 편견만 내세웁니다. 주님의 가르침은 온데간데없고, 그들만의 아성이 되어 주님의 마음에 또 다시 못을 박는 일들이 수없이 나타나고 있음을 실로 한탄할 뿐입니다.

교회 안의 모든 지도자와 성도들은 똑 같은 하나님의 자녀들입니다. 그리고 왕 같은 제사장들이라고 성경은 분명 말씀해 주고 있습니다.

하지만 그 말씀은 어디로 가 버렸는지, 온갖 시기와 질투, 모함과 편견으로 성도들을 괴롭히며 편을 가르는 모습을 보노라면, 마치 여기가 대제사장 가야바의 브라이도리온 뜰인가 싶기도 합니다.

예수님께서 공생애 사역을 하실 때, 말씀을 그대로 듣고, 마음으로 시인하고 실천했던 자녀들은 모두가 놀라운 체험을 했습니다.

하지만 그렇지 못한 채 말씀을 제대로 듣지 못하고 마음을 열지 못한 채, 굳게 닫아버렸던 당시 지도자들과 그들을 무조건 따랐던 이들은, 주님의 참된 진리의 평화를 누리지 못하고 잠시 세상 낙에 깊이 빠져, 영원한 낙원의 주인이 되지 못했음을 우리는 성경을 통해 알 수 있습니다.

지금도 말씀으로 우리를 영원히 구원하기 위해 안내해 주는 성경 말씀은 뒤로 하고, 마치 자신들이 성경의 주인공이 된 것처럼 오해하는 분들이 있어, 참으로 안타까울 뿐입니다.

목자가 양을 버리면 그게 목자의 책무를 다하는 것일까요? 목자는 사나운 포식자들을 막아야 합니다.

그리고 무서운 추위나 더위, 그리고 굶주림을 해결해 주어야 하며, 행여 사고를 당하여 아픔을 겪지나 않은지, 노심초사 울타리를 지키며 사방을 경계해야 하는 것이 목자의 사명이 아닐까요?

지금 같은 은혜의 시대에 많지도 길지도 않은 인생길에서, 헛된 것들을 위해 시간을 낭비하는 어리석은 성도들이 되지 않아야 합니다.

비록 이 땅에서 권력으로 힘을 낭비하는 교회 지도자들은 지금이라도 자신을 내려놓고, 나에게 전해주는 말씀에 귀를 기울어야 합니다. 그리고 열린 가슴으로 자신을 돌아보아야 합니다.

양들이 아파하고 원하는 것에, 듣는 귀와 열린 마음으로 다가가는 목자가 되어야 합니다. 이 땅에서 누군가 보지 않는다 해서 교만에 찬 귀와 닫힌 마음으로 살아간다면, 분명 최후의 심판은 비참하게 될 것입니다.

그리고 성도들은 비록 이 땅에서 살아가고 있지만, 언젠가는 하나님 나라에 입성하게 될 것입니다. 다음은 분명 낙원의 주인이신 하나님을 직접 만나며, 영광과 승리의 면류관을 하나님께 드리며 찬양을 드리게 될 것입니다.

그러므로 성도들은 이 땅의 것에 마음을 빼앗기지 말고, 천국 시민답게 하늘에 소망을 두고 신앙의 정절을 끝까지 지켜 나가는 십자가 군병들이 되기를 간절히 소망합니다.

_96

어쩌다 이 지경까지!

1945년 9월 7일 1982년 1월 4일까지 야간 통행금지 시절이 있었습니다. 불과 얼마 전까지였습니다. 1982년 전두환 정부에 의해 통금 시간은 역사 속으로 사라졌지요.

통금의 대상은 당시 만 13세 이하 어린이와 만 19세 이하의 청소년들은 기본이고, 19세 이상 성인들까지였습니다. 통금 시간이 해제되면서 많은 사람들은 새벽 시간에 일부러 길거리에 나와, 마치 해방이라도 된 것처럼 자유를 느끼며 좋아했던 시절이 있었습니다.

1970년대에는 장발 단속이 시행되었습니다. 장발이 사회 퇴폐 풍조를 조장한다는 이유였습니다. 예비군 훈련장에서 머리를 강제로 삭발당하고, 지나가던 많은 젊은이들도 단속에 걸려 삭발을 당했습니다.

하지만 필자는 개인적으로 학생 때는 머리를 짧게 깎고 모자를 쓰고 다닌 것이 참으로 아름다웠던 추억이었던 것 같기도 합니다.

우리나라 학생 교복은 개화기에 학교가 설립되면서부터 시작되었습니다. 남학생들 교복은 미국인 선교사 H. G. 아펜젤러에 의해 배재학당에서

1898년 '당복'을 학생들에게 입힌 것이 그 시초가 되었다고 합니다.

이 '당복'은 당시 일본의 학생복과 비슷한 밴드칼라(쓰메에리) 형태였는데, 소매 끝, 바지의 솔기부분, 모자에 청 홍선을 두른 것이었습니다. 일본에서는 학생복이라 하여 1879년 가규슈인을 시초로 1886년 도쿄 대학이 밴드칼라, 금 단추를 제복으로 한 데서 지금에 이르렀습니다.

최초의 양장 교복은 1907년 숙명여학교에서 처음 실시됐으나 1910년 경 다시 한복을 착용하게 했고, 1930년대에는 본격적으로 여러 학교에서 양장 교복을 착용하기 시작했습니다. 블라우스, 스웨터, 주름치마, 세일러복, 타이, 모자 등을 주로 착용했습니다.

제2차 세계대전 막바지에 이른 1940년대에는 한국 학생들에게도 전투 태세를 갖춘 전투복으로 교복을 통일해 착용시켰습니다. 여학생은 '몸빼'라는 작업복으로 바지에 블라우스를, 남학생은 국방색 교복을 입혔습니다.

해방 후인 1969년 문교부의 중학교 평준화 시책이 실시되면서 교복은 도별로 획일화됐고, 1986년 2학기부터 학교장 재량에 따라 교복 착용 여부를 자율적으로 결정하게 되어 오늘에 이르렀습니다. 1991년에는 절반 가량의 학교만 교복을 착용하고 있었다고 합니다.

하지만 자유를 소중하게 여기지 못한 채 자신 마음대로 말하고 행동하는 것이 참 민주주의인 양, 세상은 변해 버렸습니다. 질서라는 단어가 사라지고 없는 것처럼 점점 더 추악한 모습으로 변해 가는 현실을 보노라니 가슴이 답답하고 안타까움만 채워져, 위장병이라도 걸린 것처럼 속이 좋지 않습니다.

이제는 초등학생들까지 얼굴에 화장을 합니다. 그러다 중학생, 고등학생이 되면, 머리는 각종 색깔로 넘쳐 납니다. 학생으로서의 본분은 어디

가고 어른들의 사치 풍조에 힘입어 얼굴에 치장하는 시간이 주를 이루며, 담배는 이제 대놓고 피워댑니다.

곁에 나이 많은 어르신들이 계셔도 아랑곳 하지 않고 뿜어 대는 담배 연기는, 나라 미래를 향한 걱정스러움으로 타들어가는 안타까운 마음입니다. 장차 나라를 이끌어 갈 젊은이들의 앞날이 걱정으로 채워집니다.

특히 요즘 학생들은 자신들이 저지른 일을 시인하거나 인정하는 모습은 전혀 보이지 않고, 무조건 거짓말부터 시작하여 거짓말로 끝이 납니다.

심지어 분노가 조절되지 않아 창문을 부순다거나, 창문에 설치된 모기장을 칼로 찢거나 물건을 던지기도 하고, 감정을 조절하지 못한 채 심한 욕설을 그대로 표출하는 모습을 보면, 정말 이 나라에 미래가 있는지 우려가 됩니다.

어느 비오는 날 아침, 중학생들이 한 참 등교할 때였습니다. 한 여교사의 승용차가 지나가다 마침 한 1학년 남학생에게 흙탕물이 튀었습니다. 이 학생은 갑작스럽게 튄 물을 피하면서, '대뜸 XX년'이라는 욕을 하는 게 아니겠습니까?

그 광경을 본 제가 '선생님에게 욕을 하면 되겠느냐'고 했더니, 도리어 저를 째려보면서 '뭐? 뭐!' 하면서 의기양양한 기세로 달려드는 것 아니겠습니까?

마침 지나가는 다른 선생님께서 말리셔서 일단락되긴 했지만, 너무나 기가 막혀 하루 종일 일이 손에 잡히질 않았습니다.

엊그제 초등학교에 다니던 아이가 어찌 이럴 수 있을까요! 한참을 하늘만 멍하게 쳐다보며 연신 내뿜던 긴 한숨에, 땅까지 꺼지는 것 같았습니다.

길거리에서 남녀 학생들이 담배를 피우는 것은 이제 일상이 되어 버렸고, 심지어 교복을 입은 남녀 학생들은 주위의 시선에는 관심도 없이 키스를 하는 등 자신들만의 애정행각으로 즐거워합니다.

그뿐인가요. 지나가는 사람들의 귀에 혐오감을 주는 욕지꺼리는 이제 표준어가 되어버렸습니다. 자기들끼리의 소통과 대화는 욕으로 시작하여 욕으로 끝납니다.

심지어 남학생들 화장실에 여학생들이 몰려들어 함께 담배를 피우거나, 애정행각은 물론 성관계까지 자유롭게 하고 있습니다. 들키면 '하지 않았다'고 거짓말까지 하고, '악어의 눈물'을 흘리면서 쇼를 합니다.

남들의 이목은 아랑곳 않은 채, 여학생들이 남학생의 성기를 잡고 장난을 치는 모습도 보았습니다.

도대체 어쩌다가 이 지경까지 왔나 싶습니다. 보릿고개를 넘어 나라와 후세들의 미래를 위해 많은 부모 세대들이 피, 땀, 눈물을 흘리며 이렇게 잘 사는 나라로 만들어 놓았는데 말입니다.

오늘날 학생들은 이 나라가 그저 된 것처럼, 자신들의 편리만을 위해 쓰던 물건들을 마구 버리고 있습니다. 미래를 걱정하지 않을 수 없는 참혹한 시대로, 깊은 우려를 하지 않을 수 없습니다.

특히 먹고 싶은 것을 참고, 입고 싶었던 좋은 옷을 마다한 채 절약하며 이 나라를 이렇게 부강하게 세워 놓았더니, 모든 것이 한 순간에 무너지는 것 같은 절망감이 생겨 더욱 마음이 아픕니다.

도대체 그 동안 무슨 일이 있었기에, 다음 세대가 이토록 처참하게 변해 가고 있을까요. 필자는 가정에서 그 해답을 찾아야 한다고 봅니다.

아버지의 권위가 추락한 이후 급격하게 가정의 위계질서가 무너졌고, 그 영향이 사회 전반에까지 확대되었던 것입니다.

저출산의 영향으로 자녀들을 과잉보호하다 보니 자녀들은 이기심과 의타심만 갖게 돼, 많은 사회적 부작용을 일으키고 있습니다. 특히 공중도덕과 사회질서를 철저히 가르치고, 잘못을 저질렀을 때는 엄격한 훈계와 사랑의 매가 필요하지만, 아이들이 원하는 방향으로만 가다 보니 사회 전반에 악영향이 미치고 있습니다.

어느 목사님의 설교 중 '사람이 살면서 제일 힘든 일은 무엇일까?'라고 물었습니다. 물론 사람들마다 생각은 다르겠지만, 어떤 사람은 단연코 '자녀를 키우는 일'이라고 할 것입니다.

자녀들은 사춘기가 되면 '저 아이가 내 아이가 맞나?' 싶을 정도로 키우기 힘들어진다고 합니다. 그래서인지 요즘 여러 환경을 핑계로 결혼을 하지 않으려는 젊은이들이 점점 늘어나고, 결혼을 하면 자녀를 낳지 않거나 1명만 낳아 키우려고 합니다.

성경에 분명 '생육하고 번성하라'는 하나님의 준엄한 명령이 있지만, 인간들은 자신의 생각과 편리에 의해서만 살아가고 있는 것입니다. 하나님 마음은 얼마나 아프실까요?

그뿐입니까. 나라에서는 동성애를 허락하려 하고, 낙태라는 살인까지 면죄부를 주려 합니다. 그런데도 기독교 지도자들은 정치 권력의 눈치 보기만 급급합니다. 앞으로 다가올 하나님의 진노를 어떻게 감당하실지…, 참으로 안타까운 일입니다.

더구나 사이비 이단들이 활개를 치는데도 모르쇠로 함구하고 있습니다. 얼마나 많은 양들이 포식자들에 잡혀가야 정신을 차릴런지요!

기독교 학교들은 어떻습니까? 예배가 사라지고, 아이들은 주일을 지키는 대신 학원으로 갑니다. 믿는 가정에서도 교회를 나오지 않는 아이들이 얼마나 많은지 모릅니다.

필자는 어린 시절, 주일이면 빨간 성경책들이 거리마다 꽃이 피었습니다. 그 시절 성도들은 이웃과 사회로부터 많은 존경을 받았습니다.

이웃에 어려운 일이 생기면 직접 나서서 도와주었고, 정직하였으며, 아픔과 고통의 자리에는 함께 그 고통을 분담하고 위로했기 때문입니다. 그러다 보니 사회에 끼치는 영향이 이루 말할 수 없이 컸습니다.

하지만 지금 기독교인들은 사회로부터 달갑지 않은 존재가 되어 심히 민망합니다. 어쩌다 이 지경까지 되었을까요? 참으로 안타까운 마음 금할 길 없습니다. 교회 안에 주님은 안 계시고, 모두 자신들이 주님처럼 판단하고 있습니다.

깨끗한 교회, 깨끗한 성도, 깨끗한 믿음으로 돌아가야 합니다. 교회가 교회의 역할을 하지 못하고 있는 것은, 역설적으로 주님의 재림이 점점 다가오고 있다는 증거 아닐까요?

_97

예수님의 부르심

오래 전 같은 교회에서 남선교회 회원으로 함께 봉사하며 친근하게 지 냈던 분을 오랜만에 만난 적이 있습니다.

그 분은 서리집사로 열심히 섬겼는데, 어느 날 갑자기 다른 교회로 가 셨던 분입니다. 거기서 장로님이 되셨는데, 그 분의 자녀 결혼식에 참석해 축하도 했습니다. 그 후 장로님으로부터 전화가 왔습니다. 사무실에 한 번 놀러오라고 해서, 그 날 바로 그 분의 사무실을 찾아간 것입니다.

저와 대화를 하고 싶다는 말에, 저는 그 분이 혹시 유사 종교에 빠지신 분이 아닐까 노심초사하며 잠시나마 혼란스러웠습니다. 하지만 약속을 했기에 그 분의 사무실로 찾아갔습니다.

오랜만에 과거 이야기로 깊어가나 싶더니만, 느닷없이 성경 구절을 외 우며 저에게 질문을 던지는 것이 아닙니까? 저는 간단하게 대답했습니다. 하지만 그 분이 계속해서 따지며 묻는 말에, 저는 '저 분이 이단 사이비구 나' 확신하며 그 분에게 다음과 같은 말을 하였습니다.

"아니! 예수 그리스도를 믿으면 구원을 얻는다고 했는데, 그 이상 더 말할 필요가 있습니까? 주님을 확실히 믿고 신뢰하며, 예수님께서 공생애를 사셨을 때 고아와 과부, 그리고 병든 자와 가난한 자 그리고 억눌림을 당하며 소외된 이웃들을 찾아다니시면서 선한 일을 하신 그 모습들을 보지 않았습니까?

우리도 예수님처럼 그러한 삶을 살아가도록 애쓰고 노력하며 살아가는 것이 주님의 뜻 아닙니까? 그 이상 무슨 말이 더 필요합니까? 구원은 성경 지식에서만 나오는 것이 아니라, 말씀을 보고 듣고 믿는 데서 오는 것 아닙니까?

대답하기 어렵고 곤란한 성경구절을 외워서, 좀 나약하다고 생각되는 성도들에게 물은 다음, 마치 성경 속에 담겨 있는 말씀을 다 아는 것처럼 혼란스럽게 하여 자신의 목적을 이루려 하는 것 아닙니까?

그렇게 자신의 단체로 끌어들이려는 수법 아닙니까? 그리고 왜 예수를 믿는 사람들만 골라서 유혹을 하는 것입니까?"

이렇게 말씀드린 후, 그 사무실을 빠져 나왔습니다. 성경 지식이 부족한 성도들의 경우, 그런 분들의 질문과 언변에 넘어갈 수밖에 없다는 사실을 다시 한 번 깨닫게 되었습니다.

그 분은 '다음에는 자기 교회 목사님과 함께 대화를 나누고 싶다'고 해서, 그리하겠다고 약속을 한 후 그 분의 사무실을 빠져나왔습니다.

우리가 예배드리는 성소는, 성도 한 사람 한 사람에게 내리는 하나님의 무한하신 은총이며, 하나님께서 특별히 초대하는 거룩한 곳이기도 합니다.

사이비 이단들의 성경 지식만으로 초대하는 곳이 아니라, 하나님께서 우리가 어떠한 삶을 살아가기를 원하시며 어떠한 믿음으로 부르고 계시는지를 깨닫고, 그것에 화답하는 우리의 삶이 바로 성소가 되는 것입니다.

그러므로 예수님의 목소리를 알아듣고, 그 부르심에 즉각 따르는 것이 순종이라 하겠습니다. 역시 하나님의 부르심, 그 분의 지시를 뜻하는 말이기도 합니다. 즉 그리스도인은 예수 그리스도의 삶에 동참하라는 하나님의 초대에 응답하는 믿음의 권속자들인 것입니다.

사도 바울은 이전에 오만함과 교만함으로 예수를 믿는 자들을 핍박하였지만, 주님의 부르심을 깨닫고 그는 '칠삭둥이 같은 나에게도 주님께서 나타나셨다. 사실 나는 사도들 가운데서 가장 보잘 것 없는 자로서 사도라 불릴 자격조차 없는 몸이다. 하나님의 성소를 박해했기 때문'이라고 고린도 공동체 앞에서 고백했습니다.

그리고 오늘 자신을 부르시며 찾아오신 예수님에게, 베드로는 밤새도록 물고기 한 마리도 잡지 못하였지만 예수님의 말씀에 의지하여 그물을 내리겠다고 했습니다. 엄청난 물고기가 잡히자, "시몬 베드로가 이를 보고 예수의 무릎 아래에 엎드려 이르되 주여 나를 떠나소서! 나는 죄인이로소이다(눅 5:8)"라고 회개를 합니다.

이렇듯 우리 주님께서는 세상에서 평범하고 보잘 것 없는 작은 이들을 당신의 사람으로 지금 부르고 계십니다. 그 부르심을 받은 이들은, 대신 자신의 모습을 있는 그대로 잘 알고 있는 사람들입니다.

그렇기에 주님과의 만남, 주님과의 부르심에 즉각 응답할 수 있었던 것입니다. 바로 깨어 있는 삶을 살아가는 사람들임을 말하는 것입니다.

예수님의 부르심을 받은 이들의 소명은, 바로 예수님께서 몸소 살아내신 하나님 나라를 함께 만들어 가는 것입니다. 갑(甲)이 되어야만 잘 살아갈 수 있을 것만 같은 오늘의 현실 앞에서도, 우리 주님께서는 보잘 것 없지만 세상의 깨어있는 을(乙)들을 당신의 도구로, 사람 낚는 어부로, 하나님 나라의 일군으로 부르고 계십니다.

하지만 우리는 믿음을 어렵게 생각하며, 예수님의 부르심에도 가까이 나아가려 하지 않습니다. 하나님의 부르심에, 하나님의 뜻이 무엇인지도 알지 못하면서, 마치 자신이 하나님의 뜻을 다 아는 양, 교만의 극치를 부립니다. 주님의 부르심을 가벼이 여기는 데서, 교만의 온도는 더욱 올라가고 있습니다.

물 위로 걸어오라는 주님의 부르심을 받고 즉시 '배'에서 물 위로 걷던 베드로였지만, 결국 세상의 거친 파도와 풍랑, 두려움 때문에 다시 물에 빠지고 말았습니다. 이처럼 부르시는 다정하신 주님의 부르심에 절대적 권위와 세상에서 아무도 흉내낼 수 없는 아가페 사랑이 있음을, 절대로 의심해서는 안 될 것입니다.

그 부르심은 부모가 자식들을 부르는 것과 매한가지일 것입니다. 자녀가 부모 앞에서 어리광을 부리며 재롱을 피울 때, 아마 모든 부모들이 매우 기뻐하며 즐거워하는 것과 같습니다.

하나님께서 우리를 부르실 때도, 이와 같이 우리를 찾으십니다. 우리가 어느 곳에 있든지, 찾아오셔서 우리를 부르십니다.

주님은 우리를 부르실 때 많은 학문과 지식, 권위나 권력, 그리고 명예와 부, 상석 등을 원하지 않으십니다.

비록 우리가 낮고 천할지라도, 겟세마네 동산에서 우리를 위해 땀이 피범벅 되도록 기도하셨던 그 주님을 생각합시다. 십자가에서 저들의 죄를 용서해 달라고 부탁하시는 주님의 간절한 기도를 묵상합시다.

그 주님의 마음을 읽고, 그 뜻을 따라 날마다 믿음의 재롱을 피우는 하나님의 귀한 종들 되시기를 소망합니다.

98

새 언약과 새로운 출발

창세기 12장을 요약해 보면, 하나님은 아브라함을 부르시고 복의 근원이 될 것을 약속하신 것입니다. 이는 그가 이스라엘의 조상이 되며, 그의 후손인 메시야로 인해 만민이 구원받게 될 것을 예언한 것으로, 아브라함의 소명은 구속주의 도래를 준비하기 위한 것임을 보여줍니다.

하지만 믿음의 조상이 되었던 아브라함도 다른 사람들 못지않은 험한 시험을 경험합니다. 아브라함은 하나님의 명령을 따라 가나안 땅으로 왔지만, 거할 곳이 마땅하지 않은데다 설상가상으로 기근까지 심해 결국 남쪽으로 옮겨갔다가 애굽까지 이동했습니다.

이는 하나님께서 지시하지 않은, 순전히 자기 생각대로 움직인 결과로, 아내인 사라가 애굽 왕의 후궁이 될 뻔한 큰 위기를 자초합니다. 하지만 하나님께서는 아브라함을 큰 위기에서 구해주십니다.

히스기야 왕과 다윗 왕 역시, 하나님께 의탁하지 아니하고 자신의 경험대로 일을 처리하다 큰 낭패를 맛보게 됩니다.

하지만 하나님께서는 계획하시고 선택하신 사람에게는 연단을 통해 반드시 구해주셔서 승리하시는 분임을 성경을 통해 알 수 있습니다.

신구약 성경을 통틀어 볼 때, 하나님께서는 사용하시는 종에게 많은 실수와 시행착오를 겪게 하십니다. 훗날 하나님께서 들어 쓰시기 위해, 하나님의 사람들을 긴 인내와 처절한 고통과 아픔을 체험케 하셔서, 그들을 사용하셔서 목적을 성취하십니다.

예수님께서 돌아가시기 전, 만찬에서 저녁 먹은 후에 잔도 그와 같이 하여 이르시되 "이 잔은 내 피로 세우는 새 언약이니 곧 너희를 위하여 붓는 것이라(눅 22:20)" 하셨습니다.

노아 홍수 때는 "내가 너희와 언약을 세우리니 다시는 모든 생물을 홍수로 멸하지 아니할 것이라, 땅을 멸할 홍수가 다시 있지 아니하리라(창 9:11)"고 하셨습니다.

그리고 주님께서는 반드시 이 땅에 다시 재림할 것을 약속하시며, 알곡과 쭉정이, 염소와 양을 걸러내실 것을 말씀하시며, 사마리아 땅끝까지 복음을 전하라고 하시며 승천을 하셨습니다.

예수님께서 베드로와 야고보와 요한을 데리시고 기도하러 산에 올라가신 적이 있습니다. 기도하시는 중 홀연히 예수님의 얼굴 모습이 달라지고, 의복은 하얗게 신비스러울 정도로 빛나고 있었습니다.

그리고 모세와 엘리야가 나타나 예수님과 대화를 나누는데, 예수님의 모습만 보아도 엄청난 놀라움인데, 모세와 엘리야의 모습까지 보게 되었으니, 말로 표현할 수 없는, 영광의 기쁨 아니었을까요?

모세와 엘리야와 예수님과의 대화는 곧 예수님께서 예루살렘에서 이루실 일, 곧 '세상을 떠나실' 것을 말하고 있었던 것입니다. 하지만 베드로는 예수님의 대화를 보고 오해합니다. 초막 셋을 짓자고 아부를 한 것입니다.

여기서 '세상을 떠나실' 일이리라 하면, 마치 이스라엘 백성이 애굽의 억압에서 벗어난 해방을 위한 탈출을 생각하게 됩니다. 그러나 그 '탈출'은 곧 새로운 '출발'을 의미하는 것입니다.

새 땅에서 새 백성으로 살아가는 새로운 삶의 '출발'은 과거 삶으로부터 '탈피'하는 것입니다. 그래서 예수님께서 '세상을 떠나실 일'이라고 하는 '탈출'은 세상으로부터 도망이 아니라 천국을 향한 새로운 '출발'인 것을 말해주고 있는 것입니다.

마치 모세가 이스라엘 백성을 이끌고 애굽 땅을 떠나 약속의 땅으로 그 백성들을 인도한 것처럼, 그리스도인들을 이끌고 이 세상의 죄와 악, 그 때문에 빚어지는 어두움의 멸망에서 우리를 구원시켜 천국으로 인도하시기 위해, 주님의 백성과 함께 하는 '출발'임을 이야기하고 있는 것입니다.

이렇게 우리 그리스도인들이 예수님을 따라 출발하여 천국에 들어가게 되면, 오늘 베드로와 야고보, 요한이 본 예수님의 모습처럼, 우리의 모습도 하얗게 빛나며 영원복락의 기쁨을 누리게 될 것입니다. 그러므로 우리는 세례를 통해 이미 '출발'한 신앙인들임을 깨달아야 합니다.

그래서 우리 신앙인들은 예수님처럼 늘 깨어 기도하며, 예수님의 공생애를 본받으며 살아갈 수 있도록 최선을 다해 노력을 아끼지 말아야 합니다.

또 이미 시작된 '천국을 향한 출발'이 결국 천국에 도달하여 영원한 기쁨을 맛보며, 살아갈 수 있도록 열심히 신앙 생활을 잘할 것을 우리 신앙인들에게 일러 주시는 것입니다.

하지만 오늘날 교회 안에서는 하나님께서 우리 조상들에게 약속하시고 언약하셨던 일들을 기억하지 못한 채 세상 즐거움에 취해, 하나님의 거룩한 백성들인지 분별조차 하기가 힘들 정도로 나날이 거짓의 날개를 펴며, 마치 자신들이 교회에 주인이라도 되는 것처럼 활개를 치면서, 그리스도의 정신에서 점점 멀어져 가는 것 같아 왠지 마음이 씁쓸함을 느끼기도 합니다.

은혜의 시대를 맞아, 마치 주님의 재림이 더디며 자신들이 세상 살 동안에 그런 역사가 일어나지 않을 것을 기대하며, 하나님께 진심으로 드리는 예배에는 관심이 없고 오직 명예와 권력, 그리고 탐욕과 정욕으로 물들어 가는 현실 앞에, 어느 시 어느 때에 임할지 모르는 주님의 재림을 두려워하지 않는 모습을 보면, 하나님이 없는 종교인들 같기도 합니다.

진실은 사라지고 거짓의 굴레를 쓴 채 탈춤을 추며 날개를 달아 종횡무진 활개를 치며, 마치 자신들이 옳은 신앙인들 같은 위선과 마치 사이비 종교인들 같은 모습을 보입니다. 오히려 자신들의 무대에 협조하지 않는 양들을 밀어내며, 온갖 쇼와 추태를 연출합니다.

아무것도 모르는 성도들은 그들에게 현혹되어, 마치 저들의 하는 짓이 옳은 일인 양 분별력 없이 그들의 놀이에 동참하는 모습도 나타납니다.

이처럼 기독교 안에는 악의 활발한 행동으로 공정성과 정의, 그리고 질서가 무너져, 세상보다 못한 이리의 굴이 되고 말았습니다. 한 친구가 카카오톡으로 보내온 글에 의하면, 서울 한 신학대학 교수님이 "악이 설치는 것은 선이 침묵하기 때문"이라고 했답니다. 이 말에 전적으로 공감이 됩니다. 교회 지도자들의 잘못을 지적하지 못하는 안타까움이 가슴을 아프게 합니다.

분명 하나님께서는 약속하셨습니다. 그리고 언약하셨습니다. 반드시 재림의 약속이 지켜져 교회 안 악의 세력들이 멸망당할 그 때가 점점 가까이 오고 있습니다.

비록 힘겨운 고난의 역사를 맛보며 괴로워하고 있는 성도들은 주님의 재림하심을 뜨겁게 믿으며, 약속하신 아름답고 휘황찬란한 천국에서, 주님과 함께 영원 안식을 누리게 될 것임을 기쁘게 기다리며 오늘의 겪는 수모와 모진 고통을 감내하며 이겨 나가야 하겠습니다.

길거리를 가다 보면, 곳곳의 하늘을 향한 십자가의 모습들을 쉽게 발견합니다. 과연 저 십자가들이 주님의 영광스런 십자가들인지 때로는 의문스러울 때가 있습니다.

많은 교회들의 분쟁 속에서 떨어져 나온 교회들이 많아, 고달픈 눈으로 그저 바라만 볼 뿐입니다.

교회가 크게 부흥해 성도들이 차고 넘칠 때 부목사님과 함께 교회를 개척하고 세운다면, 주님께서도 크게 기뻐하시리라 믿습니다. 하지만 분쟁 가운데 개척교회를 세우려 한다면, 정말 기뻐하실까요?

하지만 핍박과 박해를 이기지 못할 경우 모든 것을 하나님께 고요히 맡기고, 새롭게 '출발'하는 거룩한 지혜로 새로운 복음의 기지를 세워나가야 하겠습니다.

_99
사순절의 의미와 예수님의 세 가지 시험

해마다 찾아오는 사순절의 의미는 매우 크지만, 우리 삶 속에서 전혀 느끼지 못하고 단지 연례행사로 여깁니다. 행사만으로 사명을 다한 것처럼, 무덤덤하게 보내는 신앙인들이 있어 참으로 안타깝습니다.

예수님께서 공생애를 시작하기 전 광야에서 40일 동안 금식하시며, 간교한 마귀의 장난과 시험에 응하시고 물리치신 놀라운 사건이 주는 교훈은 무엇일까요?

예수님의 광야 시험은 참으로 우리 신앙인들에게 큰 위로와 은혜를 안기며, 어떻게 살아야 할지 잘 말씀해 주는 대목으로, 3가지의 악의 유혹에 대해 일러 주십니다.

첫째 시험은 "마귀가 이르되 네가 만일 하나님의 아들이어든 이 돌들에게 명하여 떡이 되게 하라(눅 4:3)"입니다.

돌을 빵으로 만들라는 유혹, 이는 세상을 살아가는 양식이자 물질을 수고와 정성 없이 그저 얻고자 하는 욕심에 대한 것입니다. 이는 진정 어린 포기와 더불어 하나님 말씀으로 채움으로써 오히려 기쁨을 서로 나누라는 주님의 당부 말씀입니다.

둘째 시험은 "마귀가 또 예수를 이끌고 올라가서 순식간에 천하만국을 보이며 이르되 이 모든 권위와 그 영광을 내가 네게 주리라! 이것은 내게 넘겨준 것이므로 내가 원하는 자에게 주노라(눅 4:5-6)"입니다.

세상의 권세와 영광 앞에 하나님을 외면하려는 유혹입니다. 이는 우리 삶 속에서 최우선 선택은 참 선이시자 영광이신, 오직 그 분 안에 있음을 고백합니다. 다른 어떤 것도 그 자리를 차지하게 해서는 안 된다는 것을 말씀하십니다.

예수님께서 세상이 아닌 하나님만을 섬기시면서 그 분의 뜻에 따라 기꺼이 죽음을 택하셨지만, 부활을 통해 참된 영광을 보여주심으로써 우리에게서 다른 선택의 여지가 없도록 해 주셨습니다.

셋째 시험은 "또 이끌고 예루살렘으로 가서 성전 꼭대기에 세우고 이르되 네가 만일 하나님의 아들이어든 여기서 뛰어내리라(눅 4:9)"입니다.

성전 꼭대기에서 뛰어내려 하나님 아들임을 증명하라는 유혹, 이는 존재의 가치가 각자가 드러내는 능력이나 그 업적과 결과에 있지 않고 굳은 믿음 안에서 하나님 뜻을 찾는데 있고, 이로써 하나님의 참 생명이 드러남을 보여주십니다.

하나님 나라를 향해 달려가지만, 이를 방해하는 유혹과 죄가 만연한 세상입니다. 이러한 가운데 사순절에 참여하는 것은 단순히 고행을 통해 자신의 강인함을 키우기 위한 것이 아닙니다. 스스로가 유혹과 죄의 노예로부터 벗어나, 당당히 빛나는 하나님의 자녀임을 드러내기 위함입니다.

하나님은 사순절 시기를 통해 우리를 광야라는 힘겨움의 시간으로 이끄시지만, 그 끝은 죽음과 절망이 아닌, 당신의 영광 안에서 하나 되는 소망의 부활입니다.

죄의 껍질을 벗고 우리 안에서 영원히 빛날 하나님의 빛이 드러나도록, 예수님과 함께 용기를 내어 유혹과 악에 당당히 맞서 싸워야 할 것입니다.

우리 영혼과 육신은 비록 나약하기 짝이 없지만, 하나님께서는 그것을 그대로 방치해두지 않으시고, 기다림과 인내를 통해 새로운 탄생으로 이끌어 주심을 믿어 의심치 않아야 할 것입니다.

예수님은 사탄으로부터 세 번의 시험을 받으셨습니다. 그 영적 투쟁의 원리는 무엇입니까? 사탄의 시험은 궁극적으로 하나님의 주권에 대한 불순종에 초점이 맞춰져 있었습니다. 주님에 대한 전적 신뢰와 믿음 없이는 결코 사탄의 시험이나 유혹을 이길 수가 없음을 말씀해 주고 있습니다.

첫 번째 시험에서 주님께서는 명쾌한 답변으로 사탄의 간교한 유혹을 이기셨습니다. "사람이 떡으로만 살 것이 아니라 하였느니라!" 둘째 시험에서는 "주 너의 하나님께 경배하고 다만 그를 섬기라!" 셋째 시험에서는 "주 너희 하나님을 시험하지 말라!"

주님은 이처럼 사탄의 시험에 당당히 이기시며 공생애 준비를 위한 첫 번째 과정을 통과하셨습니다. 혹 사탄이 주는 시험에서 실패했다면, 그는 우리의 소망이었던 메시아가 아니었을 것입니다.

사탄의 시험이나 유혹을 뿌리칠 수 있는 방법은 무엇일까요. 날마다 하나님과 대화하며, 주시는 말씀을 늘 묵상함과 자신만이 가지고 있는 자만심, 교만과 탐심을 멀리해야 합니다. 거기에 나를 내려놓을 수 있는 용기와 지혜를 더한다면, 어떤 시험에도 견딜 수 있는 왕성한 믿음의 소유자가 될 것입니다.

사순절은 우리 모두 예수님의 고난에 동참하며 실천하는 것입니다. 주님께서 3년 동안 행하셨던 무거운 수고의 의미를 깨닫고, 우리도 불우한 이웃을 향하여 달려가야 하며, 어렵고 힘든 이들을 위로하면서, 압제에서 억눌린 자들에게 다가가 그들의 억울하고 분함을 고요한 위로로 풀어주는 종들이 되어야 할 것입니다.

특히 교회 공동체 안에서 양들을 생각하지 않고 믿음의 생활을 한다면, 그 공동체는 주님께서 원하시는 공동체가 아닐 것입니다. 그런 공동체 안에는 분명 권력과 탐심, 그리고 교만과 정욕에 찬 공동체입니다. 사순절을 맞아 철저한 회개를 통해 양들을 위해 전심전력을 다하는 지도자들이 되기를 바라는 마음입니다.

특히 우리 신앙인들은, 사순절이라는 기간을 연장하여, '일년 내내 사순절이요 주님의 고난주간'이라는 생각으로, 날마다 나를 내려놓는 지혜와 믿음을 소유하는 귀한 주님의 종들이 되기를 원합니다.

이제 사순절이 무르익어 갑니다. 해마다 연중 행사로 시늉만 낼 것이 아니라, 참 사순절이 신앙인들에게 일러주는 교훈을 깊이 인식해야 할 것입니다.

앞으로 다가올 부활의 승리에 대한 확신과 함께, 사순절의 의미를 깨닫고 각자 받은 믿음의 분량을 성실히 이행하는 믿음의 성도들이 되시길 소망합니다.

_100
소통하는 신앙인들

　사람들이 서로가 소통하는 과정에서 인간관계가 이뤄진다 해도 과언이 아닐 것입니다. 그 소통에는 서로의 언행에 따라 받아들여지거나 안 받아들여지기도 합니다.

　서로의 언행을 통해 서로의 다름을 인지하고 이해를 도울 때, 소통의 일치와 목적을 이룰 수 있는 것입니다. 하지만 서로의 다름 앞에 자기 고집과 아집으로 일관한다면, 서로에게는 상처를 제공하게 될 것입니다.

　예수님과 우리는 같은 인간이지만, 근본적으로는 차이가 있습니다. 우리는 하나님이 창조하신 피조물인 사람으로서 영원함을 갈망하고 있지만, 영원하신 하나님이신 예수님께서는 사람으로 오셔서 우리를 사랑하시고 우리와 동등하게 여기려 하십니다.

　아담과 이브의 탐욕으로 인한 원죄로 죄와 죽음에 묶여 있는 우리를 자유롭게 하여, 다시 하나님과 일치하게 하는 사랑입니다. 말씀으로 사랑이 무엇인지 가르쳐 주시고 그 사랑을 우리 안에서 드러내시려 목숨을 바쳐 우리의 생명이 되셨던 주님이십니다.

서로 간에 소통이 부재중일 때는 사랑으로 나아가지 못하게 됩니다. 자기 감정이 앞서고, 상대를 이해할 수 없을 때는 참으로 난감합니다.

소통은 자신을 내려놓아야 하는 것입니다. 내 주장과 내 뜻만 앞세우다 보면, 원하는 뜻을 이룰 수 없습니다.

그러므로 예수님의 사랑이 어떻게 해서 향기로 뿜어지는지, 자신의 구원을 위한 예수님의 사랑이 지금 이웃과의 관계 안에서 어떻게 드러나야 하는지 알아들으려 노력해야 합니다.

그렇기 때문에 지금 자신의 이해 방식을 살펴, 사랑 안에서 나의 이해 방식이 걸림돌이 되지 않았는지 늘 살펴보아야 하는 것입니다.

그리고 소통이라는 목적을 위해, 서로가 이해할 수 있도록 도와야 합니다. 소통은 어떤 방식이나 선택을 통하여 한 마음으로 모아져야 하는 것입니다. 그러기 위해서는 하나님의 뜻을 먼저 찾으려는 믿음이 참으로 필요합니다.

어떤 직업이 더 윤리적인지 또는 반대로 비윤리적인지를 평가하는 것은, 참으로 어려움이 많을 것입니다. 결국 아무리 좋은 일도 그것을 하는 사람에 따라 얼마든지 나쁜 일로 바뀔 수가 있기 때문입니다.

특히 전문직이라고 일컬어지는 직업들에는 그 일을 수행하는 사람들에게 주어지는 자격이 있고, 사회적으로 공인되는 자격에는 그에 따르는 특별한 권한이 주어집니다.

그 권한을 어떻게 사용하느냐에 따라, 그 사람이 가진 직업의 가치는 얼마든지 달라질 수 있는 것입니다.

특히 바벨탑 사건이 일어났을 때, 인간들의 언어가 서로 달라졌으므로 많은 소통의 문제가 있었을 것입니다.

하지만 언어가 서로 달라도 인간들은 몸짓 발짓으로, 그리고 얼굴에서 나타나는 모습으로 소통하여 지금까지 잘 적응하며 소통하고 있기도 합니다.

처음부터 외국어를 알았던 것은 아닙니다. 누군가가 다른 나라에 가서 몸짓, 발짓을 시작으로 그 나라 언어를 배웠을 것입니다.

가까운 우리나라에서도 우리 선조들은 양반을 제외한 백성들은 글을 몰라도, 서로 소통하며 함께 사회생활을 하였습니다.

조선시대 최초의 순교자 토마스 목사께서 순교하시면서 던진 한문 성경책 한 권을 통해, 많은 조선 백성들이 구원을 얻는 놀라운 사건들이 벌어진 것 아니겠습니까? 그 성경을 통해 지금까지 신앙이 지켜지고 있음을 깨달아야 합니다.

우리 신앙인들은 대개 자신을 너무 앞세웁니다. 자신 외에는 이해를 도울 생각이 없습니다. 소통이 참으로 어려운 분들이 신앙인들이라는 것이 문제가 아닐까 싶습니다.

주님께서는 늘 '내가 너에게 무엇을 해주기를 원하느냐'고 항상 물으셨습니다. 주님께서 말 한 마디만 하시면 다 이뤄주실텐데, 주님은 늘 우리에게 질문하십니다.

주님은 우리의 생각과 마음을 이미 아시고 도우려 하십니다. 우리는 그냥 주님께 맡기면 되는데 그렇지 못하고 의심하며, 고집과 탐심으로 소통을 하려는 것입니다. 무슨 일을 하든지, 소통이 원활하게 이뤄지지 않을 때는 분명 문제가 발생함을 잊지 말아야 하겠습니다.

그 원활한 소통을 이루어내는데 꼭 필요한 것이 있다면, 바로 겸손입니다. 겸손 앞에는 어떠한 고집이나 아집, 그리고 교만은 통하지 않습니다.

나를 먼저 내려놓을 때, 매끄럽게 일이 풀리지 않았던 것들이 소통의 힘을 통해 윤활유 같이 원활하게 이뤄짐을, 신앙인들은 깨달아야 하겠습니다.

간음한 여인을 돌로 치려 할 때 예수님을 시험하기 위해 모인 사람들이었지만, '죄 없는 자가 이 여인에게 돌로 치라' 하는 최고의 소통의 말씀을 내놓으셨을 때, 주님을 시험하려 했던 그들은 슬그머니 꽁무니를 빼며 달아났습니다. 여인도 살고 율법주의자들의 코를 납작하게 만들었습니다.

거짓은 신실한 소통을 이길 수 없습니다. 자신을 내려놓고 상대방의 이해를 도울 때, 멋진 소통과 더불어 좋은 아이디어가 솟아나는 것입니다.

가나의 혼인 잔치에서도 잔칫집의 어려움을 소통을 통하여 해결했습니다. 의심하고 주님의 명령에 불순종 했더라면, 가나의 기적은 일어나지 않았을 것입니다.

어머니 마리아의 부탁을 차마 거절 할 수 없었던 예수님께서는 '아직 내 때가 아니다'고 하셨지만, 어머니와 의 신실한 소통 가운데 예수님은 자신의 때가 시작이 됐음을 깨달았습니다.

물을 길러 항아리에 가득 채우라는 주님의 말씀에 하인들은 '예'하며 순종했습니다. 그 소통 속에 기적은 빛을 발했고, 예수님 공생애 최초의 기적이 이루어진 것입니다.

소통은 모든 어려움을 이기는 능력이기도 합니다. 서로 합심하여 한 마음이 될 때, 최고의 능력이 발휘됩니다.

이처럼 우리는 서로 사랑하는 마음으로, 먼저 소통하는 열린 마음으로, 믿음의 생활을 하기를 소망해 봅니다.